W0044409

WEIMAR UND SEINE UMGEBUNG

Institut für Länderkunde Leipzig
Abteilung deutsche Landeskunde

WERTE DER DEUTSCHEN HEIMAT

Band 61
Völlig neubearbeitete Auflage von Band 18

WEIMAR UND SEINE UMGEBUNG

Ergebnisse der landeskundlichen Bestandsaufnahme
im Raum Weimar und Bad Berka

Herausgegeben von
Luise Grundmann im Auftrag des Instituts für Länderkunde Leipzig

Erarbeitet unter Leitung von Manfred Salzmann

Mit 79 Abbildungen und 2 Übersichtskarten

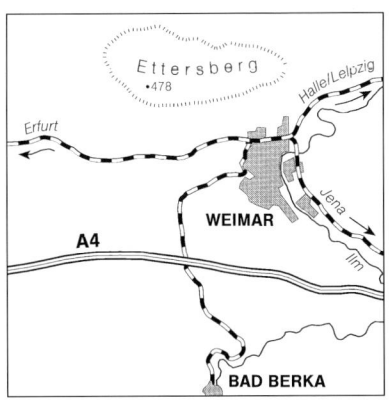

VERLAG HERMANN BÖHLAUS NACHFOLGER WEIMAR
1999

Prof. Dr. habil. Alois Mayr, Leipzig, Direktor des Instituts für Länderkunde e. V. Leipzig

Prof. Dr. habil. Günter Haase, Leipzig, Vorsitzender der
Kommission für Sächsisch-thüringische Landeskunde
bei der Sächsischen Akademie der Wissenschaften zu Leipzig
(zugleich wissenschaftlicher Beirat der Schriftenreihe)

Leitung der wissenschaftlichen Bearbeitung und Redaktion:
Dr. Luise Grundmann, Institut für Länderkunde e. V. Leipzig,
Abteilung deutsche Landeskunde
Schongauerstraße 9
04329 Leipzig

Die Deutsche Bibliothek – CIP-Einheitsaufnahme

Weimar und seine Umgebung : Ergebnisse der landeskundlichen
Bestandsaufnahme im Raum Weimar und Bad Berka / hrsg. von
Luise Grundmann im Auftr. des Instituts für Länderkunde Leipzig.
Erarb. unter Leitung von Manfred Salzmann. – 2., völlig neu bear-
beitete Aufl. – Weimar : Verlag Hermann Böhlaus Nachfolger
Weimar, 1999
   (Werte der deutschen Heimat ; Bd. 61)
   ISBN 3-7400-0941-1

ISBN 3-7400-0941-1
ISSN 0946-0527

Alle Rechte vorbehalten. Ohne schriftliche Genehmigung des Verlages ist es nicht gestattet,
das Werk unter Verwendung mechanischer, elektronischer und anderer Systeme in irgend-
einer Weise zu verarbeiten und zu verbreiten. Insbesondere vorbehalten sind die Rechte der
Vervielfältigung – auch von Teilen des Werkes – auf photomechanischem oder ähnlichem
Wege, der tontechnischen Wiedergabe, des Vortrags, der Funk- und Fernsehsendung, der
Speicherung in Datenverarbeitungsanlagen, der Übersetzung und der literarischen oder an-
derweitigen Bearbeitung.

© 1999 by Verlag Hermann Böhlaus Nachfolger Weimar GmbH & Co.

Satz: Grafik-Design und Satzstudio Fischer, Weimar
Druck und Bindung: Druckhaus „Thomas Müntzer" GmbH, Bad Langensalza
Printed in Germany

VORWORT
ZUR NEUBEARBEITETEN AUFLAGE

Als 1971 in dieser Schriftenreihe (damals: „Werte unserer Heimat") der Band 18 „Weimar und seine Umgebung" von derArbeitsgruppe Heimatforschung Dresden des Geographischen Instituts Leipzig der Deutschen Akademie der Wissenschaften herausgegeben wurde, war diese Auflage rasch vergriffen.

Als eine der Aktivitäten zur Vorbereitung auf die Verleihung des Titels „Kulturstadt Europas 1999" an die Stadt Weimar wurde angeregt, mit einer neuen landeskundlichen Monographie über den Weimarer Raum einen würdigen Beitrag zu diesem vielbeachteten Ereignis zu leisten. Der Direktor des Stadtmuseums Weimar, Herr Prof. Dr. Walter Steiner, und der Hauptbearbeiter des Bandes 18, Herr Dr. Manfred Salzmann, suchten gemeinsam mit dem seit 1992 für die Herausgabe der Reihe verantwortlichen Institut für Länderkunde Leipzig einen Weg, für die Bewohner des Weimarer Raumes und die landeskundlich interessierten Besucher der Kulturstadt eine Neubearbeitung des Bandes „Weimar und seine Umgebung" zu realisieren. Herr Dr. Salzmann stellte sich wiederum für die Koordinierung und Bearbeitung des Manuskriptes zur Verfügung. Die räumliche Begrenzung des Inventarisierungsgebietes, die Auswahl der einzelnen Naturobjekte und Siedlungen und das Grundkonzept der Reihe wurden beibehalten, die einzelnen Sachgebiete jedoch völlig neu bearbeitet und dem jetzigen Rahmen landeskundlicher Darstellung angepaßt. Die bereits am Band 18 beteiligten Autoren stellten sich uneigennützig für eine Neubearbeitung zur Verfügung, neue Autoren konnten gewonnen werden. Der vom verstorbenen Weimarer Historiker Dr. Ulrich Heß verfaßte Teil zur geschichtlichen Entwicklung bildete die Grundlage für Ergänzungen und Erweiterungen, die Frau Gitta Günther vornahm. Dankenswerterweise unterstützten uns zahlreiche Einrichtungen in Thüringen, Landesämter, das Thüringische Hauptstaatsarchiv Weimar, verschiedene Ämter der Stadtverwaltung Weimar, das Stadtarchiv, die Kunstsammlungen zu Weimar, Bürgermeister und Ortsbürgermeister, Gewerbeeinrichtungen, Wissenschaftler der Bauhaus-Universität Weimar, die Gedenkstätte Buchenwald sowie viele Einzelpersonen aus Weimar, Bad Berka und den Gemeinden des Landkreises Weimarer Land. Ohne ihre Hilfe wäre eine so zügige Bearbeitung nicht zu realisieren gewesen. Allen Autoren und Förderern des Buches möchten wir an dieser Stelle herzlichen Dank sagen.

Herausgeber und Verlag haben sich entschlossen, den jetzt vorliegenden Band mit einer neuen Bandnummer 61 in die laufende Numerierung der Reihe einzuordnen, da eine völlige Neubearbeitung mit veränderten Akzenten vorliegt und die gesamte technische Ausstattung und kartographische Gestaltung wesentlich verbessert wurde.

Das Erscheinen des Bandes „Weimar und seine Umgebung" bietet die willkommene Gelegenheit, dem in Weimar ansässigen Verlag Hermann Böhlaus Nachfolger Weimar zu danken, der mit großem Engagement seit 1994 die Reihe „Werte der deutschen Heimat" verlegerisch betreut und für die kontinuierliche Herausgabe und einen guten Vertrieb sorgt.

Prof. Dr. habil. A. Mayr   *Prof. Dr. habil. G. Haase*   *Dr. L. Grundmann*

INHALTSVERZEICHNIS

VERZEICHNIS DER SUCHPUNKTE

Die Nummern entsprechen denen am Rande des Textes sowie denen auf der
Übersichtskarte

X

ABBILDUNGSVERZEICHNIS

Gestaltung der Abbildungsunterlagen:

J. Böcking (34); J. Borleis und M. Weis (1, 2, 4, 5, 6, 7, 31, 2 Übersichtskarten); Institut für Länderkunde Leipzig (Dr. K. Großer Kartenredaktion; R. Bräuer Titelskizze, 3; K. Ebert 9; K. Ronniger 37; M. Zimmermann Prägevignette, 10, 12, 14, 16, 20, 21, 42, 61, 67, 69, 72); D. Salzmann (57); H. Schilling (17, 26, 49, 52); H. Wenzel (11, 13, 22, 25, 44, 45, 46, 48, 56, 60, 65, 71, 74, 76, 78, 79); H. Wirth (33, 35, 36, 38, 43, 75)

Bildnachweis:

C. Beyer (54, 55, 63); G. Heunemann (77); J. Hucke (Abbildung auf dem Schutzumschlag, 19, 30, 40, 53, 58, 64, 68); S. Kämpfe (15, 18, 23, 24, 27, 28, 39, 41, 47, 50, 51, 59, 62, 66, 70, 73); Kunstsammlungen zu Weimar, E. Renno (29); Stadt Weimar, Amt für Wirtschaftsförderung (32); Thüringisches Hauptstaatsarchiv Weimar (8)

AUTORENVERZEICHNIS

Dipl.-Hist. Gitta Günther, Weimar (Ergänzungen und Aktualisierung Geschichte)
Ludwig Häfner, Bad Berka (Kurwesen und aktuelle Struktur Bad Berka)
Prof. Dr. sc. Günther Hänse, Weimar (Ortsnamen)
Dr. Wolfgang Heinrich, Jena (Botanik, Ökologie, Umwelt und Naturschutz)
Dr. Ulrich Heß †, Weimar (Grundkonzept Geschichte)
Dr. Günter Heunemann, Weimar (Aktuelle Siedlungs- und Wirtschaftsstruktur
Landkreis Weimarer Land)
Dipl.-Ing. Jürgen Jäger, Weimar (Parke und Gärten)
Dipl.-Agraring. Stefan Kämpfe, Weimar (Botanik, Ökologie, Umwelt und
Naturschutz)
Dr. Dietrich von Knorre, Jena (Tierwelt)
Dr. Dietrich Rau, Jena (Böden)
Prof. Dr. habil. Dietrich Salzmann, Weimar (Kunstdenkmale und Denkmalpflege
Landkreis Weimarer Land)
Dr. Manfred Salzmann, Weimar (Physische Geographie, Naturraum)
Dipl. rer. pol. Gisela Schlüter, Weimar (Wirtschaftsgeschichte und aktuelle
Struktur Stadt Weimar)
Dr. Siegfried Seifert, Weimar (Geistesgeschichte, Klassik, Gedenkstätten,
Persönlichkeiten)
Dr. Wolfgang Timpel, Weimar (Ur- und Frühgeschichte)
Prof. Dr. Hartmut Wenzel, Weimar (Historische Ortsbeschreibungen,
Siedlungsformen, ländliches Bauwesen)
Dr. Josepha Wiefel, Bucha bei Jena (Geologie)
Prof. Dr. Dr. habil. Hermann Wirth, Weimar (Kunstgeschichte, Kunstdenkmale,
Stadtentwicklung Weimar)

Material zu den Schutzgebieten stellten zur Verfügung: Dr. C. Arenhövel, Weimar;
R. Kühn, Weimar; G. Müller, Weimar
Auskünfte zur aktuellen Struktur erteilten: Brigitte Burckhardt, Weimar-Taubach;
Peter Gericke, Weimar-Schöndorf; Jörg Rietschel, Weimar-Tiefurt; Marlies
Schirmer, Weimar; Bernd Spitze, Weimar; Werner Vogel, Weimar-Tröbsdorf

Redaktionelle Bearbeitung: Dr. Luise Grundmann, Leipzig; Dr. Manfred
Salzmann, Weimar; M. A. Frauke Gränitz, Leipzig

Abschluß des Manuskriptes: 1. 12. 1998

LANDESKUNDLICHER ÜBERBLICK

Die Umgebung Weimars mutet vom Landschaftsbild her eher unauffällig und bescheiden an. Auch heute noch ist es die geistesgeschichtliche Vergangenheit, die die Besucher aus nah und fern anzieht. Wer sich jedoch mit der Landschaft näher befaßt, wird bald ihren Zauber spüren. Der Dualismus von Landschaft und Geistesgeschichte ist gemeint, wenn es in den gemeinsam von GOETHE und SCHILLER verfaßten „Xenien" über die Ilm heißt:

> Meine Ufer sind arm,
> doch höret die leisere Welle,
> führet der Strom sie vorbei,
> manches unsterbliche Lied.

Bereits 1776 gibt GOETHE in einem Brief an CHARLOTTE VON STEIN seiner Liebe zur Weimarer Landschaft Ausdruck, wenn er schreibt: „Da fiel mir auf, wie die Gegend so lieb, das Land! Der Ettersberg. Die unbedeutenden Hügel! Und mir fuhrs durch die Seele: Wenn Du nun auch das verlassen mußt! Das Land, wo du so viel gefunden hast. – Es kamen mir die Tränen in die Augen." Die Schönheit einer unheroischen Landschaft, wie sie Goethe meint, ist im vorigen Jh. von den Vertretern der Weimarer Malerschule erkannt worden, und Maler wie KARL BUCHHOLZ, PAUL BAUM oder CHRISTIAN ROHLFS haben sie in der Welt bekannt gemacht. ALEXANDER OLBRICHT und LYONEL FEININGER setzten auf unterschiedlichen Wegen die Tradition fort.

Der Erzieher und Philosoph JOSEPH REICHART hat 1799 Weimar besucht und seinen Eindruck so geschildert: „Weimar liegt in einem angenehmen ruhigen Tal der Ilm, ohnweit des hohen Ettersberges, der sich mit seinem waldichten Haupte nordwärts majestätisch erhebt. Auch von der Mittags- und Morgen-Seite wird der Blick durch kleine Berge beschränkt. – Eine schöne Aussicht gewährt Belvedere der Stadt gegenüber auf seiner romantischen Höhe. – Im Frühling und Sommer erscheint Weimar rings im Grünen, wie von einem Kranz umgeben. Die Natur umher neigt sich mehr zum Schönen als zum Großen. Doch triffst Du hier und da auch auf erhabene Partien."

Einen Überblick über Weimar und sein Umland gewinnt man von dem etwa vier Kilometer südlich der Stadt gelegenen Gelmeroda (s. L 3). Im N beherrscht der bewaldete Große Ettersberg das Landschaftsbild (s. B 2). Mit seinen 478 m ü. NN erhebt er sich um 240 m über die Ilmaue im Park an der Ilm. Die Stadt Weimar breitet sich südlich vor ihm in einer großräumigen Mulde aus, damit ist sie geschützt

1

vor häufigen westlichen und nordwestlichen Winden. Nach O senkt sich der Ettersberg, und die Bundesstraße 85, die gleichzeitig die Ostgrenze seines bewaldeten Teils ist, überquert ihn in einer Höhe von 340 m ü. NN. An dieser Stelle beginnt der Kleine Ettersberg, der vorwiegend agrarisch genutzt wird. Die Begrenzung der Weimarer Mulde wird im O unterschiedlich vorgenommen. Man kann sie etwa entlang einer Linie annehmen, die über Tiefurt und das Webicht nach Taubach führt. Hier erfolgt ein allmählicher Übergang in das Apoldaer Becken. Im SO steigt eine Hochfläche bis zum Rande der Saalefurche gleichmäßig an, ein Anstieg, der auch im S und W zu verzeichnen ist. Bei Taubach tritt die Ilm (s. P 9) in das Untersuchungsgebiet ein. Sie mäandriert in einem breiten Tal, anfangs von Auewiesen, dann den berühmten Parkanlagen (s. G 4.13) geprägt. Nördlich der Friedensbrücke im Ostteil Weimars verändert sie plötzlich ihre bisher eingeschlagene nordwestliche Richtung und wendet sich nach NO. Während die Weimarer Altstadt (s. G 4.1) auf ihrem westlichen Ufer fast eben liegt, steigt das östliche Stadtgebiet erheblich an. Außer der Ilmaue finden wir ein weiteres Tiefengebiet im Bereich des Asbachs.

Naturraum

Oberflächenformen und Klima

Zwei naturräumliche Landschaftseinheiten charakterisieren den Weimarer Raum: das innere Thüringer Becken im N und die Ilm-Saale-Kalkplatte im S. Ihre weitere Differenzierung und Gliederung in Kleinlandschaften zeigen Abb.1 und Anhang A. Die Oberflächenformen werden beherrscht durch den von W nach O verlaufenden Ettersberg (s. B 2) und die von der Ilm und ihren Nebenbächen geschaffenen Talformen (s. P 9). Bei der Ilm ist eine Richtungsänderung zwischen Mellingen und Weimar auffällig. Der bisherige Südwest-Nordostverlauf wird unvermittelt durch eine Abbiegung nach NW unterbrochen, wobei sich auch der Talcharakter vollständig ändert. Das dominierende Durchbruchstal verwandelt sich in ein breites Sohlental mit Mäandern. Erst an den Rändern dieser Sohle steigen die Hänge steil an. Nachdem der Fluß die Stadt Weimar durchflossen hat, nimmt er wieder seine ursprüngliche Richtung nach NO auf und ändert seine Talformen ein weiteres Mal. Ein breites Muldental beherrscht nun die Physiognomie der Landschaft bis zur Mündung der Ilm in die Saale.

Abgesehen von der Aufwölbung des Ettersberges und den Eintiefungen der Fließgewässer sind für diesen Bereich des Thüringer Beckens nur geringe Reliefunterschiede zu verzeichnen. Rumpfflächenreste, entstanden in den vorangegangenen geologischen Zeiträumen, sind vor allem auf der Ilm-Saale-Kalkplatte häufig, z. B. auf der Gutendorfer Platte oder der Gelmerodaer Platte, aber auch im O des inneren Thüringer Beckens auf der Süßenborner Platte. Die fluviatile Erosion hat vergleichsweise wenige Spuren hinterlassen, auch wenn Eintiefungen nicht unbeträchtlich erscheinen wie im Hengstbachtal (s. P 2) oder im Possenbachtal (s. L 6). Flache Quellmulden charakterisieren die Anfänge dieser Fließadern, die in flache Talungen übergehen, und erst an der Erosionsbasis kommt es bisweilen zu tieferen Einschnitten. Im Unterlauf häufen sich Flußterrassen.

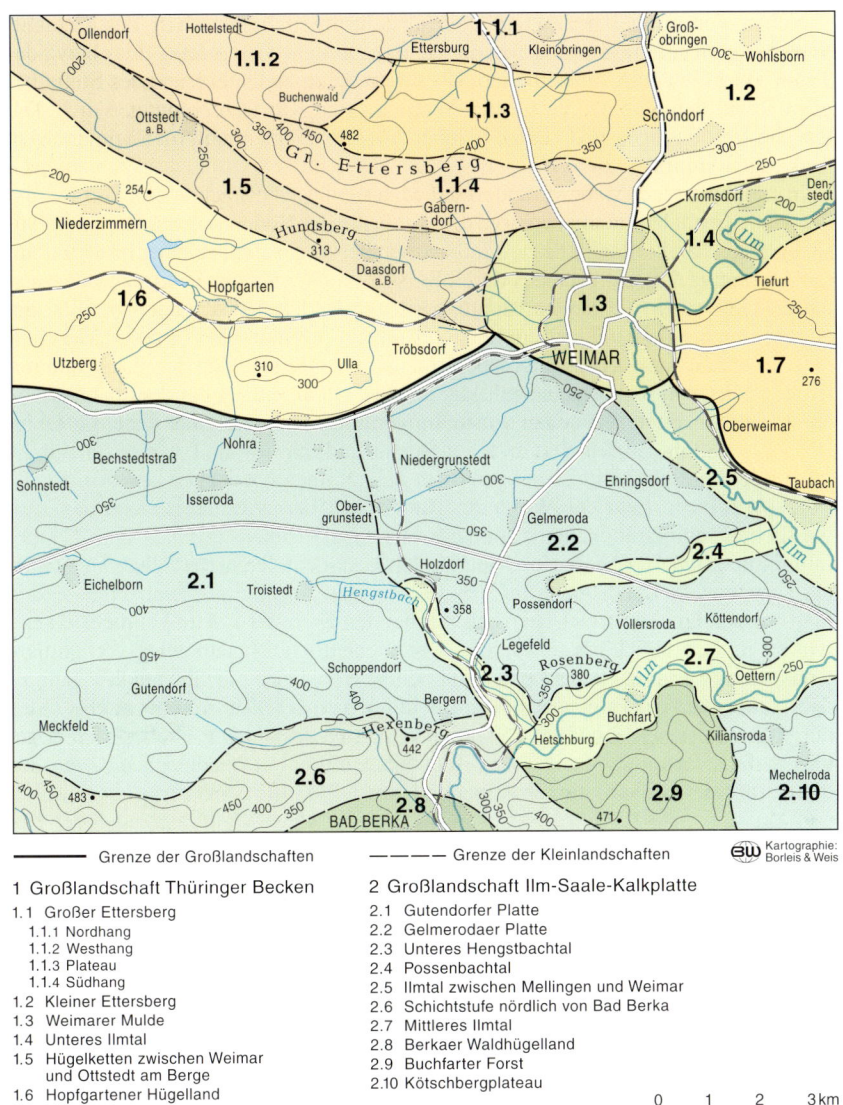

Grenze der Großlandschaften ———— Grenze der Kleinlandschaften 🆎 Kartographie: Borleis & Weis

1 Großlandschaft Thüringer Becken

1.1 Großer Ettersberg
  1.1.1 Nordhang
  1.1.2 Westhang
  1.1.3 Plateau
  1.1.4 Südhang
1.2 Kleiner Ettersberg
1.3 Weimarer Mulde
1.4 Unteres Ilmtal
1.5 Hügelketten zwischen Weimar und Ottstedt am Berge
1.6 Hopfgartener Hügelland
1.7 Süßenborner Platte

2 Großlandschaft Ilm-Saale-Kalkplatte

2.1 Gutendorfer Platte
2.2 Gelmerodaer Platte
2.3 Unteres Hengstbachtal
2.4 Possenbachtal
2.5 Ilmtal zwischen Mellingen und Weimar
2.6 Schichtstufe nördlich von Bad Berka
2.7 Mittleres Ilmtal
2.8 Berkaer Waldhügelland
2.9 Buchfarter Forst
2.10 Kötschbergplateau

0 1 2 3 km

Abb. 1   Landschaftsgliederung (Entwurf M. SALZMANN 1998)

3

Neben den fluvial bedingten Oberflächenformen treten im S des Gebietes Schichtstufen auf, die ein sich anschließendes sandiges, bewaldetes Hügelland, das Tannrodaer Gewölbe, umschließen. Über dem kalkigen Untergrund des Ettersberges wie auf den Kalkplatten südlich Weimars sind Karsterscheinungen nicht selten, die Verebnungen und Hänge beleben können. Doch auch großflächigere Absenkungen kommen vor.

In zunehmendem Maße verändert der Mensch das Oberflächenbild. Seit Beginn dieses Jh. betrachtet man mit Sorge die Ausmaße der Bodenerosion, die, durch unsachgemäße landwirtschaftliche Maßnahmen hervorgerufen, zu einer beschleunigten Abtragung des Kulturlandes durch Wasser und Wind führte und zu einer ernsthaften Gefahr für die Bodenfruchtbarkeit wurde. Die am stärksten betroffenen Areale sind die Böden über dem Oberen Buntsandstein und dem Oberen Muschelkalk. In der Gegenwart ist es die überdimensionale Zersiedlung der in Jahrhunderten gewachsenen Kulturlandschaft, die nun vor allem entlang der Autobahn A 4 in einem breiten Band mit neuen Ansiedlungen die Harmonie, aber auch die Oberflächengestalt im Großen und im Kleinen empfindlich stört und, wie es scheint, irreparable Landschaftsschädigungen nicht zuletzt im Ästhetischen hervorruft.

Klimatisch liegt der Weimarer Raum im Übergangsbereich von den südwestlichen gebirgsrandnahen Teilen des Thüringer Beckens mit niedrigen Temperaturen und höheren Niederschlägen zu den kontinentaleren Bereichen am Rande der Leipziger Tieflandsbucht. Im Vergleich zu den Nachbarräumen handelt es sich hier um ein Trockengebiet bei vorherrschenden Südwest-, West- und Nordwestwinden im Lee des Thüringer Waldes. Unterschiedliche Niederschlagsverhältnisse sind durch Höhenlage und Exposition bedingt. So weisen die Gebiete des Tannrodaer Sattels und des Ettersberges immerhin noch etwa 600 mm Jahresniederschlag auf, während sich Weimar mit 557 mm den Werten des inneren Thüringer Beckens nähert. Die Verteilung der Monats- und Jahresmittel der Niederschläge zeigt für einige repräsentative Stationen folgende Übersicht (1951-1980):

Station	Höhenlage (m ü. NN)	Niederschläge in mm Monat												Jahres-mittel
		I	II	III	IV	V	VI	VII	VIII	IX	X	XI	XII	
Ettersberg	330	38	31	42	52	58	87	72	69	47	49	39	39	623
Schöndorf	310	36	29	39	49	58	80	64	60	47	47	37	38	584
Weimar-Süd	240	37	30	39	49	59	82	64	63	49	47	37	38	588
Mechelroda	350	49	34	43	51	64	83	65	65	46	48	42	40	624
Bad Berka	319	46	38	52	56	68	90	71	67	49	54	45	46	632
Weimar	237	32	27	37	47	56	80	63	59	42	46	35	33	557
Gelmeroda	332	40	33	40	49	59	83	65	63	45	49	38	38	602

Zur Zeit der niedrigsten winterlichen Werte herrschen Südwestwinde vor. Die vom Thüringer Wald verursachte Leewirkung wird im Frühjahr und im Sommer gemindert, wenn neben westlichen auch Ostwinde wehen. Das sommerliche Niederschlagsmaximum fällt in die Zeit gelegentlicher gewittriger Starkregen. Bei Nordwestwetterlagen bedingt der Ettersberg eine Verringerung der Niederschläge in Weimar.

Die Jahresmitteltemperatur Weimars beträgt 8,2°C. Während im Juli die Temperaturen der Stadt mit denen des Thüringer Beckens weitgehend übereinstimmen, nehmen sie in Richtung Thüringer Wald ab. Auf der höheren Ilm-Saale-Kalkplatte im S der Stadt sinken die Januartemperaturen um ein bis zwei Grad tiefer als im N.

M. Salzmann

Geologie (Abb. 2)

Die Umgebung von Weimar wird an der Oberfläche durch Schichten der Trias (Abb. 3) und des Quartärs geprägt. Der tiefere Untergrund ist durch Tiefbohrungen bekannt geworden. Unter der Trias sind Ablagerungen des Zechsteins in Beckenfazies, örtlich auch Konglomerate des Rotliegenden sowie darunter Schiefer und Grauwacken des Paläozoikums vorhanden. Sie wurden Anfang dieses Jh. durch Kalibohrungen bei Bad Berka, Thangelstedt, Bechstedtstraß und Denstedt und in den zwanziger Jahren bei Tonndorf bekannt. Da der Zechstein neben Salzgestein auch Erdölmutter- und -speichergesteine enthält, erfolgten im Weimarer Gebiet in den sechziger Jahren erneut Tiefbohrungen auf dem Ettersberg, bei Magdala und Blankenhain.

Die ältesten Gesteine, die wir an der Erdoberfläche direkt beobachten können, sind gelbliche, grüngraue und rötlichbraune, also bunte Sandsteine westlich von Bad Berka (s. P 10). Sie gehören dem Mittleren Buntsandstein an (Abb. 3), einer Festlandszeit, in der fließendes Wasser mächtige Sande als Abtragungsprodukte aus weit entfernten Hochgebieten absetzte. Die Sande wurden durch Kalk- oder Kieselsäure-Infiltration oder durch toniges Bindemittel zu Sandsteinen verfestigt. Deren Verbreitung ist vielfach an der sandigen Beschaffenheit des Bodens sowie durch den charakteristischen Nadelwald mit Heidekraut, Heidel- und Preiselbeere im Unterwuchs zu erkennen. Der Mittlere Buntsandstein endet mit dem Chirotheriensandstein, der auf den Schichtflächen seltene vier- bis fünfzehige Abdrücke eines kleinen Sauriers (*Chirotherium barthi*) aufweist. Er zeichnet sich durch weiche Geländeformen aus, die südwestlich von Bad Berka (außerhalb des Gebietes) besonders auffallen. Im Anschluß daran kam es zu einer Überflutung des Festlandes durch das Meer. Zunächst pendelte die Küstenlinie jedoch stark hin und her, wodurch sich unterschiedliche Meerestiefen ergaben. So beginnt der Obere Buntsandstein in abgeschnürten Meeresteilen mit dem Basisgips und setzt sich bei wechselnden Meerestiefen in einer mächtigen Folge überwiegend grauer, grüner und roter Ton- und Mergelsteine, dem Röt, fort. Letztere sind nicht sehr verwitterungsbeständig und bilden weiche Oberflächenformen.

Über dem Oberen Buntsandstein folgt der Muschelkalk mit tonig-kalkigen Gesteinen als Ablagerungen eines Flachmeeres. Die Entwicklung der Meerestiere erreichte in dieser Zeit im Untersuchungsgebiet einen Höhepunkt an Artenvielfalt und Individuenzahl; viele Gesteinsschichten wurden nach charakteristischen Fossilien benannt. Der Untere Muschelkalk stellt eine Folge aus flaserigen bis dünnplattigen, grauen Kalksteinen und Mergelkalken mit welligen Schichtflächen dar (Wellenkalk). In drei bestimmten Niveaus sind charakteristische Kalksteinbänke, die Oolithzone, Terebratulazone und Schaumkalkzone, eingeschaltet. Vor allem die beiden letzteren wurden vielfach in Steinbrüchen abgebaut (s. L 3, N 1,

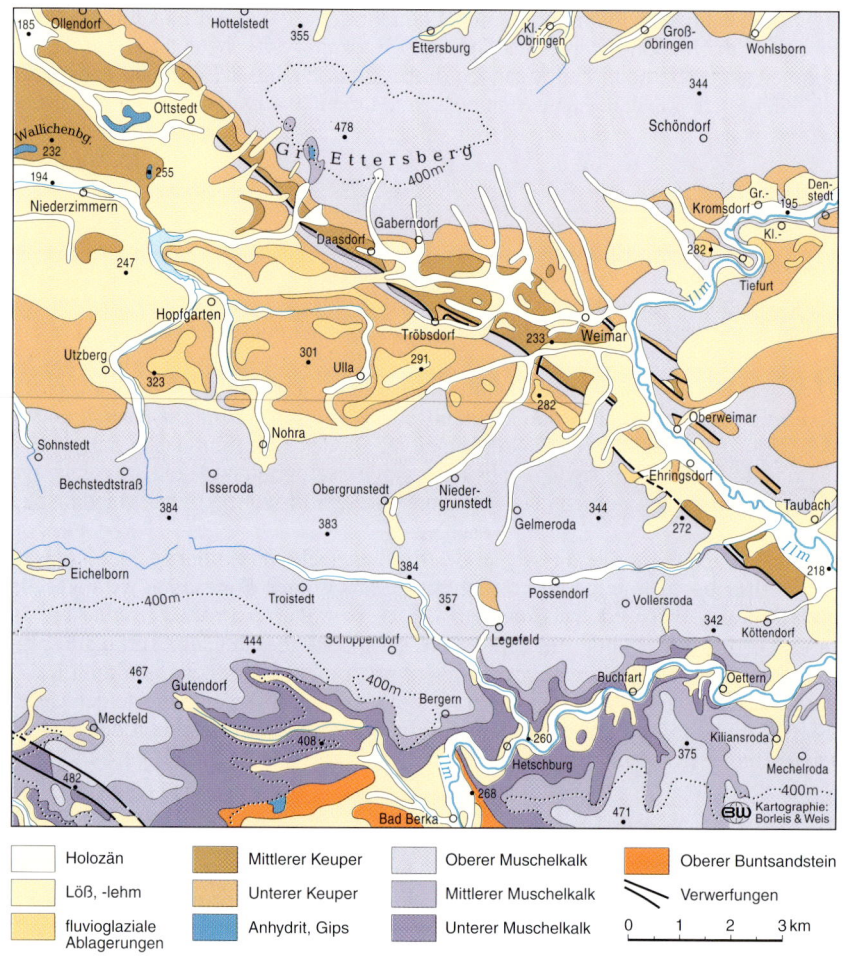

Holozän

Löß, -lehm

fluvioglaziale
Ablagerungen

Mittlerer Keuper

Unterer Keuper

Anhydrit, Gips

Oberer Muschelkalk

Mittlerer Muschelkalk

Unterer Muschelkalk

Oberer Buntsandstein

Verwerfungen

0   1   2   3 km

Abb. 2   Geologische Übersicht
(nach Geologische Karte von Thüringen 1 : 400000, Neubearbeitung 1994)

P 10.5). Der Mittlere Muschelkalk besteht aus Abfolgen dolomitischer Kalk-
und Mergelsteine mit unterschiedlich mächtigen Anhydrit- und Gipseinlagerun-
gen. Der Obere Muschelkalk enthält an der Basis harte, graue Bänke des
Trochitenkalkes sowie darüber die Ceratitenschichten, die als Wechsellagerung
von härteren Kalk- und weicheren Tongesteinen ausgebildet sind (s. B 2). Er ist im
behandelten Gebiet am weitesten verbreitet. Die Ceratitenschichten nehmen die
große Hochfläche südlich und südwestlich von Weimar und den Ettersberg ein,
wobei sich der darunter entwickelte Trochitenkalk häufig durch eine kleine Steilstufe bemerkbar macht. Der Untere Muschelkalk ist sehr widerstandsfähig gegen-

6

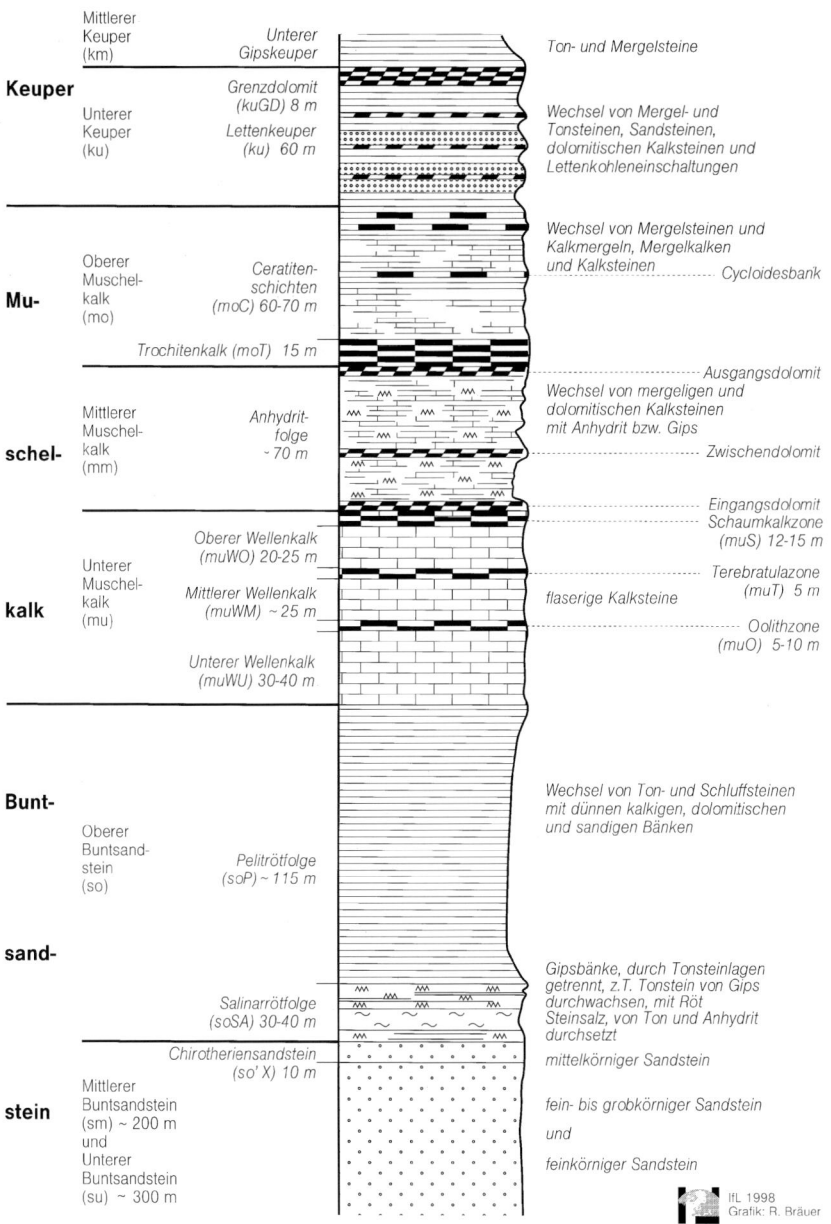

Keuper	Mittlerer Keuper (km)	*Unterer Gipskeuper*	*Ton- und Mergelsteine*
	Unterer Keuper (ku)	*Grenzdolomit (kuGD) 8 m* *Lettenkeuper (ku) 60 m*	*Wechsel von Mergel- und Tonsteinen, Sandsteinen, dolomitischen Kalksteinen und Lettenkohleneinschaltungen*
Mu-	Oberer Muschelkalk (mo)	*Ceratitenschichten (moC) 60-70 m* *Trochitenkalk (moT) 15 m*	*Wechsel von Mergelsteinen und Kalkmergeln, Mergelkalken und Kalksteinen* .... Cycloidesbank
schel-	Mittlerer Muschelkalk (mm)	*Anhydritfolge ~ 70 m*	..... Ausgangsdolomit *Wechsel von mergeligen und dolomitischen Kalksteinen mit Anhydrit bzw. Gips* ..... Zwischendolomit ..... Eingangsdolomit
kalk	Unterer Muschelkalk (mu)	*Oberer Wellenkalk (muWO) 20-25 m* *Mittlerer Wellenkalk (muWM) ~ 25 m* *Unterer Wellenkalk (muWU) 30-40 m*	Schaumkalkzone (muS) 12-15 m Terebratulazone (muT) 5 m *flaserige Kalksteine* Oolithzone (muO) 5-10 m
Bunt-	Oberer Buntsandstein (so)	*Pelitrötfolge (soP) ~ 115 m*	*Wechsel von Ton- und Schluffsteinen mit dünnen kalkigen, dolomitischen und sandigen Bänken*
sand-	Mittlerer Buntsandstein (sm) ~ 200 m und Unterer Buntsandstein (su) ~ 300 m	*Salinarrötfolge (soSA) 30-40 m* *Chirotheriensandstein (so' X) 10 m*	*Gipsbänke, durch Tonsteinlagen getrennt, z.T. Tonstein von Gips durchwachsen, mit Röt Steinsalz, von Ton und Anhydrit durchsetzt*
stein			*mittelkörniger Sandstein* *fein- bis grobkörniger Sandstein* *und* *feinkörniger Sandstein*

IfL 1998
Grafik: R. Bräuer

Abb. 3   Schematisches geologisches Profil der Trias (Entwurf J. WIEFEL 1998)

über der Verwitterung und bildet vielfach eine markante Steilstufe über dem flacheren Rötsockel, z. B. im Ilmtal (s. P 9), während der Mittlere Muschelkalk im Gelände durch flache Formen gekennzeichnet ist.

Als das Muschelkalkmeer verflachte und einzuschrumpfen begann, schoben sich vom Festland her Delta- und Trichtermündungen von Flüssen in das Becken vor. In der Zeit des Unteren Keupers wechseln dunkle Ton- und Schluffsteine mit Pflanzenreste führenden Sandsteinen und charakteristischen randmarinen, ockerbraunen dolomitischen Kalksteinen, die häufig kastenförmig verwittern. Der Mittlere Keuper weist rote, grauviolette und grünliche Ton- und Schluffsteine mit einzelnen dünnen, stärker verfestigten Steinmergellagen und Gipseinschaltungen auf. Die leicht verwitterbaren Tongesteine des Keupers bedingen weiche Geländeformen, z. B. zwischen Ottstedt am Berge und Ulla (s. A 3, F 4).

Das Quartär (Pleistozän und Holozän) war wiederum eine durch Klimaschwankungen geprägte Festlandszeit. Seine Ablagerungen bedecken vorwiegend als Lockergesteine unterschiedlicher Entstehung den Untergrund. Südwestlich und westlich von Weimar treten begrenzt Reste von Moränen, Geschiebemergeln und Schmelzwassersanden auf, die den Verlauf des südlichen Randes des Inlandeises während der Elstervereisung anzeigen. Zumeist deuten nur einige große Geschiebe, Findlinge, auf die frühere Verbreitung des Eises hin. Seine südlichsten Ausläufer dürften bei Mechelroda und Kiliansroda gelegen haben. Ein Teil der kaltzeitlichen pleistozänen Ablagerungen entstand durch Flüsse. Auf der Hochfläche zwischen Mellingen, Taubach und Umpferstedt markieren einzelne kleine Kiesvorkommen einen ehemaligen, präglazialen Ilmlauf, auf den auch die Kiese bei Süßenborn, unmittelbar östlich des Untersuchungsgebietes zurückzuführen sind. Weitere Kiesvorkommen sind an den Talhängen der Ilm in verschiedenen Höhenlagen zu finden. Sie dokumentieren frühere Talböden, denn die Ilm schnitt sich nach Perioden der Kiesablagerung von Zeit zu Zeit tiefer ein, wobei an den Talrändern stellenweise diese Ablagerungen erhalten blieben.

Während der Eem(?)-Warmzeit kam es an den Rändern des Ilmtales, während des Holozäns im Lottenbachtal zur Bildung von zum Teil sehr mächtigen Süßwasserkalken, dem Travertin (s. M 1, M 3, G 4.1). Sie entstanden an Quellaustritten stark kalkhaltiger Wässer und liegen in unterschiedlicher Ausbildung vor: in festen Travertinbänken, als grusig-sandig-schluffiges Material oder als hohlraumreiches, meist lockeres Gestein aus inkrustierten Pflanzenteilen. Größere Flächen des Oberen Muschelkalkes und Unteren Keupers sind von Löß bedeckt, der durch Winde aus westlichen Richtungen vorwiegend an nach O geneigten Hängen sedimentiert wurde. Nördlich der Eduard- Rosenthal-Straße in Weimar beträgt seine Mächtigkeit 5 m, stellenweise auch 10 bis 20 m. Die jüngsten Ablagerungen finden sich in den Talauen. Im Ilmtal tritt Kies mit einer Auelehmdecke auf. Die kleinen Täler von unbedeutenden Bächen oder wasserlose Rinnen sind von gröberem oder feinerem, zumeist umgelagertem Verwitterungsmaterial ausgefüllt.

Die Umgebung Weimars wird wie das gesamte Thüringer Becken von Faltenstrukturen und tektonischen Brüchen gegliedert, von denen einige die Landschaft wesentlich formen. Im S grenzt das Tannrodaer Gewölbe an. Am Nordrand erhebt sich der Ettersberg als ein asymmetrischer Sattel mit steiler Süd- und flacher Nordflanke. Die in Südost-Nordwestrichtung (herzynisch) durch das Untersuchungsgebiet verlaufende Ilmtalstörungszone hat südöstlich im Magdalaer Graben ihre größte Sprunghöhe von 100 bis 130 m. Von der Mündung der Magdel bis ins Stadtgebiet Weimar folgt die heutige Ilm diesem tektonisch angelegten Graben. Die Störungszone setzt sich aus dem Gebiet südwestlich von Weimar über Tröbsdorf nach NW als Weimarer Störung fort.

Die hydrogeologischen Verhältnisse des Untersuchungsgebietes werden im wesentlichen von den Gesteinen der Trias und ihren Lagerungsverhältnissen bestimmt. Der Mittlere Buntsandstein bildet einen ausgezeichneten Grundwasserhorizont. Die Muschelkalkfolge besitzt unterschiedliche Wasserdurchlässigkeit, während die Schichten des Oberen Buntsandsteins und Keupers stauend wirken.

Auffällige geologische Erscheinungen der Weimarer Landschaft im Ausstrich des Oberen Muschelkalkes sind Erdfälle (s. B 2) und Senkungswannen (s. L 8). Sie treten sowohl auf dem Großen Ettersberg als auch südlich von Weimar im Raum Belvedere – Köttendorf – Vollersroda – Legefeld – Holzdorf sowie bei Eichelborn auf und sind durch Auslaugung der im Mittleren Muschelkalk vorhandenen Gips- und Anhydriteinschaltungen bedingt. Im Laufe langer geologischer Zeiträume werden Spalten und Klüfte im Gips bzw. Anhydrit durch die im Untergrund zirkulierenden, auflösend wirkenden Wässer erweitert. Wird ein Hohlraum so groß, daß das darüber vorhandene Gewölbe das Gebirge nicht mehr tragen kann, stürzt Gestein in diesen hinein, wobei ein neues, höher gelegenes Gewölbe entsteht. Bei mehrmaliger Wiederholung dieses Vorganges verlagert sich der Hohlraum nach oben, bis an der Erdoberfläche ein Erdfall in Erscheinung tritt. Erdfälle mit zunächst steilen Wänden verflachen mit zunehmendem Alter häufig zu Senkungswannen.

Quellen, in deren Einzugsgebiet Mittlerer Muschelkalk auftritt, bezeugen durch hohen Sulfatgehalt, daß die Auslaugung heute noch anhält, z. B. Lotten-, Leutra-, Papierbach- und Kipperquelle (s. M 1).

J. Wiefel

Böden

Das Gebiet um Weimar ist hinsichtlich seiner Böden recht vielgestaltig und aus bestimmtem Grund besonders interessant. So wird folgende Erscheinung beobachtet: Das gleiche Ausgangssubstrat der Bodenbildung, der Löß, ist durch zwei ganz verschiedene Bodentypen vertreten, durch Schwarzerde und durch Parabraunerde. Diese typologische Differenzierung der Böden steht zur Höhenlage und zum Niederschlag in Beziehung. Der Schwarzerdestreifen mit Anschluß an den Erfurter Raum durchzieht über Niederzimmern und Hopfgarten das Gebiet von W nach O und schließt das Stadtareal von Weimar ein. Die Aufwölbung des Ettersberges, ebenso das Gebiet südlich der Autobahn als höher gelegene und etwas niederschlagsreichere Landschaftsteile, werden von Parabraunerde eingenommen. Löß-Parabraunerde ist eine Bodenform mit geringmächtig entwickeltem Humushorizont, tonärmerem Unterboden und tonangereichertem Untergrund.

Die Hauptursache für dieses Phänomen der regionalen Bodendifferenzierung könnte in der unterschiedlich abgelaufenen Vegetationsentwicklung während der Postglazialzeit liegen. Im Bereich der Schwarzerdeverbreitung hat vermutlich offene, steppenartige Vegetation vorgeherrscht, während die Parabraunerde-Lößböden sich wahrscheinlich unter Waldvegetation entwickelten. Das Weimarer Land stellt sich damit auch in bodenkundlicher Hinsicht, ähnlich wie in floristischer (s. Seite 10), als ein Übergangs- und Grenzgebiet dar.

Das reichliche Vorhandensein von Löß und dessen Bodenausbildung als Schwarzerde stempeln den Bereich nördlich der Autobahn, den Ettersberg allerdings ausgenommen, zu einem agrarisch wertvollen Areal. Hohe Bodenfruchtbarkeit zeichnet die Löß-Schwarzerde aus, die durch den tiefgründig entwickelten, dunkelgefärbten Humushorizont bekannt ist. Zuckerrüben und Intensivkulturen jeder Art können darauf angebaut werden, und zusätzliche Bewässerung (Beregnung) wird mit hohem Nutzeffekt eingesetzt (s. D 6). Verständlicherweise kommt Holznutzung auf so wertvollem Boden nicht in Betracht, so daß dieser Teil der Umgebung von Weimar als reine Ackerlandschaft besteht. Neben dem Löß treten Gesteine des Unteren Keupers, untergeordnet des Mittleren Keupers und vereinzelt Geschiebemergel als Ausgangsmaterial der Schwarzerden auf.

Südlich der Autobahn dünnt mit allmählichem Geländeanstieg die Lößdecke mehr und mehr aus, wird lückig und fleckenhaft, und das unterlagernde Muschelkalkgestein gewinnt als Substrat der Böden zunehmend an Bedeutung. Die gleichen Erscheinungen treffen für den bewaldeten Ettersberg zu, lediglich mit dem Unterschied, daß sich dort der Anstieg zu größerer Höhe viel rascher vollzieht (Tröbsdorf ca. 260 m, Ettersbergplateau ca. 400 m, Gutendorf ca. 450 m). In überragendem Maße sind es Gesteine des Oberen Muschelkalkes, der Ceratitenschichten (mo2), die an den Oberflächen vorliegen. Diese schweren und sehr schweren Muschelkalkböden (Ton und lehmiger Ton, nicht selten steinig und flachgründig) bereiten dem Landwirt beträchtliche Schwierigkeiten in der Bewirtschaftung, denn ihr spezifischer Wasserhaushalt verursacht Staunässe und scharfe Austrocknung im oft mehrfachen jahreszeitlichen Wechsel. Naturgemäß ist daher die Intensität der Bodennutzung solcher Kalkton-Rendzinen niedrig. Hackfruchtanbau tritt hinter Getreide- und Feldfutterbau auf den landwirtschaftlichen Nutzflächen zurück. Der Wald gewinnt nach S zunehmend stärkere Verbreitung und bildet schließlich geschlossene Areale, so zwischen Eichelborn, Troistedt und Gutendorf bis Bergern und südlich der Ilm zwischen Buchfart, Hetschburg und Saalborn, wo allerdings das Ausgangsgestein der Böden zum Teil Mittlerer und Unterer Muschelkalk ist. An mehr oder weniger steilen Hängen bringt er flachgründig-steinige, landwirtschaftlich kaum nutzbare Böden (Fels-Rendzinen) hervor.

Erwähnung bedarf noch der Obere Buntsandstein (Röt) mit vorwiegend sehr strengen Tonböden, der westlich von Bad Berka bis Tiefengruben flache und mäßig geneigte Hanglagen unter Acker am Fuß der Muschelkalk-Steilstufe einnimmt. Die sandigen Böden des Mittleren Buntsandsteins, die an den Röt-Ausstrich südlich anschließen, werden vom zu betrachtenden Gebiet kaum gestreift.

D. Rau

Flora und Vegetation

Eine aktuelle und vollständige Übersicht über das floristische Inventar der Stadt und des Weimarer Landes gibt es nicht, doch dürfte der Bestand etwa 1 200 Pflanzenarten umfassen. Dabei ist das Auftreten verschiedenartiger Florenelemente charakteristisch. Infolge der günstigen Temperaturverhältnisse sind südlich verbreitete, mediterrane, meridionale Arten reichlich vorhanden. An sonnigen Standorten begegnet man z.B. der Weißen Waldrebe (*Clematis vitalba*) und dem Wolligen Schneeball (*Viburnum lantana*). In den Laubwäldern ist die Elsbeere (*Sorbus torminalis*) nicht selten, bei kaum einer Wanderung wird man Orchideen vermissen. Östliche, kontinentale Elemente wie Feld-Mannstreu (*Eryngium campestre*) oder Frühlings-Adonisröschen (*Adonis vernalis*) werden vor allem westlich und nördlich des Ettersberges häufiger. Europäische Trollblume (*Trollius europaeus*), inzwischen selten, und Sumpf-Dreizack (*Triglochin palustre*), inzwischen verschollen, entstammen nördlichen Verbreitungsgebieten. Die besondere pflanzengeographische Situation wird dadurch unterstrichen, daß einige Pflanzen ihre Verbreitungsgrenze erreichen. Auf der Linie Arnstadt – Bad Berka – Jena klingt das Areal der Weiß-Tanne (*Abies alba*) nach N aus, im größten Teil des Gebietes kam dieser Nadelbaum ursprünglich nicht vor. Auf dem Ettersberg hatte der Alpen-Ziest (*Stachys alpina*) seinen absolut nördlichsten Fundort. Das osteuropäische Hain-Vergißmeinnicht (*Myosotis sparsiflora*) erreichte bei Weimar seine westliche Arealgrenze. Beide Arten gelten seit langem als verschollen.

Der natürliche Laubwald wird von der Rot-Buche (*Fagus sylvatica*) beherrscht. Ihr gesellen sich, je nach standörtlichen Gegebenheiten, Gemeine Esche (*Fraxinus excelsior*), Sommer- oder Winter-Linde (*Tilia platyphyllos, T. cordata*), Trauben- oder Stiel-Eiche (*Quercus petraea, Qu. robur*) und andere Mischhölzer bei. Solche Kalkbuchenwälder sind in unterschiedlicher Ausprägung entwickelt. Arten mit durchschnittlichen Wärme- und Feuchtigkeitsansprüchen (mesophile), mit hohem Temperaturbedarf (thermophile) oder solche, die Böden mit saurer Reaktion besiedeln (acidophile), treten jeweils kennzeichnend oder differenzierend in Erscheinung (s. B 2, K 3, P 11). Auf frischen nährstoffreichen Böden an Nordhängen und in Bachgründen stockt ein reicher Eschen-Ahornwald. In warmen Lagen wird der Buchenwald von Eichen-Hainbuchen- oder Eichen-Linden-Wäldern abgelöst, wobei wärmeliebende Steilhangwälder im Ilmtal besonders artenreich erscheinen. Standörtlich interessant sind Eichenwälder auf schweren, wechselfeuchten Tonböden. Über größere Flächen ist der Wald gerodet oder durch Forste aus Kiefer bzw. Fichte ersetzt. So kann man sich z. B. über die ursprünglichen Wälder in den Talauen nur noch ein unvollständiges Bild verschaffen (s. P 9).

Zu den interessantesten Ersatzgesellschaften zählen an den trockenen, warmen Muschelkalkhängen die Trespen- und Fiederzwenken-Halbtrockenrasen. Auf den Hochflächen fallen stellenweise wechselfeuchte Wiesen dadurch auf, daß Trockenheits-, Feuchte- und Wechselfeuchtezeiger zusammen mit verbreiteten Arten des Dauergrünlandes vorkommen. Auf Böden mit noch stärker wechselndem Bodenwasserhaushalt gelangen schließlich Pfeifengraswiesen und Kalkflachmoore zur Entwicklung. Stehende Gewässer kommen selten vor. Nur an einigen Erdfällen beobachtet man Sumpf- und Wasserpflanzengesellschaften (s. B 2). An den Fließgewässern sind schmale Säume von Echtem Mädesüß (*Filipendula ulmaria*) und Rauhhaarigem Weidenröschen (*Epilobium hirsutum*), auch ausgedehntere Fluren der Roten Pestwurz (*Petasites hybridus*) oder des Rohr-Glanzgrases (*Phalaris arundinacea*) entwickelt. An ruhigen Flußabschnitten der Ilm wächst vereinzelt in größerer Menge der Flutende Hahnenfuß (*Ranunculus fluitans*).

Bemerkenswert ist auch das Pflanzenleben auf den Äckern. In den dort auftretenden Segetalgesellschaften gehören Sommer-Adonisröschen (*Adonis aestivalis*), Feld-Rittersporn (*Consolida regalis*), Echte Nachtnelke (*Silene noctiflora*), Erdnuß-Platterbse (*Lathyrus tuberosus*), Kleine Wolfsmilch (*Euphorbia exigua*) oder auch Klatsch-Mohn (*Papaver rhoeas*) zu den charakteristischen Arten. Leider sind manche dieser Vertreter inzwischen ausgesprochen selten oder ganz ausgestorben.

Weißen Ackerkohl (*Conringia orientalis*) oder Acker-Hahnenfuß (*Ranunculus arvensis*) wird man kaum noch, Echten Venuskamm (*Scandix pecten-veneris*) überhaupt nicht mehr finden.

Nicht unerwähnt dürfen auch die Pflanzen der ein- und mehrjährigen Ruderalgesellschaften bleiben. Für warme Lagen seien Gemeine Eselsdistel (*Onopordum acanthium*), Stacheldistel (*Carduus acanthoides*) oder Woll-Kratzdistel (*Cirsium eriophorum*), als Seltenheit auch Schwarzes Bilsenkraut (*Hyoscyamus niger*) hervorgehoben. An den Bahndämmen fallen Blaue Kugeldistel (*Echinops sphaerocephalus*), Gemeiner Rainfarn (*Tanacetum vulgare*), Gemeine Nachtkerze (*Oenothera biennis*) und Gemeiner Beifuß (*Artemisia vulgaris*) auf. In den Dörfern bilden Dorf-Gänsefuß (*Chenopodium bonus-henricus*), Weg-Malve (*Malva neglecta*), Gemeines Sophienkraut (*Descurainia sophia*) oder Gemeiner Krähenfuß (*Coronopus squamatus*) Wegrand- und Trittgesellschaften. Auf Mauern alter Bauerngärten oder von Friedhöfen wachsen Zwerg-Schwertlilie (*Iris pumila*) und Hauswurz (*Jovibarba sobolifera, Sempervivum tectorum*). In den Fugen finden Gemeines Zymbelkraut (*Cymbalaria vulgaris*), Mauerraute (*Asplenium ruta-muraria*) und Zerbrechlicher Blasenfarn (*Cystopteris fragilis*) geeignete Lebensbedingungen.

Eine Übersicht über die botanischen Verhältnisse in und um Weimar wäre schließlich unvollständig, wollte man nicht auch auf die Gartenkultur und Gartenkunst, insbesondere die herrlichen Parks eingehen (s. G 4.13). Vor allem HUSCHKE (1951), HUSCHKE und VULPIUS (1956) und SCKELL (1928) schildern uns das Werden und die Entwicklung der Parks von Belvedere, Ettersburg, Großkromsdorf, Tiefurt und Weimar (s. M 4, B 1, D 6, H 1, G 4.13). Sie berichten von namhaften Gartenkünstlern und vom Reichtum der Pflanzensammlungen.

Die Geschichte der botanischen Erforschung der Weimarer Pflanzenwelt begann mit der Herausgabe der Floren von DIETRICH (1800) und DENNSTEDT (1800). Die Kenntnisse erweiterten später ERFURTH (1867, 1882), LOREY und GOULLON (1851) und so bekannte Botaniker wie CARL HAUSSKNECHT, JOSEPH BORNMÜLLER, EMIL TORGES und OTTO SCHWARZ. Im Jahre 1882 wurde in Erfurt der Botanische Verein für Gesamt-Thüringen (1891 Thüringischer Botanischer Verein, 1947 Thüringische Botanische Gesellschaft) gegründet, der im 1896 gegründeten „Herbarium Haussknecht" in Weimar, jetzt in Jena fortgeführt, eine neue Heimstatt fand. Aus dem dort vorhandenen reichen Material zur Flora von Weimar und der umfangreichen floristischen Literatur erhält man einen guten Einblick in die Veränderungen der Pflanzenwelt in den letzten 150 Jahren. Einige Arten, vor allem an anthropogen beeinflußten Standorten, haben sich zwar ausgebreitet, doch mit der zunehmenden Beeinflussung vieler Lebensräume, z.B. durch Großflächenwirtschaft, Melioration, Düngung, Herbizideinsatz und Bautätigkeit, sind Arten verschwunden oder Pflanzengesellschaften verarmt. Die Zahl ausgestorbener, verschollener und gefährdeter Arten und Biotope nahm zu.

W. Heinrich, S. Kämpfe

Tierwelt

Die Kuppe des Ettersberges im NW von Weimar bildet einen nach W vorgeschobenen Vorposten zu den mehr oder weniger dicht bewaldeten Muschelkalkhöhenzügen am östlichen Rand des Thüringer Beckens. So ist es verständlich, daß sich innerhalb dieser Randstruktur in der unmittelbaren Umgebung von Weimar eine vielfältige Tierwelt entwickeln konnte. Neben den Arten der freien Flur sind es besonders in den naturnahen Laubwäldern am Ettersberg, um Bad Berka oder bei Buchfart anspruchsvollere Arten unter den Wirbellosen, die den besonderen Wert dieser Wälder unterstreichen. An der Artenzusammensetzung kann teilweise noch heute nachvollzogen werden, ob es sich dabei um aufgelassene einstige Viehtriften, Ackeraufforstungen oder um Gebiete handelt, auf denen vermutlich seit Jahrhunderten Wald stockt.

Der Erfassungsgrad zum Vorkommen und der Verbreitung einzelner Tiergruppen der Umgebung von Weimar ist recht unterschiedlich. Neben relativ umfassenden Angaben über die Vogelwelt (HEYER 1973, 1991) sind es besonders die Weichtiere (Schnecken und Muscheln), die bereits seit der zweiten Hälfte des 18. Jh. (SCHRÖTER 1770; SCHMIDT 1881) immer wieder Gegenstand ausführlicher Erörterungen waren und Vergleiche über Änderungen in der Artenzusammensetzung innerhalb der vergangenen 200 Jahre erlauben. Darüber hinaus besitzen die z. T. gut erhaltenen Konchylienreste der interglazialen und holozänen Süßwasserkalkablagerungen von Weimar, Ehringsdorf und Taubach eine überregionale Bedeutung für die Rekonstruktion der Faunenentwicklung längst vergangener Zeiten, einschließlich des Umfeldes am Fundpunkt der Schädelfragmente des Ehringsdorfer *Homo sapiens neanderthalensis*.

In ihrer zusammenfassenden Übersicht konnte ZEISSLER (1981) für Weimar und seine Umgebung 109 Land- und Süßwassermolluskenarten anführen. Unter diesen befindet sich auch die heute in allen Parkanlagen und Laubwäldern um Weimar auftretende, offenbar erst nach dem Zweiten Weltkrieg eingeschleppte und aus dem Kaukasus stammende Wurmnacktschnecke (*Boettgerilla pallens*). Es ist wenig wahrscheinlich, daß diese hellgraue, in der oberen Bodenschicht lebende Art mit ihrer wurmartigen Gestalt von den Malakologen, die bei Weimar in früheren Jahren tätig waren, übersehen worden ist. Ähnlich verhält es sich mit der bis zu 18 mm Gehäusedurchmesser erreichenden Rotmündigen Heideschnecke (*Cernuella neglecta*), die erstmals 1952 bei Schöndorf und 1954 am Weg zwischen Belvedere und Oettern bemerkt wurde. Inzwischen hat sie sich nördlich bei Schöndorf und südlich von Belvedere bedeutend verbreitet. Gerade die Landschnecken eignen sich wie kaum eine andere Organismengruppe für Aussagen zur Landschaftsentwicklung, da ihr Vorkommen oder Fehlen Rückschlüsse zur Landnutzung am jeweiligen Ort über einige Jahrhunderte zurück ermöglicht.

Demgegenüber besiedeln Vögel ihnen zusagende Lebensräume wesentlich rascher, Änderungen vollziehen sich in kürzeren Zeiträumen und dynamischer. Insgesamt konnten im weiteren Umfeld von Weimar in unserem Jh. 236 Vogelarten, darunter 133 als Brutvogelarten und 45 als regelmäßige Gäste, nachgewiesen werden (HEYER 1973).

Je nach der landschaftsverändernden Tätigkeit des Menschen ändert sich auch die Zusammensetzung der Tierwelt. Waren vor etwa 100 Jahren noch für die freie Flur 18 Brutvogelarten charakteristisch, so hat sich ihre Zahl in letzter Zeit stark verringert. Ursachen für diese Entwicklung bildeten veränderte Anbaumethoden, verbunden mit der Beseitigung von Zwischenstrukturen, Rückgang des Grünlandanteils und der Schaffung großer, einheitlicher Schläge. Großtrappe, Steinkauz und Kiebitz sind in den vergangenen 50 Jahren aus dem Gebiet, die Großtrappe sogar aus ganz Thüringen als Brutvogelart verschwunden. Für die Feldlerche und das Rebhuhn bieten die heute als Naturschutzgebiet ausgewiesenen Flächen des ehemaligen militärischen Übungsplatzes am Südhang des Ettersberges noch geeignete Rückzugsräume. Auf den großen Feldern sind sie dagegen auf etwa 10 % ihrer einstigen Bestände reduziert. Der Rückgang beschleunigte sich in den siebziger Jahren unseres Jh. durch die Strukturverarmung im Zusammenhang mit der Schaffung immer größerer Feldflächen und der Umwandlung von Grünland in Äcker. Konnte HEYER (1973) über die Grauammer noch vermerken: „ ... besiedelt alle größeren Feldfluren unserer Gegend. Besonders häufig findet man sie entlang der Straßen in der nördlichen Ackerebene. Aber auch im Süden ist sie zu finden.“, so wird diese Art vom gleichen Autor 20 Jahre später nur noch als unregelmäßiger Brutvogel angeführt, und heute sucht man sie auf den Feldern um Weimar vergeblich. Auf den weiten Feldflächen finden sich alljährlich lediglich noch in den Spätherbst- und Wintermonaten die großen, über mehrere Monate verweilenden, aus Osteuropa eingeflogenen Saatkrähenschwärme zur Nahrungssuche ein, die im Ilmtal oberhalb Weimars in den Abendstunden ihre Schlafbäume aufsuchen.

Selbst der Feldhamster, einst als landwirtschaftlicher Schädling intensiv verfolgt, ist sehr selten geworden oder fehlt ganz, die einstigen Hamsterfänger haben ihre Tätigkeit bereits in den siebziger Jahren eingestellt. Neben den normalfarbenen Hamstern treten in der weiteren Umgebung von Weimar als Besonderheit gelegentlich auch schwarze auf, bei denen nur Schnauze, Füße und Ohrränder weiß sind (ZIMMERMANN 1969). Es handelt sich dabei um eine Farbmutante, die auch aus der Ukraine und Baschkirien bekannt ist. Auch der Feldhase teilt das Schicksal der Tiere der freien Feldflur. Wo er einst auf den Äckern häufig war, ist er heute nur selten anzutreffen. Demgegenüber hat sich sein Bestand gleichbleibend niedrig in den wärmeren Kiefern-Mischwäldern erhalten.

Am Siedlungsrand, an Ruderalplätzen, Heckenstreifen, Gräben mit breiteren Ufersäumen und stärker strukturierten Waldrändern in den südlichen Teilen des Gebietes lebt dagegen noch eine reichere Tierwelt. In den Hecken konnten 57 Vogelarten nachgewiesen werden, von denen 24 Brut- und 33 Gastvogelarten sind (HEYER 1991). Auch die Kleinsäuger finden hier gute Lebensbedingungen, was sich in einer höheren Arten- und Individuenzahl verdeutlicht. Dies zeigt ein Vergleich der Artenzahl von Beutetieren der Schleiereule, die in Gewöllaufsammlungen auf zwei Kirchtürmen am Rande des hier behandelten Gebietes aufgefunden wurden. Während in der Aufsammlung aus rein agrarisch genutztem Umfeld lediglich drei Spitzmaus- und drei andere Mäusearten nachgewiesen werden konnten, waren es im Südteil mit höherer Strukturvielfalt fünf Spitzmaus- und sechs Mäusearten, dazu noch Maulwurf und Feldhamster. Das reichhaltigste Tierleben findet sich an den Rändern der Parkanlagen mit Auewaldcharakter entlang der Ilm. Dort nistet auch, jedoch recht unregelmäßig, die Wasseramsel. Da sie als Indikator für die Reinheit des Flusses betrachtet werden kann, bleibt zu hoffen, daß sie entsprechend der eingeleiteten Sanierungsmaßnahmen auch den Bachlauf im Park an der Ilm wieder besiedeln wird.

D. von Knorre

Geschichte

Ur- und Frühgeschichte

Die Besiedlung des heutigen Weimarer Stadtgebietes und seiner Umgebung begann bereits im Paläolithikum. In der folgenden Zeit sind hier und in den angrenzenden Landschaften nahezu alle ur- und frühgeschichtlichen Perioden, teils mit reichem Fundmaterial, zu belegen, so daß man von einer Siedlungskontinuität bis zur Frühen Neuzeit ausgehen kann.

Vor mehr als 200 000 Jahren suchten mittelpaläolithische Altmenschen die Mischwald- und Steppenlandschaft des Ilmtales auf und wählten ihren Lagerplatz an einem Gewässer in den zeitweise und partiell trockenen Süßwasserkalken, den Travertinen bei Weimar-Ehringsdorf (s. M 1). Sie fertigten ihre Werkzeuge aus Feuerstein, der mit dem Vorstoß des Inlandeises in unsere Landschaft gelangt war (s. Seite 8). Die im Travertin eingeschlossenen Tierknochen, Pflanzenabdrücke und Hominidenfunde (Skelette von neun Individuen der Ehringsdorfer Population) haben überregionale Bedeutung. Der Ehringsdorfer Altmensch nimmt einen wichtigen Platz innerhalb der Menschheitsentwicklung ein und gilt als unmittelbarer Vorfahre des heutigen Menschen (s. M 1). An der komplexen Erforschung des Ehringsdorfer Travertins und seiner Einschlüsse sind heute Geologen, Archäologen, Anthropologen, Botaniker und Vertreter weiterer Wissenschaftszweige beteiligt.

Paläolithische Steingeräte fand man in der Umgebung auch an anderer Stelle, u. a. auf einer Anhöhe nahe der Wallendorfer Mühle. Während das Weimarer Gebiet im Jungpaläolithikum vor rund 12 000 Jahren nur von den umherziehenden Jägergruppen aufgesucht wurde, wie Steingeräte vom Riechheimer Berg zeigen, setzte in der Mittleren Steinzeit (8000–5000 v. Chr.) eine stärkere Besiedlung (s. B 2) ein. Die Mesolithiker bevorzugten Hochflächen und Terrassen über größeren Flüssen als Wohnplätze (Abb. 4). Diese Jäger, Sammler und Fischer benutzten sehr kleine Feuersteingeräte, die sogenannten Mikrolithen, die mit Holz und Knochen geschäftet waren.

Etwa zur gleichen Zeit bildete sich im 9. und 8. Jahrtausend v. Chr. im Vorderen Orient der Ackerbau heraus. Über den Donauraum verbreitete sich die bäuerliche, seßhafte Lebensweise bis nach Mitteldeutschland. Die ersten Bauern, die sich auf fruchtbaren Lößböden in der Weimarer Landschaft niederließen (s. C 4, M 1, G 4.1, G 4.3, P 9, Q 6), waren die nach den bandartigen Motiven auf ihren kugelbodigen Gefäßen (Kümpfe, Flaschen, Schalen, Butten) benannten Bandkeramiker (4600–3600 v. Chr.). Die Siedler lebten in großen, bis zu 40 m langen und 6 m breiten Holzpfostenhäusern und legten Vorratsgruben in deren Nähe an. Ihre Toten bestatteten sie in Hocklage in einfachen ovalen Erdgruben (s. G 4.3, H 3, M 3) und gaben ihnen im Glauben an ein Weiterleben nach dem Tode Gefäße mit Speisen und Getränken, typische Steingeräte sowie Schmuck wie Spondylusmuscheln aus dem Mittelmeerraum oder durchbohrte Tierzähne mit ins Grab. Fesselung der Verstorbenen und ihre Beisetzung in Bauchlage gehörten zum Totenkult und sollten eine Rückkehr verhindern. Zum ersten Mal trat in dieser Zeit neben Körpergräbern die Brandbestattung auf.

Die frühneolithische Stichbandkeramik (3900–3300 v. Chr.) und Rössener Kultur (3330–2900 v. Chr.) hatten die gleiche wirtschaftliche Grundlage. Im Weimarer Gebiet sind geringe Fundbelege vorhanden (s. M 3, G 4.3). Mit neuen Methoden der

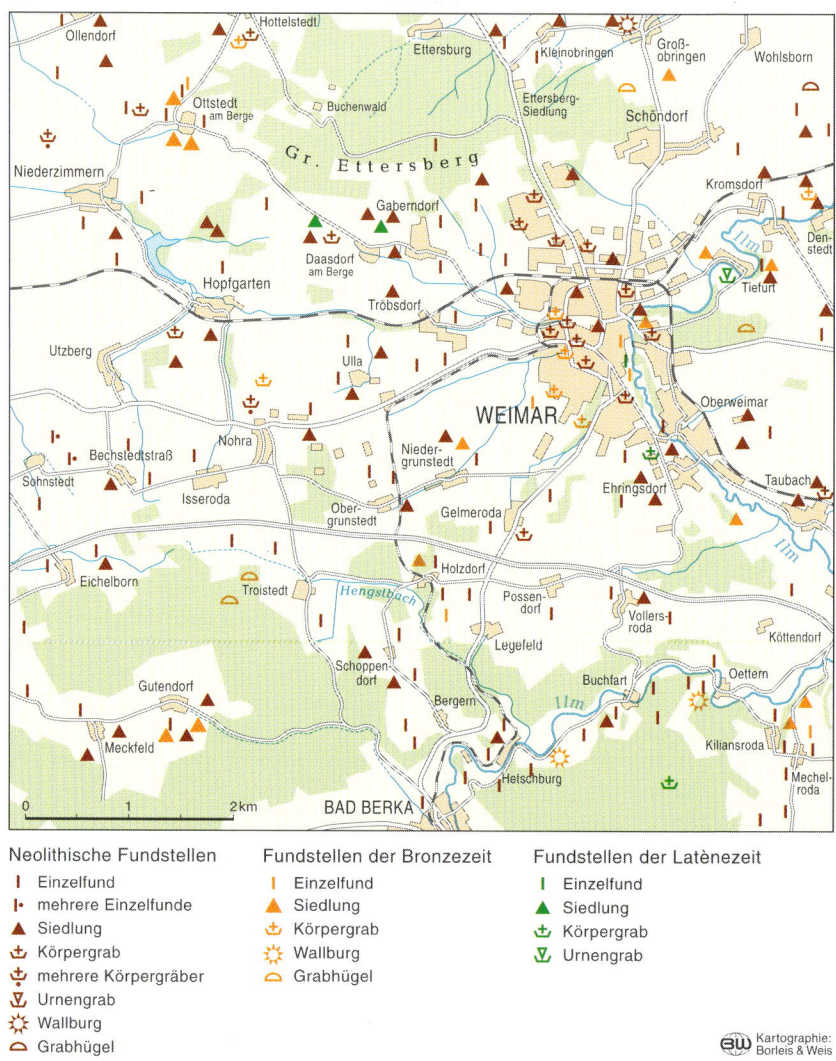

Abb. 4 Steinzeitliche, bronzezeitliche und eisenzeitliche Fundplätze (Entwurf W. Timpel)

Feldbearbeitung breiteten sich Ackerbau und Viehzucht in der folgenden Trichter-becherkultur (3000–1900 v. Chr.) weiter aus (s. H 3).

Zu Beginn des 3. Jahrtausends v. Chr. entstanden erstmals große Erdwerke, die in der Weimarer Landschaft auf die Salzmünder und Bernburger Kultur zurückge-hen. Aus den Erdhäusern und Gräben der großen Anlagen (s. A 3, D 1) wurden mit Ausgrabungen bei Großobringen und Krautheim viele Tonscherben und Gefäßfragmente sowie ein reiches Knochen- und Werkzeugmaterial geborgen. Die Erdwerke dienten als Siedlungsplätze und erfüllten zugleich ein Schutzbedürfnis der jungsteinzeitlichen Menschen. Untersuchungsbefunde weisen darauf hin, daß hier auch kultische Handlungen stattfanden. Ein Teil der Keramik läßt kulturelle Verbindungen mit Böhmen erkennen. In der vorwiegend im nördlichen Thüringen verbreiteten Kugelamphorenkultur (2500–2000 v. Chr.) werden mit der Anlage großer Grabhügel, Steinkistengräber und Tierbestattungen Veränderungen in der gesellschaftlichen Struktur deutlich. Keramik dieser Kultur ist in Legefeld und in der Großobringer Siedlung (s. D 1, P 1) vertreten.

Die schnurkeramische Kultur (2300–1800 v. Chr.) kommt in der Weimarer Mulde mit Flachgräbern vor. Die Toten wurden in Hockstellung, die Frauen auf der linken, die Männer auf der rechten Seite mit Blick nach S, beigesetzt. Zu den Grabinventaren gehören Amphoren mit Schnureindrücken, Becher und Schalen, Zahn- und Muschelschmuck sowie Steingeräte (s. C 4, G 4.3, J 3, K 1). Kennzeichnend sind auch sorgfältig facettierte Äxte. Die Schnurkeramiker betrieben überwiegend Viehzucht, kannten aber auch den Getreideanbau, wie Kornabdrücke in ihren Tongefäßen beweisen. Am Ende des Neolithikums breitete sich von der Pyrenäenhalbinsel die Glockenbecherkultur aus. Mit ihren glockenförmigen Gefäßen, Armschutzplatten sowie kunstvollen Beilen und Dolchen, z. T. aus Kupfer, hinterließ sie ihre Spuren auch im Weimarer Raum (s. C 4, G 4.3, H 3, L 3).

Den Übergang vom Neolithikum zu den bäuerlichen Kulturen der Bronzezeit belegen einfache Kupferbeile (s. P 1). Die mit Siedlungsstellen und Gräbern im Stadtgebiet (s. G 4.3) und in der Umgebung vorkommende, nach einem böhmischen Fundort benannte Aunjetitzer Kultur (1800–1500 v. Chr.) ging aus den einheimischen spätneolithischen Kulturen, mit wesentlichen Einflüssen aus Böhmen, hervor. Die mit und ohne Steinschutz angelegten Gräber enthielten gehockte Körperbestattungen und als typische Beigaben doppelkonische Tassen, Becher, Stein- und Silexgeräte sowie bronzene Nadeln, Pfrieme und Noppenringe (s. D 3, G 4.3). Die Gewinnung und Verbreitung von Metallen brachte grundlegende gesellschaftliche Veränderungen. Große, reich ausgestattete Grabhügel lassen Besitzunterschiede zwischen den Sippen und einzelnen Angehörigen der Gruppen erkennen und deuten auf eine soziale Differenzierung hin. Die vorwiegend im südlichen Thüringen verbreitete bronzezeitliche Hügelgräberkultur (1600–1200 v. Chr.) hat im Weimarer Gebiet mit Einzelfunden (s. G 2, D 1, G 4.3) nur geringe Spuren hinterlassen. Sieben Bronzebeile und eine Kupfernadel mit gelochtem, strichverziertem Kopf von Großobringen entstammen dieser Kultur.

Die Fundkomplexe der Jungbronzezeit – Siedlungen, Gräber und Befestigungsanlagen – gehören in unserem Gebiet der Unstrut-Gruppe an. Diese Kulturgruppe ist Bestandteil des großen europäischen Kreises der Urnenfelderkultur (1200–700 v. Chr.), zu der verschiedene große Kulturgruppen zu zählen sind. In den Siedlungen bei Taubach und Süßenborn wurde die kennzeichnende Tonware, so Schulterwulstamphoren, Schalen und Teller mit Turbanrand, gefunden. Flachgräber von Nohra, Kromsdorf und Weimar-Ehringsdorf enthielten Bronzehalsreifen, Blecharmringe, Spiralnadeln und bronzene Lanzenspitzen. Die in der Urnenfelderzeit übliche Totenverbrennung setzte sich in der Unstrutgruppe zögernd durch, wie das gemeinsame Vorkommen von Körper- und Brandgräbern auf den Bestattungsplätzen zeigt. Die Hügelgräber im Webicht und im Gottesholz bei Troistedt, in denen sich Brandbestattungen z. T. mit Gefäßbeigaben befanden, wurden in dieser Zeit angelegt (s. D 6, G 4.3, M 1, M 3, K 1, D 6). Die Frühe Eisenzeit (700–450 v. Chr.) bewahrte die urnenfelderzeitlichen Traditionen besonders im Bestattungswesen und nahm Einflüsse der im S verbreiteten Hallstattkultur auf. In dieser Periode setzte sich die allgemeine Verwendung des Eisens durch. Die Landwirtschaft war auch in der Thüringischen Kultur der älteren Eisenzeit die Existenzgrundlage der Bevölkerung (s. M 1).

Große Siedlungen befanden sich am Rand der Parkanlage in Belvedere (s. M 4) und im heutigen Weimarer Stadtgebiet (s. G 4.3). In den Gräbern mit Körperbestattungen kommen scharflappige und unechte Wendelringe aus Bronze sowie Steigbügelarmringe vor (s. M 1). Auch schildförmige Bronzeohrringe sind kennzeichnend für diese Kultur. Es wurden Grabhügel errichtet oder vorhandene ältere Hügel mit Nachbestattungen belegt. Die großen Fluchtburgen mit aufwendigen Befestigungsanlagen, die in dieser Zeit im Ilmtal entstanden, so die Heidingsburg (s. P 8) und die Otternburg (s. Q 4), zeigen, daß größere soziale Bevölkerungsgruppen mit einer einheitlichen Führung bestanden.

In den folgenden Jahrhunderten (450 v. Chr.–0) bildete sich im Thüringer Becken eine Kontaktzone zwischen den von S über den Mittelgebirgsraum vordringenden Kelten, den Trägern der Latènekultur, und den seit dem 3. Jh. v. Chr. im Saale-Unstrut-Gebiet ansässigen Germanen heraus. Handelsbeziehungen und vielfältige Kontakte zwischen beiden Gruppen führten zu gegenseitigen Beeinflussungen in der materiellen Kultur, die sich vor allem im Inventar der Gräberfelder unseres Gebietes – in Nohra (s. K 1) und Tiefurt (s. H 1) – widerspiegeln. Im Brandgräberfeld von Tiefurt kamen Drehscheibengefäße mit den bei den Kelten üblichen Verzierungen vor. In einigen Gräbern von Nohra fanden sich keltische Importgegenstände. Eine Siedlung im Stadtviertel am Brühl ist durch Keramik des 3. Jh. v. Chr. und eine bronzene Gewandspange mit aufgesetzter Korallenzier zu belegen (s. G 4.3).

In der Spätlatènezeit und der nachfolgenden Römischen Kaiserzeit (0 – Ende 4. Jh.) siedelten im Weimarer Gebiet Germanen, die zum elbgermanischen Stamm der Hermunduren gehörten. Sie drangen aus ihrem Hauptsiedlungsgebiet an der mittleren Saale in unseren Raum vor. Einzelfunde, wie eine römische Silbermünze, die bei Umbauten am Weimarer Schloß gefunden wurde, und Keramik von einem Hang bei Belvedere deuten auf ehemalige Siedlungen hin (Abb. 5). Seit dem 3. Jh. gingen die Vertreter der Gentilaristokratie zur Körperbestattung über. Diesen Bestattungsbrauch übernahm auch die einfache Bevölkerung in den folgenden Jahren. Die Brandgräber von Ehringsdorf enthielten u. a. importierte römische Gegenstände (s. M 1). Zu den Burgen, die in spätrömischer Zeit erneut aufgesucht wurden, gehört die Heidingsburg (s. P 8). Bei Possendorf befand sich im 2. und 1. Jh. v. Chr. ein kleines Moorheiligtum, das Einblick in kultische Vorstellungen der Germanen vermittelt (s. L 7).

Im 4. Jh. entstand aus dem Zusammenschluß elbgermanischer Hermunduren mit rhein-weser-germanischen Siedlern und anderen germanischen Stammesgruppen der Stammesverband der Thüringer. Um 400 wird die Bevölkerung erstmals *Thoringi* genannt. Im 5. Jh. fand der Stammesverband seinen politischen Ausdruck im Thüringer Königreich. Als erster König wird um 500 BISIN erwähnt. Die Ehe seines Sohnes und Nachfolgers HERMINAFRIED mit der Nichte des Ostgotenkönigs

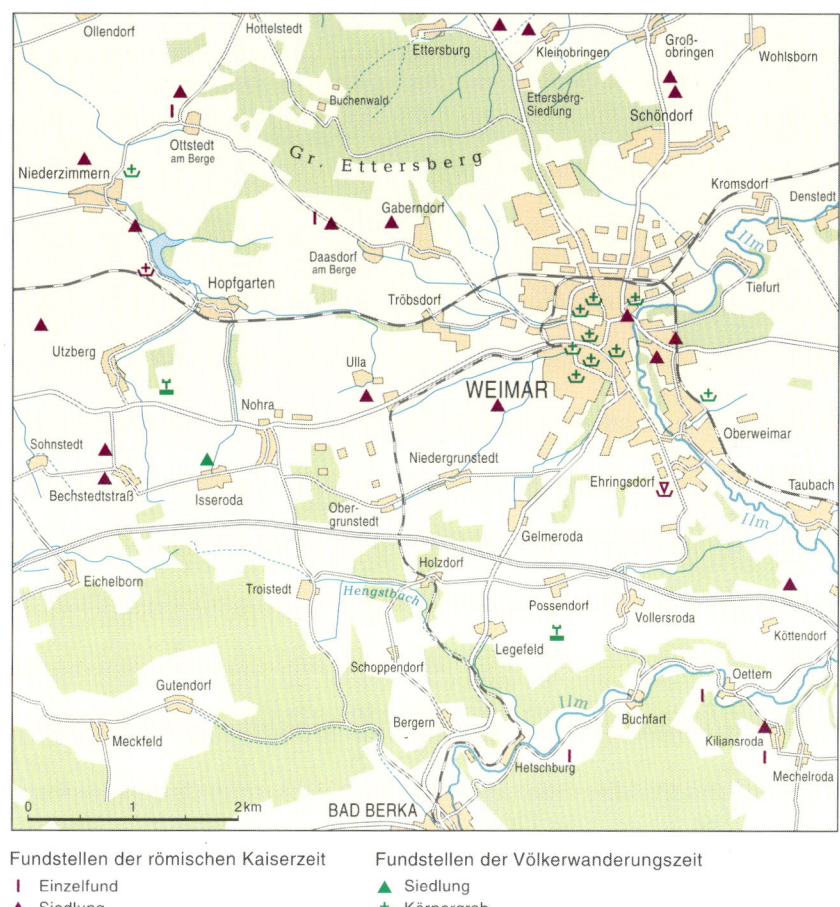

Kartographie:
Borleis & Weis

Fundstellen der römischen Kaiserzeit

I Einzelfund
▲ Siedlung
⚓ Körpergrab
⚱ Urnengrab

Fundstellen der Völkerwanderungszeit

▲ Siedlung
⚓ Körpergrab
⚰ Opferstelle

Abb. 5   Kaiserzeitliche und völkerwanderungszeitliche Fundplätze (Entwurf W. TIMPEL)

THEODERICH festigte das thüringisch-ostgotische Bündnis, das sich gegen die Expansionsbestrebungen der Franken richtete.

Im späten 5. Jh. und im frühen 6. Jh. erlangte das Thüringer Königreich die größte Ausdehnung seines Herrschaftsbereiches, der von der unteren Elbe bis zur Donau und vom heutigen Brandenburg bis zur Rheinmündung reichte. Das eigentliche Hauptsiedlungsgebiet war kleiner, nach einem Bericht des fränkischen Geschichtsschreibers GREGOR VON TOURS floß die Unstrut durch das Gebiet der Thüringer. Als Zeugnisse eines eigenständigen thüringischen Kunstschaffens gelten die in Werkstätten an Adelshöfen gefertigten Fibeln (Gewandspangen), Minia-

19

turfibeln mit Almandineinlagen, Zangen- und Vogelfibeln mit Kerbschnittverzierungen, gefunden auf dem Nordfriedhof und in der Cranachstraße in Weimar. Das spätere Stadtgebiet von Weimar zeigt mit mehreren Wohnplätzen und fünf Gräberfeldern eine bemerkenswerte Siedlungskonzentration, die auf ein bedeutendes politisches und kulturelles Zentrum im Thüringerreich hinweist. Während die reich ausgestatteten Körpergräber vom sogenannten Nordfriedhof im Bereich der Meyer- und der Friesstraße und von der Cranachstraße (s. G 4.4) auf eine gehobene Bevölkerungsschicht schließen lassen, hat es sich in Oberweimar offenbar um den Bestattungsplatz bäuerlicher Siedler gehandelt (s. H 3). Auf dem Rollplatz befand sich nach drei hier untersuchten Hausgrundrissen das große Gehöft eines Siedlungsbereiches, der sich wahrscheinlich bis zum Brühl ausdehnte. Weitere thüringische Siedlungskomplexe sind in Taubach (s. M 3) und Isseroda (s. J 3) nachgewiesen.

Nach dem Tode des Ostgotenkönigs besiegten die Franken im Jahre 531 die Thüringer in der Entscheidungsschlacht an der Unstrut. Thüringen verlor seine politische Selbständigkeit und wurde Teil des fränkischen Staates. Die Integration der Thüringer Bevölkerung in das fränkische Reich vollzog sich nach Aussage der Bodenfunde in mehreren Phasen und führte zur Anlage von fränkisch besiedelten Burgen wie Monraburg, Erfurt-Petersberg und Sachsenburg sowie militärisch organisierten Handelsplätzen wie Alach bei Erfurt. Mit der Einsetzung des Herzogs RADULF, der den östlichen Teil des Reiches stärker an die Zentralgewalt binden sollte, kamen im 7. Jh. zunehmend christliche Siedler in den Thüringer Raum, doch haben sich heidnische Vorstellungen noch lange gehalten. Erste Kirchen entstanden anfangs in fränkischen Siedlungen und Burgen. Als eine wichtige Quelle erweisen sich älteste Kirchenpatrozinien, von denen der Heilige MARTIN (Weimar, Heidingsburg, Ilmtal) und der Heilige DIONYSIUS in fränkische Zeit gehören.

Seit dem 7. Jh. wanderten Slawen aus dem O und SO in das Ilm-Saale-Gebiet ein. Die archäologischen Befunde lassen die Ausbreitung der Slawen in Westthüringen über die Ilm-Saale-Platte und entlang des Flußlaufes der Ilm erkennen (Abb. 6). Die ältesten slawischen Siedler sind durch ihre mit einzügigen Wellen verzierte Keramik und eiserne Hakensporen von Mellingen und Ettersburg (s. B 1) zu belegen. Die Entwicklung der Beziehungen der Franken, später der Deutschen, zu den Slawen reichte von der friedlichen Einwanderung bis zur Unterwerfung durch den deutschen Feudalstaat. Die von ihnen zu entrichtenden Feudalabgaben entsprachen denen der abhängigen deutschen Bauern. Beide ethnischen Gruppen beteiligten sich auch im Weimarer Gebiet seit dem 10. Jh. am inneren Landesausbau. Die Slawen wohnten in quadratischen Grubenhäusern und Blockbauten, die in lockerer Kreisform angeordnet waren (s. G 4.4). Die slawische Siedlung des 8. bis 10. Jh. von Weimar-West ist die westlichste bisher untersuchte in Mitteldeutschland.

Neben den archäologischen Funden und Befunden geben alte Namen wichtige Hinweise auf die frühgeschichtliche Besiedlung unseres Raumes. In eine sehr frühe Zeit reichen Gewässernamen zurück. Waren doch Fluß- und Bachläufe, Teiche und Quellen von elementarer Bedeutung für das menschliche Leben. So sind der Flußname Ilm (*Ilmina*) und die Bachnamen Asbach, Gramme, Lotte, Magdel, Nöhrbach, Scherkonde (*Skorkiunda, skarjan* = lärmen) als germanisches oder vorgermanisches Namengut in der Zeit des Thüringer Königreiches als feste Bezeich-

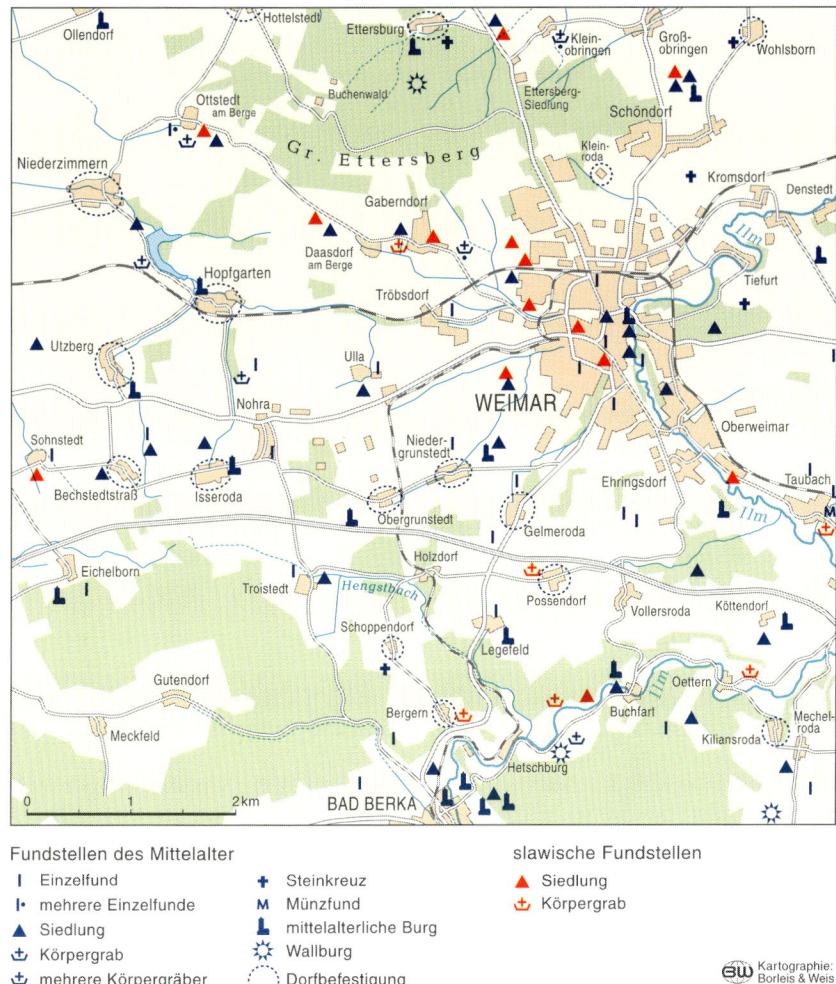

Fundstellen des Mittelalter

		slawische Fundstellen
I Einzelfund	+ Steinkreuz	▲ Siedlung
I• mehrere Einzelfunde	M Münzfund	⚓ Körpergrab
▲ Siedlung	L mittelalterliche Burg	
⚓ Körpergrab	☼ Wallburg	
⚓ mehrere Körpergräber	⬭ Dorfbefestigung	BW Kartographie: Borleis & Weis

Abb. 6   Mittelalterliche und slawische Fundplätze (Entwurf W. TIMPEL)

nungen in Gebrauch gewesen. Das gilt auch für den Weimarer Gehölznamen Webicht. Der Ortsname Weimar ist als *Wimari* in den ersten Jahrhunderten v. Chr. entstanden. Der Name bezeichnete eine germanische Kultstätte (*wiha* = heilig, *mari* =
stehendes Gewässer) und wurde auf die nahegelegene Siedlung übertragen. Die
Orte mit den Namenendungen *-ingen* können bis in das 2. und 1. Jh. v. Chr.
zurückreichen, während die Orte auf *-stedt* wie Sohnstedt, Troistedt, Nieder- und
Obergrunstedt vom 4./5. bis zum 6. Jh. entstanden. Jüngeren Ursprungs sind Dörfer mit *-born* (z.B. Wohlsborn), und *-dorf* (z.B. Possendorf, Schoppendorf, Daas-

21

dorf, Gaberndorf), die einen Landesausbau seit dem 8. Jh. anzeigen, und Orte mit *-rode*-Endungen (z. B. Kiliansroda, Mechelroda), die seit dem 9. Jh. vorkamen. Die aus dem Bereichen dieser Orte mit unterschiedlichen Endungen vorliegenden frühgeschichtlichen Funde bestätigen diese Zeitansetzungen.

Kennzeichnend für den frühmittelalterlichen deutschen Bestattungsbrauch des 8. Jh. sind Gräber von Süßenborn mit Perlen und Eisensporen sowie das Steinkistengrab von Niederzimmern (s. A 4) mit Silberohrringen und einer rechteckigen Silberplattenfibel. Während die Beigabensitte mit zunehmendem Einfluß des Christentums bei der deutschen Bevölkerung in karolingischer Zeit zum Erliegen kam, gaben die Slawen ihren Toten weiterhin Geräte und Schmuck – silberne Schläfenringe, Ohrringe, geflochtene Halsringe, Perlenketten (Glas, Metall, Bernstein, Karneol), Fingerringe, Eisenmesser und Sporen (s. G 1, L 6, M 3, P 6) mit. Die Gräber sind west-östlich orientiert, oft mit Steinen umgeben und besitzen vielfach Holzeinbauten.

Über die Siedlungsweise der deutschen Bevölkerung im Weimar des 9. bis 11. Jh. geben Gehöfte, bestehend aus Haupt- und Nebengebäuden, Aufschluß, die am Brühl und bei der Neubebauung der Rittergasse untersucht wurden. Wie in anderen Orten zeichnet sich nach den archäologischen Befunden ein Zusammenwachsen mehrerer großer Siedlungskerne, den Siedlungen im Bereich der Jakobsvorstadt, der Rittergasse und am Brühl/Marstallstraße, zur vorstädtischen Siedlung ab.

Die Herausbildung von Territorialgewalten führte auch im Weimarer Gebiet zur Errichtung unterschiedlicher Befestigungsanlagen (s. B 1, G 4.4, P 9, P 10.2). Seit dem 11. Jh. entstanden kleine Herrenburgen z. T. aus den Höfen des Ortsadels und der feudalen Grundherren. Ihre Formen reichen von befestigten Herrenhöfen bis zur Neuanlage kleiner Höhenburgen und Burghügel (s. J 4, M 5).

Die allgemeine Unsicherheit im späten Mittelalter führte zur Befestigung zahlreicher Dörfer durch umlaufenden Wall und Graben oder Mauern (s. A 4, B 1, C 3, D 1, D 3, E 3, F 3, J 2, J 3, K 2, L 1, L 3, L 6, O 1). Als Denkmale des mittelalterlichen Rechtsbrauches sind in und um Weimar Steinkreuze unterschiedlicher Form erhalten (s. D 5, H 1, O 1, Abb. 62).

W. Timpel

Eingliederung in das Frankenreich und frühmittelalterliche Grundherrschaften

Das Weimarer Gebiet bot für seine Besiedlung unterschiedliche natürliche Voraussetzungen. Im S erstreckte sich ein geschlossenes Waldgebiet von Erfurt über Blankenhain bis Jena, dessen nördliche Begrenzung etwa im Zuge der heutigen Autobahn lag. Der nördliche Teil dagegen, unterbrochen vom Ettersberg, gehörte zu einer siedlungsbegünstigten Offenlandschaft, in der allerdings Holzungen nicht fehlten. Darin und am Rand des Waldes lagen die älteren Siedlungen.

Die Zerstörung des Thüringerreiches 531 hatte nachhaltige Folgen für die politische Entwicklung Thüringens in den kommenden Jahrhunderten. Thüringen bildete zunächst ein Nebenland am Rande des großen Frankenreiches. Die fränkische Staatsgewalt konnte sich erst in der frühen Karolingerzeit gemeinsam mit der römisch-katholischen Kirche voll durchsetzen.

Die in den östlichen Landesteilen im 6. und 7. Jh. noch schwache politische Gewalt der Frankenkönige begünstigte das Seßhaftwerden slawischer (sorbischer) Siedler, die von O über die Saale in unser Gebiet eindrangen (s. Seite 20). Von der seit dem 8. bis 9. Jh. erfolgten Gründung von Siedlungen durch slawische Einwanderergruppen künden östlich und südöstlich Weimars die Ortsnamen Kötschau, Döbritschen u. a. außerhalb des dargestellten Gebietes.

Dieser ersten slawischen Siedelperiode folgte in der Zeit des planmäßigen fränkischen Landesausbaus seit dem 8. Jh., vor allem nach den karolingischen Slawenkriegen, die Ansiedlung von Slawen im südlichen und südwestlichen Vorfeld Weimars. Davon zeugen die Flurnamen Glausig, Weiperitz, Muschke in der Umgebung von Oettern, der Bergname Kötsch (Kaitsch), der Flurname Tobritz südlich von Possendorf sowie die Flurnamen Kiek, Lutschke, Brüske, Muschkel im Raum zwischen Nohra, Obergrunstedt und Gelmeroda. Die Namen verweisen in ihrer Semantik auf Wald- und Wiesenbedeckung, benennen Naßstellen in der Flur oder beziehen sich auf Rodungsarbeiten. Sie spiegeln damit das Bild der Landschaft, das sich den im Rahmen des fränkischen Landesausbaus hier tätigen slawischen Arbeitskräften bot.

Weitere Hinweise auf den slawischen Anteil an der Erschließung des Gebietes bieten einzelne Namen in dem fruchtbaren Altsiedelland nördlich des Ettersberges (Golke bei Heichelheim, Grünsee, slaw. *krynica* in Buttelstedt) sowie westlich Weimars auf dem Ettersbergsüdhang (Ortsnamen Tröbsdorf und Gaberndorf, Flurname Kalbitz, Wüstungsname Krakendorfer Anger). Für die Stadt Weimar selbst ist der Nachweis slawischer Bewohner durch archäologische Funde sowie die – allerdings erst 1378 erstmals genannte – Windischengasse erbracht.

Aus der Synthese archäologischer Funde, überlieferter Orts- und Flurnamen sowie urkundlicher Hinweise ergibt sich also, daß an der Erschließung des Weimarer Gebietes zwischen dem 6. und 9. Jh. auch slawische Einwanderer Anteil hatten. Im Prozeß eines jahrhundertelangen nachbarschaftlichen Zusammenlebens verschmolzen sie dann kulturell-ethnisch mit der deutschen Bevölkerung und nahmen dabei deren Sprache an.

Neben den slawischen Siedlern waren in der frühen Karolingerzeit mit der zunehmenden Stärkung der fränkischen Staatsgewalt auch fränkische Siedler im Weimarer Gebiet angesetzt und dabei die Waldgebiete an der mittleren Ilm stärker besiedelt worden. Die Ortsnamen auf -*dorf* (in unserem Gebiet 12mal), -*feld* und -*burg* deuten auf fränkischen Ursprung, bei Frankendorf, 11 km östlich von Weimar, tritt der Stammesname sogar selbst auf. MARTIN VON TOURS, der Schutzheilige der Franken, begegnet als Kirchenpatron in manchem dieser Orte, so in der Burgkapelle von Weimar, in Meckfeld, Schoppendorf und bei Hetschburg. Der im 10. Jh. nachweisbare Reichsbesitz, zu dem vor allem der Wald an der mittleren Ilm zu rechnen ist, ist zweifellos dieser Zeit zuzuordnen. Dagegen entstammen die Orte auf -*rode* der Zeit des inneren Landesausbaus vom 9. bis 12. Jh.

Für die Durchsetzung des fränkischen Einflusses war die Gewinnung Thüringens für das römisch-katholische Christentum von wesentlicher Bedeutung. Diese Aufgabe bewältigten seit 725 BONIFATIUS und seine Schüler. Sie schufen kirchliche Mittelpunkte in Ohrdruf und Erfurt. Bei der Untergliederung der Diözese kam das Weimarland an das große Archidiakonat des Erfurter Mariendoms (*Beatae Mariae Virginis*). Aus späterer Überlieferung läßt sich auch die ursprüngliche Kirchenorganisation des Weimarer Gebietes erkennen. Hier bestanden die beiden Ur-pfarreien Niederzimmern mit dem Gebiet zwischen Weimar und Erfurt sowie Oberweimar von Buttelstedt bis zur Saale bei Kahla und Orlamünde sowie Groß-obringen und Ollendorf.

Die Feudalisierung war seit dem 9. Jh. in vollem Gange. Zuerst ist sie bei den von BONIFATIUS und seinen Schülern gegründeten Reichsabteien Fulda und Hers-feld greifbar. Beide Reichsabteien erwarben schon am Ende des 8. Jh. umfangrei-che grundherrliche Rechte aus dem Besitz des Reiches und der Edelfreien um Er-furt und Weimar. In Fuldaer Güterverzeichnissen werden auch erstmals Orte unseres Gebietes genannt: um 860 Niederzimmern und Bechstedtstraß, vor 900 Hopfgarten. Beiden Reichsabteien gelang es aber nicht, diese Grundherrschaften in Streulage auf die Dauer zu behaupten und sie später zum Territorialstaat auszu-bauen.

Von den edelfreien Geschlechtern, die sich im Zuge der Feudalisierung in dem Untersuchungsgebiet durchsetzten, sind an erster Stelle die Grafen von Weimar zu nennen. Sie traten 949 mit WILHELM I. auf und standen erstmals 984 bei erfolglo-ser Belagerung der Burg in Verbindung mit Weimar. Diese älteren Grafen von Weimar besaßen im 10. Jh. gräfliche und grundherrliche Rechte in verschiedenen thüringischen Gauen, doch gruppierte sich die Masse ihres Eigentums (Allod) um Weimar und weiter südlich um Orlamünde (Lehen).

Die Kämpfe der thüringischen und sächsischen Fürsten gegen die Kaiser HEIN-RICH IV. (1056–1106) und HEINRICH V. (1106–1125), bei denen die Grafen von Weimar übrigens wenig hervortraten, brachen vollends die Macht des Reichs in Thüringen und ebneten den Weg von dem lockeren Herrschaftsgefüge des Hoch-adels zum Territorialstaat. Im Weimarland kamen zur gleichen Zeit die Herr-schaftsverhältnisse durch das Aussterben der älteren Grafen von Weimar 1112 in Bewegung. Das Reich konnte hieraus trotz mancher Anstrengungen noch nicht einmal hinsichtlich seiner eigenen Lehen Nutzen ziehen. Die Nachfolge traten vielmehr die über weibliche Linien mit den älteren Grafen verwandten jüngeren Grafen von Weimar-Orlamünde an. Der Einfluß niedersächsischen Adels auf das Weimarland verstärkte sich durch das Auftreten der Grafen von Querfurt. Sie grün-deten um 1085 das Kloster in Ettersburg (s. B 1), die älteste geistliche Niederlas-sung unseres engeren Gebietes. Zu ihrer nahen Verwandtschaft gehörte der um 1120 auftretende Graf WICHMANN, dessen Grundherrschaften nördlich des Etters-berges und im alten Reichswald an der mittleren Ilm lagen. Er gab 1123 das nun-mehrige Augustiner-Chorherrenstift Ettersburg an Mainz. Seine Verwandten waren die seit 1154 genannten Grafen von Berka, die im mittleren Ilmtal begütert waren (s. P 10.2).

Der eigentliche Gewinner des Kampfes mit dem Kaiser war in Mittelthüringen aber das Erzstift Mainz. Sein Erzbischof ADALBERT I. (1111–1137), Haupt der Für-stenopposition, erwarb jetzt nicht nur das reiche Stift Ettersburg, sondern auch die Burg Mellingen. Im Gefolge der Erzbischöfe traten im 12. Jh. die Grafen von Glei-chen-Tonna, die Mainzer Vögte in Erfurt, als Besitzer der Herrschaft von Viesel-bach auf, die nach O bis Hopfgarten, Ulla und Nohra reichte. Zu den Parteigängern der Fürstenopposition zählte auch Graf LUDWIG DER SPRINGER, der Stammvater der Ludowinger, die seit 1131 nach dem Reichstag von Goslar Landgrafen in Thürin-gen waren.

Hoch- und spätmittelalterliche Territorialbildung

Im Gegensatz zu den älteren Grafen von Weimar betrachteten die jüngeren Orlamünde als Herrschaftsmittelpunkt, und später verschob sich der Schwerpunkt ihres Einflusses nach S in das Gebirge und an den Obermain. Dennoch ist ihr Bestreben, den Flächenstaat auch im Weimarer Gebiet auszubauen, unverkennbar. Kurz vor 1244 stifteten sie das Zisterzienserinnenkloster Oberweimar (s. H 3) mit reichem Besitz in Oberweimar, Ehringsdorf und Umpferstedt sowie den Forstrevieren Troistedt und Buchfart. Sie gründeten auch im 13. Jh. die Stadt Weimar (s. G 4.4). Schließlich gelang es den Grafen von Weimar-Orlamünde, zu Anfang des 14. Jh. ihr Gebiet durch das Erbe der Grafen von Berka auch nach S abzurunden. Sie gaben aber die Herrschaft Berka schon 1321 als Lehen an die Herren von Blankenhain. Berka entwickelte sich ebenfalls zu einem Mittelpunkt (s. P 10.1). Ein Zisterzienserinnenkloster war schon um 1240 von den Berkaer Grafen in München und 1248 in Berka errichtet worden.

Das Ringen um die Territorialgewalt erreichte im Weimarer Gebiet im 14. Jh. seinen Höhepunkt und Abschluß. Nach dem Aussterben der Ludowinger 1247 war die Landgrafschaft an die Wettiner, die Markgrafen von Meißen, gefallen. In Thüringen sollte das landgräfliche Amt bei Fehlen eines Stammesherzogtums vornehmlich der Friedenssicherung und der Gerichtsbarkeit über den Adel dienen. Eine Territorialherrschaft war damit aber nicht zu errichten. Der Landgraf blieb im wesentlichen mit seiner Landesherrschaft auf die Bereiche beschränkt, in denen er die Grundherrschaft innehatte. Die mächtigen Wettiner versuchten jetzt aber mit Hilfe des Lehnrechts ihre Herrschaftsbefugnisse auch über die übrigen hochadligen Geschlechter Thüringens auszudehnen und im Grafenkrieg 1342–1348 ihre Hauptgegner, die Grafen von Weimar-Orlamünde und die Grafen von Schwarzburg, zu bezwingen. Wenn sie ihr Ziel auch nur zum Teil erreichten, so war ihr Erfolg im engeren Gebiet von Weimar doch vollkommen. Die Grafen von Weimar-Orlamünde mußten 1346 ihr Gebiet in Mittelthüringen und damit auch Weimar von den Wettinern zu Lehen nehmen, und beim Aussterben der Grafen 1372 fiel dieses Territorium ganz an die Wettiner.

Auch die Bundesgenossin der Wettiner im Grafenkrieg, die Stadt Erfurt, konnte ihre Herrschaft im Weimarer Gebiet erheblich ausdehnen. Der Rat der Stadt erwarb 1343 von den Grafen von Gleichen die unter wettinischer Lehnherrschaft stehende Herrschaft Vieselbach, die für Hilfeleistungen im Grafenkrieg um Niederzimmern erweitert wurde, und 1346 nahm sie den Grafen von Schwarzburg die Herrschaft Tonndorf mit Gutendorf und Isseroda weg.

Seit dem 14. Jh. gehörte damit die Umgebung Weimars im O mit der Stadt zum wettinischen und im W zum Erfurter Territorium. Diese Abgrenzung läßt sich noch bis zu Anfang des 19. Jh. verfolgen. Das wettinische Territorium gliederte sich in das große Amt Weimar und das Amt Berka, während vom Erfurter Landgebiet im Untersuchungsraum die Vogtei Niederzimmern lag. Weimar war zeitweise seit dem 15. Jh. Residenz wettinischer Linien. Es kam bei der Leipziger Teilung 1485 an die ältere, ernestinische Hauptlinie der Wettiner, die auch die Kurwürde erhielt und in Wittenberg residierte. Die ernestinischen Kurfürsten von Sachsen waren die Schutzherren der lutherischen Reformation, und damit wurde das Weimarer Gebiet schon 1525 evangelisch. Die Stadt Erfurt und ihr Landgebiet schlossen sich im wesentlichen ebenfalls sogleich der Reformation an.

Die soziale Erhebung des Reformationszeitalters, der Deutsche Bauernkrieg von 1525, wirkte sich, obgleich Thüringen eines seiner Zentren bildete, bei der relativ starken Staatsgewalt der sächsischen Kurfürsten im Weimarer Gebiet nur wenig aus. Zwar deutet die Flucht der Nonnen von Oberweimar auf eine Mißstimmung unter der bäuerlichen Bevölkerung hin, doch wiesen nach Niederwerfung des Aufstandes gerade die Dörfer um Weimar, besonders Ober- und Niedergrunstedt, Legefeld und Vollersroda, ausdrücklich darauf hin, daß sie sich in den Wochen der Erhebung „still" verhalten hätten. Reformation und Bauernkrieg führten auch im Weimarland zu einer weiteren Stärkung der landesfürstlichen und damit der staatlichen Gewalt. Die Klöster Berka, Ettersburg und Oberweimar wurden aufgehoben und ihr reicher Landbesitz der landesherrlichen Grundherrschaft eingegliedert. Aus dem Oberweimarer Besitz wurde 1545 das besondere Amt Oberweimar gebildet, das 1672 an das Amt Weimar kam.

Das Zeitalter des Absolutismus

Eine weittragende Bedeutung für die Geschichte des Untersuchungsgebietes hatte der Schmalkaldische Krieg von 1546 bis 1547, in dem Kaiser KARL V. die evangelischen Fürsten Deutschlands niederzuwerfen suchte. Wenn dies auch nicht gelang, so verloren die Ernestiner doch die Kurwürde und wurden auf ihre thüringischen Besitzungen beschränkt. Als nunmehrige Herzöge von Sachsen verlegten sie 1547 ihren Sitz von Wittenberg nach Weimar, das seitdem ohne Unterbrechung bis 1918 Residenz blieb. Die Ernestiner schritten seit 1572 zu ständigen Landesteilungen, die die thüringische Geschichte bis zum 19. Jh. prägten. Weimar blieb dabei, wenn man von der schon 1638 ausgestorbenen Coburg-Eisenacher Linie absieht, immer Residenz des ältesten wettinischen Zweiges, dessen „Fürstentum Weimar" sich bald bis zur Bedeutungslosigkeit verkleinerte. Dennoch konnte von 1592 bis 1680 das Amt Tonndorf dem wettinischen Territorium eingefügt und 1605 das Amt Berka, das bisher an adlige Familien vergeben worden war, zur landesherrlichen Grundherrschaft gezogen werden.

Nach dem Dreißigjährigen Krieg erreichte das Weimarer Fürstentum 1672 bis 1691 mit den Ämtern Weimar, Berka, Niederroßla und Ilmenau seinen kleinsten Umfang und blieb selbst nach den Vergrößerungen der folgenden Jahre ein recht unbedeutendes Staatswesen. Der kleinfürstliche Absolutismus konnte zwar hier in einem schmalen kulturellen Bereich Erfolge bringen, im übrigen aber wirkte er sich recht negativ aus. Das kurmainzische Gebiet Erfurt wurde 1707 verwaltungsmäßig neu gegliedert, wobei die hier interessierenden Teile an die neuen Ämter Azmannsdorf und Tonndorf fielen. Schließlich konnten die Mainzer Kurfürsten auch 1794 gegen wettinischen Widerspruch beim Aussterben ihrer Lehnleute, der Grafen von Hatzfeld, die Herrschaft Blankenhain ganz an sich ziehen und damit auch südlich von Weimar an Boden gewinnen.

Die wirtschaftlichen Verhältnisse des Untersuchungsgebietes waren vom Mittelalter bis zum frühen 19. Jh. einseitig von der Landwirtschaft bestimmt. Auch Weimar blieb bis ins späte 18. Jh. vorwiegend Ackerbürgerstadt. Die städtischen Handwerker produzierten nur für örtlichen Bedarf, und es entwickelte sich kein Fernhandel. Die Nachbarstädte Berka und Magdala im S und Buttelstedt und Neumark im N erwiesen sich als städtische Fehlgründungen und fristeten ein kümmerliches kommunales Dasein.

Die Landwirtschaft arbeitete unter Anwendung der Dreifelderwirtschaft nur extensiv. Sie war seit dem Mittelalter grundherrschaftlich organisiert: Der Grund und Boden befand sich in der Hand der zwar persönlich freien Bauern, die aber für ihren Besitz mit Abgaben und Arbeitsleistungen von sehr unterschiedlichem Umfang an die Grundherren belastet waren. Der größte Grundherr im Weimarer Gebiet nach der Säkularisierung des Klostergutes während der Reformation, der Landesherr, besaß auch weithin den Wald. Der der Landesherrschaft unterworfene Adel hatte an der Grundherrschaft nur in begrenztem Umfang Anteil. Seit dem 16. Jh., besonders seit dem Dreißigjährigen Krieg, ging der Einfluß des Landadels schnell zurück, und in immer größerem Umfang wurden seine Grundherrschaften in landesherrlichen Besitz überführt. Rittergüter mit grundherrlichen Bauern hatte es in Buchfart (bis 1597), Ehringsdorf (Rittergut nur mit drei Fronhöfen), Eichelborn (bis 1680), Gelmeroda (bis 16. Jh.), Großkromsdorf (bis 1694), Holzdorf (18. Jh. bis 1820), Isseroda, Tiefurt (bis 1587) und Vollersroda (bis 1597) gegeben. Bei Aufhebung der Feudallasten und der adligen Gerichtsbarkeit nach 1848 bestanden kleine adlige Grundherrschaften nur noch in Bergern, in Denstedt mit Kleinobringen (Anteil) und in Isseroda. Im Erfurter Gebiet gab es sie schon seit dem Spätmittelalter nicht mehr.

Die mittelalterliche Straßenführung war für das Untersuchungsgebiet, besonders für die Stadt Weimar, recht ungünstig (s. D 2, Q 3). Sie vermochte daher kaum die wirtschaftlichen Verhältnisse zu heben. Dennoch sind während des 16. Jh. eine beachtliche Bevölkerungszunahme und ein deutlicher Wirtschaftsaufschwung festzustellen, die vornehmlich auf den Anbau von Waid, einer Blaufarbstoff liefernden Pflanze, zurückgehen. Auch der Weinbau trug in gewissem Umfang zum wirtschaftlichen Aufschwung bei. Doch schon zu Beginn des 17. Jh. machte sich ein allgemeiner Wirtschaftsrückgang bemerkbar, der durch den Niedergang des Waidanbaus bei Einführung der Indigofarben über Westeuropa beschleunigt wurde.

Der Dreißigjährige Krieg führte in seinem letzten Jahrzehnt, als Erfurt einen wichtigen schwedischen Stützpunkt in Deutschland bildete, zu einem völligen Ruin auch des Weimarlandes. Weniger durch direkte Verluste der Kampfhandlungen als durch Abwanderungen und Seuchen sank die Bevölkerungszahl der Landgemeinden und kleinen Städte auf ein Drittel, und die materiellen Werte wurden nicht zuletzt durch einquartierte Söldner weitgehend vernichtet. Die Häuserzahl im Amt Berka verringerte sich von 1620 bis 1642 von 191 auf 89, nur noch 15 % der landwirtschaftlichen Fläche wurde bestellt. Lediglich die von Flüchtlingen überfüllte Stadt Weimar vergrößerte sich (Anhang B).

Bürgerliche Aufklärung, Klassik und Nachklassik

Erst als in den kleinstaatlichen Absolutismus von Frankreich herkommende bürgerliche Ideen eindrangen und die Aufklärung die Regierungstätigkeit läuterte, trat um die Mitte des 18. Jh. eine Wende ein. Das Untersuchungsgebiet wurde nun sowohl in seinen Weimarer als auch in seinen Erfurter Teilen (Abb. 7) vom aufgeklärten Absolutismus geprägt, zu dessen Vertretern in Weimar die Herzogin ANNA AMALIA von Sachsen-Weimar-Eisenach (Landesregentin 1758-1775) und ihr Sohn CARL AUGUST (1775-1828) zählen. Im letzten Viertel des 18. Jh. wurde Weimars

Herzogtum Sachsen-Weimar-Eisenach	Kurfürstentum Mainz	Kurfürstentum Sachsen, Deutschordenskommende Liebstedt
Amt Weimar	Amt Azmannsdorf	
Amt Berka	Amt Tonndorf	Herrschaft Blankenhain

0   1   2   3 km

Abb. 7   Territoriale Gliederung 1792

Weltbedeutung durch das Wirken der großen deutschen Humanisten GOETHE, HERDER, SCHILLER und WIELAND begründet. Durch sie errang die kleine Residenz an der Ilm eine überragende Stellung im deutschen Kultur- und Geistesleben wie kaum eine andere Stadt von gleicher Größe (s. G 4.5). Zur wirtschaftlichen Hebung des Untersuchungsgebietes trug die Verbesserung der Verkehrsverhältnisse bei. Weimar wurde als Residenzstadt (Abb. 8) nunmehr ein Kreuzungspunkt im Fernstraßennetz (s. D 2, E 2). Die ersten zaghaften Anfänge einer industriellen Betätigung machten sich in Weimar bemerkbar (s. G 4.7).

28

Auf Betreiben NAPOLEONS wurden 1802 die geistlichen Fürstentümer beseitigt. Das kurmainzische Gebiet um Erfurt und Blankenhain fiel an Preußen, das seine mittelthüringischen Erwerbungen nur vier Jahre behaupten konnte. Die Katastrophe Preußens im Herbst 1806 vollzog sich in unserem Gebiet, da die preußische Armee den herausgeforderten französischen Angriff unter dem Schutz der Festung Erfurt erwartete. Die entscheidende Schlacht bei Jena am 14. Oktober 1806 bestand aus einer Reihe nacheinander abfolgender Gefechte zwischen Jena und Weimar, zuletzt bei Kapellendorf, und endete nach einem kurzen Widerstand der zurückflutenden Preußen im Webicht am östlichen Stadtrand Weimars. Die Stadt und ihre Umgebung wurden durch die Kriegshandlungen schwer getroffen. Die strategisch wichtigen Festungen Erfurt und Blankenhain wurden französisch, eine dem Kaiser NAPOLEON vorbehaltene Herrschaft („domaine reservée à l'empereur"). Erst die Schlacht von Leipzig 1813 beendete die französischen Hoheitsrechte unmittelbar vor den Toren Weimars. Auf dem Wiener Kongreß 1815 machte Sachsen-Weimar-Eisenach, auf russische Unterstützung hoffend, Anstrengungen, das ganze Erfurter Gebiet zu erhalten. Doch Preußen behauptete die wichtige Festung. Nur das östliche Erfurter Landgebiet mit Vieselbach und Blankenhain kam an das nunmehrige Großherzogtum Sachsen-Weimar-Eisenach. Die weimarische Landesgrenze wurde vom Weichbild Weimars um fast 20 km nach W bis an den Stadtrand Erfurts verlegt.

Nach dem Sturz der Monarchie 1918 wurde Sachsen-Weimar-Eisenach Freistaat und schloß sich 1920 mit den anderen thüringischen Staaten zum Land Thüringen zusammen, dessen Hauptstadt Weimar wurde.

Der agrarische Grundcharakter des Weimarlandes blieb bis in die zweite Hälfte des 19. Jh. im wesentlichen erhalten. Trotz der Einführung der vollen Gewerbefreiheit 1863 fand nur zögernd eine Industrieansiedlung statt. Weimar sollte nach den Vorstellungen des großherzoglichen Hauses Kulturstadt bleiben. Die Industrie wurde deshalb bewußt ferngehalten (s. G 4.7). Erst 1898 entstand weit im N der Stadt ein Waggonwerk. So blieb Weimar auch im 19. Jh. eine vom Hofe geprägte Beamten- und Kleinbürgerstadt. Noch weniger Ansatzpunkte hatte die Industrie im Landgebiet. Hier entstand als größeres Werk nur 1899 die Zementfabrik bei Berka. Dennoch stieg seit dem Ende des 19. Jh. in den Dörfern um Weimar die in Weimarer Klein- und Mittelbetrieben tätige Lohnarbeiterschaft an. Die 1847 erfolgte Eröffnung der Thüringischen Eisenbahn von Halle über Apolda und Weimar nach Erfurt und bald weiter nach Eisenach und Gerstungen (s. E 1) hat die Voraussetzungen geschaffen, das Weimarland später am wirtschaftlichen Aufschwung des 19. Jh. teilhaben zu lassen.

Stärker als die nur zaghaft eindringende Industrie prägten die landwirtschaftlichen Reformen des 19. Jh. das Untersuchungsgebiet (s. Seite 44). Die bürgerliche Agrarreform führte zu einer wesentlichen Umstellung und trotz Verschuldung des Kleinbauerntums zu einer erheblichen Ertragssteigerung der Landwirtschaft. Durch intensivere Düngung, zunächst mit Guano aus Peru, seit etwa 1890 aber in zunehmendem Maße mit chemischen Mitteln, stiegen die Hektarerträge beträchtlich. Die Getreideflächen gingen langsam zugunsten des Hackfrucht- und Futteranbaus zurück. Die Umstellung auf eine intensive Wirtschaft führte zu einem schnellen Rückgang der Schafzucht. Die Zahl der Schafe sank im Verwaltungsbezirk Weimar von 1864 bis 1892 von 95 000 auf 33 000, während die Rinderzucht und besonders die Schweinezucht einen raschen Aufschwung nahmen.

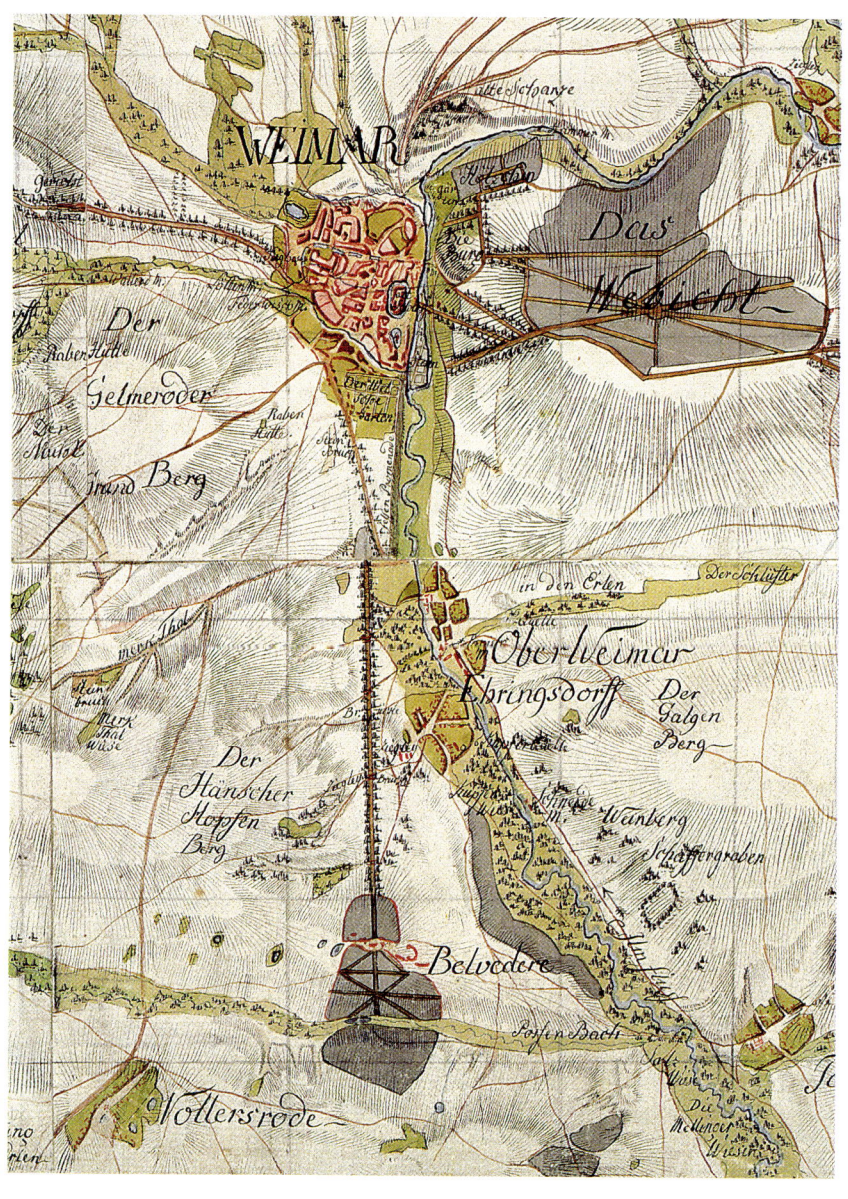

Abb. 8 Ausschnitt aus einer Karte des Fürstentums Weimar von 1797
(mit freundlicher Genehmigung ThHStAW, Bibliothek, Kartensammlung)

30

Die landwirtschaftliche Besitzstruktur war auch nach der Agrarreform von 1848 durch klein- und mittelbäuerliche Betriebe bestimmt. Der staatliche und erst recht der private Großgrundbesitz traten zurück. Er war im wesentlichen nur noch durch einige Kammergüter (Staatsgüter; s. B 1, D 5, G 1, H 3, M 5) sowie verschiedene Privatgüter (s. D 8, M 1, P 6, Q 5, Q 6) vertreten. Insgesamt entfielen 1907 im Verwaltungsbezirk Weimar auf Kleinbauern (2 bis 5 ha) 10,7 %, auf Mittelbauern (5 bis 20 ha) 45,5 %, auf Großbauern (20 bis 100 ha) 26,9 % und auf Großgrundbesitzer (über 100 ha) 11,5 % der landwirtschaftlichen Nutzfläche.

Innerhalb der Wirtschaft des Weimarlandes spielt bis in heutige Zeit auch das Forstwesen eine bedeutsame Rolle (s. K 3). Noch im 17. Jh. waren weite Bereiche um den Ettersberg und an der mittleren Ilm mit einem natürlichen bzw. naturnahen Laubwald bestockt. Während die altweimarischen Teile schon seit dem Ende des 18. Jh. für den Buchenhochwald eingerichtet werden konnten, mußten die 1816 aus Erfurter Besitz hinzugekommenen, stark abgewirtschafteten Waldungen um Gutendorf und Meckfeld mit Nadelholz aufgeforstet werden. Die wenig ertragreichen Legefelder Hölzer wurden als Niederwald bewirtschaftet. Am Ettersberg führte man im 18. Jh. zunächst den Mittelwaldbetrieb ein. Seit 1798 ging man dort zur Pflege eines Buchenhochwaldes über, während verrottete Mittelwaldorte und Ödland besonders am Südhang durch Nadelwald ersetzt wurden. Insgesamt gesehen haben die forstwirtschaftlichen Maßnahmen des 19. Jh. in der Umgebung Weimars den Laubwald in weit größerem Umfang als sonst in Thüringen erhalten.

Im 19. und 20. Jh. stieg die Bevölkerung im untersuchten Gebiet von 1851 von 24 651 auf 51 360 (1910) Menschen (+ 108,5 %) an. Die stärkste Zunahme fiel in das letzte Drittel des 19. Jh. Diese Steigerung ist aber hauptsächlich nur der Bevölkerungszunahme der Städte Weimar (+ 174,1 %) und Berka (+ 77,8 %) und der vier später eingemeindeten Vororte Weimars, Oberweimar, Ehringsdorf, Tiefurt und Schöndorf (+ 150,7 %), zu verdanken. Die Einwohnerzahlen von Landgemeinden stiegen nur um 35,1 % und ohne die vier Weimarer Vororte nur um 14,8 % an. Eine ganze Reihe von Dörfern zeigt sogar eine rückläufige Bewegung. Im ganzen waren die Landgemeinden während des 19. Jh. Gebiete einer starken Abwanderung, zunächst um die Jahrhundertmitte nach Übersee und später in die Zentren der aufsteigenden deutschen Industrie. Von 1910 bis 1939 vermehrte sich die Bevölkerung in dem Gebiet abermals um + 58,0 % auf 81 016 Menschen. Daran hatten wiederum im wesentlichen nur Weimar und seine eingemeindeten Vororte mit 59 637 Einwohnern Anteil.

Die wirtschaftlichen Verhältnisse und die Sozialstruktur bestimmten seit der Mitte des 19. Jh. auch die politische Haltung der Bevölkerung (s. G 4.8). In den Jahren der Revolution von 1848/49 war neben der linksliberalen Richtung in Weimar, Berka und den Landgemeinden auch die demokratische Bewegung vertreten. Der in den folgenden Jahren vorherrschende Linksliberalismus sammelte sich 1866 in der Nationalliberalen Partei, die in ihren Anfangsjahren in Thüringen weiter links als sonst in Deutschland stand. In ihren Anfängen stützte sich die Arbeiterbewegung vornehmlich auf Handwerker. Seit 1867 nahm sie im Wahlkreis Weimar-Apolda am Reichstagswahlkampf teil. Wie die Wahl von 1877 ausweist, gewann sie auch vorübergehend unter den Kleinbauern eine beachtliche Anhängerschaft. Damals erhielt sie in Oberweimar 38 % und Ehringsdorf 44 % der Stimmen.

Der Nationalliberalismus verlor nach 1880 rasch an Bedeutung. Seit 1884 gewannen die Konservativen durch ihre agrarische Agitation die Masse der Landbevölkerung. Sie festigten seit der Gründung des Bundes der Landwirte 1893 ihre beherrschende Stellung in den Landgemeinden. Die Sozialdemokratie stützte sich bei ihrem neuen Aufschwung im Weimarland seit 1890 vorwiegend auf die Arbeiterklasse und mit ihr sympathisierende kleinbürgerliche Schichten. Sie konnte erstmals 1898 den Reichstagswahlkreis Weimar-Apolda erobern, der seit 1893 stets zwischen Sozialdemokratischer Partei und agrarisch-antisemitisch und mittelständisch orientierten Konservativen umstritten war. Die Masse der sozialdemokratischen Stimmen kam zwar weniger aus dem Weimarer als aus dem Apoldaer und Ilmenauer Gebiet, obwohl sie auch in der näheren Umgebung Weimars, so schon 1890 in Denstedt (58 %), Oberweimar (53 %), Vollersroda (52 %), Gaberndorf (51 %), Daasdorf (43 %), Taubach (43 %) und Tiefurt (39 %), einen beachtlichen Umfang erreicht hatten.

Bedingt durch die Sozialstruktur des Weimarer Gebietes besaßen in der Zeit nach 1919 die bürgerlichen Parteien die zahlenmäßig größte Anhängerschaft. Wegen ihrer Politik während der Novemberrevolution 1918 wandte sich ein großer Teil der Arbeiter seit Anfang 1920 von der SPD ab und stieß über die USPD zur KPD. Nur in der Zeit von 1924 bis 1928 konnte die SPD noch einmal aufholen. Der sich zuspitzende Klassenkampf in den Jahren der Weltwirtschaftskrise stärkte dann wieder die KPD (November 1932 im Landkreis Weimar 14,7 % KPD, 11,7 % SPD, im Stadtkreis 19,3 % SPD und 13,9 % KPD). Das städtische Bürgertum sammelte sich seit 1921 zunächst hauptsächlich in der rechtsliberalen Deutschen Volkspartei. Seit 1924 kamen hier und in den Landgemeinden bereits in bedrohlicher Weise rechtsextreme Richtungen auf. Bereits seit 1930 wurde das Weimarland zu einem Zentrum der NSDAP in Thüringen (Juli 1932 im Landkreis Weimar 52,9 %, im Stadtkreis 44,7 % der Stimmen, im November 1932 43,4 % bzw. 38,9 %).

U. Heß †, G. Günther

Entwicklung von 1933 bis 1945

Die Rechtsströmungen ab Mitte der zwanziger Jahre des 20. Jh., die in der Vertreibung des Weimarer Bauhauses 1925 (s. G 4.7) ihren bezeichnenden Niederschlag fanden, schwächten das ohnehin begrenzte republikanische Potential des Landes. Dazu kam die Wirtschafts- und Staatskrise, die bis 1932 anhielt. Beides begünstigte das Vordringen der Nationalsozialisten. Mit der NS-Diktatur waren repressive, ausgrenzende, strukturzerstörende und gleichschaltende Maßnahmen verbunden. Anfang März 1933 entstand auf dem Flugplatz Nohra das erste sogenannte Lager in Deutschland, das wenige Monate später nach Bad Sulza überführt wurde, und das schließlich im Konzentrationslager Buchenwald auf dem Ettersberg (s. B 3) aufging. In unmittelbarer Nähe der berühmten Klassikerstadt Weimar mußten von 1937 bis 1945 insgesamt etwa 239 000 Häftlinge, während des Zweiten Weltkrieges auch Kriegsgefangene und Zwangsarbeiter aus 35 Nationen, unter unmenschlichen Bedingungen für die Kriegsindustrie arbeiten, von denen etwa 56 000 das Lager nicht überlebten. Auf dem Gelände bestand danach von 1945 bis 1950 ein Internierungslager unter sowjetischer Leitung mit etwa 28 000 Inhaftierten.

An die Stelle des Thüringer Landtages trat die Gaustruktur. Das für das Land zuständige Weimarer Reichsstatthalteramt war gleichzeitig Regionalregierung und eigentliches Machtzentrum des sogenannten Schutz- und Trutz-Gaues Thüringen. Mit Hilfe des 1936 proklamierten Vierjahresplanes sollte eine einsatzbereite Armee und eine kriegsbereite Wirtschaft geschaffen werden. Ein großes Kasernenensemble entstand auf der Flur Lützendorf, ein Stabsgebäude an der Jenaer Straße und eine Polizeikaserne an der Straße nach Tiefurt. Der Flugplatz in Nohra wurde für eine starke Garnison der Luftwaffe ausgebaut. Antisemitismus führte zur Boykottierung zahlreicher jüdischer Geschäfte, wie die von Hermann Tietz und Sachs & Berlowitz und zur Verfolgung ihrer Inhaber. Aus den arisierten Suhler Simson-Werken entwickelte sich die zum nationalsozialistischen Musterbetrieb ausgestaltete Wilhelm-Gustloff-Stiftung. Weimar wurde mit dem Ausbau der Regierung und der Errichtung neuer Landeszentralen zunehmend eine Verwaltungsstadt. Im Jahre 1939 waren fast 50 % aller Berufstätigen Beamte und Angestellte. Neben Beamtenwohnungen im Nord-, Süd- und Westviertel entstanden größere Stadtrandsiedlungen in Oberweimar und Schöndorf. Für Fliegeroffiziere und die Stationierung von SS-Mannschaften wurden Wohnkomplexe in Nohra, Tröbsdorf und Kleinobringen errichtet. Unter Mißbrauch klassischer Traditionen sollte ein drittes, ein nationalsozialistisches Weimar entstehen. Dazu diente auch der architektonische Ausbau der Stadt mit repräsentativen Bauten, wie die Parteigebäude vor dem Landesmuseum, das Thüringer Ärztehaus, das Kreishaus, der Neubau des Nietzsche-Museums und das völlig neu errichtete Hotel Elephant als eines der damals modernsten in Europa (s. G 4.11).

Angesichts der Konzentration der Aktivitäten auf die Stadt war für die Umlandgemeinden keine Entwicklung möglich und auch nicht vorgesehen. Die Mehrzahl der Schüler besuchte bis 1945 einklassige Landschulen. Das Handwerk war in Zwangsinnungen zusammengeschlossen, und die Landwirtschaft unterlag der Zwangswirtschaft.

Ab 1939 wurde die Wirtschaft auf Kriegszwecke umgestellt. Thüringen galt als strategisch günstiges, strukturschwaches und kaum von Luftangriffen gefährdetes Gebiet und damit als geeigneter Raum für die Rüstungsindustrie. Große Produktionskapazitäten hatte der Weimarer Waffenkonzern ausgebaut, und Mittelunternehmen stellten sich als Zulieferer oder Zweigbetriebe größerer Konzerne auf Heeresproduktion um. Noch im Oktober 1944 eröffnete der Siemens & Halske-Konzern im Gebäude des Deutschen Nationaltheaters eine Rüstungsfabrik. Verbliebene zivile Industriekapazitäten in Weimar und Umgebung unterlagen systematischen Stillegungsaktionen. Der Fremdenverkehr war bedeutungslos geworden. Hotels wurden von der Wehrmacht belegt und zwei Schulen als Reservelazarette eingerichtet. Anstelle von Arbeitsbeschaffungsmaßnahmen trat die Arbeitseinsatzpolitik mit Dienstverpflichtung sowie massenhaftem Einsatz von Häftlingen und ausländischen Zwangsarbeitern in der Stadt und im Landkreis. Die Versorgungsprobleme wuchsen in dem Maße, wie Evakuierte und Flüchtlinge nach Weimar und in die umliegenden Orte strömten und diese Region selbst von Luftangriffen betroffen wurde. Während die Orte um Weimar kaum Bombenschäden erlitten, zerstörten am 9. Februar 1945, mit dem schwersten Luftangriff auf die Stadt, 481,25 t Sprengbomben innerhalb von 13 Minuten solche klassischen Stätten, wie das Goethe- und das Schillerhaus, das Bachhaus, die Stadtkirche, das

Deutsche Nationaltheater und die Gebäude auf der Nordseite des Marktplatzes. Insgesamt wurden durch Luftangriffe 325 Häuser zerstört, 210 schwer und 758 leicht beschädigt. Der Verlust von Wohnungen wurde mit 1 300 beziffert. Zahlreiche Massengräber, wie in Kromsdorf-Nord, Denstedt, Bechstedtstraß, Obergrunstedt, Gelmeroda, Legefeld, Bad Berka und im Webicht in Weimar zeugen von den sogenannten Todesmärschen aus Buchenwald und Erschießungen von Untersuchungsgefangenen noch am Ende des „Tausendjährigen Reiches".

G. Schlüter

Die Gebietsstruktur seit 1945

Am 11. April 1945 erreichte eine Division der amerikanischen Armee, auf der Autobahn kommend, den Landkreis Weimar bei Troistedt. Am 12. April übergab der Oberbürgermeister Weimars die Stadt kampflos an die Truppen der III. US-Armee unter General GEORGES S. PATTON. Gemäß der Vereinbarung der Siegermächte besetzte ab 3. Juli 1945 die Sowjetische 8. Gardearmee den Stadt- und Landkreis. Weimar wurde Sitz der Sowjetischen Militäradministration des Landes Thüringen (SMATh). Die Stadt war zu diesem Zeitpunkt derart überbevölkert, daß ein Teil der Bevölkerung in Gemeinden der Umgebung umquartiert werden mußte. Die Zahl der Einwohner der hier beschriebenen Orte überstieg 1946 mit 7 000 Personen die des Jahres 1939. In der Stadt wohnten 1949 fast 15 000 Flüchtlinge, Umsiedler und Evakuierte. In den späteren Jahren betrug die Bevölkerungszahl durchschnittlich 63 000 Personen. Die Zahl der Angehörigen der Einheiten und Verwaltungen der Besatzungsmacht, die in Weimar und Umgebung untergebracht waren, entsprach zeitweise dieser Einwohnergröße. Nach der Gründung der DDR 1949 gingen die Verwaltungsfunktionen an die Staatlichen Organe des Landes Thüringen über. Der Thüringer Landtag konstituierte sich am 3. November 1950 in Weimar und verlegte seinen Sitz nach Erfurt. Mit der territorialen Neugliederung 1952 in Bezirke hörte Weimar auf, thüringische Landeshauptstadt zu sein.

Seit dem Sommer 1945 waren strukturverändernde Maßnahmen in Wirtschaft und Gesellschaft durchgeführt worden wie die Bodenreform, die Enteignungen in der Wirtschaft und des ehemaligen Fürstenhauses sowie die Reformen im Bildungswesen. Seit 1948 bestand ein großer staatlicher Sektor, der in den folgenden Jahrzehnten ausgebaut wurde. Trotz der ungünstigen Standortbedingungen und fehlender örtlicher Rohstoffe gelang es verhältnismäßig schnell, Weimar ein industrielles Gewicht zu geben. Im industrieschwachen Kreisgebiet konzentrierte sich dieser Wirtschaftsbereich vorwiegend in Bad Berka. Neben einer Reihe von Klein- und Kleinstbetrieben der Metall-, Leicht- und Lebensmittelindustrie entwickelte sich das ehemals privat betriebene Zementwerk zum Exporteur für Mineralwolle. Von den rund 36 000 Beschäftigten Weimars waren 30 % in der Industrie und in der Bauwirtschaft tätig. Die Hälfte der 8 000 Arbeitskräfte der Umlandgemeinden pendelte zur Arbeit in die angrenzenden größeren Städte, etwa 70 % davon nach Weimar. Nur in Bad Berka, mit einer Konzentration der Einrichtungen des Gesundheitswesens (s. P 10.6), war die Anzahl der Einpendler fast doppelt so hoch wie die der Auspendler. Im Gesundheitswesen, in der Volksbildung und in anderen Bereichen wurden seit den fünfziger Jahren eine Reihe be-

Verwaltungsgliederung

■ WEIMAR   Stadt

☐ HOLZDORF   Stadtteil

● Hopfgarten   Gemeinde-hauptort

○ Eichelborn   Ortsteil

— · —   Kreisgrenze

———   Gemeindegrenze

Einwohner 1996

7360   1 mm² = 100 Einwohner

Verwaltungsgemeinschaften 1997

   Grenze der Verwaltungs-gemeinschaft

I   Gramme - Aue

II   Berlstedt

III   Buttelstedt

IV   Grammetal

V   Ilmtal - Weinstraße

VI   Mellingen

VII   Kranichfeld

IfL 1998
Karteninhalt: G. Heunemann
Kartographie: K. Ebert

Abb. 9   Verwaltungsgliederung und Einwohnerzahlen 1997
(Entwurf G. HEUNEMANN nach Topographische Kreiskarte 1 : 100 000)

trieblicher und staatlicher Einrichtungen geschaffen: Ab 1951 war die Zentral-klinik für Herz- und Lungenerkrankungen in Bad Berka errichtet worden, das spä-tere herzchirurgische Zentrum der DDR. Weitere Gesundheitseinrichtungen wur-den in Bad Berka, Isseroda, Niederzimmern und Gelmeroda eröffnet. In den Landgemeinden waren die einklassigen Volksschulen aufgehoben und an ausge-wählten Standorten durch die zehnklassigen allgemeinbildenden polytechnischen Oberschulen ersetzt worden. Neue Schulen erhielten Isseroda, Legefeld und Nie-derzimmern. Fast alle Gemeinden waren mit Verkaufseinrichtungen und Gast-stätten ausgestattet. Der Wohnungsbau konzentrierte sich auf die ausgewählten Siedlungsschwerpunkte, die Zentren der Gemeindeverbände und der landwirt-schaftlichen Produktion. Gesetzliche Grundlagen ermöglichten in bescheidenem Umfang den Eigenheimbau ab 1976, z. B. in Kromsdorf (s. D 6, D 7) und Tröbs-dorf (s. G 2). In Weimar entstanden sechs neue Wohngebiete mit Schulen, Kin-dereinrichtungen und Kaufhallen. Damit verbunden waren zahlreiche Straßenbau-maßnahmen für deren Erschließung. Die Maßnahmen im innerstädtischen Verkehrsraum (z. B. Knotenpunkt Sophienstiftsplatz, Friedensstraße) führten zu einer größeren Durchlaßfähigkeit des steigenden Verkehrs.

Historisch bedingt war Weimar weiterhin geistig-kulturelles Zentrum des Um-landes sowie eine Hochschul- und Fremdenverkehrsstadt (s. G 4.9). Der waldrei-che Landkreis mit seinem landschaftlich reizvollen Ilmtal blieb das Naherho-lungsgebiet.

Nach der Wiedervereinigung Deutschlands konstituierte sich der Thüringer Landtag am 25. Oktober 1990 im Deutschen Nationaltheater Weimar; die Bezirke wurden aufgelöst. Mit der Thüringischen Gebietsreform 1994 entstanden neue Kreis- und Gemeindegrenzen (Abb. 9). Stadtnahe Orte mit 4 067 Einwohnern wur-den in die Stadt Weimar eingemeindet: Gelmeroda, Niedergrunstedt, Possendorf, Taubach, Süßenborn, Legefeld, Tröbsdorf und Gaberndorf (Anhang B). Trotz der Eingemeindungen erreichte die Stadt mit 60 781 Einwohnern im Jahre 1997 ihre ursprüngliche Größenordnung der Zeit vor 1989 nicht wieder. Nach den 4 000 Ab-wanderungen in dem Zeitraum von 1989 bis 1991 trat ein rapider Geburtenrück-gang ein. Zunehmend ist eine Stadt-Umland-Wanderung festzustellen. Mit den Eingemeindungen hat sich die Stadt um fast 33 km^2 auf 84,3 km^2 vergrößert. Die Nord-Süd-Ausdehnung beträgt heute 11,4 km und die Ost-West-Ausdehnung 8,9 km. Die hier beschriebenen Orte der Umgebung mit 186,8 km^2 gehören überwie-gend zum neuen Kreis Weimarer Land (= 23,1 % der Gesamtfläche des Kreises). Die Gemeinden Bergern, Schoppendorf und Meckfeld sind nach Bad Berka einge-meindet, Obergrunstedt und Ulla nach Nohra sowie Eichelborn und Sohnstedt nach Mönchenholzhausen (Kreis Sömmerda, etwa 300 ha Fläche). 1996 betrug die Einwohnerzahl der Orte der Umgebung 17 412 Personen. Zwei Drittel der Ge-meinden, meist mit weniger als 300 Einwohnern, zeigen eine sinkende Tendenz im Vergleich zu früheren Jahren. Der Zuwachs gegenüber 1971 mit mehr als 4 000 Personen konzentriert sich zu über 90 % auf die Orte Bad Berka, Kromsdorf und vor allem Nohra mit seinem neuen Wohngebiet Ulla. Nach 46 Jahren Besatzung verließen die ehemaligen sowjetischen Streitkräfte am 21. Oktober 1991 offiziell die Stadt und die Garnison Nohra. Ein Teil der Wohnungen in Nohra wird als Übergangswohnheim für durchschnittlich 500 Spätaussiedler aus osteuropäischen Ländern genutzt.

Mit der Wirtschafts- und Sozialunion 1990 war der Arbeitsmarkt zusammengebrochen, ebenso der Handel mit Osteuropa. Die Stadt und der Landkreis Weimarer Land gehören zu den Kreisen mit der höchsten Anstiegsrate der Arbeitslosen in Thüringen. Traditionelle Industrie konnte nicht mehr fortbestehen. Der Aufkauf durch Firmen aus den alten Bundesländern und westlichen Industriestaaten vollzog sich oft zu rasch und brachte für eine Stabilisierung der Wirtschaft nicht immer die gewünschten Ergebnisse. Der Mittelstand, heute wieder größter Arbeitgeber, ist noch zu sehr an wachstumsschwachen Branchen orientiert. Einzelhandel, Gaststättengewerbe, Vermittler- und Beraterfirmen, Projektierungs- und Planungsbüros stellen die größte Anzahl der Unternehmen. Trotz günstiger Standortbedingungen fehlen Investoren für den Aufbau neuer Industrien, so daß die zunächst nicht immer planmäßig entstandenen Gewerbegebiete im Stadt- und Landgebiet noch unzureichend ausgelastet sind. Einschließlich der eingemeindeten Orte bietet Weimar gegenwärtig in acht Gewerbegebieten Flächen zur Ansiedlung von Unternehmen an. Neben kleineren Standorten in den Orten der Umgebung entwickelt sich vor allem der Gewerbepark U.N.O. (Ulla, Nohra, Obergrunstedt). Auf dem ehemaligen Militärgelände entsteht seit 1993 das größte Gewerbegebiet der Region, das gegenwärtig zu 80 % ausgelastet ist. Auch mehrere traditionsreiche Mittelstandsbetriebe der Stadt haben dort ihren Sitz.

Die stadtnahen Orte und Ortsteile sind mit großen Siedlungen bevorzugter Wohnort der Weimarer Bevölkerung geworden. Dazu zählen Taubach, Gaberndorf, Tröbsdorf und Legefeld, aber auch Ulla, Wohlsborn und Kromsdorf. Die Beseitigung von Industrieschornsteinen, die Erweiterung des Fernwärmenetzes und der Einsatz umweltfreundlicher Brennstoffe hat zu einer wesentlichen Verbesserung der Luftqualität beigetragen. Die 12 jeweils 26 m hohen Futtersilos der Milchviehanlage der ehemaligen LPG Ulrich von Hutten sind als störende Reste industriemäßig betriebener Landwirtschaft gesprengt worden.

Weimar hatte sich 1992 um den von der Europäischen Union ausgeschriebenen Titel „Kulturstadt Europas 1999" beworben und 1993 den Zuschlag erhalten. Sie ist die kleinste unter den bisherigen Kulturhauptstädten und die erste, die auf dem Gebiet des ehemaligen Ostblocks liegt. In Weimar konzentriert sich auf engstem Raum deutsche und europäische Kulturgeschichte wie sonst nur in großen Metropolen. Aber gleichzeitig wurde durch das Geschehen auf dem Ettersberg in der Stadt, die als „Wiege der deutschen Klassik" bezeichnet wird, mit der Tradition so nachhaltig gebrochen, daß diese Zeit für immer mahnender Teil der eigenen Geschichte bleibt.

Für die Erarbeitung und Ausrichtung des kulturellen Jahresprogrammes mit regionalen, nationalen und europäischen Bezügen zur Stadt und ihrem Umland wurde 1995 die „Weimar 1999 – Kulturstadt Europas GmbH" mit den Gesellschaftern Freistaat Thüringen (51 %), Stadt Weimar (25 %) und der Bundesrepublik Deutschland (24 %) gegründet, die auch das jährlich stattfindende Kunstfest organisiert. Die Themen des Kulturstadtprogramms beziehen sich vor allem auf die kulturpolitische Bedeutung Weimars, seine europäischen Bezüge, das ehemalige Konzentrationslager Buchenwald, die Zeit der deutschen und europäischen Teilung sowie den Aufbruch in ein neues Jahrtausend.

Für dieses große Ereignis präsentiert sich Weimar mit neuen und intakten Strukturen und mit einer nachhaltig verbesserten Lebens- und Veranstaltungskultur. Hierzu gehört die Umgestaltung von Straßenzügen ebenso wie die Sanierung von städtischen Parkanlagen. (s. G 4.10) Diese Maßnahmen der Erhaltung sind umso bedeutsamer, als das „Klassische Weimar" 1998 mit 11 Gebäuden und Parks von der UNESCO in die Liste des Welterbes aufgenommen wurde, auf der sich bereits die Weimarer Bauhaus-Stätten befinden.

Mit seinen kulturellen Einrichtungen und Veranstaltungen, mit der Bauhaus-Universität sowie bedeutenden Hoch- und Fachschulen ist Weimar auch heute eine Hochschul- und Fremdenverkehrsstadt. Die Stadt und das Umland verfügen über 27 Grund- und Regelschulen, sechs Gymnasien, eine Waldorfschule und zahlreiche weitere schulische Einrichtungen. Die Stadt ist Sitz von Landesbehörden, wie dem Landesverwaltungsamt, dem Oberverwaltungsgericht und dem Thüringer Verfassungsgerichtshof. Weimar bleibt bevorzugter Ort für Kongresse und Tagungen.

G. Schlüter

Die räumliche Verteilung der l a n d - und f o r s t w i r t s c h a f t l i c h e n N u t z f l ä c h e n hat sich in den letzten Jahrhunderten kaum verändert. Gegenwärtig drängen neue Siedlungs- und Gewerbegebiete die Landwirtschaftsflächen zurück, und die Formen der Bewirtschaftung und die Anbauarten verändern sich (Anhang F). In der Umgebung der Stadt Weimar wechseln Flächen mit guten und mittleren Böden (s. Seite 9). Das Waldgebiet des Großen Ettersberges und größere zusammenhängende Waldflächen im Bereich der Saale-Ilm-Muschelkalkplatte südlich der Autobahn A 4 sowie beiderseits des Ilmtales ergänzen die Feld- und Wiesenfluren. Rund 5 500 ha Staatsforsten und gemeindefreie Waldbezirke gab es bis zum Jahr 1961 im damaligen Kreis Weimar. Der Anteil der Waldflächen im Gebiet von Weimar und seiner Umgebung lag 1992/93 mit rund 22 % erheblich unter dem Landesdurchschnitt von 32 %.

Bis 1945 betrieben Groß-, Mittel- und Kleinbauern die Landwirtschaft, dazu kamen einige kleinere Güter wie in Weimar-Schöndorf, Weimar-Oberweimar, Weimar-Lützendorf, Kiliansroda und Kromsdorf-Denstedt. Nach dem Zweiten Weltkrieg änderten sich die Besitzverhältnisse grundlegend. In der damaligen Sowjetischen Besatzungszone wurden durch die Bodenreform die Ländereien von Großgrundbesitzern, den Nationalsozialisten nahestehende Eigentümer und Großbauern mit mehr als 100 ha Grund und Boden entschädigungslos enteignet. Im Stadtkreis Weimar wurden 902 ha Land der Güter Ehringsdorf, Lützendorf, Oberweimar und Tiefurt an 55 landarme Bauern, Landarbeiter und Flüchtlinge aufgeteilt, die jeweils 6 bis 8 ha Land erhielten. Zur Unterstützung der maschinentechnisch schlecht ausgerüsteten Bauern entstanden 1946 mit den enteigneten, einsatzfähigen Traktoren und Landmaschinen die Maschinen-Ausleihstationen (MAS), die späteren Maschinen-Traktoren-Stationen (MTS).

Aber schon 1952 forderte die Staatsmacht die Schaffung von genossenschaftlichem Eigentum an Stelle des noch privaten Grund und Bodens. Im gleichen Jahr bildeten vorwiegend ehemalige Landarbeiter und Neubauern die ersten Landwirtschaftlichen Produktionsgenossenschaften (LPG). In Isseroda entstand die erste LPG im damaligen Landkreis Weimar, weitere folgten in Weimar, Oberweimar, Niedergrunstedt, Köttendorf und anderen Orten im übrigen Landkreis. Hottelstedt war das erste Dorf, in dem 1958 alle Einzelbauern zu einer Genossenschaft zusammengeschlossen waren. Damit wurde jedoch die zersplitterte landwirtschaftliche Kleinproduktion nicht überwunden. Die Bereitschaft der meisten Bauern zum Beitritt in Genossenschaften war gering, und so begann 1960 der staatlich gelenkte Zusammenschluß aller Einzelbauern zu Genossenschaften, der schließlich Ende 1960 dazu führte, daß fast 90 % der landwirtschaftlichen Nutzfläche genossenschaftlich bearbeitet und die „sozialistische Umgestaltung der Landwirtschaft" als abgeschlossen verkündet wurde.

Weitere Bestrebungen zur Konzentration führten zur Bildung von Kooperativen Abteilungen Pflanzenproduktion (KAP), die die Flächen mehrerer Genossenschaften bearbeiteten. Das hatte natürlich unübersehbare Auswirkungen auf die Gestaltung der Feldfluren (Abb. 14). Mit Einrichtung der Agrochemischen Zentren, Landtechnischen Instandhaltungsbetriebe, Bau- und Meliorationsbaubetriebe entstanden völlig neue Wirtschaftsformen. Durch die Trennung von Pflanzen- und Tierproduktion, LPG (P) und LPG (T), bildeten sich im Gebiet nach 1969 beispielsweise die auf Milchvieh spezialisierten LPG Ulrich von Hutten, Weimar, die LPG Am Buchenwald oder die in Hottelstedt (Geflügel) und die LPG in Kromsdorf (Gemüse) heraus. Zur 1974 gegründeten Agrar-Industrie-Vereinigung (AIV) Pflanzenproduktion mit Sitz in Berlstedt mit rund 24 000 ha landwirtschaftlicher Nutzfläche in den Landkreisen Weimar-Land, Erfurt-Land und Sömmerda gehörten auch die Feldfluren nördlich des Ettersberges. Diese Maßnahmen führten im Zeitraum von 1945 bis 1989 dazu, daß von 5 815 selbständigen Landwirtschaftsbetrieben im damaligen Landkreis Weimar gegen Ende der achtziger Jahre nur noch fünf Staatsgüter (VEG), neun LPG (P) und 22 LPG (T) bestanden.

Die Landwirtschaft war nach 1989 durch den Eintritt in die freie Marktwirtschaft, die Auseinandersetzung mit der EU-Agrarreform, die Auflösung der LPG und die vielfach noch ungeklärten Eigentumsverhältnisse einem Strukturwandel unterzogen. Trotzdem ist festzustellen, daß die genossenschaftliche Landwirtschaft in Rechtsformen wie die eingetragenen Genossenschaften, GmbH und ähnlichen Formen einen Übergang in die freie Marktwirtschaft gefunden hat. Der ehemals vorherrschende bäuerliche Familienbetrieb ist in Weimar und seiner Umgebung nur durch wenige wieder- oder neueingerichtete Betriebe vertreten. Die gegenwärtige Landwirtschaft zeigt sich in einer geregelten Feldbestellung, in einem Rückgang der Tierhaltung auf rund 50 % der Bestände vor 1990 und in einem Rückgang der Arbeitskräfteanzahl auf knapp ein Fünftel. Eine umweltverträgliche Landwirtschaft ist auf staatliche Förderprogramme und Ausgleichszahlungen angewiesen.

Die Forstwirtschaft in Weimar und Umgebung unterstand von 1949 bis 1990 dem Staatlichen Forstwirtschaftsbetrieb Bad Berka. Dazu gab es im Landkreis Weimar Oberförstereien in Bad Berka, Kranichfeld und Weimar, Sitz Ettersburg, mit den ihnen unterstellten Revierförstern. Lediglich die Kirchenwälder wurden relativ selbständig bewirtschaftet. 1961 wurden die gemeindefreien Waldbezirke den angrenzenden Gemeinden zugeordnet. Das betraf ausschließlich Gemeinden südlich von Weimar. Das Bild der waldbestockten Flächen wird von Nadelhölzern, aber auch von Buchen- und Eichenbeständen bestimmt. Die vielfältigen Arbeiten zur Nutzung, Pflege und Erhaltung der Wälder werden seit 1991 durch das Thüringische Forstamt Bad Berka mit den zuständigen Revierförstereien in Ettersburg, Buchfart und Hetschburg wahrgenommen.

G. Heunemann

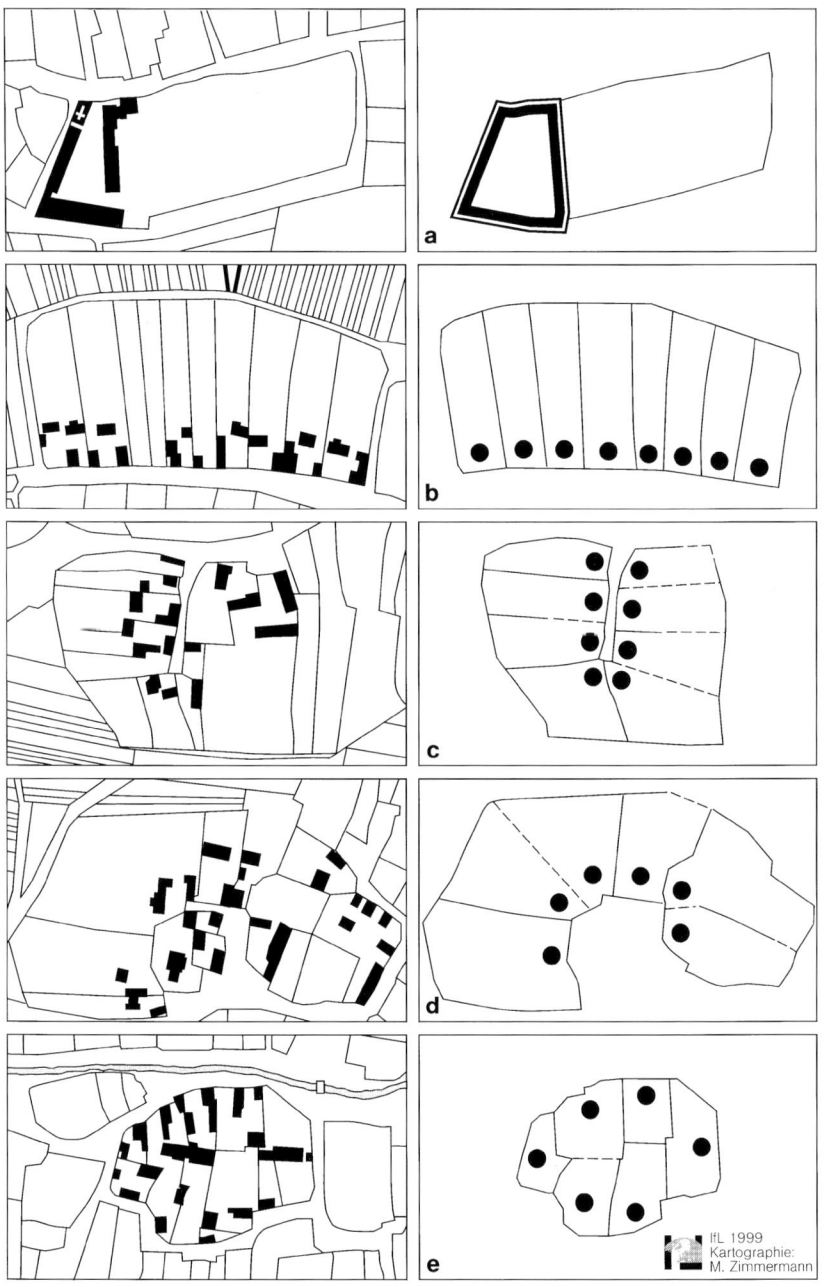

IfL 1999
Kartographie:
M. Zimmermann

40

Die ländlichen Siedlungen (Abb. 10)

Das hier darzustellende Gebiet gehörte hinsichtlich seiner Agrarverfassung zum Typus der weitverbreiteten mitteldeutschen Grundherrschaft, für die kennzeichnend eine weitgehend persönliche Freiheit der Bauern, die Bindung aller feudalen Lasten an Grund und Boden und ein meist erbliches, günstiges Besitzrecht gewesen ist. Während des Feudalisierungsprozesses war ein Großteil der Bauern im 8. und 9. Jh. gezwungen worden, sein freies Eigentum Kirchen, Klöstern und dem sich herausbildenden Adel zu übergeben und gegen die Leistung von Renten und Diensten als Erbgut zurückzunehmen. Die Grundlage für die Bemessung dieser Abgaben bildete die Hufe, zu der die Hofstätte, Ackerland von etwa 10 ha und die Nutzungsberechtigung an der Allmende mit Wiesen und Wald gehörten. Die Besitzverhältnisse sind auch durch das Erbrecht beeinflußt worden, das mit dem Realerbrecht die Zersplitterung des Landbesitzes förderte. In Dörfern mit geltendem Anerbenrecht, das den jüngsten Sohn als alleinigen Nachfolger bevorzugte, erhielten sich stabile bäuerliche Wirtschaften von durchschnittlicher Hufengröße wie in Vollersroda. Den beim Erbgang Leerausgegangenen blieb eine Existenz als Häusler und Tagelöhner. Die große Zahl kleiner und mittlerer bäuerlicher Betriebe, die seit dem 16. Jh. die Mehrheit bildeten, wirtschaftete ohne eigenes Anspannvieh. Ihre Eigentümer wurden Hintersättler genannt. Bei den Anspännern arbeitete vertraglich das nicht zahlreiche Gesinde. Als Wirtschaftsform des Ackerbaus dominierte die Dreifelderwirtschaft mit ihrer geregelten Folge des Anbaues von Winter- und Sommergetreide, während im dritten Jahr das Feld zur Düngung durch das Weidevieh als Brache liegenblieb.

Zu den ältesten Siedlungen gehören im rezenten Bestand die durch urkundliche Überlieferung und Bodenfunde für das 8. und 9. Jh. bezeugten Haufendörfer, älteren Bachuferzeilen- und Platzkernsiedlungen um Weimar, im Einzugsgebiet der Gramme und auf der nördlichen Abdachung des Ettersberges. In einem Großteil der Dörfer sind die Reichsklöster Fulda und Hersfeld begütert gewesen, andere werden in dem durch König LUDWIG DEN DEUTSCHEN aufgerichteten Ingelheimer Protokoll 876 erstmals genannt. Im Ortsnamenbild überwiegen ältere appellativische Bildungen (Nohra, Zimmern, Hopfgarten, Weimar), Ortsnamen auf *-ingen*

Abb. 10   Grundformen in ländlichen Siedlungen im Gebiet um Weimar (Entwurf H. WENZEL)

    a   Einzelhof mit herausragender Größe und rechtlicher Sonderstellung
         (Rittergut Bergern)
    b   Straßenzeile (Gutendorf)
    c   Sackgasse (Bechstedtstraß)
    d   Unregelmäßiger Platzkern (Bechstedtstraß)
    e   Unregelmäßige Gehöftgruppe oder insula (Niederzimmern)
         Die Grundrisse sind nach Flurkarten aus der ersten Hälfte des 19. Jh. umgezeichnet und
         rekonstruiert worden. Die gebrochenen Linien stellen den vermuteten
         Verlauf von Gehöftgrenzen dar.

(Obringen) und -*stedt* (Bechstedt, Grunstedt, Ottstedt, Troistedt und Sohnstedt) (s. Seite 21). Die Tradition der Wohnplätze reicht bei den meisten in die Römische Kaiserzeit zurück. In der Frühzeit bestand Niederzimmern ebenso wie Ollendorf aus einem Ober- und Unterdorf mit je einer Pfarrei. Großobringen und Bechstedt-straß sind die Mittelpunkte einer mehrgliedrigen Siedlungskammer gewesen, die jeweils aus drei nahe beieinanderliegenden Ortsteilen bestanden hat.

Rodung und Landgewinnung sind über den karolingerzeitlichen Landesausbau hinausgehend intensiv fortgesetzt worden. Dabei wurden sowohl in den Altsiedellandschaften des Keuperbeckens als auch in den bisher wenig erschlossenen Waldgebieten an der Ilm und am Ettersberg neue Dörfer gegründet. Im 12. Jh. hatte das Siedlungsnetz seine größte jemals vorhanden gewesene Dichte erreicht.

In einem „Verdorfungsprozeß" sind die Ortslagen der älteren, noch weiträumig bebauten Siedlungen verdichtet und durch die Anfügung weiterer Grundformen erweitert worden. An die Platzkernsiedlungen von Bechstedtstraß, Nohra und Isseroda wurden Sackgassen- bzw. Straßendorfteile angefügt. Nicht zuletzt durch das Vorbild der Städte angeregt kam es auch zur Umgestaltung älterer Wohnplätze, auf denen Sackgassen-, Straßen-, Zeilen- und Platzdörfer nach einem vorgefaßten Plan gegründet wurden. Als Hauptformengruppen ländlicher Siedlungen unterscheiden sie sich lediglich durch das Wegenetz der Erschließung und die Formgebung der Gehöftzeilen.

Die Grundform der Sackgasse ist insbesondere für kleine Siedlungen mit zehn bis zwölf Hufen bevorzugt worden. Am Mittellauf der Ilm begegnen Sackgassendörfer jeweils paarweise in Nachbarschaften an Furten durch den Fluß. Solche Zwillingspaare bilden Buchfart und Oettern mit nahezu kongruenten Grundrissen sowie Tiefurt und Kleinkromsdorf.

Straßendörfern ist eine lineare Ausrichtung der Gehöftzeilen an einem durch den Ort führenden Verkehrsweg gemeinsam, der zu einem schmalen Anger aufgeweitet sein kann wie in Gutendorf. In Vollersroda nimmt er die Kirche auf. Die Anlage einer Gehöftzeile auf einer Terrasse längs eines Fließgewässers ist bereits aus Wüstungen mit einer römisch-kaiserzeitlichen und nachfolgenden mittelalterlichen Besiedlung bekannt. In den großen Haufendörfern Niederzimmern, Ollendorf und Großobringen bilden solche Bachuferzeilen Erweiterungen der älteren Siedlungskerne.

Zu den schönsten Dorfgestaltungen gehören Platzdörfer mit radialer Grundrißstruktur, die wir in größerer Zahl auf der Ilm-Saale-Platte in Gesellschaft mit ebenso planvoll gegründeten Sackgassen- und Straßendörfern antreffen. In geringfügig veränderter Form sind Schoppendorf und Possendorf erhalten geblieben; Daasdorf, Obergrunstedt und Wohlsborn wurden durch sekundäre Sackgassen und Verbauungen des Innenraumes dicht ausgebaut. Kleinroda am Südhang des Ettersberges ist zur Wüstung geworden.

Seit dem Beginn des 14. Jh. geriet die Landwirtschaft zunehmend unter den Druck der ökonomisch überlegenen Städte, in denen die Warenproduktion und der Handel zu voller Blüte gereift waren. Die Einführung der Marktwirtschaft in die feudale Gesellschaft führte schließlich zur Auflassung vieler tausend Dörfer in Deutschland. In manchen Gegenden Thüringens, so auch auf der Muschelkalkhochfläche um den Kötsch und in der Stadtrandzone Weimars, sind mehr als 50 %

der um 1200 noch bestehenden Orte wüstgefallen. Das ist insofern ein Phänomen der Siedlungsgeschichte, als sich ein Vorgang dieses Ausmaßes seitdem nicht wiederholt hat. Wüstgefallen sind insbesondere die kleinen und weniger bedeutenden Dörfer wie Witgeroda, Weißkirchen oder Fördern mit Flurgrößen von fünf bis sieben Hufen, ferner die jüngeren Rode- und Ausbausiedlungen wie Neuses bei Niedergrunstedt oder Neuß bei Tröbsdorf, deren Ortsname den „neuen Sitz", das heißt den neuen Wohnplatz neben einer älteren Muttersiedlung bezeichnete. Besonders häufig begegnen Wüstungen im Umland von Weimar. Hier sind mit Schöndorf, Groß- und Kleinroda, Lützendorf und Wallendorf, dessen Flur 30 Hufen umfaßte, auch größere Orte aufgegeben worden.

Viele der Bauern haben Haus und Hof verlassen, sich ihres Eigentums „verschwiegen", wie es der Sachsenspiegel nennt, und einen neuen Anfang in der Stadt versucht. In unserem Gebiet ist ihr Ziel die Stadt Weimar gewesen, deren Ratshandelbuch zwischen 1389 und 1418 einen Zugang von 573 Neubürgern verzeichnet. Nur 14 waren die Söhne Alteingesessener, die übrigen kamen aus Dörfern und späteren Wüstungen der Umgebung. Die landwirtschaftliche Nutzfläche ist nur geringfügig auf Dauer eingeschränkt worden, wie ein Teil der Fluren von Wittgeroda, Witticheroda, Weiroda, Groß- und Kleinroda. Meist wurde die Wüstungsflur von den benachbarten Dörfern aus bald wieder unter den Pflug genommen. So beschwerte sich der Pfarrer von Mellingen beim Landesherren über die Bauern seines Filials Taubach, daß sie den Getreidezehnten nur von den 30 Dorfhufen geben, nicht aber von den anderen Gütern, „derer wohl auch in die dreissig huffen sein sollen, welche sie die ledigen äckere zcu nennen pflegen".

Um sich des erworbenen neuen Landbesitzes sicher zu sein, schlossen sich die Eigentümer in Wüstungsfluren zu Flurgenossenschaften zusammen, welche feldpolizeiliche Angelegenheiten mit Hegegerichten unter dem Vorsitz eines Heimbürgen lösten. Als eine der ersten ist die in Possendorf ansässige Gemeinde der Wüstung Witticheroda 1542 bezeugt; als letzte ist die von Wallendorf 1877 aufgelöst worden (s. G 3).

Noch im 15. Jh. begann der Wiederaufbau einiger Wüstungen in Gestalt von grundherrschaftlichen Einzelhofsiedlungen. Als Gut wird 1489 Holzdorf genannt, Köttendorf 1499 und Linda 1567 als Schäfereien, Lützendorf 1541 als Gut und 1535 Schöndorf als Vorwerk. Die Gutshöfe wurden auf den Ortslagen der abgegangenen Dörfer errichtet.

In den Jahrzehnten von 1690 bis 1730 sind im Herzogtum Sachsen-Weimar fünf Dörfer auf wüsten mittelalterlichen Wohnplätzen wieder aufgebaut worden, darunter auf dem Kleinen Ettersberg Schöndorf, das um 1700 als Straßendorf neu entstand. Die Auswirkungen des Dreißigjährigen Krieges waren auch im Gebiet um Weimar erheblich. Einige Dörfer, wie Bergern und Ulla, wurden fast völlig zerstört, in anderen wurde kaum mehr als ein Zehntel der Flur bestellt. Tausende Menschen waren in die befestigten Städte geflüchtet. Sämtliche zerstörte Dörfer sind wieder aufgebaut worden; einige wie Niederzimmern, Eichelborn und Großobringen erreichten ihre Vorkriegsgröße jedoch erst im 19. Jh.

Von großem Einfluß auf das ländliche Bauwesen ist in der ersten Hälfte des 19. Jh. das Wirken des Architekten CLEMENS WENZESLAUS COUDRAY gewesen (s. G 4.11), der von 1816 bis zu seinem Tod 1845 als Oberbaudirektor der Weimarer

Baubehörde vorstand. Mit seinen Entwürfen für eine Landbauordnung, Typenprojekten für Bauernhöfe, Schulen und Pfarreien, für Dorfkirchen und Kammergüter und insbesondere durch beispielhafte Dorferneuerungen abgebrannter Orte wie Ottstedt am Berge hat er Vorbildliches geleistet. Unter seiner Leitung ist das durch einen großen Stadtbrand 1816 zerstörte Berka wieder aufgebaut worden (s. P 10.4).

Im Ergebnis der bürgerlich-demokratischen Revolution von 1848 sind auch im Großherzogtum Sachsen-Weimar-Eisenach mit den Gesetzen über die Ablösung grundherrlicher Rechte und der Zusammenlegung der Grundstücke von 1850 die längst überholten feudalen Produktionsverhältnisse beseitigt worden. Hemmend für eine bessere Ertragsentwicklung hatten sich bis dahin weniger der adlige oder landesherrliche Eigenbesitz und die feudalen Abgaben und Fronen ausgewirkt, als vielmehr der mit der Dreifelderwirtschaft verbundene Flurzwang und die Hut- und Triftberechtigungen der Kammer- und Rittergüter auf den Bauernfluren, die die Anwendung fortschrittlicher Anbauverfahren, insbesondere die Besömmerung der Brache, verhinderten. Ferner hatte die Realerbteilung zu einer starken Zersplitterung der Fluren geführt und damit den Arbeitsaufwand erhöht. Gab es vor der Separation in Großobringen beispielsweise 5 219 und in Wohlsborn 3 570 verschiedene Flurstücke, so waren es danach nur noch 581 bzw. 277.

Der Grundbesitz des einzelnen Eigentümers ist aus dem Gemenge ausgeschieden worden, neue Wege, Gräben und Raine wurden angelegt. Es entstand die moderne Schlagflur mit geradlinig begrenzten Parzellen, die noch heute das Bild der Agrarlandschaft bestimmt. Die Feudalrenten sind durch Geldentschädigungen abgelöst worden.

Die Landreform der Weimarer Republik blieb ohne größere Auswirkungen auf die Besitzverhältnisse. Das Kammergut Linda, um 1900 an einen Rittergutsbesitzer verkauft, wurde 1932 erstmals aufgesiedelt. Während des „Dritten Reiches" entstanden zwei Neusiedlerstellen auf dem Staatsgut Köttendorf. Thüringens nationalsozialistische Mustersiedlung Bachstedt, nördlich von Ollendorf schon außerhalb des hier betrachteten Gebietes gelegen, ist 1934 errichtet worden. Die letzten Gründungen ländlicher Siedlungen erfolgten nach dem Zweiten Weltkrieg mit der in Ostdeutschland durchgeführten Bodenreform (s. Seite 34). Auf unerschlossenem Gelände entstanden als Straßendorf Neuehringsdorf und als Angerdorf die Neubauernsiedlung Oberweimar. Mehrere Neubauernstellen wurden auf dem Lindenberg, in Tiefurt, bei Lützendorf, im Kirschbachtal und an der Rainer-Maria-Rilke-Straße errichtet.

In den bis 1952 geltenden Grenzen des damaligen Landkreises Weimar wurden 156 Privatbetriebe mit insgesamt 10 939 ha Land enteignet. Dazu kamen 3 103 ha aus staatlichem Grundbesitz in den Bodenreformfond. Daraus erhielten 1 312 Neusiedler und landarme Bauern Land. Bis 1949 sind 553 Neubauernhöfe auf den Ortslagen von Ritter- und Staatsgütern und an den Ortsrändern der alten Dörfer gebaut worden. Einige erhielten sich in ihrem Erbauungszustand bis in die Gegenwart als Zeugen einer kurzen Epoche deutscher Agrargeschichte so, als sei die Zeit mit ihnen in den fünfziger Jahren stehengeblieben.

H. Wenzel

44

Haus und Hof des Bauern

Als Rechts- und Friedensbereich, Wohnstätte und Wirtschaftsstandort bildet das Gehöft in den mitteldeutschen Hauslandschaften mit dem Wohnhaus, seinen zugehörigen Nebengebäuden, Gärten und Freiflächen einen baulich-räumlichen Organismus, in dessen Mitte der von Gebäuden und Einfriedungen umschlossene Hof als Verkehrsfläche und Arbeitsplatz liegt.

Für die große Zahl der klein- und mittelbäuerlichen Betriebe in Weimars Umgebung war der zweiseitig bebaute Winkelhof die wirtschaftlich günstigste Anlage, die zunächst aus dem Wohnstallhaus (Abb. 11) in Giebelstellung zur Straße und der quer dazu gestellten Scheune bestand, die den Hof zum Baumgarten hin abschloß. Der zwischen beiden Gebäuden verbliebene Raum konnte später mit einem Stallgebäude geschlossen werden. Ein separater Schweinekoben fand seinen Platz weitab vom Wohnhaus auf der gegenüberliegenden Seite der Hofreite, während der Schafstall häufig von einem Teil des Bansens der Scheune in der Weise abgeteilt wurde, daß über ihm noch genügend Bergeraum für die Stapelung der Ernte verblieb. Wegen der von ihr ausgehenden Feuergefahr wurde eine Obstdarre ebenso wie das Bienenhaus in der Tiefe des großen Baumgartens an der Gehöftgrenze errichtet. Am Misthaufen stand in großen Anspännerhöfen der Tau-

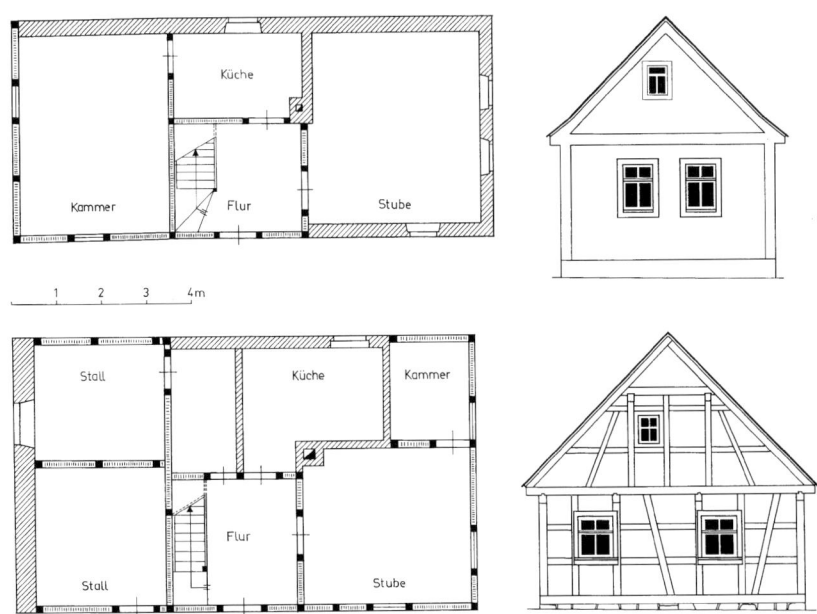

Abb. 11   Zwei kleine Wohnstallhäuser in Mechelroda Nr. 28 (oben) und Nr. 35 (unten). In das kleinere ist in den ursprünglichen Stall eine Kammer eingebaut worden. Ein stark veränderter Umbau des Hauses erfolgte in den sechziger Jahren. Haus Nr. 35 ist in den achtziger Jahren abgebrochen worden.
(Aufmaß und Zeichnung H. WENZEL 1964)

45

benturm, gelegentlich auch das Aborthäuschen. Der Beet- und Krautgarten lag hinter der Scheune, der Küchen- und Kräutergarten dem Wohnhaus gegenüber, während der Blumengarten dessen Giebelseite an der Straße schmückte. Als Hofbaum wurde die Linde, der Nußbaum oder die Kastanie gepflanzt.

Das Gehöft ist zum öffentlichen Raum durch eine Toranlage, seltener mit einem Torhaus abgeschlossen worden, in dem ein Wagen- oder Holzschuppen ihren Platz finden konnten. Nur wenige der schönen Torbögen, die einst zahlreiche der wohlhabenden Bauernhöfe repräsentierten, sind erhalten geblieben (Abb. 44).

Einhausgehöfte gehörten in unserer Hauslandschaft hauptsächlich den unteren sozialen Schichten der Dorfbevölkerung, Tagelöhnern, Häuslern und Kleinbauern, die vor allem in Orten mit großen Rittergütern, wie in Mechelroda (s. Q 6), nachweisbar sind. Um 1856 bestanden 22 von insgesamt 37 Gehöften nur aus einem kleinen Wohnstallhaus. Unter einem First vereinigten die die mit der Bodenreform nach dem Zweiten Weltkrieg errichteten Neubauernhöfe Wohnung, Ställe, Tenne, Bansen, Rübenkeller und Bergeräume.

Im Dreiseithof ist auch die dem Wohnhaus gegenüberliegende Seite der Hofreite bebaut. Hier wurden weitere Wirtschaftsgebäude errichtet, etwa ein zweigeschossiges Stallgebäude mit Laubengang, in das auch Kammern für das Gesinde oder der Wohnteil der Altenteiler einbezogen werden konnten. Große geschlossene Vierseithöfe wie in Kleinkromsdorf Nr. 9 waren vor der Mitte des 19. Jh. selten. Entsprechend seinen Funktionen ist das Wohnstallhaus in Giebelstellung zur Straße auf dem Gehöft so orientiert, daß der Hausherr von der Stube aus sowohl das öffentliche Leben im Dorf als auch das Wirtschaften auf dem eigenen Hof überblicken kann. Es ist dreizonig gegliedert, von der Traufseite her aufgeschlossen und im älteren rezenten Bestand seit dem 15. Jh. bekannt.

Als Denkmal ländlicher Baukunst hat das Wohnstallhaus Nr. 10 aus Eichelborn, dort 1984 abgetragen und 1988 auf dem Weiler Witteroda originalgetreu wieder aufgebaut, seinen neuen Standort im Thüringer Freilichtmuseum Hohenfelden gefunden. Es birgt unter einem Dach Wohnung, Stallung für Kühe, Ochsen und Schafe, besitzt im Keller, oberen Stockwerk und Dachraum Lager- und Bergeräume und ist damit ein Wohn-Stall-Speicher-Haus. In der mittleren Zone liegt der Hauseingang, von dem aus über den Flur Keller, Küche und Kuhstall und über eine Treppe die Stube und die Kammern im Obergeschoß zu erreichen sind. In der zweigeschoßhohen Küche bediente die Hausfrau mit dem Herd, Backofen und Hinterlader des Stubenofens drei Feuerstellen. Diese gut durchdachte bautechnische Lösung machte den Durchgangsflur frei für die Hauswirtschaft. Wie archivalische und bauarchäologische Untersuchungen ergaben, ist das Eichelborner Wohnstallhaus nach einem großen Dorfbrand 1772 von dem Anspänner JOHANN ADAM ROSE erbaut worden, der auch der Bauherr des abgebrannten Vorgängerbaues von1743 gewesen ist, der noch nicht über den zusätzlichen Schafstall verfügte. Es konnte ferner nachgewiesen werden, daß die Erdgeschoßstube aus dem Umbau des Hochkellers unter der Oberstube hervorgegangen ist.

Der Haustyp mit der Küche in Seitenlage neben der Wohnstube ist im älteren Bestand im Gebiet um Weimar weit verbreitet gewesen, und nicht nur in Eichelborn sondern auch in Utzberg, Nohra, Possendorf, Wohlsborn, Gaberndorf und anderen Orten nachgewiesen. Daneben ist auch die Grundrißlösung mit der Mittelflurküche bekannt, wie durch die Bauaufmaße der beiden Tagelöhnerhäuser in

Mechelroda Nr. 28 und Nr. 35 überliefert ist. Im Gleichenschen Hof dieses Ritter-gutsdorfes ist die in der mittleren Hauszone liegende schwarze Küche noch nicht vom Flur getrennt. Das Haus stammt von 1793.

Das Wohnhaus in Traufstellung zum öffentlichen Straßenraum ist neuzeitlichen Ursprungs; wahrscheinlich angeregt durch das Vorbild der Städte, in denen wegen des herrschenden Mangels an Bauplätzen und des Traufrechts bei dichtgedrängter Giebelstellung schon seit dem 15. Jh. die sogenannte Firstschwenkung um 90 Grad erfolgte. Auf dem Lande datieren Traufhäuser gewöhnlich erst in das 17. Jh., die überwiegende Zahl gehört dem 19. Jh. an wie Ollendorf Nr. 78 und Utzberg Nr. 64 (Abb. 25). Eine Ausnahme bildete Haus Nr. 112 in Hopfgarten, das laut Inschrift 1463 erbaut wurde.

Auf die dreizonige Grundrißgliederung des Wohnhauses hatte diese Neuerung dann noch keinen Einfluß, wenn an der Giebelseite genügend Platz für eine Tor-fahrt blieb. Insbesondere aber in den großen Haufendörfern des Thüringer Beckens erfolgte seit dem 18. Jh. eine Abkehr vom traditionellen Typus dergestalt, daß Haus und Hof mit einem durchgehenden Flur erschlossen und der Stallteil aus dem Wohnhaus genommen wurde, in das bei zu geringer Flurstücksbreite die Torfahrt eingefügt werden mußte wie in Utzberg Nr. 64 (Abb. 25). Das führte zu der denk-bar einfachen Grundrißgliederung wie beispielsweise in Buchfart Nr. 20, wo der Durchgangsflur sämtliche Räume des Hauses erschließt. Nach dem gleichen Schema sind seither auch die meist eingeschossigen Häuschen der Tagelöhner ge-baut worden. Andererseits verblieben nach alter Tradition hin und wieder selbst in größeren Bauernhöfen die Pferde als wertvollstes Vieh in einem Stallteil des Wohngebäudes wie in Wohlsborn Nr. 39 von 1863 und in Utzberg Nr. 56, das um 1800 erbaut worden ist.

Die älteren Beispiele des Bauernhauses in der Umgebung Weimars sind in einer Mischbauweise aus Erdstoffen, Lehm, Bruch- und Feldsteinen, Holz und Stroh nach bewährten Konstruktionsmustern gefügt worden. Die noch im 10. Jh. ver-breitete Pfostenbauweise für ebenerdige Häuser ist im 12. Jh. durch den Massivbau abgelöst worden, bei dem eine Lehmstampfwand über einem Fundament- und Sockelmauerwerk aus Kalksteinen aufgeschichtet wurde. Naturstein für die aufge-henden Wände blieb zunächst den Wohntürmen des Landadels und den ersten Kir-chenbauten vorbehalten. Seit dem 15. und 16. Jh. ist er für die Außenwände des Erdgeschosses in Wohngebäuden der wohlhabenden Bauern verwendet worden. Dort, wo er leicht zu gewinnen und zu haben ist, wie auf der Ilm-Saale-Platte, wur-den später auch die eingeschossigen Tagelöhnerhäuser aus Kalkstein gebaut.

Der Fachwerkbau mit in sich abgebundenen Wänden und Stockwerken ist durch archäologische Befunde für das 14. Jh. nachgewiesen und ist schließlich, neben dem Lehmmassivbau, die dominierende Bauweise sowohl für Wohn- als auch für Wirtschaftsgebäude geworden. Die Behaglichkeit einer Bohlenstube, die in das konstruktive Gerüst eingefügt wurde, gehörte zum Wohnstandard des Bürgertums und wohlhabender Bauern im 16. und 17. Jh., wie mit zahlreichen Beispielen aus Weimar und seiner Umgebung belegt werden kann (s. Q 1, G 1, D 6, D 7, E 3).

Erste verputzte Fachwerkbauten mit Faschen, Bändern und Brüstungsfeldern als architektonischen Gliederungselementen stammen wie Buchfart Nr. 20 (Abb. 76) aus dem frühen 18. Jh. Schiefer als Material für die Bekleidung von Fachwerks-wänden und für die Dachdeckung sowie gebrannte Ziegel zur Ausfachung und zum Wandbau hatten wesentlichen Anteil an der Wandlung des Dorfbildes seit den Gründerjahren, als mit industriell gefertigten Baustoffen und durch den Eisenbahnverkehr die traditionelle Bindung des Bauens auf dem Lande an die örtlichen Vorkommen aufgehoben wurde.

Keines der im vorliegenden Band dargestellten Beispiele der Volksarchitektur im Gebiet um Weimar ist erhalten geblieben. Über Jahrhunderte hatten diese Behausungen für Mensch und Tier die an sie gestellten Ansprüche redlich erfüllt, indem sie jeweils den Bedürfnissen neuer Generationen angepaßt worden sind. Daß einige als lebende Fossilien überhaupt in unsere Epoche hineinragten, verdanken sie Schicksalsfügungen. Das Wohnstallhaus Eichelborn Nr. 10 wurde 1891 nach dem Tode des letzten Bewohners im Erbgang dem Nachbarhof zugeschlagen und hat als Wirtschaftsgebäude fast einhundert Jahre überdauert.

H. Wenzel

EINZELDARSTELLUNG

Ollendorf, Kreis Sömmerda, **A 1**

liegt am Westfuß des großen Ettersberges. Im Untergrund sind Schichten des Mittleren und Unteren Keupers vorhanden, die einen tonig-schluffigen schwach sandigen Boden bilden. Mit dem Anstieg des Ettersberges nach O hebt sich der Obere Muschelkalk heraus, der durch einen lehmigen, stark steinigen Boden gekennzeichnet ist.

Aus der Flur liegt ein außerordentlich reiches und vielseitiges Material der Jungsteinzeit vor, z.B. Steingeräte, Keramik und Spinnwirtel. 500 m westlich des Ortes wurden steinzeitliche Gräber untersucht. 1996 haben Grabungen 2 km nördlich von Ollendorf Siedlungskomplexe vom Neolithikum bis zum Mittelalter erbracht. Eine Pferdebestattung gehört zu einem kaiserzeitlichen Siedlungsbereich.

Das Dorf ist am Ursprung des Rassenbaches gegründet worden, der in der Ortslage mit einer kräftig schüttenden Quelle entspringt, die der Heilsborn genannt wird. Über ihr wurde vom Erfurter Peterskloster eine dem heiligen Apostel geweihte Missionskapelle errichtet, aus der die Sedestitelkirche des Diakonates Ollendorf hervorging. Ihr Pfarrer wird 1286 genannt. Im Dreißigjährigen Krieg ist sie von schwedischer Reiterei zerstört und danach nicht wieder aufgebaut worden. Die Pfarreigenschaft ging auf die Unterkirche St. Philippus und Jakobus über, die 1524 noch Filiale der Pfarrei an der Unterkirche St. Wigbertus in Niederzimmern gewesen ist.

Der Ort wird im Codex Eberhardi der Reichsabtei Fulda in einem auf 822 bis 842 zu datierenden Regest als O l l e n d o r f erstmals erwähnt. Der Name bezeichnete das alte Dorf, das sich aus zwei Siedlungskernen bei den genannten Kirchen entwickelt hat, die mit der langen Gasse verbunden und durch weitere Ausbauten zu einem Haufendorf ausgebaut worden sind.

Als grundherrschaftlicher Eigentümer ist für das Mittelalter neben Fulda auch Kloster Hersfeld nachgewiesen, das 1366 seine Rechte in Niederzimmern, Ollendorf, Ottstedt und in den späteren Wüstungen Getorn, Nangisdorf und Gebelsborn an die Stadt Erfurt verkaufte. Daneben sind auch die Grafen von Gleichen und Erfurter Patrizier, darunter die Gebrüder von Paradiß, als Lehnsträger der Landgrafen in Thüringen begütert gewesen. Administrativ gehörte der Ort seit dem 15. Jh. zur Vogtei Niederzimmern, seit 1706 zum Amt Azmannsdorf und teilte mit diesem die Geschicke des östlichen Erfurter Landgebietes.

Aufgrund der Lage Ollendorfs an der Hohen Straße, auf halbem Wege zwischen Erfurt und Buttelstedt und im Kreuzungspunkt mit der in Nord-Süd-Richtung verlaufenden Salzstraße, erhielt die am nordöstlichen Ortsrand gelegene Wasserburg

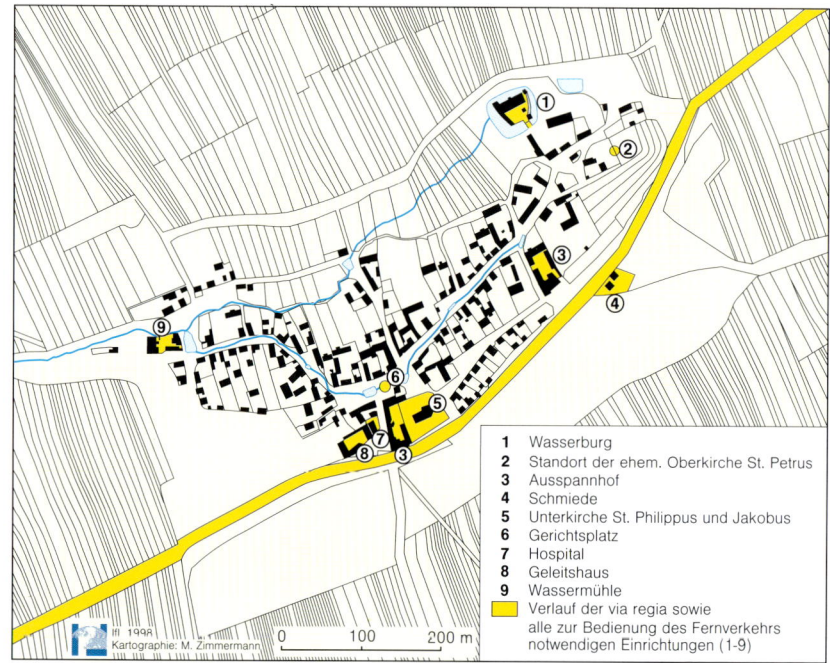

Abb. 12   Ollendorf mit der die Ortslage im S tangierenden via regia und den zur Bedienung des Fernverkehrs notwendigen Einrichtungen
(Zeichnung von H. FREUND und S. MILITZER nach der Flurkarte von 1842)

strategische Bedeutung als Standort eines Beigeleites und das Dorf eine größere Zahl von Einrichtungen, die zur Bedienung des Fernverkehrs notwendig waren (Abb. 12).

Nach einem großen Brand ist das Herrenhaus 1694 wieder aufgebaut worden. Zum Burglehen gehörten 400 Acker Land, 12 Acker Weinberge, zwei große Baumgärten, das Vorwerk, der Backofen, die Gerichte über Hals und Hand und die beiden Schenkstätten. Der größere Ausspannhof im Oberdorf (Haus Nr. 109) wurde 1492 neu erbaut und erhielt im 16. Jh. seine heutige Gestalt als ein breitgelagerter, symmetrisch gegliederter zweigeschossiger Bau mit einem mächtigen Walmdach und einem schön gearbeiteten Eingangstor. Der dahinter liegende Vierseithof faßte 100 Pferde. Dem Schenkhof neben der Unterkirche lagen das Geleitshaus und das Hospital, in dem noch am Anfang dieses Jh. Arme und Kranke gepflegt worden sind, gegenüber.

Über allem wachte im Auftrag des Reiches der Landesherr, der in Ollendorf jährlich drei Vogteigerichte abhalten ließ, die ursprünglich auf dem Dinkberg tagten, im südlichen Teil der Gemarkung an der Grenze zu Niederzimmern gelegen.

Seit dem 18. Jh. hielt er sie auf dem Dorfplatz vor der Unterkirche ab. Diese steht am südlichen Ortsrand, wo die ehemalige Salzstraße, heute ein Feldweg in Richtung Niederzimmern, die *via regia* kreuzte. Das Erscheinungsbild der Kirche ist gotisch. Der an der Nordseite dem Langhaus angefügte, sehr sorgfältig gearbeitete, mächtige Turm trägt einen Spitzhelm, das Langhaus mit seinem dreiseitigen Chorabschluß ein einfaches Steildach. Vom Kirchenschiff führt eine spitzbogige Tür in das tonnengewölbte Turmerdgeschoß. Laut Inschrift an der Turmnordseite wurde der Bau 1506 fertiggestellt. Um 1700 erfolgte die barocke Umgestaltung des Inneren: der Einbau der Emporen, die Aufstellung eines Kanzelaltars, der durch seine üppige Gestaltung auffällt – zwischen hohen gedrehten Säulen ist eine vollplastische Kreuzigungsgruppe angebracht, neben den Säulen außen stehen zwei überlebensgroße Frauengestalten, Glaube und Hoffnung verkörpernd. Der Altar ist laut Kirchenbuch ein Werk des Erfurter Bildschnitzers VALENTIN DITMAR. An der Südwand des Langhauses befindet sich der Grabstein des 1589 verstorbenen Churfürstlich Sächsischen Hauptmanns MARTIN HASE, auf dem dieser in Rüstung abgebildet ist.

Die Schule in der Angergasse 114 ist 1825, das Pfarrhaus 1836 nach Entwürfen gebaut worden, die unter Leitung C. W. COUDRAYS in der Oberbaubehörde des Großherzogtums entstanden sind. Das Kriegerdenkmal gestaltete der Direktor des Weimarer Bauhauses WALTER GROPIUS im Jahre 1922.

Die genossenschaftliche Landwirtschaft begann in Ollendorf 1952 mit einer LPG Typ I, die ab 1956 als LPG Typ III Einheit weitergeführt wurde. Daneben entwickelte sich ab 1960 noch die LPG Typ I Sonnenschein. 1966 wurden beide Genossenschaften in die Kooperationsgemeinschaft Kerspleben eingegliedert, die ab 1970 als LPG Pflanzenproduktion Kerspleben fortbestand. In der Tierhaltung war Ollendorf auf die Junghennenaufzucht für die LPG Frischeierproduktion Hottelstedt spezialisiert.

Die politische Wende 1989 brachte für den Ort tiefgreifende Änderungen. Nur noch rund zwei Drittel der landwirtschaftlichen Nutzfläche werden seitdem durch die Agrargenossenschaft Kerspleben bearbeitet. Fünf Wiedereinrichter mit unterschiedlichem Produktionsprofil bilden einen starken privaten Sektor in der Landwirtschaft. Im nur knapp 500 Einwohner umfassenden Ort gibt es einige Handwerks- und Dienstleistungsunternehmen. Die Schule besteht nicht mehr. Am Ortsrand nach Udestedt stehen 24 neue Einfamilienhäuser. Im Ortskern gibt es viele bauliche Veränderungen. Dabei fällt besonders das an der Ortsdurchfahrt stehende neugebaute Landhotel Ollendorf auf.

Hoher Berg   A 2

Der Hohe Berg (236 m ü. NN) westlich von Ottstedt, eine flache O – W gerichtete Erhebung, wird von bunten, zum Teil dolomitischen Mergeln des Mittleren Keupers eingenommen. Der Ausstrich eines gipsführenden Horizontes läßt sich an den nördlichen, östlichen und südlichen Hängen verfolgen. Der Hohe Berg wurde bereits in der jüngeren Steinzeit besiedelt und diente auch als Begräbnisplatz. Hier wurden 15 mit Steinbeilen, Feuersteingeräten und verzierten Tongefäßen ausgestattete Gräber ausgegraben.

A 2   An der süd- bzw. westwärts gerichteten Hangstufe sind Rasen, Gebüsche und Staudenfluren mit einer kontinentalen Prägung ausgebildet, wie man sie sonst im Weimarer Gebiet nicht findet. Nur hier siedeln in teilweise größeren Beständen Gelbe Skabiose (*Scabiosa ochroleuca*), Bologneser Glockenblume (*Campanula bononiensis*) und Pfriemengras (*Stipa capillata*). Kontinentalitätsanzeiger sind auch Frühlings-Adonisröschen (*Adonis vernalis*), Runder Lauch (*Allium rotundum*), Dänischer Tragant (*Astragalus danicus*), Blaugrünes Labkraut (*Galium glaucum*) und Kleine Wiesenraute (*Thalictrum minus*). Auf angrenzenden Äckern erscheint seit einigen Jahren der ebenfalls östlich verbreitete Orientalische Rittersporn (*Consolida orientalis*). Vorkommen weiterer bemerkenswerter Arten wie Astlose Graslilie (*Anthericum liliago*), Kicher-Tragant (*Astragalus cicer*), Wald-Windröschen (*Anemone sylvestris*) und Kleines Mädesüß (*Filipendula vulgaris*) zeichnen diesen Biotopkomplex besonders aus. Seine ökologische und naturschutzfachliche Bedeutung kann nicht hoch genug eingeschätzt werden. Verbuschung sowie Überalterung der Strauchbestände gefährden jedoch den Fortbestand.

A 3   Ottstedt am Berge, Landkreis Weimarer Land,

liegt an der unteren Grenze der Bewaldung des Großen Ettersberges in 240 m Höhe, unmittelbar am Fuße seines Steilabfalls nach W. Der Hang wird von Erosionsformen durchzogen (Abseitengraben, Gottesgraben). Südwestlich des Dorfes hört die Bewaldung mit Ausnahme eines kleinen Wäldchens im Klappertal auf. Der Untergrund wird aus Schichten des Mittleren Keupers gebildet, die weiche Geländeformen bedingen. Wenig östlich der Siedlung tritt Oberer Muschelkalk auf, der an der Fortsetzung der Weimarer Störungszone gegenüber Schichten des Mittleren Keupers versetzt ist.

Steingeräte und Keramik aus der Ortslage und Flur zeugen von einer neolithischen Besiedlung des Ettersbergsüdhanges. Die Siedlungsgunst des Geländes lassen auch Funde aus der Bronzezeit, Latènezeit, Römischen Kaiserzeit und dem Mittelalter am westlichen Ortsrand erkennen (Anhang E). Weitere Siedlungsplätze aus der Bronzezeit liegen südlich und aus der Römischen Kaiserzeit nördlich des Dorfes. Dem 876 als *Odestadt* urkundlich erwähnten Ort ging eine spätkaiserzeitliche Ansiedlung im 3./4. Jh. voraus. Zu den Funden zählen neben einheimischen germanischen Gefäßen auch Scherben importierter römischer Tonware wie die rotglänzende Terra sigillata. Zwei Körperbestattungen aus der Ortslage gehören zu einem hochmittelalterlichen Gräberfeld des 10./11. Jh.

Ottstedt war je zur Hälfte wettinisch und erfurtisch und kam erst 1815 vollständig zu Sachsen-Weimar-Eisenach. Neben Obst- und Erbsenanbau waren bis ins 19. Jh. auch Rebkulturen verbreitet. Es gehörte zu den Orten des Großherzogtums Sachsen-Weimar-Eisenach, die in den zwanziger Jahren des 19. Jh. nach einem verheerenden Dorfbrand auf der Grundlage eines von CLEMENS WENZESLAUS COUDRAY und seiner Oberbaubehörde entworfenen „verbesserten Bauprojekts" neu entstanden. Das Dorf war am 27. Oktober 1820 in Schutt und Asche gelegt worden. Der Oberbaudirektor beseitigte beim Wiederaufbau einen älteren Siedlungskern bei der Kirche, der Ausgangspunkt des Brandes gewesen war, legte am Ortsrand zwei neue Gehöftzeilen an, wo alle die Bewohner angesiedelt wurden, die im

zu dicht bebauten Ortskern „ausgehoben" worden waren und öffnete mit „Feuer- A 3gassen" die geschlossenen Seiten des langen rechteckigen Dorfplatzes, der nunmehr einheitlich mit zweigeschossigen Wohngebäuden in Traufstellung bebaut wurde. Im O wirkten als Dominanten die Kirche und die neu erbaute Schule in den mit Grünanlagen gestalteten Raum hinein.

Die Kirche, dem Heiligen Nikolaus geweiht, liegt an der Einmündung der Straße nach Daasdorf. Ihr Turm ist ähnlich dem der Kirche von Daasdorf oder auch von Gaberndorf: eine Durchdringung von Spitzhelm und barocker Kuppel. Die Kirche als Ganzes ist wahrscheinlich eine spätmittelalterliche Anlage, darauf verweisen das steile Dach des Langhauses, der polygone Chorabschluß und die für unsere Gegend seltene Anordnung des Turmes an der Westseite. Der Innenraum wirkt, trotz der im 18. Jh. eingebauten Emporen, großzügig, da Langhaus und Chor die gleiche Breite besitzen. Der ganze Raum wird von einer Holztonne überwölbt, die über dem Chor noch Bemalung zeigt. Besondere Beachtung verdient der üppig ausgestaltete Kanzelaltar vom Typ des Pyramidenaltars (s. L 1).

Gebelsborn am Ursprung des Klappertales und Nangisdorf in einer flachen Mulde westlich dieser Erosionsrinne dort gelegen, wo der Flurname *Arnstedter Weiden* lokalisiert ist, sind durch slawische Funde nachgewiesene Wüstungen in der Gemarkung Ottstedts. Beide Orte werden in einer Verkaufsurkunde des Klosters Hersfeld für die Stadt Erfurt 1366 genannt, sind aber, wie aus ihrem Fehlen im Termineiverzeichnis der Augustinermönche zu schließen ist, zu dieser Zeit schon von ihren Bewohnern verlassen worden.

Ottstedt am Berge war seit langem eine Bauerngemeinde mit mittel- und kleinbäuerlichen Betrieben. Eine Jungvieh-Weidegemeinschaft bestand seit 1957. Die beiden landwirtschaftlichen Produktionsgenossenschaften, die 1958 gegründete vom Typ III und die 1960 entstandene vom Typ I, schlossen sich 1967 zusammen und gehörten zur Kooperationsgemeinschaft Niederzimmern. 1972 wurden sie mit der LPG Pflanzenproduktion Isseroda vereinigt. Im Dorf wurden Schweine durch die LPG Tierproduktion Schweinezucht Niederzimmern gehalten. Eine Besonderheit war die Pferdezucht.

Nach 1990 wird die genossenschaftlich betriebene Landwirtschaft durch die Agrargenossenschaft Niederzimmern GmbH & Co. KG mit reduzierter Tierhaltung weitergeführt. Die der Agrargenossenschaft angeschlossene Abteilung Pferde Ottstedt hat neben der Pferdezucht auch Freizeitangebote für die Bevölkerung aufgenommen. Im gut rekonstruierten Dorf gibt es einen Gasthof und zwei Handwerksbetriebe.

Nördlich vom Dorf, in etwa 1 km Entfernung, entstand in den siebziger Jahren ein Ferien- und Erholungszentrum in Blockhausstil. Hier widmeten sich die Besucher der indianischen Lebensweise. Nach 1989 wurde die Anlage rekonstruiert und mit 80 Plätzen in festen Blockhütten und Holzhäusern ausgebaut.

Niederzimmern, Landkreis Weimarer Land   A 4

Vor dem westlichen Steilabfall des Großen Ettersberges breitet sich Niederzimmern aus. Mit 200 m ü. NN liegt es schon 280 m niedriger als der 4 km entfernte Ettersberg. Als beherrschende Erhebung steigt der 254 m hohe Wartenberg östlich über dem Dorf auf, das von der Gramme durchflossen wird. In ihrem Bereich ist eine mehrere Meter mächtige Talfüllung vorhanden. Der Untergrund der Flur besteht aus Mergelsteinen des Mittleren Keupers, der z. T. mit Löß bedeckt ist. In einer heute verwachsenen Kiesgrube östlich von Niederzimmern wurde eine vom Inlandeis während der Elsterkaltzeit abgelagerte Moräne angeschnitten. Hier befindet sich ein geschütztes Biotop.

In das neolithische Siedlungsbild der Flur ordnen sich beachtliche Grabfunde vom Wallichenberg nordwestlich des Ortes ein. Ein schnurkeramisches Doppelgrab enthielt vier verzierte Amphoren und reiche Schmuckbeigaben, 185 durchbohrte Hundezähne, zwei Muschelscheiben und eine selten vorkommende Kupferspirale. Ein im Durchmesser 400 m großes, vermutlich jungsteinzeitliches Grabenwerk mit mehreren Zugängen und mit einer Innenfläche von 14 bis 15 ha wurde durch Luftaufnahmen 2 km westlich von Niederzimmern nachgewiesen. 400 m südöstlich des Ortes sind germanische und frühmittelalterliche Häuser als Bestandteile größerer Siedlungen ausgegraben worden. Am nordöstlichen Dorfrand liegt ein völkerwanderungszeitliches Gräberfeld, von dem drei Gräber, teils mit Holzeinbauten, untersucht wurden. Ein Grab war mit einer Fünfknopffibel und Gefäßen ausgestattet. In einem repräsentativen Steinkistengrab des 8. Jh. aus Gipssteinplatten auf dem Hang über der Gramme lag eine gestreckte Bestattung mit großen Silberohrringen und einer Plattenfibel (TIMPEL 1966; Anhang E).

Das große Haufendorf dehnt sich über einen Kilometer Länge zu beiden Seiten der Gramme aus. Bereits 1362 bestand es aus 132 Bauernhöfen, 1625 wurden in einer im Stadtarchiv Erfurt aufbewahrten Geschoßmater 228 Hausbesitzer gezählt, von denen sich 42 als spannfähige Bauern und 40 als Hintersättler bezeichneten. In der Landwirtschaft arbeiteten ferner 71 Tagelöhner und sieben Futterschneider, die übrigen waren Handwerker und Gewerbetreibende. Die Steuerliste nennt 16 Leineweber, acht Schneider, fünf Zimmerleute, dazu Müller, Bäcker, Schmiede, Hufschmiede, Böttcher, Fenstermacher, Schuster, Steinbrecher, Krämer, Froschkrämer, Schenkwirte, Braumeister, drei Eselstreiber und je einen Weinmeister, Bader, Spielmann und eine Näherin. Für die Gemeinde waren darüber hinaus der Hirte, zwei Schuldiener, der Schultheiß und zwei Pfarrer tätig, denn das Dorf bestand aus zwei Pfarrgemeinden.

Die wahrscheinlich ältere Kirche war St. Bonifatius im Oberdorf. Sie hat einst am Ortsrand gestanden und wurde baufällig 1851 niedergelegt. Sie wird mit St. Bonifatius in Bechstedtstraß schon 918 genannt und gehört damit zu den ersten in der Umgebung Weimars urkundlich überlieferten Kirchen; eine Gründung des Klosters Fulda, das hier um 860 mit 60 Joch Ackerland begütert war. Die Unterkirche, St. Wigbertus geweiht und 1286 erwähnt, ist seit dem ausgehenden Mittelalter das Gotteshaus der größeren Pfarrgemeinde gewesen, eine Stiftung des Klosters Hersfeld, das diesen Heiligen als Patron bevorzugte und in Niederzimmern ebenfalls mit Grundbesitz ausgestattet gewesen ist, der auf eine Schenkung KARL DES GROSSEN zurückgeht. Der weithin sichtbare gotische Bau zählt zu den wenigen Kirchenbauten im Umkreis, die ihren Wehrcharakter, den die alten Kirchen fast alle besaßen, noch deutlich zeigen, hier vor allem mit dem zinnenbekrönten Turmabschluß.

Die Lage der Kirche am westlichen Rand des Dorfes an der Gabelung von zwei wichtigen Straßen, der Salzstraße und der Straße nach Vieselbach, erklärt das be-

sondere Sicherheitsbedürfnis, das den Bau noch heute wie eine Burg erscheinen A 4
läßt. Der an der Nordseite angeordnete Turm, in seinem Unterbau sicher der älteste Teil der Anlage, ist gänzlich in das Kirchenschiff eingerückt, was im Inneren eine eigenartige räumliche Situation gebracht hat: der Chor sitzt asymmetrisch am Schiff und verliert damit von der ihm zukommenden Bedeutung. Die Ausstattung des Kirchenraumes geht auf eine Umgestaltung zu Beginn des 18. Jh. zurück: die Doppelemporen, deren Brüstungen ebenso wie die Chorwand mit Bildern nach biblischen Themen geschmückt wurden und der Kanzelaltar von 1719 des Erfurters VALENTIN DITMAR, alles überspannt von einer hölzernen Tonnendecke. Auf dem Kirchhof hat sich eine beachtliche Zahl von Grabmälern erhalten, vor allem aus klassizistischer Zeit.

Hof Nr. 164 hat eine schöne Toranlage, die 1582 erbaut wurde. Die Grundrißgestalt des Dorfes charakterisieren unregelmäßig-rundlich begrenzte Baublöcke unterschiedlicher Größe als Grundformen des Haufendorfes, die durch enge, winklige Gassen erschlossen sind, während im nördlichen Teil der Ortslage dicht bebaute Gehöftzeilen dem gewundenen Lauf der Gramme folgen. Von der früheren Dorfbefestigung mit Wall, Graben und Mauer sind oberirdisch keine Reste erhalten geblieben; an die wehrhaften Zugänge erinnern nur noch die Flurnamen Vor dem Erfurter Tor und Das Falltor.

1966 gab es in Niederzimmern noch drei Landwirtschaftliche Produktionsgenossenschaften (Typ III mit 964 ha, Typ I mit 94 ha sowie Typ II mit 162 ha). Daraus entwickelte sich 1969 zusammen mit Ottstedt am Berge, Hopfgarten und Utzberg die Kooperationsgemeinschaft Niederzimmern, die schließlich mit der LPG Pflanzenproduktion Isseroda zusammengeschlossen wurde. In Niederzimmern spezialisierte sich die LPG Tierproduktion auf die Aufzucht und Mast von Schweinen.

Niederzimmern war ein Siedlungsschwerpunkt und seit 1977 Zentrum eines Gemeindeverbandes. Es entstanden bauliche Anlagen von überörtlicher Bedeutung: Getreidesilos, Trockenwerk und Pelletieranlage. Zwischen Niederzimmern und Hopfgarten wurde im Tal der Gramme ein Wasserspeicher zur Bewässerung landwirtschaftlicher Kulturen angelegt. 1978 wurde eine polytechnische Oberschule in Betrieb genommen. Aber auch andere Versorgungs- und Dienstleistungseinrichtungen wie Verkaufsstelle, Bäuerliche Handelsgenossenschaft (BHG), Gaststätten, Arzt-, Zahnarzt- und Tierarztpraxen, Kinderkrippe, Kindergarten, Schulhort und Sportplatz erweiterten das zentralörtliche Angebot.

Nach 1990 wurde die genossenschaftliche Landwirtschaft durch die Agrarproduktion Niederzimmern GmbH & Co. KG. weitergeführt. Sie bewirtschaftet auch die Feldfluren der angrenzenden Gemeinden. Die Genossenschaft betreibt integrierten Pflanzenbau, Rinderherdbuchzucht, Ferkelaufzucht und Pferdezucht. Ein Neu- und ein Wiedereinrichter nutzen ehemalige LPG-Ställe, und ein Küchenstudio ist in eine ehemalige Halle der LPG eingezogen. Aus der BHG ist eine Bau GmbH geworden. Dazu gibt es noch verschiedene Handwerksbetriebe. Die Grundschule besteht weiter, dazu gibt es eine Regelschule gemeinsam mit Isseroda. Neu eingerichtet wurden eine Diakonie-Sozialstation und ein Physiotherapiestudio sowie eine Raiffeisen-Bankfiliale. Ein größeres neues Wohnungsbaugebiet unterstreicht die Wohnfunktion dieser ländlichen Gemeinde.

B 1 Ettersburg, Landkreis Weimarer Land

Am Nordrand des Ettersburger Forstes, der mit Eichen- und Buchenbeständen bis an den Ort heranreicht und der den Großen Ettersberg von der Agrarfläche des Thüringer Beckens abgrenzt, liegt Ettersburg im Bereich des Oberen Muschelkalkes in einer Höhe von 317 m. Durch das tief eingeschnittene Pfaffental erhält der Ort ein stark bewegtes Relief. In seinem Ostteil liegen drei Teiche, einer davon wurde in den siebziger Jahren zu einem Schwimmbad umgestaltet. Eine in mäßiger Steigung nach W führende Straße weitet sich in der Ortsmitte zu einem gepflegten, baumbestandenen Anger. An seiner Nordseite steht in regelmäßiger Reihung eine Zeile großer Gehöfte, ursprünglich zwölf an der Zahl, die den früher mit Wall und Graben befestigten älteren Kern des Dorfes bilden. Eine im Kreisarchiv Weimar aufgefundene Aufmaßzeichnung (Abb. 13) zeigt den Zustand dieses Ensembles, das heute unter Denkmalschutz steht, um das Jahr 1860, als der größte Teil der Wohnstallhäuser und Nebengebäude noch mit Stroh gedeckt war und die steilen Dächer sowie die Fassadengliederung den älteren Haustyp des 16. und 17. Jh. zu erkennen gaben. Bandkeramische Steingeräte, Feuersteinmesser, verkohlte Vegetabilien (Getreidekörner und Fruchtkerne) sowie Gefäßscherben wurden in der Gemeindelehmgrube östlich des Ortes, im Keßling, geborgen. Der siedlungsgünstige Platz hat Keramik aus dem Zeitraum von der Römischen Kaiserzeit bis zum hohen Mittelalter erbracht. Eine kaiserzeitliche Siedlung, von der viel Keramik und eine bronzene Fibel abgelesen wurden, lag an der Nordseite des Pfaffentales. An gleicher Stelle befand sich nach Aussage der Oberflachenfunde im 10. und 11. Jh. eine slawische Siedlung. Wichtiges Zeugnis der slawischen Einwanderung im 7. Jh. ist ein Hakensporn aus der Lehmgrube. Unmittelbar südlich des Ortes liegen auf einem Geländesporn die Reste einer durch fünf tiefeingeschnittene Gräben und hohen Wällen geschützten hochmittelalterlichen Herrenburg (TIMPEL und GRIMM 1975). In der Hauptburg sind Reste der Steinbebauung und eines Turmes erhalten. Die vom 10. bis 12. Jh. bestehende Anlage wurde 1227 durch HEINRICH RASPE zerstört. Am Nord- und Ostrand der alten Dorfanlage befinden sich die bis zu 3,5 m hohen Wallreste und Gräben einer guterhaltenen mit-

Abb. 13   Aufriß einer Straßenzeile in Ettersburg um 1860 (oben) und 1865 (unten) (Zeichnung H. WENZEL nach Aufmaß und einer im Kreisarchiv Weimar aufbewahrten Ansicht)

56

telalterlichen Ortsbefestigung an die der Flurname Schanze erinnert. Von zwei ehemals am Ortsausgang nach Ramsla vorhandenen Steinkreuzen ist ein Malteserkreuz aus Kalkstein erhalten (STÖRZNER 1984).

An der Stelle, wo sich Schloß und Kirche oberhalb des Pfaffentales aus dem dörflichen Weichbild erheben, hatte Graf BENNO VON QUERFURT um 1085 ein Kloster gegründet und es mit Mönchen besetzt, die alsbald die Augustiner-Chorherrenregel annahmen. Die Klosterkirche St. Justin und (seit 1472 nachweisbar) St. Lorenz, zuletzt eine gotische Basilika mit ausgeschiedenem, gerade geschlossenem Chor und unregelmäßig angefügtem Chorturm, war zugleich Pfarrkirche für die sich östlich der Kirche ansiedelnden Dorfbewohner. Während des Bauernkrieges 1525 verlassen und anschließend säkularisiert, verfiel die Anlage offenbar bis auf einen als herzogliches Jagdschloß nachgenutzten Klausurflügel. Die Kirche diente fortan nur noch ihrem letztgenannten Zweck und als Schloßkapelle, wofür sie viel zu groß war. 1546 hat man das Laienhaus abgerissen.

Die verbliebenen Reste, Chor und Turm, ließ Herzog WILHELM ERNST wahrscheinlich von JOHANN MÜTZEL in das nach erheblichem Geländeabtrag von 1706 bis 1712 an Stelle der Klausur neu errichtete dreiflügelige Jagdschloß architektonisch einbeziehen, das sich mit seinem Cour d' Honneur nach S zum Landschaftsraum öffnete. Sein östlicher Flügel mit der herzoglichen Patronatsloge im Obergeschoß wurde unmittelbar an den einstigen Chor der Klosterkirche angefügt. Dieser erhielt seine jetzige Gestalt 1863 bis 1865 durch neugotische Überformungen, das Einfügen der Decke der nunmehrigen Saalkirche und des Gestühls, den südlichen Vorbau mit einer Freitreppe, durch die Installation der 1938 umgebauten Peternell-Orgel, 1875 durch eine neue Turmverdachung sowie durch die Einbeziehung von Relikten aus katholischer und früher Reformationszeit im Inneren, schließlich durch den Einbau eines Gemeinderaumes unter der Orgelempore. Eine gotische Sitznische für die Zelebranten, zwei an die Wand gestellte Grabsteine (LUDWIG VON BLANKENHAIN nebst Gattin, 14. Jh., und CHRISTIAN VON GUTHMANNSHAUSEN, 1540), ein mit der Jahreszahl 1487 versehener Taufstein, die im 16. Jh. aus Alabaster gefertigte, für eine Kirche in Weida bestimmt gewesene Kanzel und als kostbarstes Ausstattungsstück ein dreiflügeliger, von Erfurter Meistern Ende des 15. Jh. geschnitzter und gemalter Marienaltar, der aus der Kirche von Hopfgarten hierher versetzt worden ist, zieren den östlichen Teil des Chorinneren.

Die zweigeschossige, im W mit der Schloßkirche um ein Geschoß im Erdreich gleichsam versinkende Schloßanlage unter vereinheitlichendem Mansarddach und mit der Kirche als südöstlichem Appendix wurde von 1717 bis 1722 noch unter Bauherrenschaft des Herzogs WILHELM ERNST vielleicht durch JOHANN MÜTZEL oder CHRISTIAN RICHTER II. durch das frei in die Nord-Süd-Achse gestellte, ebenso nüchtern wie das vorhandene gestaltete, jedoch dreigeschossige und mit Walmdach bekrönte Corps de logis ergänzt. Dessen jetziges, aufwendigeres äußeres und inneres Erscheinungsbild ist das Ergebnis späterer Um- bzw. Anbauten und Ausstattungen: Herzog ERNST AUGUST, barocker Üppigkeit weit mehr zugetan als sein Onkel WILHELM ERNST, ließ ab 1728 von JOHANN ADOLF RICHTER und GOTTFRIED HEINRICH KROHNE nördlich das im Grundriß halbkreisförmige Treppenhaus anfügen und den das erste und zweite Obergeschoß einnehmenden, wegen seiner offenbar nie erfolgten farbigen Fassung so bezeichneten Weißen Saal bauen, ein Meisterwerk realer und illusionistischer Innenarchitektur. Großherzog CARL FRIED-

B 1 RICH veranlaßte die Einrichtung der Repräsentationsräume im Erdgeschoß ab 1838 und den Anbau der Freitreppe 1842 im S für den Erbprinzen CARL ALEXANDER. Im dreiflügeligen alten Schloß waren vorher schon Festsaal und Alkovenbühne für hofinterne Theatervorstellungen geschaffen worden.

Dem Schloßkomplex südlich gegenüber, auf dem sogenannten Brunfthof, hatte ERNST AUGUST 1733 bis 1739 ein Jagdhaus, im Kellergeschoß ein alchimistisches Labor, mit unterirdischen Pirschgängen bauen lassen.

Die Periode zwischen 1776 und 1780 wurde zur kulturhistorisch bedeutendsten Zeit Ettersburgs, die von der grundlegend veränderten geistig-kulturellen Situation am Weimarer Hof im letzten Viertel des 18. Jh. geprägt war. Der von geistiger Offenheit und Toleranz bestimmte Kreis um ANNA AMALIA, in dem sich adlige Schöngeister und an den Weimarer Hof berufene bürgerliche Dichter, wie BERTUCH, GOETHE, HERDER, WIELAND, zusammenfanden, entfaltete hier, weitgehend frei von höfischen Konventionen, ein naturverbundenes literarisch-kulturelles Leben im Geiste der bürgerlichen Aufklärung und der zeitgenössischen „empfindsamen" Gefühlskultur und Poesie. Im Mittelpunkt standen die Aufführungen des von diesem Kreis getragenen sogenannten Liebhabertheaters im Theatersaal oder in der freien Natur. GOETHE war daran maßgeblich beteiligt. So wurden u. a. seine Lustspiele „Das Jahrmarktsfest zu Plundersweilern" und „Die Laune des Verliebten" 1778 bzw. 1779 hier uraufgeführt und die 1779 im Weimarer Redoutenhaus uraufgeführte Prosafassung der „Iphigenie auf Tauris" mehrfach nachgespielt. SCHILLER vollendete im Mai 1800 während eines Aufenthaltes in Ettersburg sein Drama „Maria Stuart". In den Jahren nach 1840 wurde Ettersburg nochmals zum Treffpunkt von Schriftstellern wie HANS CHRISTIAN ANDERSEN und EMANUEL GEIBEL, die auf Einladung des späteren Großherzogs CARL ALEXANDER hierher kamen.

Aus der Entstehungszeit des Schlosses stammen noch zwei dem Corps de logis seitlich vorgelagerte bastionsartige Gartenterrassen. Die Anlagen im empfindsamen Stil aus der Zeit ANNA AMALIAS sind verschwunden. 1923 zog ins Schloß eine nach dem Muster der von dem Jenaer Pädagogen HERMANN LIETZ begründeten Landeserziehungsheime eingerichtete höhere Internatsschule ein; einer der prominentesten Absolventen war der spätere Raketenspezialist WERNHER VON BRAUN. Nach 1945 ließ sich eine Schule für angehende Juristen nieder. Von 1961 bis 1978 diente der Komplex als Altersheim. 1996 und 1997 wurden alle Dächer erneuert und damit der beginnende Verfall aufgehalten.

Noch heute beeindrucken die weitgreifenden landesverschönernden Gestaltungen um das Schloß aus der Mitte des 19. Jh. CARL ALEXANDER berief als Erbgroßherzog für die Verwirklichung seiner Pläne den Freund und Schüler des Fürsten PÜCKLER, CARL EDUARD PETZOLD,1846 zu seinem Hofgärtner. Vom Schloß aus westlich entstand ein Park, der den vorhandenen Bestand alter Eichen nutzte und durch Neupflanzungen in Form und Farbe belebte, nach S in den Ettersburger Forst wurde unter beratender Hinzuziehung des Fürsten PÜCKLER die bisherige Schneise des Jagdsternes auf dem Ettersberg zu einem eindrucksvoll gegliederten – von Einzelbäumen bestimmten Schlag ausgeweitet, der als Pücklerschlag bezeichnet wird. Zum Dorf hin erfolgten ebenfalls parkartige Pflanzungen, und das 1857 errichtete Förstereigebäude mit seinem Turm ist vom Park aus Zielpunkt einer Blickverbindung. Die Einbeziehung der Teiche im Klosterholz, Pflanzungen auf den Zufahrtswegen, z.B. der Galeriewald entlang der Ettersburger Straße, und

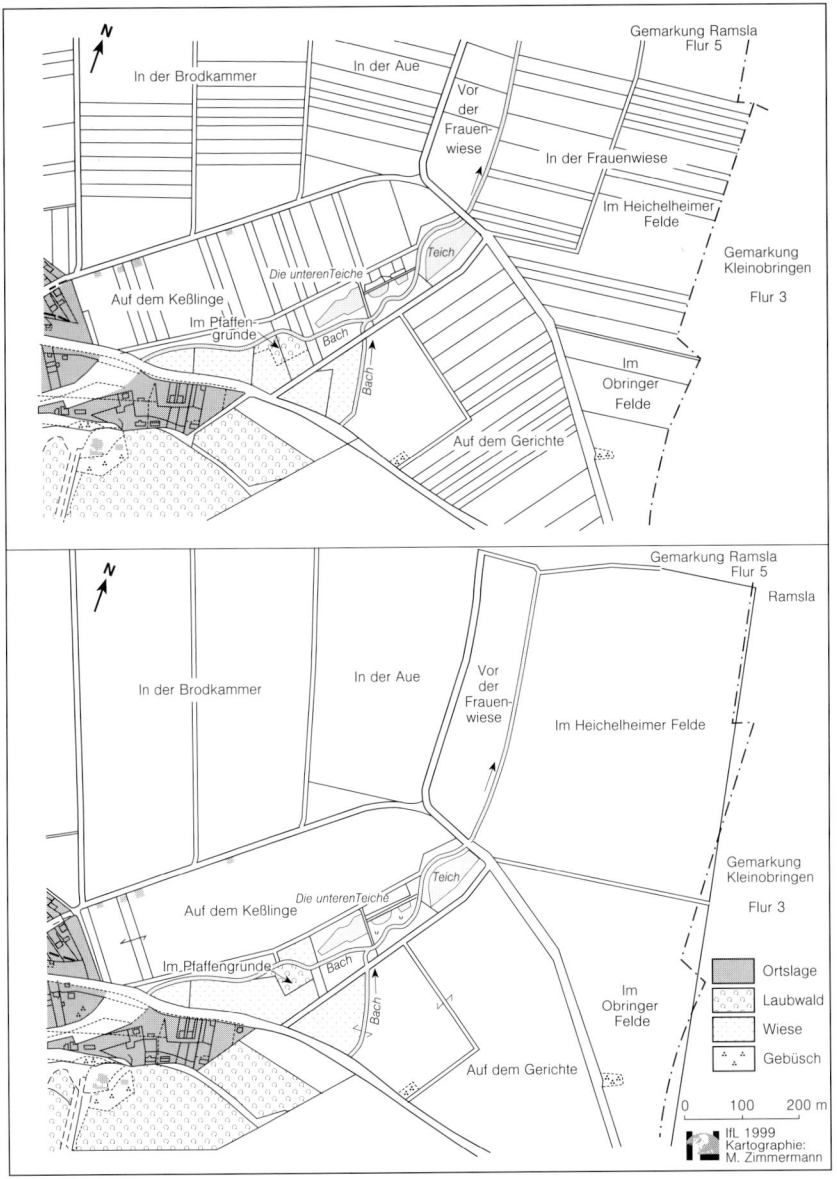

B 1

Abb. 14 Veränderungen der Schlagaufteilung im östlichen Teil der Gemarkung Ettersburg durch die Kollektivierung der Landwirtschaft
(Entwurf G. Heunemann nach Katasterkarte, etwa 1939 und LPG-Karte, etwa 1975)

59

B 1 weitere Gestaltungen auf der von PETZOLD im Auftrag CARL ALEXANDERS geplanten und teilweise ausgeführten „Umfahrung um den Ettersberg" runden die landesverschönernde Gestaltung ab, wie sie bereits GOETHE in seinen „Wahlverwandtschaften" angeregt hatte.

Seit 1972 wird an der Überführung der Pflanzungen in der zweiten Baumgeneration gearbeitet und seit 1995 die Rückführung des im Zuge der Bodenreform parzellierten Pücklerschlages in Forsteigentum betrieben. Bemerkenswerte Bäume des Parkes sind ein Tulpenbaum, eine Gurkenmagnolie, besondere Ahorn-, Eschen-, Buchen- und Eichenarten und ein Virginischer Wacholder.

Eine generelle Restaurierung und kulturelle Neunutzung der zur Stiftung Weimarer Klassik gehörenden Anlage ist vorgesehen und wird seit 1990 durch das als Förderverein tätige „Kuratorium Schloß Ettersburg" unterstützt.

1945 wurden durch die Bodenreform 85 ha Wirtschaftsfläche des aus einem Kammergut hervorgegangenen Staatsgutes aufgeteilt, u. a. entstanden daraus vier Neubauernwirtschaften. Das Gutspächterhaus diente seit 1952 als Schule. Eine 1955 entstandene Landwirtschaftliche Produktionsgenossenschaft vom Typ III vereinigte sich 1960 mit den Genossenschaften in Hottelstedt und Ballstedt und einer weiteren Ettersburger LPG zur LPG Am Buchenwald, Sitz Hottelstedt (Abb. 14). Im Ort errichtete man 1966/67 Rinderställe und 1969 eine Anlage für Fasanen. Ettersburg gehörte dem 1968 gegründeten Gemeindeverband Berlstedt an. Vorwiegend für Genossenschaftsbauern wurden Wohngebäude errichtet. Das ehemalige Pflegeheim erhielt 1978 einen Neubau mit 145 Betten und wird gegenwärtig als Alten- und Pflegeheim durch das Deutsche Rote Kreuz genutzt.

Nachdem sich 1990 die landwirtschaftlichen Strukturen aufgelöst hatten, übernahm die Agrargenossenschaft Kleinobringen e. G., Sitz Schwerstedt die Rinderstallanlage, und die ehemalige Fasanenaufzucht wird von der Geflügelhof Hottelstedt GmbH zur Freilandhaltung von Legehennen genutzt. Tierarztpraxis und Revierförsterei verblieben in Ettersburg. Neu eingerichtet wurden das Café und Restaurant Schloßgarten. In zunehmendem Maße erlangt Ettersburg Bedeutung als Wohnort.

B 2 Ettersberg

Im N beherrscht und begrenzt der Ettersberg die Weimarer Mulde. Mit seiner Höhe von 478 m ü. NN gehört er zu den höchsten Erhebungen des Weimarer Landes, durch seine isolierte Lage wirkt er markanter als die Höhen der Ilm-Saale-Kalkplatte im S der Stadt. Er erstreckt sich in westöstlicher Richtung, steigt im W bis zu seinem höchsten Punkt in der Nähe des Buchenwalddenkmals an und fällt dann allmählich nach O ab (Abb. 15). Die Morphologie des Berges ist differenziert (Anhang A). Der von Weimar aus dominierende Südhang wird durch stark zerschnittene, weitgehend waldfreie Hänge, durch steilwandige, bisweilen klammartige Tälchen und durch eine Reihe eindrucksvoller Erdfälle charakterisiert. Für den flacheren Nordhang sind Quellmulden, Bachtälchen und Kerbsohlentälchen typisch. Der Westteil wird am mittelsteilen Hang von Kerbtälern zerschnitten. Von der Hottelstedter Ecke bietet sich ein eindrucksvoller Rundblick auf das „halbe Thüringen", wie Goethe einst zu Eckermann sagte. Etwa 300 Ortschaften sind bei klarem Wetter zu sehen.

Abb. 15   Blick vom Hundsberg auf den Ettersberg

Der Ettersberg wird von Schichten des Muschelkalkes eingenommen, die hier eine asymmetrische Aufwölbung bilden (Abb. 16). Dadurch gelangen im Scheitel der Aufwölbung außer den Abfolgen des Oberen Muschelkalkes (Trochitenkalk, Ceratitenschichten) auch solche des Mittleren Muschelkalkes an die Oberfläche. Die harten grauen Kalksteinbänke des Trochitenkalkes sind als Werkstein geeignet. Sie wurden in einem Steinbruch des ehemaligen Konzentrationslagers Buchenwald westlich des Denkmalkomplexes abgebaut, der heute zur Gedenkstätte gehört. Typische Versteinerungen sind die durch Kalkspat ausgefüllten Stielglieder der Seelilie *Encrinus liliiformis*, die sogenannten Trochiten. Die Spaltflächen der Kalkspatrhomboeder kann man gut erkennen. Die Stielglieder werden durch die Verwitterung aus dem Gestein herauspräpariert und liegen dann zum Teil auch lose auf der Gesteinsoberfläche. Im Volksmund sind sie als Bonifatius- oder Wichtelpfennige bekannt. Die hangabwärts folgenden Ceratitenschichten stellen eine Wechsellagerung von Kalk- und Mergelsteinen und charakteristischen Kalksteinbänken (u. a. Cycloides- und Glaukonitkalkbank) dar. Sie enthalten eine Fülle von Fossilien, ein Beweis für günstige Lebensbedingungen im Muschelkalkmeer. Man findet unter anderem die Muscheln *Lima striata* und *Lima lineata, Gervilleia socialis, Nucula goldfussi* und zahlreiche Arten von *Myophoria*, den Brachiopoden (Armfüßer) *Coenothyris (Terebratula) vulgaris* und *cycloides,* die Schnecken *Turritella* und *Undularia*. Die auffälligsten Versteinerungem sind Ammonshörner der Gattung *Ceratites*, die insbesondere bei Ausschachtungen häufig gefunden werden. Sie liegen als sogenannte Steinkerne vor, das heißt, das zu Boden gesunkene

B 2

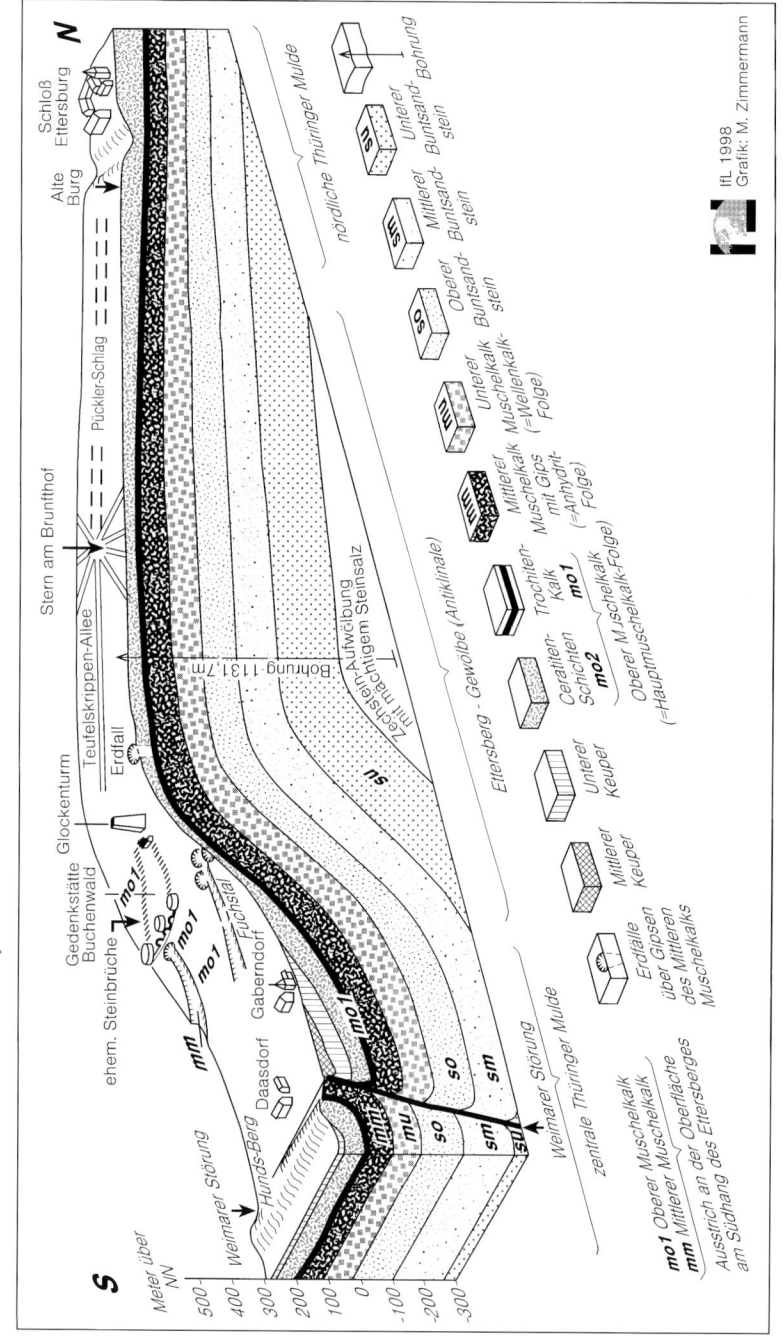

Abb. 16 Geologische Situation des Ettersberges (Entwurf W. STEINER 1991, ergänzt 1998)

Gehäuse des abgestorbenen Tieres wurde mit Schlamm gefüllt, der erhärtete. Später löste sich die Schale auf und der Steinkern zeigt nun alle Feinheiten des Gehäu-
ses.

Zahlreiche große Erdfälle bis ca. 70 m Durchmesser am Südhang, auf der Höhe
des Ettersberges sowie am Nordhang künden von Subrosionsvorgängen im Gips
und Anhydrit des Mittleren Muschelkalkes, die in Tiefen von etwa 50–100 m vor
sich gegangen sind (s. Seite 9). Auch die in die Gedenkstätte einbezogenen Ring-
gräber stellen derartige Erdfälle dar.

Vom Denkmal auf dem Ettersberg aus blickt man in die Weimarer Mulde, in der
Schichten des Unteren und Mittleren Keupers überwiegen (Abb. 16). Diese reichen etwa von der Linie Gaberndorf – Lützendorf im N bis zur Grenze der Muschelkalkhochfläche im S von Weimar. Auch im Ilmtalgraben und östlich der Ilm
sowie westlich von Weimar bis nach Utzberg tritt Unterer Keuper auf, der eine
flachwellige Landoberfläche bildet.

In vielfältiger Weise veränderte der Mensch Flora und Vegetation des Ettersberges. Der Südhang ist größtenteils entwaldet und von Trockentälern zerfurcht.
Halbtrockenrasen, Xerothermgebüsche und Ruderalgesellschaften entstanden
durch ausgedehnte Schafweide und spätere militärische Nutzung. Auch auf der
Hochfläche und dem Nordhang fehlen über weite Strecken die standortgemäßen
Wälder, Forstgesellschaften, Kahlschläge, Busch- und Stangenhölzer. Abwechs-
lung bieten die zahlreichen Erdfälle mit bemerkenswerten Sumpf- und Wasser-
pflanzen.

In der floristischen Literatur wurden für den Ettersberg zahlreiche Besonderheiten angegeben (Abb. 17). Wimper-Segge (*Carex pilosa*) und Echter Steinsame (*Li-
thospermum officinale*) sind noch vorhanden, Borstige Glockenblume (*Campanula cervicaria*) und Federgras (*Stipa pennata*) wird man vergeblich suchen. Von
der Violetten Stendelwurz (*Epipactis purpurata*) gibt es noch Vorkommen, der
Blattlose Widerbart (*Epipogium aphyllum*) ist verschollen. Interessant sind gelän-
deklimatisch und edaphisch bedingte Differenzierungen. Den Dänischen Tragant
(*Astragalus danicus*) und andere kontinentale Elemente wird man vor allem im
westlichen Teil auffinden, während sich reiche Bestände der Grünlichen Waldhyazinthe (*Platanthera chlorantha*) auf den östlichen Abschnitt konzentrieren.

Das 19 ha große N S G „R a u t e n s c h l a g" östlich vom Brunfthof gibt einen
Einblick in den Aufbau der artenreichen Buchenwälder. Häufige Arten der Krautschicht sind Goldnessel (*Galeobdolon luteum*), Haselwurz (*Asarum europaeum*),
Großes Hexenkraut (*Circaea lutetiana*), Erdbeer-Fingerkraut (*Potentilla sterilis*)
und Türkenbund-Lilie (*Lilium martagon*). Neben typischen und frischen Ausbildungen nimmt ein Buchenwald auf sauren Böden (Löß) größere Flächen ein. In
Eschen-Ahorn-Beständen des Bachgrundes kommt der Wolfs-Eisenhut (*Aconitum
vulparia*) reichlich vor.

Im N S G „P r i n z e n s c h n e i s e" (102,10 ha) im östlichen Teil des Ettersberges
sind Rotbuchen-Traubeneichen-Winterlinden- und Eichen-Hainbuchenwälder für
diese kalkreichen und vielfach lößbedeckten Böden kennzeichnend. Unter den be-
standsbedrohten Holzarten fällt die Feld-Ulme auf. Aus der Liste der krautigen
Pflanzen sollen Frühlings-Platterbse (*Lathyrus vernus*) und Schwarze Platterbse
(*L. niger*), Verschiedenblättriger Schwingel (*Festuca heterophylla)* und vor allem
Wald-Reitgras (*Calamagrostis arundinacea*) erwähnt werden. Ökologisch und

floristisch bemerkenswert sind Bestände auf tonigen, wechselfeuchten Böden, in denen entsprechende Zeigerarten wie Großes Mädesüß (*Filipendula ulmaria*), Kümmel-Silge (*Selinum carvifolia*) oder Fuchssche Kuckucksblume (*Dactylorhiza fuchsii*) differenzierend auftreten.

1997 wurden weitere Schutzgebiete ausgewiesen. Durch das NSG „Südhang Ettersberg" zwischen Ettersburger Straße und dem Denkmalskomplex sollen Arten und Biotope des Offenlandes gesichert werden. Wertvoll sind die Halbtrockenrasen, aber auch unterschiedliche Ruderalgesellschaften, in denen z.B. Deutscher Ziest (*Stachys germanica*) und Woll-Kratzdistel (*Cirsium eriophorum*) auffallen, sowie Verlandungsfolgen an Tümpeln und temporären Kleingewässern.

Ein geschützter Landschaftsbestandteil (GLB) ist am Rand der Heuhausallee die „Heuhauswiese" mit einem bemerkenswerten Artenreichtum. Etwa 160 Arten der Wälder, Feuchtwiesen und Staudenfluren konnten nachgewiesen werden, darunter Türkenbund (*Lilium martagon*), Erdbeer-Fingerkraut (*Potentilla sterilis*), Wald-Wicke (*Vicia sylvatica*) und Zaun-Giersch (*Aegopodium podagraria*), aber auch Kuckucks-Lichtnelke (*Lychnis flos-cuculi*), Sumpf-Pippau (*Crepis paludosa*) und Wiesen-Schaumkraut (*Cardamine pratensis*). In der Grasartenkombination dominieren Wolliges Honiggras (*Holcus lanatus*) und Wiesen-Fuchsschwanz (*Alopecurus pratensis*), stellenweise auch Rohr-Glanzgras (*Phalaris arundinacea*). Bemerkenswert sind reiche Vorkommen von Kleinem Baldrian (*Valeriana dioica*) sowie der Wechselfeuchteanzeiger Herbst-Zeitlose (*Colchicum autumnale*), Kümmel-Silge

Abb. 17
Pflanzenbeispiele vom Großen Ettersberg
Bärenlauch (links)
Türkenbund (rechts)
Haselwurz (unten)

Abb. 18   Der Bocksee auf dem Ettersberg (Erdfall)

(*Selinum carvifolia*) und Gemeine Betonie (*Betonica officinalis*). Auch Trollblume (*Trollius europaeus*) und Orchideenarten fehlen nicht.

Zu den ständig wassergefüllten Erdfällen gehört der Bocksee an der Wolfsgalgenallee (Abb. 18). Ein schmaler Ufersaum wird aus Sumpf-Segge (*Carex acutiformis*), Scheinzypergras-Segge (*Carex pseudocyperus*), Blutweiderich (*Lythrum salicaria*), Wasser-Schwertlilie (*Iris pseudacorus*) und Wasserfenchel (*Oenanthe aquatica*) gebildet. Im Wasser dominiert Spiegelndes Laichkraut (*Potamogeton lucens*), in einzelnen Jahren entwickelt sich reichlich Südlicher Wasserschlauch (*Utricularia australis*). Andere Erdfälle wie der an der Neun-Linden-Allee führen nur zeitweilig Wasser, oder sie sind bereits weitgehend verlandet. Dort wachsen Steif-Segge (*Carex elata*), Langährige Segge (*Carex elongata*) und Ufer-Segge (*Carex riparia*), Gemeiner Gilbweiderich (*Lysimachia vulgaris*) und Sumpf-Rispengras (*Poa palustris*). Schwarz-Erlen sind aufgewachsen. Im Bereich des Mahnmales sind Erdfälle völlig ausgetrocknet und von Xerothermrasen bzw. Gebüschen bewachsen.

Nördlich des Kinderwaldheimes enthalten die Eichenmischwälder infolge des unausgeglichenen Bodenwasserhaushaltes zahlreiche Zeiger für Feuchte und Wechselfeuchte. Diese standörtliche Situation kennzeichnet auch die schmale Wiese am Waldrand. Eine erstaunliche Artenfülle begegnet uns, etwa 90 Arten der Halbtrockenrasen sowie der Frisch- und Feuchtwiesen wurden nachgewiesen. Verbreitete Wiesenpflanzen wie Wiesen-Platterbse (*Lathyrus pratensis*), Scharfer Hahnenfuß (*Ranunculus acris*) oder Zaun-Wicke (*Vicia sepium*) stehen zusammen mit Wiesen-Kümmel (*Carum carvi*), Wirbeldost (*Clinopodium vulgare*), Stengel-

B 2 loser Kratzdistel (*Cirsium acaule*), Bach-Nelkenwurz (*Geum rivale*) und Beinwell (*Symphytum officinale*). Wiesen-Silau (*Silaum silaus*) und Kümmel-Silge (*Selinum carvifolia*) zählen zu den Wechselfeuchteanzeigern. Von den Süßgräsern, den Riedgras- und Binsengewächsen sollen nur Rot-Schwingel (*Festuca rubra*) und Fieder-Zwenke (*Brachypodium pinnatum*), Hirse-Segge (*Carex panicea*) und Rauhe Segge (*C. hirta*), Blaugrüne Binse (*Juncus inflexus*) und Platthalm-Binse (*J. compressus*) genannt sein. Wiesen-Gerste (*Hordeum secalinum*), eine sehr seltene Pflanze, erscheint hier reichlich. Auch Orchideen kann man finden.

Eindrucksvoll zeigt sich am Parkplatz Glockenturm, wie schnell die Natur ehemals baulich genutzte Standorte zurückerobert. Dort, wo vor 50 Jahren Garagen, Bunker, Fahrbahnen und Fabrikanlagen das Bild bestimmten, findet man jetzt Enzian-Schillergrasrasen, Gebüsche und lichte Birken-Espen-Kiefern-Salweidenvorwälder. An lichten Stellen wachsen Kreuz-Enzian (*Gentiana cruciata*), Echtes Tausendgüldenkraut (*Centaurium erythraea*) und Große Händelwurz (*Gymnadenia conopsea*). Typisch für diese Halbtrockenrasen sind auch Pyramiden-Schillergras (*Koeleria pyramidata*), Blaugrüne Segge (*Carex flacca*), Golddistel (*Carlina vulgaris*), Knack-Erdbeere (*Fragaria viridis*), Knolliger Hahnenfuß (*Ranunculus bulbosus*) und Braunroter Sitter (*Epipactis atrorubens*). Vereinzelt findet man Weidenblättrigen Alant (*Inula salicina*) und Rundblättriges Wintergrün (*Pyrola rotundifolia*). Auf ehemaligen Betonflächen bilden verschiedene Mauerpfeffer-Arten, Platthalm-Rispengras (*Poa compressa*), Gemeiner Natterkopf (*Echium vulgare*), Kleines Habichtskraut (*Hieracium pilosella*), Steinquendel (*Acinos arvensis*) und Wermut (*Artemisia absinthium*) Pionier- und junge Ruderalfluren. Zur Erhaltung des Halbtrockenrasens und zur Förderung der seltenen lichtliebenden Pflanzen wurden nach 1990 Mahd- und Entbuschungsarbeiten durchgeführt.

Der Mischwald auf dem Ettersberg birgt eine reichhaltige Vogelwelt. Hier nisten Rotmilan und Mäusebussard, die man häufig bei ihren Flugspielen oder auf der Nahrungssuche über der freien Fläche beobachten kann. Als Besonderheit sei erwähnt, daß die sonst nur in den tieferen Lagen in den Parkanlagen in Weimar und Tiefurt entlang der Ilm häufige Nachtigall am Ettersberg an geeigneten Stellen bis fast zur Plateauhöhe von über 450 m ü. NN als Brutvogel auftritt, während sie bereits bei Bad Berka bei einer Höhe von etwa 250 m ü. NN ihre südliche Verbreitungsgrenze vor dem Thüringer Wald erreicht. Als eine weitere Besonderheit sei der 1967 geglückte Nachweis des Vorkommens der Bezahnten Achatschnecke (*Azeca goodalli*) erwähnt. Diese Art erreicht heute am östlichen Stadtrand von Weimar im Schießhaushölzchen und im Webicht ihre östliche Verbreitungsgrenze. Vor fast genau 100 Jahren konnte sie dagegen noch weiter östlich im Mühltal bei Jena nachgewiesen werden.

Die Hochfläche des großen Ettersberges wurde bereits in der mittleren und jüngeren Steinzeit von Menschen aufgesucht, wie über 200 mikrolithische Feuersteingeräte und Plattenfeuersteine erkennen lassen, die östlich des Mahnmales abgelesen wurden. Die eigentliche Besiedlung beginnt im Neolithikum an den Süd- und Nordhängen und liegt oft im Bereich der Erosionsrinnen. Bandkeramische Siedlungsplätze, Gräberfelder der Schnurkeramik und Glockenbecherkultur belegen die steinzeitliche Besiedlung, die sich in der Bronzezeit, in der Römischen Kaiserzeit und im 10. und 11. Jh. fortsetzte. Ein großer Rundwall mit einer

66

Trockensteinmauer und vorgelegtem Spitzgraben ist auf der Höhe des Brunftho- **B 2**
fes, einen Kilometer südlich von Ettersburg, erhalten. Die Größe der Anlage
spricht mit den 1932 bei Ausgrabungen gewonnenen Anhaltspunkten für eine
Erbauung in frühgeschichtlicher Zeit (8.–10. Jh.) und Nutzung als eine Fluchtburg.

In fränkischer Zeit beteiligten sich an der Erschließungsarbeit auf dem Südhang
des Ettersberges neben deutschen Siedlern auch Slawen. Das bekunden neben
Siedlungsscherben die Namen. So ist der Ortsname Tröbsdorf das Dorf eines *Trebun*. Gaberndorf läßt sich aus Dorf eines *Gavran* herleiten. Der Wüstungsname
Krakendorfer Anger enthält den slawischen Personennamen *Krak*, und der Flurname Kalbitz im oberen Katzgraben geht auf slaw. (slawisch) *Kalovica* = Sumpfige Stelle zurück. Für den Namen des Ettersberges selbst stammt die erste schrift-
lich überlieferte Namensform *Etirsberg* aus dem Jahre 1301 und steht vermutlich
mit dem deutschen Personennamen *Aitan(d)* in Verbindung (HÄNSE 1964).

Buchenwald   **B 3**

Auf der Höhe des Ettersberges, nur wenig nördlich der Kammlinie, liegt das
Gelände des ehemaligen Lagers Buchenwald (Abb. 19). Weithin sichtbar ragt südlich davon das Mahnmal mit dem Glockenturm empor. Diesen, mit dem klassischen Weimar eng verbundenen Berg, an dessen Hang am 12. Februar 1776 Goethes „Wanderers Nachtlied" entstand, entweihten die nationalsozialistischen
Machthaber durch die Errichtung eines Konzentrationslagers (KZ). Bei der Wahl
des Standortes spielte auch die zentrale Lage im damaligen Deutschland eine
Rolle. Unter Aufhebung kleinerer Lager, wie das für Thüringen errichtete in Bad
Sulza, wurde neben Dachau und Sachsenhausen am 16. Juli 1937 das „KL Ettersberg" als drittes großes Männer-Konzentrationslager eröffnet. Schon am 28. Juli
1937 gab man diesen Namen wieder auf, weil er „mit dem Leben des Dichters
Goethe in Zusammenhang steht", und benannte die Anlage nach der Wald-
bestockung „KL Buchenwald/Post Weimar". Das Lager, mit dem Sinnspruch
„JEDEM DAS SEINE" im Eingangstor, war zunächst für 8 000 Gefangene aus
Mittel-, West- und Nordwestdeutschland gedacht und entstand mit Kommandan-
turbereich, Torgebäude, SS-Kasernen und Truppengaragen innerhalb von zwei
Jahren. Es diente zunächst vor allem der Unterbringung von politischen Gegnern
des Naziregimes. Ende 1937 waren bereits 2 561 Gefangene inhaftiert. Ihre Zahl
wuchs durch die Einlieferung von etwa 3 000 sogenannten Asozialen, 2 200 Öster-
reichern und durch 10 000 Verhaftete der Judenprogrome im November 1938 auf
etwa 11 000 Häftlinge an.

Mit Beginn des Zweiten Weltkrieges wurde das KZ Buchenwald von einem
Zwangshaftlager für politische Gegner, vorbestrafte Kriminelle und „Asoziale",
Juden, Zeugen Jehovas und Homosexuelle in ein Zwangsarbeitslager für die
Kriegsindustrie umgebildet. In immer größerer Zahl wurden Ausländer eingelie-
fert, die nach Deutschland verschleppt worden waren und in der Rüstungsindustrie
arbeiten mußten. Hatten sie sich schon den Lagervorschriften zu unterwerfen, die
gegen die einfachsten Menschenrechte verstießen, so erniedrigten mörderische Ar-
beitsbedingungen die Inhaftierten zu rechtlosen Arbeitssklaven.

Abb. 19   Der Große Ettersberg mit dem Mahnmal der Gedenkstätte Buchenwald

1943 waren große Fabrikhallen der Gustloff-Werke II mit Bahnanschluß unmittelbar östlich des Lagers in Betrieb genommen worden. Zuletzt unterstanden dem
KZ Buchenwald 136 Außenkommandos vorwiegend in Mitteldeutschland und
im Rhein-Ruhr-Gebiet, darunter das berüchtigte Lager „Dora" im Kohnstein, einschließlich eines Frauenlagers, seit Herbst 1944. Die Lagerstärke wuchs im Laufe
des Jahres 1943 von 9 517 auf 37 319 und erhöhte sich bis Ende 1944 mit den
Außenkommandos auf 63 048 Häftlinge; im Februar 1945 betrug die Lagerstärke
86 232 Häftlinge. Unter der Aufsicht der brutalisierten SS-Wachtruppe wurden die
Menschen bei mangelhafter Ernährung und unzureichender medizinischer Versorgung, bei Strafexekutionen, medizinischen Versuchen und härtester Arbeit ihrer
psychischen und physischen Kräfte beraubt. Von etwa insgesamt 239 000 Häftlingen aus 35 Nationen starben etwa 56 000, unter ihnen bekannte Persönlichkeiten
aus Politik, Wirtschaft und Kultur.

Schon bald nach der Errichtung des Lagers organisierten die politischen Häft- **B 3**
linge unter illegalen Bedingungen den Widerstand gegen die SS und schirmten
sich gegen korrumpierte Kriminelle ab. Auch mit später eingelieferten politischen
Häftlingen aus dem besetzten Ausland wurde die illegale Verbindung durch das Internationale Lagerkomitee ausgebaut und 1944 eine geheime Militärorganisation
geschaffen. Damit wurden in der Hölle der Unmenschlichkeit zahlreiche lebens-
rettende Hilfeleistungen an Mithäftlingen möglich. Ein Beispiel der international
geübten Solidarität gaben besonders die deutschen Häftlinge gegenüber den seit
1941 eingelieferten sowjetischen Kriegsgefangenen.

Besser als in anderen Konzentrationslagern waren die Häftlinge im KZ Buchenwald auf ihre Befreiung vorbereitet. Bei Annäherung der III. US-Armee konnten sie am 11. April 1945 die noch verbliebenen etwa 200 SS-Angehörigen über-
wältigen und den Stacheldrahtzaun durchbrechen. Am 19. April gedachten 21 000
Überlebende, darunter 904 Kinder, der ermordeten Kameraden und leisteten den
Schwur von Buchenwald: „Die Vernichtung des Nazismus mit seinen Wurzeln ist
unsere Losung. Der Aufbau einer neuen Welt des Friedens und der Freiheit ist
unser Ziel."

Gemäß alliierter Vereinbarungen wurde auf dem Gelände des ehemaligen Konzentrationslagers von August 1945 bis Anfang 1950 ein Internierungslager für
Funktionsträger der NSDAP und ihrer Gliederungen unter sowjetischer Leitung
betrieben, das Speziallager Nr. 2. Das Schicksal der etwa 28 000 Internierten mußten auch willkürlich Verhaftete teilen. Insgesamt kamen 7 000 Menschen, Männer,
Frauen und Jugendliche, ums Leben. Seit 1990 erinnern Grabstätten und Ausstellungen an Internierte des Speziallagers Nr. 2.

Bis auf wenige Gebäude wurden 1951 die verfallenen Teile des ehemaligen Lagers eingerissen; bereits 1949 war auf der Südseite des Ettersberges der dort 1901
errichtete Bismarckturm gesprengt worden. Hier wurde ab 1954 ein von einer Ar-
chitektengruppe entworfenes nationales Mahnmal geschaffen, das man am 14.
September 1958 einweihte. Ein Stelenweg mit sieben bildkünstlerischen Reliefs,
die den Leidensweg der KZ-Häftlinge symbolisieren, führt zur Straße der Nationen. Sie wird begrenzt von Pylonen, die die Namen von 18 Nationen tragen, und
verbindet drei ringförmig gestaltete Massengräber (Erdfälle). Stufen führen zur
Denkmalgruppe empor, deren Plastik FRITZ CREMER schuf. Im 50 Meter hohen
Glockenturm bedeckt eine Steinplatte blutgetränkte Erde aus europäischen Konzentrationslagern.

Die Gedenkstätte Buchenwald umfaßt aus dem ehemaligen Lagerbereich Torgebäude mit Arrestzellenbau, Krematorium, Desinfektions- und Kammergebäude,
Häftlingskantine, Wachtürme und Reste des Lagerzaunes (Abb. 20). Erhalten blieb
ein Teil der ehemaligen SS-Kasernen, Hundezwinger, Truppengaragen und La-
gerverwaltungsgebäude.

Bis in die Gegenwart der heutigen Gedenkstätte Buchenwald, Teil der Stiftung
Gedenkstätten Buchenwald und Mittelbau-Dora, erinnern stetig ergänzte Denk-
steine, Gedenkplatten und Mahnmale an Menschen unterschiedlicher Geisteshal-
tung und religiöser Bekenntnisse, die Unmenschliches erleiden mußten und in den
Tod getrieben wurden.

B 3

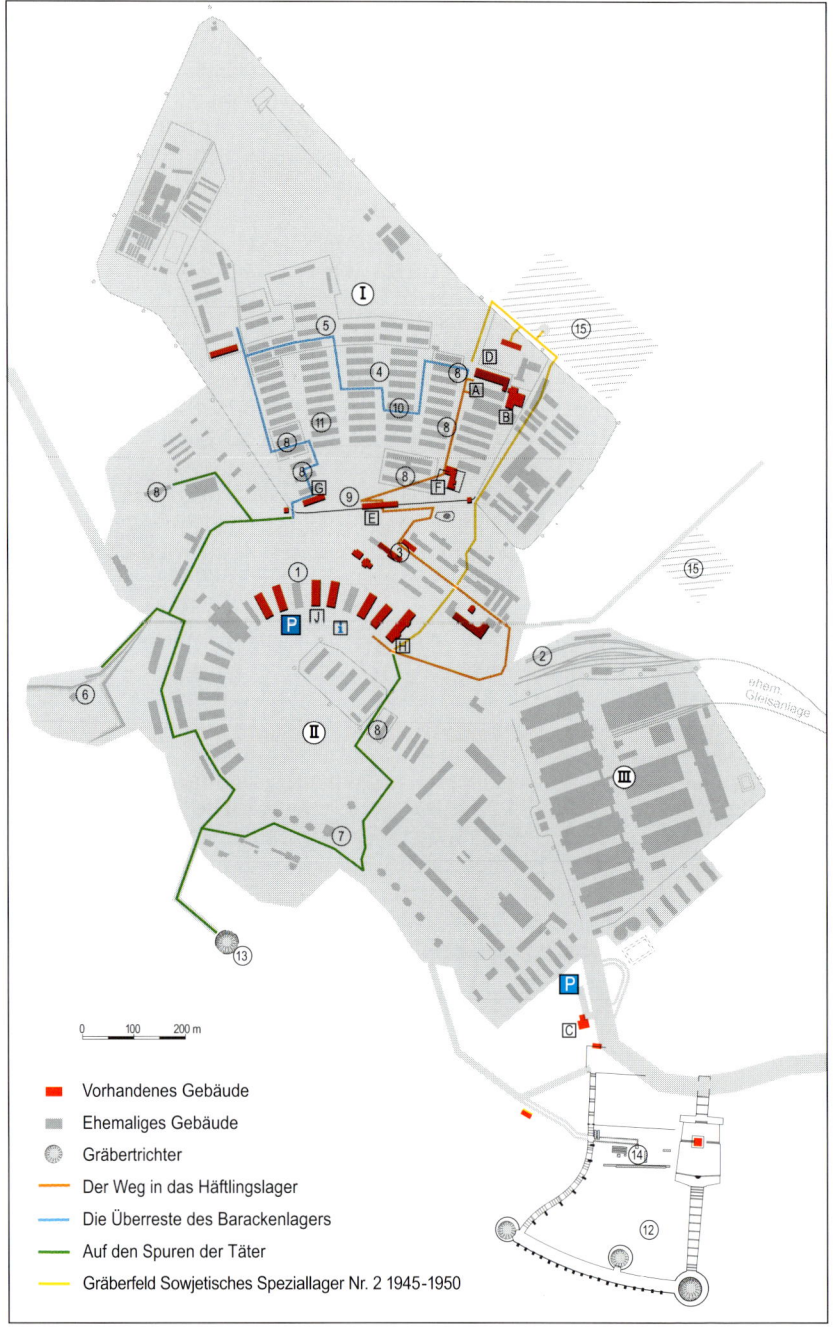

0   100   200 m

Vorhandenes Gebäude
Ehemaliges Gebäude
Gräbertrichter
Der Weg in das Häftlingslager
Die Überreste des Barackenlagers
Auf den Spuren der Täter
Gräberfeld Sowjetisches Speziallager Nr. 2 1945-1950

BEREICHE
  I   Häftlingslager
  II SS-Bereich
  III Produktion

AUSSTELLUNGEN
  A Historische Ausstellung
     Konzentrationslager Buchenwald,
     1937-1945
  B Ausstellung
     Überlebensmittel – Zeugnis –
     Kunstwerk – Bildgedächtnis
  C Historische Ausstellung
     Versteinertes Gedenken
  D Historische Ausstellung
     Sowjetisches Speziallager Nr. 2
     1945-1950

MUSEALE EINRICHTUNGEN
  E Lagertor und Arrestzellen
  F Krematorium
  G Häftlingskantine (Wechselausstellungen)

**EINRICHTUNGEN
DER GEDENKSTÄTTE**
  H Direktion, Archiv, Bibliothek
  i Information, Buchhandlung, Kino
  J Jugendbegegnungsstätte

AUSSENANLAGEN
  1 SS-Kasernen
  2 Bahnhof
  3 SS-Kommandantur
  4 Häftlingslager
  5 „Kleines Lager"
  6 Steinbruch
  7 SS-Führersiedlung

DENKMALE
  8 Gedenkstein
  9 Gedenkplatte für die Häftlinge
     des Konzentrationslagers
  10 Jüdisches Mahnmal
  11 Denkmal für die ermordeten
     Sinti und Roma
  12 Mahnmal

FRIEDHÖFE
  13 Aschegrab 1944/45
  14 Friedhof Ettersberg
     (April/Mai 1945)
  15 Gräberfeld, Sowjetisches
     Speziallager Nr. 2 1945-1950

Kleinobringen, Landkreis Weimarer Land   C 1

An der nördlichen Grenze des bewaldeten Teils des Großen Ettersberges (s. B 2) wird das Gebiet von Kleinobringen von mehreren Gräben und Tälern, wie dem Hopfenwachs-Graben und der Bachbunge durchzogen. Das Dorf liegt am Rande eines sich nach N abdachenden flachen Geländerückens zwischen beiden Senken, im Grenzbereich zwischen Unterem Keuper und Oberem Muschelkalk. Der den Untergrund bedeckende Löß verbessert die Bedingungen für die landwirtschaftliche Nutzung.

Steinzeitliche Äxte, Beile und Keile sowie ein seltener Pfeilglätter kennzeichnen die neolithische Besiedlung um den heutigen Ort. Ein mittelalterliches Körpergrab enthielt sieben Münzen als Beigaben.

Der Ort wird erstmals 1342 als *Oberingen minor* urkundlich genannt und damit vom benachbarten Großobringen unterschieden. Das Grundrißgefüge der Siedlung besteht aus zwei Teilen. Der eine ist als Straßendorf, der andere als Bachuferzeilendorf an der heute kanalisierten Rassel angelegt. Am Plan in der Dorfmitte führen beide Ortsteile zusammen. Südlich davon erhebt sich auf einer

71

C 1 Anhöhe am Dorfrand die St. Nikolaus geweihte Kirche, eine alte Ostturmanlage mit Spitzhelm und gotischem Chor, im S anschließend der ummauerte Friedhof. Wie vielfach geschehen, wurde die ursprünglich vorhandene romanische Chorapsis, die sich im O anschloß, später abgebrochen und durch einen größeren gotischen Choranbau ersetzt. Er erfüllt noch heute seine Funktion als Altarraum, da ihn keine Kanzelaltarwand vom Kirchenschiff trennt. Die Kanzel, im schlichten Barock, ist am südlichen Pfeiler des Triumphbogens angebracht. Sie stammt, wie die übrige Innenausstattung, aus der Zeit um 1700. Als Besonderheit muß das ringsum, also auch über den Triumphbogen, laufende zweite Emporgeschoß gelten. Die farbige Fassung des Innenraumes geht auf eine Restaurierung im Jahre 1985 durch den Weimarer Maler und Restaurator H. JÄHRLING zurück.

Auf dem Flurstück Bauernrödchen westlich des Ortes wurde 1826 zur Erinnerung an die Ettersburger Kaiserjagd im Jahre 1808, an der NAPOLEON I., Zar ALEXANDER I. und 24 Fürsten teilnahmen, der Lindenplatz mit 26 Linden angelegt und ein Napoleonstein aufgestellt.

Die LPG in Kleinobringen entwickelte sich zusammen mit Ramsla, Schwerstedt und Heichelheim zu einer LPG (Tierproduktion). Landwirtschaftliche Bauten sind hauptsächlich in den angeschlossenen Gemeinden entstanden. Die Feldflur von Kleinobringen wurde seit 1978 vom Volkseigenen Gut (VEG) Großobringen bewirtschaftet. Gegenwärtig bearbeitet die Äcker die Agrargenossenschaft Kleinobringen e.G., Sitz Schwerstedt. Private Landwirtschaft gibt es nicht. Der kleine Ort ist bisher nur um wenige Neubauten am Ortsrand in Richtung Weimar gewachsen. Abseits des Ortes, an einer Straße nach Weimar, steht seit langem die Gast- und Raststätte Zur Warte. In direkter Nachbarschaft dazu sind in der jüngsten Vergangenheit mehrere Einfamilienhäuser entstanden.

C 2 Ettersbergsiedlung, zu Weimar seit 1938

Auf dem Nordhang des Ettersberges nahe der Straße Weimar – Ramsla entstand 1936/38 eine Wohnsiedlung mit Einzel- und Doppelhäusern sowie zwei zweigeschossigen Gebäuden. Sie wurde mit ihrer Fertigstellung in die Stadt eingemeindet. Die im Zusammenhang mit dem Konzentrationslager Buchenwald für Angehörige der SS gebaute Siedlung Kleinobringen erhielt 1949 den Namen Ernst-Thälmann-Siedlung und wurde 1991 in Ettersbergsiedlung umbenannt.

C 3 Kleinroda, zu Weimar

Am Südhang des Großen Ettersberges, im Bereich des Oberen Muschelkalkes gelegen, fügt sich Kleinroda, am vorspringenden Waldstück Bertuchs Ecke, etwa 800 m östlich der Ettersburger Straße, der Quellmulde des Dürren Baches, ein. Hier stand bis 1950 ein Gasthof, einst ein beliebtes Ausflugsziel der Weimarer Bürgerschaft. 1802 erbaut und Zum Rödchen genannt, setzte er mit dem Namen die Tradition eines Dorfes fort, das hier im Mittelalter gestanden hat. Es wird 1323 *minor Rode*, 1378 als *Cleynrod* urkundlich erwähnt und mit dem sekundären Bestimmungswort im Ortsnamen vom benachbarten Großroda unterschieden, das in der schriftlichen Überlieferung schon 1301 erscheint und ebenfalls zur Wüstung geworden ist.

Heute ist die Flur von Kleinroda überwiegend mit Wald bedeckt. Ein Bauernhof wurde kurz nach dem Zweiten Weltkrieg auf den Grundmauern eines älteren Gebäudes errichtet und produziert heute noch landwirtschaftliche Erzeugnisse.

Aus der Flurkarte von 1841 ist als Siedlungsform ein Platzdorf mit radialer Grundrißstruktur zu erschließen, das mit Wall und Graben umfriedet war. Reste davon haben sich erhalten, desgleichen die Grundmauern der dem St. Georg geweihten Pfarrkirche, die neben dem Dorfeingang gestanden hat. Eine im Stadtarchiv Weimar aufbewahrte Originalurkunde von 1433 teilt mit, daß die „pfarrekirchen zum Kleinen Rodichin nu wuste wordin ist" und daß ihre Güter, eine Eigenhufe und Zinsen von 12 Dorfhufen, zur Stiftung einer Vikarie in der Pfarrkirche St. Peter und Paul zu Weimar verwendet werden. Die Eigentümer der Wüstungsflur, in der Urkunde werden zwölf namentlich genannt, bildeten eine seit 1597 nachweisbare Flurgenossenschaft, die ihr letztes Hegemahl 1872 abhielt. Vier Jahre später erwarb der Rat der Stadt Weimar die Quelle des Dorfes, um mittels Röhrenfahrten das Wasser in Brunnen der Stadt zu leiten.

Lützendorf, zu Weimar

Am nördlichen Stadtrand von Weimar liegt Lützendorf in einem kleinen Tälchen, das neben einer Reihe von weiteren Wasserrissen den Südhang des Großen Ettersberges an dieser Stelle zerfurcht. Südlich dieses ehemaligen Gutes senkt sich die Landoberfläche allmählich bis zum Asbachtal.

Die hier gegründete mittelalterliche Siedlung wird 1295 als *Lucendorf* erstmals genannt. Wahrscheinlich ist das Bestimmungswort im Ortsnamen auf *Luzo*, eine Kurzform von *Lutger* oder *Ludolf*, zurückzuführen. Im 15. Jh. ist das Dorf von seinen Bewohnern verlassen worden, wie aus einer Urkunde Herzog FRIEDRICHS von 1492 zu schließen ist, mit der er zur Erhaltung der baufällig gewordenen Wallfahrtskirche St. Gangolf aufrief, die schließlich 1530 eingezogen wurde. Aus dem verbliebenen „Gütlein", das 1541 der Weimarer Schosser JOHANN KUNOLDT besaß, entwickelte sich ein Gasthof und Vorwerk, das 1737 zwei Drittel der 15 Hufen umfassenden Dorfflur bewirtschaftete und 1854 als großherzogliches Kammergut in staatliches Eigentum überging.

Nach 1945 wurde es ein staatliches (volkseigenes) Gut mit Vieh- und Feldwirtschaft, dem sich in den sechziger Jahren die LPG Tröbsdorf anschloß. Später wurde die Viehwirtschaft aufgegeben, die Pflanzenproduktion der LPG Niederzimmern und dann der KAP Isseroda zugeordnet. Das Gut spezialisierte sich unter Einbeziehung von Flächen benachbarter Gemeinden auf Obstplantagen und Baumschulen. Heute sind diese Flächen fast vollständig gerodet und zum Teil bebaut. Schon Ende der achtziger Jahre dienten die Gebäude infolge der schlechten Bausubstanz nur noch als Lager. Auf der Lützendorfer Flur entstand in den dreißiger Jahren ein Kasernenkomplex, der 1945 bis 1990 durch die sowjetische Armee genutzt wurde. Für sie entstand auch ein Kulturhaus, später Probebühne und seit 1997 auch Spielstätte des Deutschen Nationaltheaters, und eine Schule. Heute erhalten fast 1 200 Schüler der staatlichen berufsbildenden Schule für Gesundheit

C 4 und Soziales in einem sanierten Kasernengebäude ihre Ausbildung. In den sechziger Jahren wurde westlich der Ettersburger Straße das Wohngebiet Weimar-Nord in industrieller Montagebauweise errichtet (s. G 4.9).

D 1 Großobringen, Landkreis Weimarer Land

An der B 85 von Weimar nach Buttelstedt dehnt sich am sanft abfallenden Nordhang in einer Quellmulde zwischen dem Großen und dem Kleinen Ettersberg der Ort Großobringen in 280 m Höhe aus. Der Heilige Bach verläßt in nordöstlicher Richtung die Ortslage. Nördlich des Ortes treten Ton- bis Schluffsteine und Sandsteine des Unteren Keupers auf und bilden einen tonig-schluffigen, schwach sandigen Boden. Mit dem Anstieg zum Ettersberg hebt sich der Obere Muschelkalk heraus, der durch einen tonigen stark steinigen Boden gekennzeichnet ist.

1959 wurde beim Sportplatzbau am nördlichen Ortsrand ein kreisförmiges Erdwerk von ca. 3,2 ha Größe aufgefunden und teilweise ausgegraben. In der geschützten Innenfläche der Anlage, die Träger der Salzmünder und Bernburger Kultur errichteten, wurden zwei quadratische Häuser und Gruben untersucht. Auch in den Außengräben legte man Wohnstellen frei. Es fanden sich über 12 000 Scherben und ca. 6 000 Tierknochen. Reste von Schöpfgefäßen und niedergelegte Tierschädel lassen auf kultische Handlungen schließen (BAVIN-STEDING und WALTER 1997). In der Nähe wurde eine jungsteinzeitliche Hockerbestattung mit einem Gefäß und einem Reibstein freigelegt. Siedlungsreste und Körpergräber der frühbronzezeitlichen Aunjetitzer Kultur sind von der Lehmgrube nördlich des Ortes bekannt. Drei bronzezeitliche Grabhügel eines ehemals größeren Gräberfeldes sind im Wald westlich der Straße Weimar – Großobringen erhalten. Funde und Hausgrundrisse aus dem Bereich der Wüstung Oberndorf südlich des Ortes weisen auf eine Besiedlung von der frühen Eisenzeit bis zum hohen Mittelalter mit einem großen slawischen Anteil im 10. und 11. Jh. hin (Anhang D). Ein sternförmiges Erdwerk, Schanze genannt, auf dem Kleinen Ettersberg östlich der heutigen B 85 wurde auf Veranlassung von Herzog WILHELM IV. errichtet und im Dreißigjährigen Krieg als Beobachtungsanlage genutzt (Abb. 21).

Die Grundrißstruktur des großen Haufendorfes charakterisieren in seinem südlichen Teil unregelmäßig begrenzte Gehöftgruppen, während im nördlichen Teil der Ortslage zwei lange Zeilen von stattlichen Gehöften, teilweise noch mit repräsentativen Rundbogentoren geschlossen, dem Lauf des Heiligen Baches folgen. Das Dorf ist mit einem teilweise noch erhaltenen Langwall und einer Mauer umfriedet gewesen, nur zwei Tore, das Schenktor und das Kirchtor, öffneten den willkommenen Fremden den Zugang.

Den räumlichen Mittelpunkt öffentlichen Lebens bildete der 1818 angelegte Plan, der mit einer kniehohen, kreisrunden, nach den vier Himmelsrichtungen geöffneten Mauer umschlossen ist. Zwölf Kastanien erheben ihre Kronen über den Platz, der zum Kirmestanz (Kirchweihtanz) einst mit Tannenreisig bestreut wurde. Er setzt die Tradition einer lokalen Gerichtsstätte fort, die 1250 mit der Nennung eines Richters urkundlich erwähnt und in Beziehung zu dem gegenüberliegenden, ehemaligen Rittergut zu sehen ist, das einst die Patrimonialgerichtsbarkeit über Großobringen ausübte. Das Adelsgeschlecht, das sich nach dem Ort nannte und zu

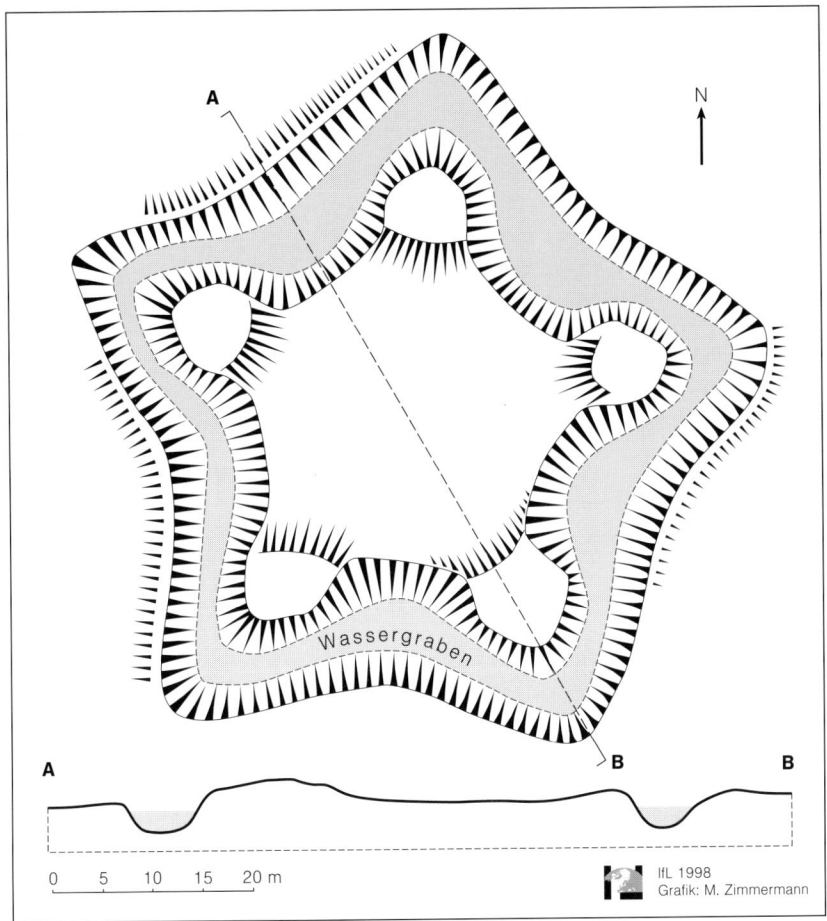

Abb. 21   Schanze in Großobringen (nach W. Timpel und P. Grimm 1975;
Aufmessung: Thüringisches Landesamt für Denkmalpflege)

den Ministerialen der Grafen von Weimar-Orlamünde gehörte, ist von 1294 bis
1353 nachweisbar, seit 1568 befand sich das Rittergut in Besitz der Familie von
Harras, seit 1787 der bürgerlichen Familie Schmid. Es umfaßte 1880: 80 ha Land,
wurde später ein Staatsgut und ging mit der Bodenreform in Volkseigentum über.
Das eingeschossige ehemalige Herrenhaus, auf dem ein barockes Mansarddach
ruht, geht in seinem Kern wohl auf einen älteren Bau zurück, von dem die runden,
einfach profilierten Bögen am Haus und an der Hoftür erhalten geblieben sind. Am
Gemeindebackhaus nennt eine Inschrifttafel von 1591 den Heimbürgen Hans
Niclas Harvs Heibvrg.

D 1   Der stattliche Kirchenbau, der das gleiche Patrozinium trägt wie die Weimarer
Stadtkirche St. Peter und Paul, entspricht in Größe und Erscheinung der einstigen
Bedeutung des Dorfes als Sedestitelort des Diakonates Großobringen, dessen
Geistlicher vor der Reformation zwölf Pfarreien, zwischen dem Großen Ettersberg, Neumark und Buttelstedt gelegen, zu beaufsichtigen hatte. In der ersten
Hälfte des 15. Jh. entstanden (nach der Inschrift auf der Turmsüdseite 1431), blieb
der Kirchenbau in der nachfolgenden Zeit ohne wesentliche Eingriffe und zeigt
sich noch heute als ein gotisches Bauwerk: mit dem Westturm, der einen Spitzhelm
trägt, mit dem steilen Dach über dem Kirchenschiff und einem dreiseitigen Chorabschluß. Im östlichen Teil scheint älteres Mauerwerk von einem Vorgängerbau
enthalten zu sein; die tatsächliche Baugeschichte der Anlage liegt noch im Dunkel.
Im Inneren überrascht ein die ganze Breite des Schiffes einnehmender, in anspruchsvollem höfischen Rokoko gestalteter Kanzelaltar. Er wurde anläßlich einer
Restaurierung der Kirche im Jahre 1934 aus der Schwarzburger Schloßkapelle an
diesen Ort versetzt und nimmt sich in der Umgebung etwas fremd aus. An der Südwand des Langhauses befindet sich die Kopie eines Lutherbildes der Cranachwerkstatt, gemalt von dem bekannten Porträtzeichner der Goethezeit JOHANN JO-
SEPH SCHMELLER, der von hier stammt.
    Etwa 600 m vom südlichen Ortsrand entfernt, stand im Mittelalter auf der lin-
ken Talseite des Nutzelbaches das Oberndorf, ein durch Keramikfunde des 8. bis
12. Jh. nachgewiesener Siedlungskern der Siedlungsagglomeration Oberingen, zu
der auch das benachbarte Kleinobringen gehört. Es ist durchaus möglich, daß
er 1271 als *Uberingen* (althochdeutsch *ubar* – über) Sammelname für alle Ortsteile
die Obenwohnenden bezeichnete.
    Die Landwirtschaftsflächen wurden seit 1960 von zwei Landwirtschaftlichen
Produktionsgenossenschaften bearbeitet, die sich 1965 zur LPG Typ III Grünes
Herz, später Kleiner Ettersberg, vereinigten. Von der Gemeindeflur gehörten al-
lerdings 120 ha des ehemaligen Staatsgutes zum Volkseigenen Gut Rohrbach,
Sitz Weimar-Schöndorf. 1967 wurden die Genossenschaften in Schöndorf,
Wohlsborn, Sachsenhausen, Leutenthal, Rohrbach und die Volkseigenen Güter
(VEG) in Rohrbach, Schöndorf und Großobringen zur Kooperationsgemeinschaft
Großobringen zusammengelegt, daraus entstand das VEG Pflanzenproduktion
Großobringen, das rund 3 400 ha bewirtschaftete. In der LPG Tierproduktion
Kleiner Ettersberg, Großobringen, entstand nördlich des Ortes ein Läuferbetrieb,
der hauptsächlich die Schweinemastanlage in Neumark belieferte. Seit 1975 war
das VEG Pflanzenproduktion Bestandteil der Agrar-Industrie-Vereinigung Berlstedt.
    Großobringen war ein untergeordnetes Siedlungszentrum im Gemeindeverband
Buttelstedt und Standort für den Eigenheimbau. In den achtziger Jahren entstanden
vier dreigeschossige Wohnblöcke. Seit 1960 bestand in Großobringen eine Produktionsgenossenschaft des Bauhandwerks, in der Maurer-, Dachdecker- und
Zimmereibetriebe vereinigt waren. Sie beschäftigte 1969 mehr als 60 Personen
und wurde vom VEG bzw. von der LPG übernommen. Der Ort hatte einige infrastrukturelle Einrichtungen wie Zahnarztpraxis, Schule, Verkaufsstelle, zwei Gaststätten und verschiedene Kinderbetreuungseinrichtungen.
    Nach 1990 übernahm die landwirtschaftliche Produktion die Agrargenossen-
schaft Großobringen e.G. Dabei bildet die Schweinezucht weiterhin den Schwer-

punkt. Im ehemaligen Technik-Stützpunkt des VEG besteht jetzt eine Maschinen D 1 und Technik GmbH, die Leistungen für die Agrargenossenschaft ausführt. Groß- obringen ist nach wie vor infrastrukturell besser als die umliegenden Siedlungen ausgestattet, hat zahlreiche Handwerksbetriebe und entwickelt sich zu einem Wohnstandort.

Bundesstraße B 85 D 2

Um 1800 wurde die Stadt Weimar zielstrebig zum Chausseeknotenpunkt ausge- baut. Die Straßenführung der Ost-West-Verbindung (s. E 2) war 1787 fertiggestellt worden. Seit 1803 zweigte bei Umpferstedt die Chaussee nordwärts ab. Nach S be- gann gleichzeitig der Bau der Chaussee nach Berka. Die Straße nach Magdeburg über den Ettersberg wurde 1827 begonnen. Die alte Straßenführung nach Berka verlief entlang der heutigen Humboldtstraße, gewann über den steilen Gelmero- daer Berg die Hochebene und erreichte die bereits ab 1785 als Chaussee ausge- baute Strecke von Legefeld nach Berka. In Richtung Ilmenau führte man den Straßenbau ab 1816 und nach Blankenhain – Rudolstadt ab 1833 weiter. Erst 1878 wurde die von der Belvederer Allee abzweigende neue Staatschaussee nach S eröffnet, deren Straßenführung der heutigen Fernstraße entspricht. Die Bundes- straße B 85 verläuft in Süd-Nord-Richtung von Bayreuth nach Berga/Nordhausen, wird als eine Tourismusstraße eingeordnet und als Bier- und Burgenstraße be- zeichnet. Kurz nach der Anschlußstelle zur Autobahn A 4 erreicht sie Weimar und verläßt das Stadtgebiet (ohne neue Ortsteile) nach 9,12 km am Waldende Schön- dorf. 1998 ist die B 85 mit der B 7 durch die West-Nord-Umgehungsstraße ver- bunden worden.

Wohlsborn, Landkreis Weimarer Land D 3

Am sanft abfallenden Nordhang des Kleinen Ettersberges liegt nur einen Kilome- ter von der Kammlinie entfernt in 300 m Höhe die Gemeinde Wohlsborn. Die geo- logischen Verhältnisse entsprechen denen von Kleinobringen (s. C 1). In der Quellmulde eines Baches, der bei Sachsenhausen sein Wasser der Scherkonde zu- führt, wurde am sogenannten Wolfsborn ein Platzdorf mit radialer Grundrißstruk- tur gegründet (Abb. 22), das 1249 als *Wolfesburn* und 1269 als *Wulfisburnen* (Zu- sammensetzung aus Wolf und Born) urkundlich überliefert ist. Später wurde dieses Platzdorf durch sekundäre Sackgassen ausgebaut. Der Name der Herrengasse weist hier auf die frühe Zugehörigkeit des Ortes zur nahen Deutschordenskom- mende Liebstedt hin, die im Jahre 1410 mehrere Besitztümer erwarb, darunter einen Siedelhof, das Niederweidigt, einen Hopfgarten, den Backofen und alle Hin- tersiedelhöfe des Dorfes. Nach der Säkularisierung des Ordens im 16. Jh. kam der Ort an das kursächsische Amt Eckartsberga und fiel erst nach dem Wiener Kon- greß an das Amt Weimar. Die älteren Wohngebäude sind in der für die Landschaft nördlich des Ettersberges typischen Mischbauweise errichtet, wobei sich über einem massiven Erdgeschoß aus Lehmstampf- oder Lehmziegelwänden ein Fach- werkobergeschoß erhebt. Die in der Dorfmitte stehende ehemalige Schule, zwei-

D 3

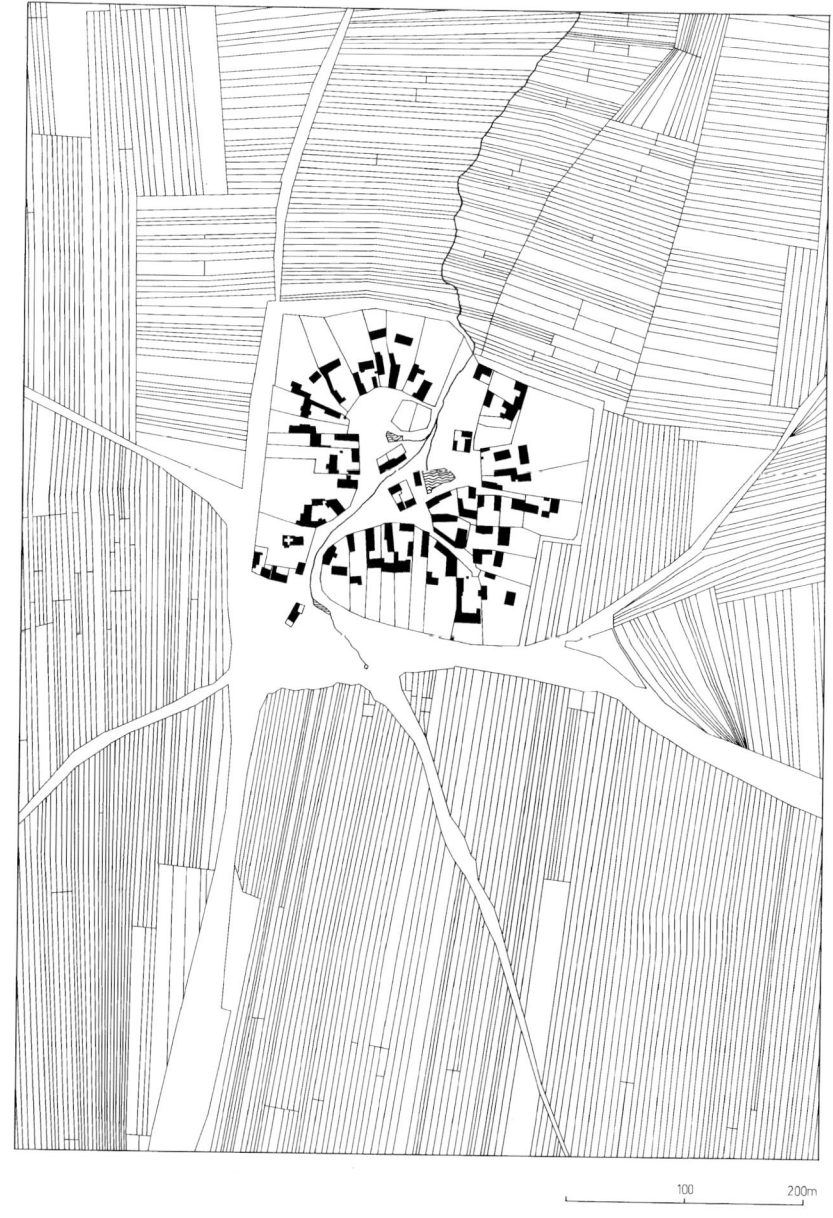

Abb. 22   Wohlsborn, ein Platzdorf mit radialer Grundrißstruktur, das durch sekundäre
Sackgassen ausgebaut worden ist.
(Zeichnung H. WENZEL nach der Flurkarte von 1817)

geschossig und mit einem Krüppelwalmdach versehen, ist in der Zeit gebaut wor- D 3
den, als C. W. COUDRAY Oberbaudirektor in Weimar war.

Wie in zahlreichen anderen Platzdörfern steht auch in Wohlsborn die Kirche
nahe dem ursprünglich einzigen Zugang, der von SW her in das Dorf führte. Ein
mächtiger Ostturm, 5,10 m x 5,50 m im Grundriß, bestimmt ihr Bild. Nach dem
Maßwerk in den Schallöffnungen ist er der Spätgotik, dem 15. Jh., zuzuordnen.
Unter dem Erdgeschoß des Turmes, dem Chorraum, befindet sich noch ein mit
einem Tonnengewölbe überdeckter Raum mit sehr starken Mauern, der offenbar
von einem Vorgängerbau stammt. Im Inneren ist der Kanzelaltar sehenswert. Zwar
bescheiden in der Größe, zeigt er eine beachtliche gestalterische Qualität, die durch
die Freilegung der ursprünglichen Farbigkeit noch auffälliger wird. Das Kreuz des
Deutschen Ordens an der Kanzel verweist darauf, daß der Ort einst dem Orden
gehörte.

Grabanlagen der Schnurkeramik und Kugelamphorenkultur mit Gefäß- und
Gerätebeigaben am westlichen Ortsrand weisen auf einen hohen neolithischen
Siedlungsanteil hin. Hervorzuheben sind drei Glockenbechergräber mit trian-
gulären Pfeilspitzen und Knochenwerkzeugen. Auch die frühe Bronzezeit ist mit
Gräbern belegt. In einem Grab mit Gefäßbeigabe war ein Mann mit einer kreisrunden vernarbten Schädelverletzung beigesetzt. 1,8 km südöstlich von Wohlsborn liegt auf dem Ettersberg ein markanter Grabhügel von 35 m Durchmesser und
über 1 m Höhe, der weithin sichtbare Bärenhügel. Bei wiederholten Ausgrabungen
1819 und 1820 von VULPIUS, 1880 von KLOPFLEISCH und 1890 von GÖTZE wurden
zwei Steinkreise und Skelettreste aufgefunden. Nach der geborgenen Keramik,
einer Bronzenadel und Schmelzresten wurde der Hügel im Neolithikum (Schnur-

Abb. 23   Neue Ortsrandbebauung in Wohlsborn

79

D 3 keramik) errichtet und später mit Nachbestattungen belegt. Wohlsborn war im Mittelalter durch eine Dorfbefestigung geschützt. An der Hauptstraße im Ort steht ein lateinisches Steinkreuz (Anhang E).

Mittel- und Kleinbauern bestimmten lange Zeit die Wirtschaftsstruktur dieser kleinen Gemeinde. Mit der LPG Am Bärenhügel begann die Kollektivierung der Landwirtschaft nach 1952, die in den siebziger Jahren das VEG Pflanzenproduktion Großobringen mit Feldfuttervermehrung fortführte. 1977 entstand in Wohlsborn eine Außenstelle der Denkmalpflege Erfurt.

Die Feldflur wird heute von der Agrargenossenschaft Großobringen e.G. (s. D 1) und durch einen Nebenerwerbslandwirt bearbeitet. In einer Halle der ehemaligen LPG hat sich ein Baubetrieb eingerichtet. Denkmalpflegearbeiten werden weiterhin von der Thüringer Sanierungs- und Denkmalpflege GmbH, Niederlassung Wohlsborn, ausgeführt. Im kleinen, gut restaurierten Ort gibt es noch zahlreiche Handwerks-, Handels- und Gewerbebetriebe. Die Errichtung von ein- und mehrgeschossigen Wohngebäuden am Ortsrand in Richtung Weimar (Abb. 23) hat schon nahezu zu einer Verdopplung der Einwohnerzahl geführt (Anhang B).

D 4 Linckershof

Südlich des Bärenhügels (314 m) befindet sich, nur wenig von der Kammlinie des Kleinen Ettersberges entfernt, das ehemalige Vorwerk Linckershof im Bereich des Oberen Muschelkalks. Von hier aus verläuft eine schmale, stark eingetiefte und gehölzbestandene Erosionsrinne in Richtung zur Ilm. Die Landoberfläche fällt insgesamt steil nach S ab.

Um die umgebenden, landwirtschaftlich wenig ertragreichen Flächen zu kultivieren, ließ 1746 der Denstedter Rittergutsbesitzer JOHANN DANIEL CHRISTOPH VON LINCKER an dieser Stelle eine Meierei anlegen. Sie entwickelte sich zu einem Vorwerk seines Rittergutes. Im 19. Jh. wurde das Vorwerk mit 130 ha Land bewirtschaftet, einfach Höfchen genannt.

Nach dem Zweiten Weltkrieg gehörte Linkershof zum Volkseigenen Gut Schöndorf und war bekannt für seine Schafzucht. Heute nutzt ein Baubetrieb die ehemalige Schäferei.

D 5 Schöndorf, zu Weimar seit 1939,

gibt fast genau die Grenze zwischen Kleinem und Großem Ettersberg an. Einen Kilometer westlich des Ortes reicht der Laubwald des Großen Ettersberges mit dem Linckerschen Holz bis an die Straße Weimar – Buttelstedt heran. In der Schanze, die als alte Kultstätte gilt, erreicht die Gemarkung ihren höchsten Punkt. Von ihr aus senkt sich ein flach geneigter, von Gesteinen des Oberen Muschelkalkes aufgebauter Hang mit meist tonig-steinigen und flachgründigen Böden zum Ort hin. Erst südlich des Dorfes fällt er steiler ab. Stellenweise verbessern Lößablagerungen die landwirtschaftliche Nutzbarkeit. Südwestlich von Schöndorf steht an der Kreuzung des Weges nach Tiefurt mit einer Erosionsrinne ein lateinisches Steinkreuz aus Muschelkalk.

Der erstmals 1358 genannte Ort wird schon 1378 als wüst bezeichnet (Anhang D). Er gehörte zum engeren Kreis der Dörfer des Burgbezirks Weimar, die zur Abgabe von Küchenspeise und Burgfutter verpflichtet waren. Ein Versuch der Herren von Kromsdorf, 1535 bei ihrem Vorwerk zu Schöndorf wieder eine „Dorfschaft aufzurichten", schlug fehl. Erst um 1700 erteilte der Herzog die Erlaubnis zur Neugründung von Schöndorf, das 1715 fünf Anspänner und acht Hintersättler zählte, die in einer vom Vorwerk im O ausgehenden Gehöftzeile angesiedelt worden waren. Aus dieser Anlage entwickelte sich ein Straßendorf, das 1876 aus 36 Wohngebäuden mit 138 Einwohnern bestand. Die Flur umfaßte zu dieser Zeit 111 ha. Das Vorwerk gehörte zum Kammergut Denstedt und bewirtschaftete mit diesem zusammen 156 ha Boden.

Das ehemalige Kammergut, später Wertsches Gut, wurde durch die Bodenreform 1945 als Volkseigenes Gut weitergeführt und spezialisierte sich auf Saatzucht. Nach Eingliederung des Gutes Denstedt, des Weimarer Stadtgutes und Tiefurter Flächen war es allgemeiner landwirtschaftlicher Betrieb, bei dem nach der Spezialisierung der landwirtschaftlichen Betriebe nur noch die Tierproduktion verblieb. Die Gebäude wurden nach 1990 unterschiedlich belegt. Neben einer privaten Forschungsstation für Saatzucht existiert ein Wiedereinrichter. Eine sozialpädagogische Einrichtung und ihr Förderkreis betreiben einen Landwirtschaftshof mit 170 ha Fläche und Milchviehwirtschaft, eine Pferdestation und Werkstätten. Dazu gehören auch die ehemaligen Tagelöhnerunterkünfte, die teilweise noch bewohnt sind. Das Hauptgebäude wird als Hotel mit einer Gaststätte, verbunden mit einer Ausbildungsstätte, genutzt. Nebengebäude und Land belegen eine Hundepension und ein Recyclinghof. Das Ackerland bewirtschaftet die Agrargenossenschaft Großobringen e.G. Ein Teil der Flächen ist verkauft und überwiegend bebaut worden. Schöndorf, 1939 in die Stadt Weimar eingemeindet, war schon in den dreißiger Jahren vorwiegend Wohnort für Arbeiter des größten Weimarer Industriebetriebes, der Weimarer Gustloff-Werke geworden.

Getrennt durch die nördliche Ausfallstraße nach Buttelstedt, die heutige B 85, entstand ab 1939 nach Entwürfen von RUDOLF ROGLER eine „nationalsozialistische Mustersiedlung", die von 1945 bis 1990 „Rosa-Luxemburg-Siedlung" hieß: gleichsam ein Zwitter von Dorf und Kleinstadt, gleichermaßen der Gartenstadtbewegung der Jahrhundertwende wie der deutsch-faschistischen „Blut- und Boden-Ideologie" verpflichtet. Eingeschossige Reihen-, Doppel- und Einzelhäuser entlang linearer und mäßig gekrümmter Gassen gruppieren sich um einen Platz, dem allerdings architektonische Repräsentanz fehlt. Auf ihm wurde 1959 das von SIEGFRIED TSCHIERSCHKY geschaffene Rosa-Luxemburg-Denkmal aufgestellt, ein mit dem sowjetischen Staatssymbol „Hammer und Sichel" bekrönter Travertin-Obelisk, der jedoch weder das städtebaulich-gestalterische Defizit zu kompensieren noch den Anspruch auf Umbewertung einer nationalsozialistischen Hinterlassenschaft einzulösen vermochte.

Zwischen der Hauptstraße des Dorfes und der Bundesstraße entstanden in den siebziger Jahren Eigenheime. Nach umfangreichen Waldrodungen baute man nach 1987 das letzte Großplattenwohngebiet von Weimar, das mit 1 000 Wohnungen und einer Schule bis 1990 teilweise fertiggestellt wurde. Jetzt besteht Schöndorf aus dem Dorf, der Siedlung und der Waldstadt, die sich in westlicher Richtung ausdehnt und nördlich an den Waldbestand des Ettersberges angrenzt. In unmittelba-

D 5 rer Nähe befindet sich die Prinzenschneise (s. B 2), ein Naherholungsgebiet. Im südlichsten Teil Schöndorfs beginnend, entsteht am Knotenpunkt der Umgehungsstraße B 7 (s. E 2) ein „Stadtcenter" mit Hotels und Einkaufszentrum. Der Wohnungsbau westlich davon zieht sich in nordöstlicher Richtung um die vorhandene Bebauung und erreicht mit einem noch unbebauten Feld wieder das alte Gut im O. Bemerkenswert ist der alte Dorfteich gegenüber dem Hauptgebäude des Gutes, der in den letzten Jahren mit Fischen und Pflanzen als Biotop wieder hergestellt wurde.

Schöndorf hatte bis 1957 kein eigenes Gotteshaus; jetzt gibt es hier zwei Kirchen. Für die ältere, die katholische St.-Bonifatius-Gedächtniskirche, wurde 1955 nördlich der Schöndorf-Siedlung der Grundstein gelegt. Das Gebäude, ein von JOHANNES REUTER entworfener schlichter verputzter Ziegelbau mit dezentem, aber anspruchsvollem Dekor über dem Eingang und im Inneren, folgt mit seiner Turmriegelfassade im O und dem im Grundriß rechteckigen, mit Satteldach versehenen Laienhaus Prinzipien des traditionellen Kirchenbaus. Anders präsentiert sich schräg gegenüber, jenseits der Straße, die 1964 bis 1966 nach einem Entwurf von KLAUS KAUFMANN entstandene evangelische Stephanskirche. Baulich eingebunden in ein Gemeindezentrum mit Unterrichtsräumen und Pfarrhaus, bekundet sie mit ihrem polygonalen Grundriß, dem deswegen an den Traufen abgeschrägten Schieferdach und dem nach oben sich verjüngenden, unregelmäßig mit Öffnungen strukturierten Glockenturm den eigenwilligen formalen Anspruch des Architekten. Das für evangelische Kirchenbauten ungewöhnliche Patrozinium eines katholischen Heiligen erklärt sich durch die räumliche Nähe zum ehemaligen Konzentrations- und Internierungslager Buchenwald. Dort erlagen Tausende dem ihnen auferlegten Martyrium, der Heilige Stephan gilt als erster Märtyrer der Christenheit.

D 6 Großkromsdorf, Landkreis Weimarer Land

Am Gleithang des linken Ilmufers dehnt sich der Ortsteil mit seiner Flur am allmählichen Geländeanstieg nach N gegen die Hänge des Kleinen Ettersberges aus, die von tiefeingeschnittenen Wasserrissen durchfurcht werden. Die im Untergrund vorhandenen Schichten des Oberen Muschelkalkes und des Unteren Keupers (Abb. 2) sind fast völlig mit Löß verhüllt.

Die ältesten Siedlungsnachweise im Ort und seiner unmittelbaren Nachbarschaft gehören in die Zeit der Stichbandkeramik. Auch die Schnurkeramiker haben ihre Spuren hinterlassen. Aus der jüngeren Bronzezeit stammen Steinpackungsgräber mit reichen Gefäßbeigaben vom Zimtberg. An gleicher Stelle lagen Gräber aus der Latènezeit.

Anstelle einer Wasserburg der Herren von Crummesdorf (1150) ließ sich GEORG ALBRECHT VON KROMSDORF (1549–1611) wahrscheinlich von demselben Architekten, der das „Rote Schloß" in Weimar entworfen hat, um 1580 ein Schloß in Gestalt eines rechteckigen, dreigeschossigen Kastens aus verputztem Bruchstein unter steilem, vorn und hinten mit je zwei Zwerchhäusern versehenen Dach und mit asymmetrisch an der südlichen Traufseite angeordnetem Treppenturm errichten, den Kern des jetzigen Gebäudes (Abb. 24). Von der mittelalterlichen Anlage verblieb lediglich der aus dem 15. Jh. stammende schlichte Saalbau der Burgka-

Abb. 24   Schloß Kromsdorf

pelle. Sie war Kult- und Begräbnisstätte der hiesigen Grundherren, wovon vier erhaltene Grabplatten des 16. Jh. und 17. Jh. zeugen, und war zugleich Gotteshaus
der Gemeinde.

Nach Verfall des Anwesens und Erlöschen der Kromsdorfer Stammlinie gelangten Schloß, Kapelle, ein nördlich dahinter anschließender Wirtschaftshof und
ein südlich gelegener Schloßgarten sowie ausgedehnte Acker- und Weidefluren
1646 erbrechtlich in den Besitz des Schwiegersohnes der ANNA MAGDALENA VON
WEIDENBACH, geb. von Kromsdorf, CASPAR CORNELIUS VON MORTAIGNE, nach
dessen Tod 1647 vielleicht in das Eigentum von JOHANN GEORG. 1668 trat Cas-
pars Sohn aus erster Ehe, JOHANN THEODOR (gest. 1692) das Erbe an. Dieser ließ
das Schloß seitlich um zweiachsige Anbauten in den vorgefundenen Formen verlängern und – wahrscheinlich angeregt durch die Imprese Nr. 143, die Darstellung
eines vom Schloß separierten rechteckigen, durch Wege gerasterten Renaissance-
Gartens mit nischengezierter umgebender Mauer, im „Erzschrein" der „Fruchtbringenden Gesellschaft (zum Palmbaum)" – einen Schloßgarten nach eben jenem
Muster anlegen sowie die insgesamt 64 Mauernischen mit Porträtbüsten bedeutender oder für bedeutend gehaltener Persönlichkeiten der Zeit- und Weltgeschichte
versehen. Ein geradezu kosmischer Gedanke fand dadurch im Kromsdorfer Mi-
krokosmos in wohl einmaliger Gestalt Verwirklichung. Das Arrangement der z. T.
grotesken Büsten, das später verändert oder überhaupt erst vollendet wurde und
keine Systematik erkennen läßt, umspannt einen zeitlichen und geographischen
Rahmen vom ersten chinesischen Kaiser über die römischen Cäsaren VESPASIAN
und TITUS, über MONTEZUMA von Mexiko, über einen Kaiser von Ceylon bis zu

D 6 Figuren des Dreißigjährigen Krieges und der Abwehrkämpfe gegen die Türken, schließlich zu den jüngsten Porträtierten, König KARL XII. von Schweden (1682–1718), Kaiser JOSEPH I. (1678–1711) und Kurfürst AUGUST DEM STARKEN von Sachsen, König von Polen (1670–1733). Nach erneutem Verfall des Anwesens erwarb Herzog WILHELM ERNST von Sachsen-Weimar 1694 die Bankrottmasse käuflich aus der Hand von JOHANN KARL VON MORTAIGNE. Das Schloß diente daraufhin mancherlei höfischen Lustbarkeiten; sein Garten wurde pietätvoll behandelt und wahrscheinlich erst durch den Bildhauer HANS CASPAR RITZE ab 1709 mit den Porträtfiguren in das heutige, wiederhergestellte ikonologische (konfuse) Arrangement gebracht. Südlich bis zur Ilm schloß sich ein Park an.

Die frühere Anlage der Gartenfläche läßt sich heute am Verlauf der Wege und an den Oberflächenformen nur ahnen. Die alten Linden in den Eckbastionen gehen auf ehemalige Lindenlauben der früher regelmäßigen Gestaltung zurück. Aus dem 19. Jh. stammen Baumpflanzungen, die im Geiste der Landschaftsgartenkunst vorgenommen wurden. Bemerkenswert sind Pyramideneichen und ein Butternußbaum. Von 1988 bis 1993 erfolgten eine umfassende Instandsetzung der Umfassungsmauer, die Wiederaufstellung der Büsten in den Mauernischen und die teilweise Freilegung des alten Wegesystems.

Die Kirche erhielt im 18. Jh. ihre barocke Ausstattung mit Empore, Orgel und Kanzelaltar von 1713, von welcher nach Profanisierung und 1988 erfolgter Umwidmung als Theaterspielstätte lediglich Fragmente der Empore verblieben sind. Ihr Turm wurde, nach wiederholten Schäden durch Blitzschlag, 1832 bis auf den Stumpf abgetragen und fand sozusagen liturgischen Ersatz durch den Glockenstuhl, der heute noch den Dorf- bzw. Schloßvorplatz ziert. Das herzogliche Interesse an dem Anwesen war in Weimars klassischer Zeit weitgehend erloschen, und nach einer zwischenzeitlichen Nutzung des Schlosses als Damenstift 1859 bis 1886 veräußerte der Weimarer Hof schließlich die abermals verfallene Liegenschaft (mit Ausnahme der dem benachbarten Kammergut Schöndorf zugeschlagenen Feldfluren) 1904 an den Kammerherrn VON CONTA. Dieser ließ den östlichen Anbau am Schloß entfernen, das Innere desselben ausgestalten, wie es fragmentarisch noch erkennbar ist, das Stall- und Remisengebäude, die jetzige Zweigstelle der Kreisbibliothek, errichten und die Nordmauer des Schloßgartens abbrechen. Nach mannigfachem Besitzwechsel nach dem Zweiten Weltkrieg, begleitet von abermaliger Verwahrlosung, wurden Schloß und Garten seit 1966 mit vielen Unterbrechungen denkmalpflegerische Baustelle.

Den Kern des heutigen Dorfes bildet ein kurzes Straßendorf, das in weitem Bogen von der Flußaue des linken Ilmufers zu einem kleinen Platz vor der Westseite des Schlosses führt. In der ehemaligen Dorfschenke, im Haus Nr. 51, hat der verdienstvolle Hausforscher Thüringens OSKAR SCHMOLITZKY, der in Jena gewirkt hat, eine Bohlenstube nachgewiesen. Auf der anderen Straßenseite blieb als Abschluß des Gehöfts Nr. 13 eine schön gearbeitete Toranlage von 1775 als Zeugnis ländlicher Baukunst erhalten.

Bereits 1955 war im Ort eine LPG Typ III gegründet worden, in die bis 1968 kleinere Genossenschaften von Denstedt, Weimar-Tiefurt, Buchfart und Süßenborn einbezogen wurden. Sie spezialisierte sich auf Rinderhaltung und Milcherzeugung. In Buchfart erfolgte die Aufzucht, in Süßenborn die Rindermast und in Kromsdorf die Milchviehhaltung. Dafür entstanden in Kromsdorf von 1962 bis 1967 umfangreiche

84

landwirtschaftliche Bauten, darunter eine Milchviehanlage für 400 Kühe. In dieser Zeit wurde auch ein kleines Speicherbecken für Beregnungszwecke errichtet. Schwerpunkt der landwirtschaftlichen Tätigkeit bildete die Gemüseproduktion in Gewächshäusern und unter großen Folienzelten für Tomaten, Gurken, Salat, Blumenkohl und auch Champignons. Dazu wurde 1976 die spezialisierte LPG Gemüseproduktion Tal des Friedens Kromsdorf gebildet, in die auch die Flächen von Weimar-Oberweimar und Ehringsdorf, Taubach, Frankendorf, Schwabsdorf und Wiegendorf mit insgesamt fast 3 000 ha landwirtschaftlicher Nutzfläche einbezogen wurden. Neben der Schaffung großer Flächen für Freilandgemüse und Kartoffeln begann man Mitte der siebziger Jahre auch mit dem Anbau von Erdbeeren. Eine Besonderheit war der Anbau von Tabak auf 20 ha Fläche.

Kromsdorf gehörte in dieser Zeit zum Gemeindeverband Umpferstedt und war auf Grund seiner herausragenden landwirtschaftlichen Bedeutung ein Schwerpunkt des Wohnungsbaus für die Beschäftigten in der Landwirtschaft mit mehreren viergeschossigen Wohnblöcken und zahlreichen Eigenheimen. Daneben entstanden Einrichtungen des Handels, der Volksbildung und des Gesundheitswesens. Ein ehemals privater Betrieb für Metallverarbeitung war zeitweise ein Betriebsteil des Weimar-Werkes und mußte nach erfolgter Rückführung nach 1990 die Produktion einstellen.

Die Erzeugergenossenschaft Kromsdorf e.G. bearbeitet heute rund 2 500 ha landwirtschaftliche Nutzfläche in allen ehemals angeschlossenen Gemeinden, darunter sind 550 ha mit Gemüse- und 100 ha mit Kartoffelanbau. Sie liefert Erbsen, Bohnen und Rotkraut an Konservenfabriken. Futter wird für die Bullenmast in Umpferstedt und die Kühe des Milchhofes Kromsdorf angebaut. Dagegen ist die große Gewächshausanlage aus Rentabilitätsgründen zu Gunsten von Wohnungsbau- und Gewerbeflächen gewichen. Ein Hydraulikbetrieb, geschützte Werkstätten, ein Garten- und Landschaftsbaubetrieb und weitere Bau-, Kfz- und Dienstleistungsbetriebe vergrößern das Angebot an Arbeitsplätzen.

Im Schloß Kromsdorf befinden sich die Gemeindeverwaltung und andere Einrichtungen. Auch das ehemalige Kulturhaus ist in Gemeindebesitz und wird als Mehrzweckgebäude genutzt u.a. als Jugendklub. In der Schule werden die Klassen eins bis vier unterrichtet.

Großkromsdorf ist zu einem bevorzugten Wohnstandort geworden; es entstanden ca. 300 Wohnungen in Ein- und Mehrfamilienhäusern sowie mehrere Dienstleistungseinrichtungen.

Kleinkromsdorf, Landkreis Weimarer Land,

wird von Großkromsdorf nur durch die Ilm getrennt und besetzt die südliche von Schichten des Oberen Muschelkalk gebildete und daher steilere Talflanke. Östlich und westlich des Ortes lagern kleine Vorkommen von Kiesen und Schottern einer mittelpleistozänen Ilmterrasse. Gelegentlich wurden sie für den örtlichen Bedarf gewonnen, zum Beispiel am Pfarrstieg südwestlich des Ortes. Den Südteil der Flur bedeckt eine mehrere Meter mächtige Lößdecke.

Das Dorf stand grundherrlich in enger Beziehung zu seinen Nachbarorten. Ein Anteil gehörte bis 1850 dem Rittergut Denstedt, der andere unterstand dem Rittergut Großkromsdorf, wurde 1707 mit diesem landesherrlich und kam 1729 an das Amt Weimar. Schließlich vereinigte man 1850 beide Teile.

Die historische Flurkarte von 1838 erschließt als den ältesten Teil des später modern überbauten Dorfes ein kurzes Sackgassendorf, das abseits einer durch die Ilm führenden Furt gegründet worden ist. Deren Lage ist offensichtlich nicht mit der heutigen Brücke identisch, sondern dort zu suchen, wo der Wasserweg zum Fluß führt. Auf seinem hohen rechten Hang betont ein großer Vierseithof Am Backhaus Nr. 9 mit einem Rundbogentor von 1757 den Eingang von N in den Ort. Nähert man ihm sich von S, hat man die kleine, St. Martin geweihte Dorfkirche im Blickfeld.

Für 1378 ist ein *Krumerstorf maior* (Großkromsdorf) und damit das Bestehen eines Ortes Kleinkromsdorf, vielleicht schon mit einer Kirche, bezeugt. Frühere Hinweise auf die Existenz eines Gotteshauses an dieser Stelle geben archivalische Quellen nicht, wohl aber die Baubefunde. Der polygonale Chorschluß, Fensterformen und die Sakramentnische im Inneren lassen eine Datierung auf spätmittelalterliche Zeit zu. Eine Nachricht aus dem 1951 geöffneten Turmknauf läßt das Jahr 1541 erschließen. Nach mehrfacher Umgestaltung erhielt die Kirche ihr heutiges Erscheinungsbild: 1795, mit der hölzernen Tonnendecke, mit Doppelemporen und einem Kanzelaltar, und nach jahrzehntelanger Verwahrlosung ab 1890, mit neuen Emporen, dem neugotischen Orgelprospekt und neuem Altar sowie der verschieferten Aufstockung des mit spitzer Haube versehenen Turmes über der neugotisch veränderten West-(Portal-)Fassade, schließlich ab 1951 und 1975 durch Reduzierung der Emporen auf eine einzige Etage und Ersatz von Kanzel und Altar durch den dreiflügeligen Schnitzaltar von etwa 1510. Dieser zeigt Maria, Katharina und Barbara im Mittelteil, die 12 Apostel in den Flügeln und war 1862 aus der Großkromsdorfer Schloß- und Dorfkirche ausgelagert worden. Auf dem wahrscheinlich im 18. Jh. von einer Mauer umschlossenen Kirchhof befinden sich barocke Grabsteine.

D 8 Denstedt, Ortsteil von Kromsdorf, Landkreis Weimarer Land

Am südlichen Rand der etwa 200 m breiten Ilmaue liegt Denstedt zum größten Teil auf Schichten des Unteren Keupers in etwa 210 m Höhe ü. NN. Im nördlichen Teil des Ortes sind Schichten des Oberen Muschelkalkes vorhanden, die bis zur Ilm reichen. Wenig westlich der Brücke unterhalb des Ortes erfolgte in den Jahren 1912/13 die Tiefbohrung Denstedt, die neue wichtige Erkenntnisse über die Ausbildung des tieferen Untergrundes, vor allem des Zechsteins, erbrachte. So wurde ab 1 000 m Tiefe das 94 m mächtige Staßfurt-Steinsalz mit einem Kalilager erbohrt.

Nördlich des Ortes sind mehrere steinzeitliche Siedlungsplätze nachgewiesen. Ein Gräberfeld der frühen Eisenzeit mit reichen Bronzebeigaben wurde 1966 etwa 500 m nordöstlich des Ortes untersucht. Von einer nahegelegenen latènezeitlichen Siedlungsfläche sind Wandbewurfstücke von Häusern und Keramik abgelesen worden. In dem neuzeitlich umgebauten Schloß- und Gutsgelände ist auf dem nach NNW vorspringenden flachen Sporn dicht über der Ilm eine ältere rechteckige Kernburg von 33 m x 37 m zu erschließen. Die umlaufende Befestigung ist im SO als Graben, im W als Terrasse ausgebildet. Der hochmittelalterli- chen Herrenburg in Spornlage mit den baulichen Resten eines Bergfriedes und einer Kemenate war bereits im Mittelalter vom 10. bis 12. Jh. ein Wirtschaftshof angeschlossen.

Der urkundlich erstmals 1170 als *Thegenstede* überlieferte Ortsname bezeichnet im Bestimmungswort den Begründer eines Adelsgeschlechtes, aus dessen Grundbesitz, Burg und Gerechtsamen eine kleine Herrschaft hervorging, zu der im 16. Jh. neben Denstedt auch Rödigsdorf, Schwabsdorf, Süßenborn und die Hälfte von Kleinkromsdorf gehört haben. Der jeweilige Besitzer der Herrschaft, die von den Weimarer Herzögen zu Lehen ging, übte in den genannten Orten auch die Gerichtsbarkeit aus.

Eine solche Abhängigkeit der Untertanen spiegelt sich teilweise noch heute in der baulichen Struktur des Dorfes wider, dessen Grundrißgestalt die Flurkarte von 1852 überliefert: ein parallel zum Flußlauf gegründetes Straßendorf von 400 m Länge, das durch mehrere kurze, nach N zur Ilm geführte Gassen ausgebaut ist. Die älteste Bausubstanz der, am westlichen Ende, außerhalb des Weichbildes liegenden und bei der Erstnennung des Dorfes gleichzeitig erwähnten Mühle mit ihren um einen Hof gruppierten Wohn- und Wirtschaftsgebäuden am kurzen Mühlgraben rechts der Ilm, weist auf das 18. Jh. Das bestätigt eine lateinische Inschrift mit der Jahreszahl 175(1) im Inneren an der Wasserseite des Produktionsgebäudes, das im 19. Jh. seine heutige Gestalt erhielt. Die noch mit Wasserkraft, mit einer Francis-Turbine, betreibbare, jetzt auch elektrisch angetriebene Mühle enthält an bemerkenswertem technischen Inventar im Kellergeschoß die Transmissionsmaschinerie, auf dem „Steinboden" (wo sich einst die steinernen Schrot- und Mahlgänge befanden) sieben Walzenstühle, auf dem „Sichterboden" drei Plansichter (Siebmaschinen), die alle aus dem 20. Jh stammen.

Das Denstedter Schloß hat seinen Ursprung in einer vielleicht schon im 11. Jh. gegründeten Burg in markanter Spornlage, durch einen später verbauten Halsgraben von der Vorburg, dem Wirtschaftshof, getrennt. Hier ist das, lange nach der Entfestigung der Burg um 1800 errichtete Neue Schloß, ein rechteckiges, noch ganz barock gestaltetes Gebäude, bemerkenswert. Die 1714 auf dem einstigen Halsgraben angelegte Toreinfahrt führt jetzt in die ehemalige Kernburg. Diese haben die hier seit 1452 ansässigen Herren von Gans ab 1530 mit dem stattlichen Renaissanceschloß bebaut, wahrscheinlich anstelle des vormaligen Palas bei Verwendung von Teilen desselben. Einbezogen in das neue Bauprogramm und mit einem Portal verbunden wurde der ehemals freistehende, äußerst schlanke Bergfried. Das Schloß selbst mit seinem vorgestellten Treppenturm ließ 1699 JOHANN LINCKER, Nachfolger WOLF ADOLFS VON WERTHERN, dem das Anwesen durch Heirat mit der letzten Angehörigen derer von Thangel zu Denstedt, den Besitzern nach den Herren von Gans, zugefallen war, westlich bis an die Burgmauer verlängern. Im Inneren sind, trotz nachträglicher Verwahrlosung und unangemessener wirtschaftlicher Nutzung, namentlich infolge von Enteignung und Raubbau an der Substanz nach 1945, gezierte Holzbalkendecken und Reste von Wandmalereien aus dem 16., 17. und 19. Jh. verblieben. Ein kreuzgewölbter Raum im südöstlichen Gebäudeteil läßt sich möglicherweise als einstige Schloßkapelle deuten. Gegenüber, an der Nordseite des Burghofes, befand sich die heute noch an ihrem flaschenförmigen Schornstein erkennbare Burg- und Schloßküche. In der ehemaligen

Vorburg wurden seit 1990 Restaurierungsarbeiten durchgeführt, in der Kernburg stehen sie noch aus. Der am Hange und Fuße des Bergspornes von der Familie Lincker angelegte Landschaftspark ist heute kaum noch als solcher erkennbar.

Das Gotteshaus war einst Patronatskirche der Denstedter Burg- und Schloß- bzw. Gutsherren, woran die Patronatsloge und einige herrschaftliche Grabmäler, so an der südlichen Chormauer eines Angehörigen derer von Gans, an der nördlichen von LUCAS VON THANGEL (gestorben 1590) von 1589 sowie die hölzerne Wappentafel der Thangelschen Familie erinnern. Diese Erinnerungsstücke sind, wie auch die Grabtafel eines Kindes, der Rest eines gotischen Chorgestühles und der aus dem 18. Jh. stammende Kanzelaltar, älter als der jetzige Kirchenbau. Dieser entstand nach einem Großbrand im Jahre 1808 bis 1818 neu, wobei westlich die Lage des im Grundriß quadratischen, im obersten Geschoß jetzt polygonal endenden Turmes sowie die vom Brand verschont gebliebene Mauer des gerade (d. h. nicht polygonal) geschlossenen Chores mit dem spitzbogigen Fenster in den Neubau mit seiner tonnenförmigen Holzdecke und seinen doppelten Emporen einbezogen wurden. Die jetzige Turmbekrönung, eine geschweifte Haube mit schlanker und spitzer Laterne, entstand 1858 nach einem im selben Jahr erfolgten Blitzschlag. Ein Jahr später haben die Orgelbauer Gebrüder Peternell aus Seligenthal bei Schmalkalden das jetzige Musikinstrument auf der westlichen Empore installiert, das FRANZ LISZT für „Orgelconferenzen" und Privatkonzerte favorisierte. 1984 wurde es restauriert.

1958 schlossen sich fünf landwirtschaftliche Betriebe zur LPG Am Ilmhang zusammen. 1960 mußten die übrigen Bauern der LPG beitreten. Das ehemalige Gut, das mit rund 400 ha Besitz 1945 unter die Verordnung der Bodenreform fiel, wurde als Betriebsteil des VEG Schöndorf weitergeführt und das Schloß in die landwirtschaftliche Gebäudesubstanz einbezogen. 1968 wurden die Genossenschaftsbauern der Kooperationsgemeinschaft Kromsdorf und späteren LPG Gemüseproduktion Kromsdorf angeschlossen. Heute ist Denstedt Wohnsiedlung und Auspendlerort. Es gibt eine kleine Gaststätte.

E 1 Eisenbahnnetz um Weimar

Im Jahrhundert der Eisenbahn entstand das Thüringische Eisenbahnetz mit seinen zwei Hauptstrecken; die Verbindungen zwischen Weißenfels – Weimar und Weimar – Erfurt (76,5 km) wurden 1846/47 eröffnet, und die Verbindung Weimar – Jena – Gera (68,65 km) war nach vierjähriger Bauzeit 1876 hergestellt. Die Stadt erhielt damit eine zentrale Lage im Eisenbahnetz Thüringens, die dazu beigetragen hat, daß Weimar 1920 die Hauptstadt des Landes wurde und bis heute bevorzugter Tagungsort ist. Die Linienführung beider Hauptbahnen wurde durch die orographischen und geologischen Verhältnisse geprägt. Zahlreiche Dämme, Einschnitte und Brücken veränderten die Landschaft. Die Bahn folgt, von Apolda kommend, im wesentlichen dem Ilmlauf. Den Übergang über den hohen Rand des Keuperbeckens erreichte man bei Ulla über die Tröbsdorfer Höhen in einem 24 m tiefen Einschnitt mit der jetzigen Abzweigstelle Ulla. Die Bahnstrecke Weimar – Jena überquert zwischen Weimar und Tiefurt auf einer 152 m langen und 38 m hohen Sechsbogen-Brücke die Ilm. Der Viadukt gehört zu den bedeutenden Eisen-

Der sich anschließende 300 m lange Damm geht in einen Einschnitt bis zur Flurgrenze von Oberweimar über, der ein hervorragendes geologisches Profil im Grenzbereich des Oberen Muschelkalks zum Unteren Keuper aufschloß. Zur Beseitigung der ehemaligen schienengleichen Wegeübergänge entstanden westlich und östlich des Bahnhofs Weimar Unterführungen. Das Umland von Weimar wurde durch private Unternehmen eisenbahnseitig erschlossen und in das Hauptnetz eingebunden. Im Hinblick auf Industrie und Kurbetrieb wurde die Bahnstrecke Weimar – Bad Berka mit Zweiglinien nach Blankenhain und Kranichfeld in den Jahren 1886-1888 gebaut. Die Strecke zwischen Bad Berka und Blankenhain wurde 1967 aus wirtschaftlichen Gründen wieder abgebaut. Eine Schmalspurbahn von Weimar nach Schöndorf und weiter nach Buttelstedt mit einer Zweiglinie nach Rastenberg nahm ihren Betrieb 1887 auf. Von Anfang an unrentabel, wurde der Streckenabschnitt Weimar – Buttelstedt 1946 stillgelegt. Die 10,92 km lange Strecke der Buchenwaldbahn entstand 1943 für das Konzentrationslager und wurde Ende der fünfziger Jahre abgebaut.

Der Bedeutung der Stadt entsprechend hält heute im Zeittakt von zwei Stunden ein Intercity-Zug. Während die Strecke Weißenfels – Neudietendorf schon seit 1967 elektrifiziert ist, wird die von Weimar nach Chemnitz führende noch mit Diesellokomotiven betrieben. Weimar ist deshalb Umschaltbahnhof. Gegenwärtig wird im Rahmen des Ausbaus der sogenannten Mitte-Deutschland-Verbindung die Voraussetzung für die Elektrifizierung geschaffen.

Die Flächen der Bahnanlagen sind durch steinig-kiesige bis sandige Substrate geprägt. Damit bieten sie heimischen, an konkurrenzarme Standorte angepaßten und damit gefährdeten Wildpflanzen Rückzugsgebiete. Außerdem können sich auf diesen Biotopen eingeschleppte, fremdländische Pflanzenarten rasch ausbreiten. Zur ersten Gruppe gehören Mäuseschwanz-Federschwingel (*Vulpia myuros*), Dreifingeriger Steinbrech (*Saxifraga tridactylites*), Gebräuchliche Ochsenzunge (*Anchusa officinalis*) oder das in den letzten Jahren im Bereich des Weimarer Güterbahnhofes massenhaft auftretende Feldlöwenmaul (*Misopates orontium*). Zu den aus Amerika, Asien oder auch dem Mittelmeergebiet stammenden Neubürgern (Neophyten) zählen Neubelgien-Aster (*Aster novi-belgii*), Feinstrahl-Berufkraut (*Erigeron annuus*), Kanadisches Berufkraut (*Conyza canadensis*), Kanadische Goldrute (*Solidago canadensis*), Klaffmund (*Chaenorhinum minus*) und Kleines Liebesgras (*Eragrostis minor*). Weite Flächen nimmt im Frühjahr das Frühlings-Greiskraut (*Senecio vernalis*) ein. Erst seit wenigen Jahren breitet sich das ostafrikanische Schmalblättrige Greiskraut (*Senecio inaequidens*) aus. Weitere typische Vertreter dieser bahnbegleitenden Ruderalgesellschaften sind Rispen-Sauerampfer (*Rumex thyrsiflorus*), Gemeiner Beifuß (*Artemisia vulgaris*), Wermut (*Artemisia absinthium*), Kali-Salzkraut (*Salsola kali*), Rauhe Segge (*Carex hirta*) und Kahles Bruchkraut (*Herniaria glabra*).

Bundesstraße B 7 E 2

Thüringen ist im Mittelalter durch seine zentrale Lage in Mitteleuropa Durchgangsland im Fernverkehr gewesen. Die *via regia* führte aber ebenso wie die Kupferstraße (s. Q 3) an Weimar vorbei. Die Böhmische Straße berührte das Weimarer

E 2 Gebiet am Rande, andere Verkehrsverbindungen hatten nur örtliche Bedeutung. Erst der Bau der Chausseen von Weimar nach Erfurt und Jena 1777 bis 1787 ermöglichten einen unmittelbaren, wenn auch bescheidenen Anschluß an den Fernverkehr. Die alte Straßenführung entspricht der heutigen Bundesstraße B 7. Sie verläuft in Ost-West-Richtung durch Deutschland und wird im Thüringer Raum als Klassikerstraße bezeichnet. Aus Richtung Jena erreicht sie Weimar in der Webichtkurve, führt mit 7,88 km Länge durch das Stadtgebiet zum Galgenberg, hat bei Nohra einen Anschluß an die Bundesautobahn A 4 (s. L 4) und verläuft weiter südlich an Utzberg vorbei nach Erfurt. Zur Bewältigung des steigenden Verkehrsaufkommens wurde der West-Nord-Abschnitt der Umgehungsstraße B 7 mit einer Anbindung der B 85 (s. D 2) gebaut. Die Trasse beginnt auf der B 7 bei Tröbsdorf mit einem Brückenbau, unterquert in Richtung N die Eisenbahnstrecke Erfurt–Weimar und schwenkt in einem Bogen in nordöstlicher Richtung zum ehemaligen Gut Lützendorf. Die Ortsumgehung endet vorläufig in einer Kreisverkehrsanlage in Schöndorf. In diesem Knoten münden die B 85 aus nördlicher und südlicher Richtung sowie die Zufahrtsstraße der Waldstadt Schöndorf. Die Gesamtstrecke dieser Teilumgehung ist 5,7 km lang und hat Anschluß an die tangierenden Wohn- und Gewerbegebiete. Sie ermöglicht durch veränderte Straßenführung in der Innenstadt eine Entlastung des Goetheplatzes. Bei der Innenstadtsanierung sind die Fahrbahnbreiten bereits zurückgebaut worden.

E 3 Utzberg, Landkreis Weimarer Land,

am Fuße des steil einfallenden Westhanges des Mönchberges (282 m ü. NN) trägt den gleichen Namen wie eine sich östlich anschließende, 323 m hohe Erhebung. Ihr Westhang ist bewaldet, während der flache Osthang agrarisch genutzt wird. Aus dem Ort ziehen zwei Täler in nordöstlicher Richtung, das Flachstal und das Tal des Utzberger Baches. Nach S steigt die Landoberfläche gleichmäßig an. Die Gemarkung breitet sich im Bereich des Unteren Keupers aus, der zum Teil von geringmächtigem Löß bedeckt ist.

Erwähnenswert ist eine wannenförmige Einsenkung mit einem Durchmesser von mehreren hundert Metern westlich des Dorfes mit dem Flurnamen Im Erdfalle. Aller Wahrscheinlichkeit nach handelt es sich um eine Hohlform, die durch Auslaugung von Salz im Untergrund entstanden ist. Ein kleiner Trichter an der Ostseite der Senkungswanne mit einem Durchmesser von wenigen Metern weist auf Gipsauslaugungen hin. Das zur Verfüllung eingebrachte Material sackte in den letzten Jahrzehnten ständig nach.

Archäologische Untersuchungen auf dem Wotansberg (*Wothensberc-Utzberg*) nahe des Ortes haben bisher keine Belege für die vermutete germanische Wotan-Kultstätte erbringen können. Vom Mönchsberg sind jungsteinzeitliche Besiedlungsbelege vorhanden. An der Oberfläche nicht mehr sichtbar sind die Reste einer im Jahr 1310 durch die Erfurter zerstörten Burg, die an der Südostecke des Dorfes gelegen haben soll. Dagegen ist die mittelalterliche Ortsbefestigung durch Grabenreste, den Verlauf von Mauern, in der Flurkarte von 1844 sichtbar, und Flurnamen zu erschließen: Erfurter Tor, 1488 by dem Thore, und an der Pforte.

Der Ort hieß anfangs (1123) *Wothensberg*. 1273 schrieb man *Utensberg* und erst im 16. Jh. *Utisberg* und *Utzberg*. Schon 1247 war das Dorf Sitz einer Pfarrei. Aus der Hand eines Adelsgeschlechtes kamen die grundherrlichen Rechte 1314 an die Stadt Erfurt. Von dem bedeutenden Waidanbau im Mittelalter zeugen drei Waidsteine, die zur Erinnerung an den Befreiungskrieg 1813 zu einem Denkmal aufgetürmt sind. Ein vierter Waidstein dient als Brunneneinfassung am ehemaligen Brauhaus. Die Waidmühle stand südlich des Dorfes.

Auf einer Anhöhe am nördlichen Rand liegt die Kirche. Mit ihrem hohen wehrhaften Turm, dessen Oberbau 1875 neu gestaltet wurde, beherrscht sie das Ortsbild. Das Erdgeschoß des Turmes ist mit einem einfachen Kreuzgewölbe überdeckt; vom Erd- und ersten Obergeschoß führen spitzbogige Türöffnungen in das Kirchenschiff. Das Langhaus mit seinem dreiseitigen Chorabschluß stammt aus spätgotischer Zeit. Die verschiedenen Mauerwerksstrukturen und Öffnungen lassen aber eine kompliziertere Baugeschichte vermuten. Im Inneren ist das Kostbarste ein plastisch und farbig reich gestalteter Porticus-Kanzelaltar aus dem Jahre 1725, den VALENTIN DITMAR aus Erfurt schuf. Im Mittelalter erwarb die Gemeinde eine 121 ha große Waldung zwischen Eichelborn und Gutendorf, etwa 5 km südlich von Utzberg gelegen. Um die Flurzugehörigkeit und Hutungsrechte entspann sich ein von 1540 bis 1863 währender Streit mit der Gemeinde Eichelborn, der schließlich zugunsten von Utzberg entschieden wurde. Zur Bekräftigung der Besitzansprüche hielt sich bis zur Separation der Brauch des Utzberger Flurzuges, der in zwanzigjähriger Folge abgehalten wurde.

Der im westlichen Teil der Gemarkung bezeugte Flurname Wiedelborner Anger sowie Oberflächenfunde auf dem so bezeichneten Gelände weisen auf die gleichnamige Wüstung, die als *Widibrunnen* 1197 urkundlich genannt und noch vor 1400 aufgelassen wurde (Anhang D). Um 1800 erbaute Wohn- und Wirtschaftsgebäude (Abb. 25) wurden in den siebziger Jahren abgebrochen.

Utzberg war während der Zeit der genossenschaftlich betriebenen Landwirtschaft mit der LPG Pflanzenproduktion Isseroda und der LPG Tierproduktion Schweinezucht Niederzimmern verbunden. Sie hatte sich auf den Hackfrüchtenbau spezialisiert, deshalb entstand eine Kartoffel-Sortieranlage.

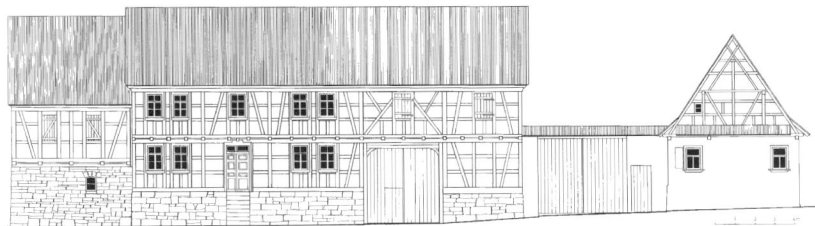

Abb. 25 Utzberg Nr. 64, ein Wohnhaus in Traufstellung mit Torfahrt und Bansen, erbaut um 1800 (Aufmaß und Zeichnung H. WENZEL 1966). Der Pferdestall links ist später angebaut worden. Rechts die Giebelansicht und Torfahrt des kleinen Wohnstallhauses Utzberg Nr. 55. Haus Nr. 64 ist in den siebziger Jahren abgebrochen worden; Nr. 55 wurde in das Thüringer Freilichtmuseum Hohenfelden umgesetzt.

Nach der Auflösung der LPG nach 1990 blieben die baulichen Anlagen ungenutzt. Die Felder bewirtschaftet die Agrargenossenschaft in Niederzimmern. Private Landwirtschaft wird im Nebenerwerb betrieben. Außerhalb des ehemaligen LPG-Geländes sind eine Maschinenfabrik und ein Metallverarbeitungsbetrieb entstanden. Ein Betonsteinhersteller ergänzt die wirtschaftliche Basis des Ortes. Die kleine Gemeinde verfügt über eine Gaststätte und weitere Versorgungseinrichtungen.

Hundsberg (Abb. 26)

Unmittelbar vor dem Südhang des Großen Ettersberges erstreckt sich eine Reihe von Hügelketten in Nordwest-Südost-Richtung, die von Ottstedt am Berge bis Weimar reichen und eine Fortsetzung der Ilmtalstörung nach NW darstellen. Eine der Hügelketten ist der 312 m hohe Hundsberg. Südlich der Verwerfungslinie wurden die Schichten angehoben, aufgebogen und steilgestellt, so daß Mittlerer Muschelkalk in gleicher Höhe wie der Mittlere Keuper auf der Nordseite der Störung liegt (Sprunghöhe von ca. 130 m). Den eigentlichen Höhenrücken bildet ein schmaler Streifen von hartem Trochitenkalk (s. B 2).

Auf dem Hundsberg befand sich eine Siedlung aus der Jungsteinzeit und ein urgeschichtliches Gräberfeld, von dem ein Körpergrab untersucht wurde.

Abwechslungsreich und farbenprächtig sind die Fiederzwenken- und Schwingelrasen, die ihre Entstehung und Erhaltung den extremen Standortbedingungen und der früheren Beweidung verdanken. Ganzjährig

Abb. 26   Ackerwildkräuter in der Umgebung des Hundsberges
Feld-Rittersporn (oben)
Möhren-Haftdolde (Mitte)
Sommer-Adonisröschen (unten)

wechseln die verschiedensten Blühaspekte. Zuerst erscheinen Frühlings-Adonis- **F 1**
röschen *(Adonis vernalis)*, Frühlings-Fingerkraut *(Potentilla neumanniana)*, Gemeine Kuhschelle *(Pulsatilla vulgaris)* und Frühlings-Segge *(Carex caryophyl-
lea)*. Es folgen Großer Ehrenpreis *(Veronica teucrium)*, Saat-Esparsette
(Onobrychis viciifolia), Echtes Labkraut *(Galium verum)* und Acker-Wachtel-
weizen *(Melampyrum arvense)*. Selbst Grünliche Waldhyazinthe *(Platanthera
chlorantha)*, Katzenpfötchen *(Antennaria dioica)* und Zierliches Schillergras
(Koeleria macrantha) sind zu finden. Im Hochsommer fallen neben dem stache-
ligen Feld-Mannstreu *(Eryngium campestre)* auch Kartäuser-Nelke *(Dianthus
carthusianorum)* und reiche Bestände der Ästigen Graslilie *(Anthericum ramosum)* auf. Der Blütenreigen endet im Herbst mit Silberdistel *(Carlina acaulis)*
und Fransen-Enzian *(Gentianella ciliata)*.

Daasdorf am Berge, Landkreis Weimarer Land   **F 2**

Am Südhang des Großen Ettersberges birgt eine Senke, die sich nach S hin öffnet,
die Siedlung Daasdorf. Der Wald beginnt einen Kilometer nördlich des Ortes,
während im S der Flur lediglich der Espich als einzelnes Waldstück das sonst agrarisch genutzte Gebiet unterbricht. Im Untergrund stehen Schichten des Unteren
und Mittleren Keupers an, die im Bereich des Fuchstales von lehmigen Auesedi-
menten bedeckt sind.
    Das Platzdorf von unregelmäßiger Gestalt entstand seitwärts der am Ort vor-
beiführenden Landstraße. Der Innenraum ist durch mehrere sekundäre Sackgassen
ausgebaut und dicht umbaut worden. Mitten im Ort liegt die dem Heiligen Laurentius geweihte Kirche, eine alte Ostturmanlage, von der der ehemalige Chor als
Turmuntergeschoß noch erhalten ist. Laut Inschrift über der Eingangstür wurde
das Kirchenschiff mit seinem barocken Mansarddach im Jahre 1751 erbaut. Auch
die Innenausstattung ist gänzlich aus dieser Zeit: die zweigeschossigen Emporen,
der stattliche Kanzelaltar – alles überspannt von einer hölzernen Tonne, auf der
noch die ursprüngliche reiche Bemalung mit Engelfiguren zu erkennen ist. Das
Turmdach, eine eigenartige Verbindung von barocker Haube und gotischem Spitzhelm, gleicht dem der Gaberndorfer und der Ottstedter Kirche (s. G 1). Eine Besonderheit für den Weimarer Raum stellt das vollständig erhaltene alte Geläut dar,
das die Einschmelzaktionen zweier Weltkriege überstanden hat. Die älteste
Glocke, sie ist zugleich die älteste in der Superintendentur Weimar, stammt vom
Beginn des 14. Jh.
    Von den umfangreichen Veränderungen im Dorf während des 19. Jh., die Se-
paration und Grundstückszusammenlegung sowie kapitalistische Wirtschaftsver-
hältnisse in der Landwirtschaft mit sich brachten, berichtete der Heimat- und
Wüstungsforscher KARL TRAUTERMANN (1862–1944) in einer kleinen Monographie. Er wirkte in Daasdorf von 1891 bis 1927 als Lehrer und begründete in der
einklassigen Schule eine bedeutende Lehrmittelsammlung, die leider verschollen
ist.
    Eine ausgedehnte bandkeramische Siedlung ist östlich des Ortes nachgewie-
sen. Zahlreiche Tonscherben und Eisenschlacken stammen von einem nordwestlich gelegenen Siedlungsplatz der Latènezeit und der Römischen Kaiserzeit (Anhang E). Bei dem zwischen 1185 und 1189 zweimal erwähnten *Dostorph* ist es

F 2 zweifelhaft, ob es sich um unseren Ort oder um Daasdorf bei Buttelstedt handelt. Erst 1283 ist die urkundliche Nennung von Daasdorf am Berge mit *Tastorph* (= Dorf eines *Tasi*) verbürgt, als hier die Herren von Gaberndorf ansässig waren. Die im westlichen Teil der Gemarkung lokalisierte Wüstung Getorn bestand aus zwei Ortsteilen: Obergetorn lag an der Quellmulde des nördlich des Hundsberges entspringenden Kratzbaches, Niedergetorn schon in der Gemarkung Hopfgarten, 800 m unterhalb der Quelle des Baches auf dessen rechter Seite. Hier bezeichnet die historische Flurkarte von 1842 mit den Flurnamen Auf dem Garten und Der Thieranger den Umfang der Ortslage als ein Bachuferzeilendorf. Urkundlich und durch Oberflächenfunde ist Getorn, die Siedlung *zu den Dornen,* für das 9. Jh. bezeugt. Wenn 1348 von einem *dorfstadil zu Getoren* die Rede ist, „daz ettevanne eyn gebuwet dorf was", so kann man von einem nahezu abgeschlossenen Wüstungsvorgang in den einst in einem freundlichen, stillen Tal gelegenen Ort ausgehen (Anhang D).

In der Gemeinde wurde 1953 eine LPG gebildet, die Ställe und ein Melkhaus neu baute. Am Südwesthang des Ettersberges wurden 1964 und 1965 Obstplantagen angelegt, die später auch angrenzende Gemeindeflächen einnahmen. Westlich des Ortes entstand dafür ein Lager- und Vermarktungskomplex. Die Obstproduktion unterstand dem VEG Obstbau Erfurt, Betriebsteil Lützendorf.

Seit den siebziger Jahren erfolgte die Bearbeitung der wenigen Felder durch die LPG Pflanzenproduktion Isseroda. Nach 1990 wurde die Landwirtschaft durch die Agrargenossenschaft Niederzimmern GmbH & Co. KG weitergeführt, die auch die Milchviehanlage am östlichen Ortsrand nutzt. Etwas abseits vom Dorf hat sich ein Schäfer als Wiedereinrichter niedergelassen, der mit seinen rund 1 000 Schafen die Landschaftspflege im Bereich des Ettersberges betreibt.

Die Obstplantagen sind nach 1990 zu rund 90 % gerodet worden, und die Flächen werden wieder landwirtschaftlich genutzt. Die ehemaligen Lager- und Vermarktungsgebäude gehören einer Großhandelseinrichtung für Obst und Gemüse. Das Ortsbild hat sich durch die Errichtung von Einfamilienhäusern am südlichen Ortsrand, durch Ansiedlung zahlreicher Handwerksbetriebe und durch umfangreiche Erneuerungsarbeiten an der alten Bausubstanz sehr verändert.

F 3 Hopfgarten, Landkreis Weimarer Land,

entwickelte sich an der Einmündung des von O zufließenden Weimarbaches und des von SW kommenden Utzberger Baches in die Gramme. Durch die fluviatilen Zerschneidungen dehnt sich ein abwechslungsreiches Hügelland um den Ort und seine weitere Umgebung aus. Seine Tallage wird durch den nördlich über den Ort sich erhebenden Rabenberg deutlich hervorgehoben (Abb. 27).

Den Untergrund der Gemarkung nehmen Schichten des Unteren Keupers ein, die im Bereich der Ortslage und nach W hin bis nach Utzberg durch Löß und Lehm verhüllt sind. Von den im Raum Tröbsdorf – Ulla – Hopfgarten – Utzberg – Niederzimmern verbreiteten Ablagerungen der Elstervereisung sei hier die Endmoräne (Blockpackung) am Wartturm hervorgehoben. Sie liegt in einer besonders interessanten Ausbildung vor, da sie durch karbonatreiche Wässer betonartig verkittet worden ist.

94

Abb. 27   Blick auf Hopfgarten

Am Hang des Rabenberges bieten artenreiche Halbtrockenrasen und Streuobst-
wiesen eine bemerkenswerte Artenfülle. Auf den verschiedenartigen Keuperböden
wachsen Furchen-Schwingel (*Festuca rupicola*), Wundklee (*Anthyllis vulneraria*),
Sichel-Luzerne (*Medicago falcata*), Kleiner Odermennig (*Agrimonia eupatoria*),
Große Fetthenne (*Sedum maximum*) und Hauhechel (*Ononis spinosa, O. repens*).
Prächtig erscheinen Feld-Mannstreu (*Eryngium campestre*) und Silberdistel (*Carlina acaulis*). Stellenweise blühen Nickende Distel (*Carduus nutans*) und Echtes
Eisenkraut (*Verbena officinalis*).
    Südwestlich vom Ort wurden in der Flur Hockerbestattungen eines schnurkera-
mischen Gräberfeldes aufgefunden, die als Beigaben Keramik, eine facettierte
Steinaxt und Feuersteinklingen enthielten (Anhang E). Das große Haufendorf, das
sich aus mehreren Siedlungskernen entwickelte, wurde nach einem hier angelegten Hopfengarten benannt, wie einem vor dem Jahr 900 verfaßten Güterverzeichnis des Reichsklosters Fulda zu entnehmen ist, das den Ortsnamen mit *Hophgarto*
überliefert. Noch 1793 wird der Hopfenanbau besonders vermerkt. Zu Hopfgarten
gehörten eine bis 1944 betriebene Windmühle und eine 1963 stillgelegte Wasser-
mühle.
    Von der mittelalterlichen Anlage der Kirche hat sich nur der mächtige Turmbau
(6,90 m x 6,60 m im Grundriß) erhalten. Sein Untergeschoß, der ehemalige Chor,
wird von einem einfachen Kreuzgewölbe überdeckt. An der Ostseite des Turmes
befinden sich zwei hohe, schmale, oben abgerundete Fensteröffnungen, an der
Südseite ein Fenster gleicher Form. Das Turmdach, ein Zeltdach mit daraufsitzen-
der Laterne, galt bis zu seiner Sanierung Anfang der neunziger Jahre als ein Ku-

95

F 3   riosum, denn die Dachflächen waren um die Spitze verdreht, vermutlich die Spielerei eines barocken Baumeisters, die nun nicht mehr besteht. Nachdem im Jahre 1834 ein Brand das alte Kirchenschiff zerstört hatte, wurde C. W. COUDRAY, Großherzoglich Sächsischer Oberbaudirektor, mit dem Wiederaufbau betraut. Mit glücklicher Hand verband er die mittelalterliche Bausubstanz mit Formen und Gestaltungsideen des Klassizismus. Im Inneren wird der großzügige Eindruck, den das Äußere vermittelt, durch den Emporeneinbau etwas gemindert. Östlich der Kirche steht das Pfarrhaus (Haus Nr. 99), ein verputzter Fachwerkbau mit erhalten gebliebener Toranlage. Sie trägt eine Inschriftentafel mit der Jahreszahl 1755 und das Erfurter Rad, ein Hinweis auf die lange Zugehörigkeit des Ortes zum Erfurter Gebiet.

Haus Nr. 6 hat noch einen Teil der alten Hofummauerung mit Eingangspforte aus dem 16. Jh., den runden Sturzbogen verziert ein Diamantschnitt, zu beiden Seiten befinden sich an den Gewänden die Sitzkonsolen, die Nischen darüber sind nur flächig angedeutet. Neben der Tür weist die Inschrift einer eingemauerten Tafel HANS KEISER als Bauherrn nach und gibt 1564 als Baujahr an. Die später eingefügte Jahrszahl 1790 weist offenbar auf eine Restaurierung hin. Zwei Wappen zeigen Doppeladler und Löwen.

Die Gemeinde hatte 1945 noch 80 einzelbäuerliche Betriebe. 1958 begann die genossenschaftliche Umgestaltung der Landwirtschaft mit der Gründung der LPG Zur Warthe (Typ III), in die bis 1965 70 Betriebe eintraten. Es entstanden mehrere neue Gebäude: 1959/60 drei sogenannte Offenställe mit einem Melkhaus, 1961/62 zwei Schweineställe mit Lagerhalle, 1965 eine Garage und eine Werkstatt und 1967 ein Kuhstall und eine Fuhrwerkswaage. Außerdem bestand im Dorf noch die kleine LPG Zur Linde (Typ I). 1965 wurden die Genossenschaften der Kooperationsgemeinschaft Niederzimmern angeschlossen, die später mit der LPG (P) Isseroda vereinigt wurde. In Hopfgarten bestand eine Brigade Gartenbau. Die Tierhaltung übernahm die LPG Schweinezucht Niederzimmern. Zwischen Hopfgarten und Niederzimmern wurde 1977 ein landwirtschaftlicher Wasserspeicher angelegt. In der Nähe des Staudammes errichtete man ein Trockenwerk für Feldfutter.

Aufgrund seiner Größe war Hopfgarten eine infrastrukturell gut ausgestattete Siedlung mit einem 1974 gebauten Einkaufszentrum, Gaststätten, Sportplatz, Kegelbahn, Gemeindeschwesternstation, Schule, Schulhort und Kindergarten sowie einer Fleischerei und einer Tierarztpraxis. Die landwirtschaftliche Produktion führen jetzt die Agrarproduktion Niederzimmern und zwei Wiedereinrichter weiter. Der Wasserspeicher Hopfgarten untersteht der Thüringer Talsperrenverwaltung. Im ehemaligen Trockenwerk hat sich eine Autoverwertung niedergelassen. Neu ist ein Betrieb für Bauwerkssicherung. Einrichtungen der Infrastruktur werden weitergeführt oder wurden erweitert, es bestehen drei Gasthöfe sowie ein neuer Reiterhof mit Pension.

F 4   Ulla, Ortsteil von Nohra, Landkreis Weimarer Land

Der Kern des Dorfes, nur wenig nördlich der Bundesstraße 7 gelegen, schmiegt sich in etwa 280 m Höhe in eine kleine nach N geöffnete Mulde im Bereich des Unteren Keupers, die leicht gewellt nach N zum Weimarbach und nach O zur Ilm

abfällt. Bezüglich seiner Grundrißform ist es ein Platzdorf mit einem dicht be- F 4
bauten, nahezu quadratischen Innenraum. Die Kirche St. Georg in der Ortsmitte
zeigt das bekannte Schema der Chorturmkirche: Langhaus, Turm im O und die
an diesen angefügte Apsis. Die romanische Apsis wurde 1472 (Inschrift an der
Südseite) durch einen gotischen Choranbau ersetzt. Das Langhaus erhielt seine
jetzige Form wahrscheinlich im 17. Jh.; an der Nordwand ist außen noch eine
Rundbogentür zu erkennen, die offenbar ein älterer Zugang war. Durch die jüngst
erfolgte Herausnahme des Kanzelaltars von 1839 ist der gotische Chor im Inneren wieder erlebbar. Man sieht das sorgfältig ausgeführte Kreuzrippengewölbe,
bestehend aus einem Rechteckjoch und einem polygonen Schlußjoch; in deren
Scheitelpunkt sitzen dekorativ behandelte Schlußsteine, der östliche zeigt eine
Schwurhand.

Der erstmals 1249 genannte Ort war seit 1257 Sitz einer Pfarrei. Seit 1847
führt nördlich des Dorfes die Bahnstrecke Weimar – Erfurt vorbei (s. E 1), die
bei der Blockstelle Ulla in einem 1,5 km langen Einschnitt die Wasserscheide
zwischen Ilm und Gera kreuzt. Die auf der topographischen Karte 1 : 25 000
(Meßtischblatt) als Kleinulla eingetragene Wüstung konnte im Gelände durch
Oberflächenfunde als kleine spätmittelalterliche Ausbausiedlung nachgewiesen
werden (Anhang D).

Ulla blieb auch im 20. Jh. ein kleines Bauerndorf mit weniger als 200 Einwohnern. In den sechziger Jahren gab es eine LPG, bis 1990 betrieb die LPG Pflanzenproduktion Isseroda Futteranbau. Abseits des Ortes befindet sich südlich der
B 7 eine Fläche mit dem Flurnamen An der Baumschule. Hier unterhielt bis 1990
das VEG Saatzucht/Baumschulen Dresden einen Betriebsteil, in dem Obstbäume,
Beerensträucher und Rosen gezüchtet und verkauft wurden. Auf diesem Gelände
befinden sich heute Handelseinrichtungen, darunter ein großer Garten-Markt. Der
übrige Teil der Gemarkung von Ulla südlich der B 7 gehört zum Gewerbepark
Ulla-Nohra-Obergrunstedt (s. K 1).

Nach 1990 entwickelte sich der Ort zu einem Wohnstandort; bis 1997 sind
etwa 150 Wohnungen in Ein- und Zweifamilienhäusern entstanden. Dadurch hat
sich die Einwohnerzahl nahezu verdreifacht. Es gibt mehrere Handwerksbetriebe, eine Verkaufsstelle, gastronomische Einrichtungen und Pensionen. Im
Rahmen der komplexen Ortssanierung ist ein moderner Kinderspielplatz angelegt worden.

Gaberndorf, zu Weimar seit 1994   G 1

Am Südhang des Großen Ettersberges gelegen wird Gaberndorf vom Glockenturm
der Gedenkstätte Buchenwald überragt (s. B 2). Seine Gemarkung fällt von N, wo
Schichten des Oberen Muschelkalks anstehen, nach S in den Bereich des Unteren
Keupers von 320 m bis 270 m ab. Die Flur wird von mehreren, oft steilwandigen
und mit groben, kantigen Schottern angefüllten Gräben durchzogen wie dem Rödelgraben, der durch den Ort verläuft und am Ende einen Schotterkegel aufschüt-
tet, sowie dem Dürre-Baums-Grund und dem Katzgraben. Bei Starkregen können
sie beträchtliche Wassermengen führen. Teile der Flur gehören zum NSG „Südhang Ettersberg" (Anhang G).

G 1   In der Flur sind mit Keramik und Steinbeilfunden mehrere Siedlungen der Band- und Schnurkeramiker nachgewiesen. Eine ausgedehnte jungbronzezeitliche Siedlung lag auf dem Steinberg. Gräber der jüngeren Bronzezeit mit Steinpackungen und Bronzebeigaben wurden im südlichen Teil der Ortslage freigelegt. Wie eine Siedlung der Römischen Kaiserzeit, Funde der Völkerwanderungszeit und des frühen Mittelalters erkennen lassen, bestand seit dem 2./3. Jh. eine Siedlungskontinuität. Ein Grab aus dem 8./9. Jh. am östlichen Ortsrand enthielt einen Steigbügel, Eisenmesser und eine Pferdetrense. Zu dem bereits im 9./10. Jh. zerstörten Gräberfeld zählen neben Körpergräbern Bestattungen von Pferden, Rindern und Hunden. Bei Ausschachtungen im Ort kamen an verschiedenen Stellen wiederholt slawische Scherben des 10./11. Jh. zum Vorschein. Ein slawisches Gräberfeld am westlichen Ortsrand ist durch vier Gräber, die Perlen und silberne Schläfenringe enthielten, zu lokalisieren (Anhang E). Die Gräber belegen, wie auch die Siedlungsfunde aus dem Ort, einen beträchtlichen slawischen Siedlungsanteil im hohen Mittelalter. Auch im Bereich der Wüstung Krakendorf, etwa 1,5 km östlich von Gaberndorf, wurden slawische Hausstellen mit Bodenverfärbungen und umfangreicher Keramik nachgewiesen (Anhang D).

Gaberndorf erscheint erstmals 1241 in den Urkunden und heißt nach einem Personennamen. Zunächst war eine nach dem Ort benannte Adelsfamilie, dann das Kloster Oberweimar und schließlich die Familie von Lichtenberg mit Grundbesitz ansässig. Später bestand hier ein Kammergut, das im 19. Jh. 208 ha Besitz umfaßte. Von 1922 bis zu seiner Auflösung 1945 war es Thüringisches Staatsgut mit einer großen Schafherde und Triftrecht in zahlreichen Fluren. Danach wurden die Ackerflächen Bodenreformland, an der Stelle der Gutsgebäude entstanden zwei Neubauernhöfe. Aus dem Dorf entwickelte sich trotz der Beibehaltung der landwirtschaftlichen Produktion immer mehr ein Arbeiterwohnort Weimars.

Die genossenschaftliche Entwicklung der Landwirtschaft begann 1960, zunächst mit der Feld-, später auch mit der Viehwirtschaft. Mit 22 weiteren Dörfern gehörte Gaberndorf schließlich zur KAP Isseroda, die seit 1990 als Agrargenossenschaft Thüringer Korn und Rind e. G. die Felder im Pachtverhältnis bewirtschaftet. Ende des 19. Jh. arbeiteten im Ort nur wenige Handwerksbetriebe, z. B. die Schmiede am Rödelgraben, für den örtlichen Bedarf. Das Brauhaus aus dem 17. Jh. existiert nicht mehr, und die Ziegelei stellte die Produktion ein, nachdem die letzten Strohdächer umgedeckt wurden. Am südöstlichen Ortsrand verläuft seit 1847 der Eisenbahnstreckenabschnitt Weimar – Erfurt (s. E 1). Die Straße nach Gaberndorf mit der 22 m hohen Brücke entstand im Ergebnis des Erdaushubs für den Bahndamm. Mit dem neuen Verlauf der B 7 (s. E 2) in südöstlicher Ortsrandlage ist eine günstige Verkehrsanbindung an die Bundesautobahn A 4 gegeben. Seit 1993 entsteht am Südhang des Ettersberges, eingebunden in das Naherholungsgebiet, eines der größten Wohnungsbaugebiete Thüringens mit 360 Wohnungseinheiten in Reihen- und Doppelhäusern.

Die Siedlungsform entspricht dem Typ des Bachuferzeilendorfes, dessen breiter, baumbestandener Innenraum den Rödelgraben aufnimmt. An städtebaulich herausragender Stelle, an einer Krümmung der Hauptstraße, steht weithin sichtbar die Kirche St. Alban. Zwei übereck davon gestellte Portalwände aus dem 16. Jh.

und die Zugänge zum ehemaligen Gutshof und zum Kirchhof machen die gesamte G 1
Anlage zu einem baulich eindrucksvollen Ensemble. Die Kirche hat ihr äußeres
Erscheinungsbild, so wie es 1502 entstand, bewahrt: das Langhaus mit steilem gotischen Dach und polygonem Chorabschluß und der an der Nordseite angefügte
dreigeschossige Turm. Das Turmdach, im 18. Jh. in dieser Form errichtet, bildet
eine eigenartige Mischung aus barocker Haube und gotischem Spitzhelm. Das Innere der Kirche war im 18. Jh. umgestaltet worden. Bei jüngeren Erneuerungen ab
1963 wurde die barocke Holztonne durch eine flache Decke ersetzt und der aus
dem 19. Jh. stammende Kanzelaltar entfernt. Mit Altartisch und Altarbild, eine Arbeit der Cranachwerkstatt, erhielt der Chorraum wieder die ihm zukommende Bedeutung.

Im östlichen Teil der Gemarkung bezeichnen die Flurnamen Auf der großen und
kleinen Hofstatt und Wüstung Krakendorf den Standort einer mittelalterlichen,
durch Funde seit dem 9. Jh. bezeugten Siedlung, die beiderseits des Katzgrabens
von einem *Krak* gegründet worden ist, ein slawischer Personenname, der mit der
ersten urkundlichen Erwähnung von 1217 überliefert ist.

Tröbsdorf, zu Weimar seit 1994   G 2

Ein Grund, der im 250 m hoch gelegenen Tröbsdorf seinen Anfang nimmt, zieht
sich mit teilweise feuchten Wiesen ostwärts bis nach Weimar. In seiner Quellmulde bildet eine kleine Platzkernsiedlung um die Kirche den mittelalterlichen Ursprung. Beiderseits des Baches ist dieser Ortsteil durch regelmäßig bebaute
Straßenzeilen nach O zu erweitert worden. Der Ort befindet sich im Bereich der
Weimarer Störungszone. Im Untergrund sind Schichten des Oberen Muschelkalkes, des Unteren und Mittleren Keupers vorhanden, die an den geologischen
Störungslinien gegeneinander versetzt und steilgestellt sind.

Der Ort, in dessen Gemarkung sich Steingeräte aus dem Neolithikum und Funde
aus der jüngeren Bronzezeit fanden, wird erstmals 876 in einem wegen des Zehnt-
streites in Thüringen durch König LUDWIG DEN DEUTSCHEN aufgerichteten Protokoll als *Trebunestorph* genannt. Das Bestimmungswort ist der slawische Personenname *Trebun*.

Die laut Überlieferung dem Heiligen Laurentius geweihte Kirche gehörte als
eine Ostturmanlage zum ältesten Kirchentyp der Weimarer Gegend (Abb. 28).
Eine erste Nachricht von ihr gibt es bereits aus dem Jahre 1251. Der Unterbau des
Turmes, einst der Chor, reicht sicherlich in diese Zeit zurück. Heute bietet die Kirche mit ihrem wohlausgewogenen Aufbau ein erfreuliches Bild: ein breiter Turmunterbau, darüber das schmalere Obergeschoß, die Schweifkuppel mit Laterne,
und das breite Langhaus mit dem Mansarddach. An der Westseite befindet sich
über dem Eingang ein inzwischen zugemauertes Fenster mit Renaissanceprofilen
und der Jahreszahl 1594 im Sturz, daneben eine kleine spitzbogige Nische, in der
vielleicht einmal eine Heiligenfigur aufgestellt war.

Auf dem Steinberg rechts des Weimarbaches ist durch Oberflächenfunde slawischer Keramik die Wüstung Neuß lokalisiert worden (Anhang D). Der durch die
Flurnamen Auf der Neusse und Im Nötzerfeld überlieferte Ortsname bezeichnete
den neben Tröbsdorf neu gegründeten Wohnsitz.

Abb. 28   Kirche in Tröbsdorf

Der Bau der Eisenbahnstrecke Weimar – Erfurt 1846/47 beeinflußte entscheidend die Entwicklung des Ortes, da er dafür ein Bauzentrum war. Hier fand die vorwiegend kleinbäuerliche Bevölkerung Beschäftigung, und für fremde Arbeitskräfte wurden neue Häuser in Fachwerkbauweise und eine Arbeiterkaserne gebaut. Über Jahrzehnte blieb der Anteil der im Verkehrswesen Beschäftigten relativ hoch.

Der genossenschaftliche Zusammenschluß der Bauern zur gemeinsamen Feldwirtschaft Anfang der sechziger Jahre vollzog sich zögernd. Die LPG wurde wenig später dem VEG Lützendorf angegliedert, das sich mit der Übernahme einer Gärtnerei auf Obstbau und Baumschulen spezialisierte. In Tröbsdorf befanden sich vorwiegend die Beerenkulturen. Bereits in den achtziger Jahren entwickelte sich der Obstbau rückläufig, nach 1990 wurden die Obstkulturen beseitigt. Seit den siebziger Jahren entstanden Kleingärten für die Weimarer Bevölkerung, die zum Teil die für den Wohnungsbau in Weimar-West beanspruchten Gartenflächen ersetzten. Mit den 700 Klein- und Hausgärten wird Tröbsdorf häufig als ein Gartendorf bezeichnet. Beiderseits der Hauptstraße hat sich der Ort bedeutend erweitert. Für die Fliegeroffiziere des ehemaligen Landeplatzes Nohra wurden 1937 an der heutigen B 7 Wohnungen gebaut, die die Sowjetarmee von 1951 bis 1990 beanspruchte. Heute werden sie nach umfassender Sanierung als Eigentumswohnungen verkauft. 1938 wurde südöstlich der Hauptstraße die Max-Greil-Siedlung vorwiegend mit Doppelhäusern errichtet. Ebenfalls seit den dreißiger Jahren entstanden Eigenheimbauten der Weimarer Bevölkerung, und 1990 wurde ein weiterer Standort erschlossen und bebaut. Östlich G 2 dieser Siedlung entwickelt sich gegenwärtig ein kleines Gewerbegebiet. In Höhe des Widderberges beginnt bei Tröbsdorf die Ortsumgehung der B 7 (s. E 2). Mit der neuen Straßenführung wird der Ort von dem hohen Verkehrsaufkommen entlastet, das eine Produktions- und Handelsniederlassung an der Tröbsdorfer Straße verursacht.

Wüstung Wallendorf G 3

Am westlichen Stadtrand Weimars, nahe der Mündung des Kirschbaches in den Lottenbach, steht als Rest des einstigen gleichnamigen mittelalterlichen Dorfes die Wallendorfer Mühle, die erst in den sechziger Jahren dieses Jh. ihren Betrieb eingestellt hat. Ihre baulichen Anlagen stammen von 1890, da sie nach einem Brand völlig neu aufgebaut worden sind, erwähnt wird sie bereits im Roten Buch von Weimar um 1378.

Wie eine in den Kunstsammlungen zu Weimar aufbewahrte Handzeichnung erkennen läßt, die Wallendorf vor seinem Wüstwerden aus der Vogelschau zeigt, stand die Mühle weit außerhalb des Dorfes, das sich einst beiderseits des Lottenbaches als Haufendorf mit mehreren Siedlungskernen ausbreitete (Abb. 29).

Abb. 29   Wüstung Wallendorf aus der Vogelschau. Kolorierte Zeichnung des Monogrammisten A. M., vermutlich 16. Jh.
(mit freundlicher Genehmigung der Kunstsammlungen zu Weimar)

G 3   Daß der Zeichner mit der Darstellung von drei Gehöftgruppen wahrscheinlich nahe an der Wirklichkeit geblieben ist, bestätigen die historische Flurkarte und die auf der Ortslage gehobenen Oberflächenfunde slawischer und frühdeutscher Keramik. Der mächtigen Dorflinde gegenüber stand der Gasthof, auf der linken Seite des Baches bildeten Kirche, Pfarre und ein Dorftor einen wehrhaft ummauerten Bezirk. St. Nikolaus war einst eine berühmte Wallfahrtskirche, blieb noch lange nach dem Untergang des Dorfes erhalten und wurde erst 1540 niedergelegt. Am rechten oberen Bildrand hat der Zeichner den Galgenberg dargestellt, darunter eine Gerichtsszene und ganz unten die Wallendorfer Mühle.

Das Dorf wird urkundlich als *Waldendorf* 1279 erstmals erwähnt und ist im 15. Jh. aufgelassen worden. 1542 ist nur noch das sogenannte Gütlein des Pfarrers erhalten (Anhang D). Die Eigentümer der 350 ha umfassenden Wüstungsflur bildeten eine seit 1537 nachweisbare eigene Gemeinde, die 1877 aufgelöst worden ist. In ihre Rechte trat die Stadt Weimar mit der Verpflichtung, den Ort des Hegegerichts mit dem Heimrichstisch (*Heymeltisch* = gehegtes Gericht), der unter einer Gruppe alter Lindenbäume steht, auf ewige Zeiten zu erhalten.

G 4   Weimar (Abb. 30)

G 4.1   Lage und geologischer Untergrund

Weimar liegt in einer großräumigen tektonischen Mulde gleichen Namens, die auch morphologisch sichtbar ist. Sie wird im N von den Abhängen des Großen und des Kleinen Ettersberges begrenzt, im O von der Süßenborner Platte, im S von der Gelmerodaer Höhe und im W vom Hopfgartener Hügelland. Eine Tiefenzone zieht im SW an der Stadt entlang, der Ilmtalgraben und seine nordwestlichen Fortsetzungen. Der Stadtkern entstand dort, wo sich die Ilm anschickt, die Störungszone zu verlassen und nach NW abzufließen.

Im Inneren der Mulde (Südwest- und Westteil der Stadt) ist Mittlerer Keuper vorhanden, unter dem sowohl am Südrand (Falkenburg, Böckelsberg, Widderberg) als auch am Nordrand (südlicher Hangfuß des Ettersberges) Schichten des Unteren Keupers auftauchen. Seine Ton- und Schluffsteine bildeten die Grundlage für die ehemalige Ziegelei Schleyer im Westteil der Rießnerstraße. Ihr Abbau mußte eingestellt werden, nachdem durch die maschinelle Gewinnung des Rohmaterials ein Aushalten der für Ziegelsteine ungeeigneten sandigen und karbonatischen Bänke unmöglich wurde. Die Umrahmung der Mulde besteht aus Schichten des Oberen Muschelkalks, vorwiegend aus Ceratitenschichten (Südhang des Ettersberges, Großmutterleite, Lindenberg, Gehädrich, Gelmerodaer Höhe). Trochitenkalk und Mittlerer Muschelkalk sind nur in schmalen Streifen im Bereich von Störungen an der Erdoberfläche anzutreffen. Der harte Trochitenkalk bildet im Stadtbereich eine Steilstufe, die zum Beispiel von der Humboldtstraße überwunden wird.

Glaziale Sande und Kiese sowie Geschiebemergel treten nur in geringer Verbreitung am Böckelsberg und am Widderberg auf. Wichtig sind die entlang der Linie Köttendorf – Gelmeroda – Ulla gefundenen nordischen Geschiebe als Beleg für den südlichen Rand des Inlandeises während der Elstervereisung. An den Flan-

Abb. 30   Die Altstadt von Weimar mit Schloßbezirk und Park an der Ilm

ken des Ilmtales im Stadtbereich kamen während der pleistozänen Kaltzeiten Schotterterrassen zur Ablagerung. Die bedeutendste, durch Kalkinkrustation zu einem Konglomerat verbackene warthezeitliche Terrasse, ist am Borkenhäuschen und unterhalb des Römischen Hauses zu beobachten. Im Ilmtal (Belvederer Allee, Marienstraße, Ackerwand) sind darüber pleistozäne Travertine weit verbreitet. Hier entstand Ende des 18. Jh. ein jetzt als Weimarer Parkhöhlen bekanntes Stollensystem, das seit 1992 teilweise zu einem Untertage-Museum ausgebaut wurde und seit 1997 zu besichtigen ist. Im Bereich des Lottenbaches (Paul-Schneider-Straße, Theater, Marktstraße) kommt ebenfalls recht ausgedehnter, aber nicht so mächtiger holozäner Travertin vor, der zu großen Schwierigkeiten bei der Gründung älterer Gebäude, wie zum Beispiel des Theaters, führte. Dessen Gründung mußte auf „1355 Holzpfählen von 13,5 m Länge und 30 cm Durchmesser mit eisernem Schuh am unteren Ende" erfolgen. Als äolische Ablagerung aus der Weichsel-Kaltzeit zeigt der Löß an ostorientierten Hängen (Lindenberg, Dürrenbacher Hütte) größere Verbreitung.

Im Stadtgebiet von Weimar wird der geologische Bau ganz wesentlich geprägt durch die Ilmtal-Störungszone und ihre Fortsetzung nach NW, die Weimarer Störungszone (Abb. 2).

G 4.2 Flora und Vegetation

Das Stadtgebiet von Weimar umfaßt sowohl völlig versiegelte, fast pflanzenlose Bereiche, als auch naturnahe, ausgesprochen wertvolle Gebiete. Einige davon sollen hervorgehoben werden. Für die Weimarer Stadtlandschaft ist charakteristisch, daß markante Gräben mit ihrem Gehölzbestand die Grünbereiche der Ilmaue mit denen der Muschelkalkhochflächen verbinden. Neben Wildem Graben, Hospitalgraben, Schanzengraben und Merketal haben auch Papiergraben und Gehädrich für den Biotopverbund eine beachtliche Bedeutung. Im Papiergraben stocken Mischbestände aus Ahorn und Esche, meist auch mit reicher Strauchschicht. Die Krautschicht bilden u. a. Ausdauerndes Bingelkraut (*Mercurialis perennis*), Waldmeister (*Galium odoratum*) oder Zaun-Giersch (*Aegopodium podagraria*). Im Südwestteil des Gehädrichs überdeckt ein Kiefernforst die ehemaligen Triften. Zwischen Aufrechter Trespe (*Bromus erectus*), Pyramiden-Schillergras (*Koeleria pyramidata*) und Zittergras (*Briza media*) siedeln weitere Arten der Halbtrockenrasen wie Silberdistel (*Carlina acaulis*), Schopf-Kreuzblümchen (*Polygala comosa*), Frühblühender Thymian (*Thymus praecox*) und Hügel-Meier (*Asperula tinctoria*).

Außerhalb der Gartenanlagen im Kirschbachtal im SW der Stadt ist das typische Biotopgefüge noch erfaßbar. Den Bach säumen Schwarz-Erle, Gemeine Esche und Hohe Weide (*Salix rubens*). Beiderseits schließen Frischwiesen an, die mit Glatthafer (*Arrhenatherum elatius*), Knaulgras (*Dactylis glomerata*) oder Kammgras (*Cynosurus cristatus*) sowie Pastinak (*Pastinaca sativa*), Zaun-Wicke (*Vicia sepium*) und Wiesen-Storchschnabel (*Geranium pratense*) verschiedene Blüh-aspekte zeigen. Südwestexponierte Hangpartien beherbergen Wärme- und Trockniszeiger wie Steppen-Lieschgras (*Phleum phleoides*), Knäuel-Glockenblume (*Campanula glomerata*), Kleinen Wiesenknopf (*Sanguisorbis minor*), Zypressen-Wolfsmilch (*Euphorbia cyparissias*) und Stengellose Kratzdistel (*Cirsium acaule*). Wertvollen Lebensraum bieten Obstgestrüppe und andere Gebüsche, in denen gelegentlich die Rote Zaunrübe (*Bryonia dioica*) vorkommt. Auch prächtige Exemplare der Weichsel (*Cerasus mahaleb*) sind erwähnenswert.

Zu den artenreichsten Flächen nahe der Stadt gehört im Asbachtal das sogenannte Paradies, ein schon in der älteren floristischen Literatur erwähnter Komplex mit Frisch- und Feuchtwiesen, Hochstaudenfluren und Schilfröhrichten. Leider führten die Aufschüttung des Rückhaltebeckens Asbach, Umwandlungen großer Teile der Feuchtwiesen in Luzerne-Grasbestände sowie Beeinträchtigungen durch Spaziergänger des nahen Wohngebietes Weimar-West seit den achtziger Jahren zu einem erheblichen Rückgang der Artenvielfalt. In den letzten Jahren gelang es, die Bestandsstruktur durch regelmäßige Mahd im Spätsommer wieder zu verbessern. Die Individuenzahlen der Trollblume (*Trollius europaeus*), des Breitblättrigen Knabenkrautes (*Dactylorhiza majalis*) und der Herbst-Zeitlose (*Colchicum autumnale*) nahmen wieder zu. Erwähnenswert sind für die wechselfeuchten Bestände auch Filz-Segge (*Carex tomentosa*), Entferntährige Segge (*Carex distans*), Blaues Pfeifengras (*Molinia caerulea*), Färber-Scharte (*Serratula tinctoria*), Teufelsabbiß (*Succisa pratensis*) und Einspelzige Sumpfsimse (*Eleocharis uniglumis*). An weniger feuchten Standorten siedeln Wiesen-Storchschnabel (*Geranium pra-*

tense), Wiesen-Kümmel (*Carum carvi*), Flaumhafer (*Avenula pubescens*) und G 4.2
Wiesen-Bärenklau (*Heracleum sphondylium*). An den Gräben wachsen Gehölz-
gruppen aus Schwarz-Erle und Grau-Weide oder Staudenfluren aus Gemeiner
Pestwurz (*Petasites hybridus*).

Ur- und frühgeschichtliche Besiedlung

Die von der Ilm durchflossene Weimarer Mulde bot mit günstigen klimatischen
Bedingungen, fruchtbaren Böden und zahlreichen kleinen Gewässern eine gute
Lebensgrundlage und einen großen Anreiz für die Menschen, die sich seit dem
mittleren Paläolithikum hier niederließen (Abb. 4 bis 6).

Abgesehen von den altsteinzeitlichen Rastplätzen in Weimar-Ehringsdorf (s. M 1)
läßt sich eine Besiedlung von der jüngeren Steinzeit bis zur Neuzeit archäologisch   G 4.3
erschließen. Steingeräte und Keramik früher Feldbauern, der Bandkeramiker, sind
nahe des Bahnhofes, im Bereich der Nordstraße, am Katzgraben sowie im W und
SW des Stadtgebietes nachgewiesen. Hier wurde auch ein Grab dieser Kultur aufgefunden. Nach geringen Siedlungshinterlassenschaften durch mitteljungsteinzeit-
liche Kulturgruppen tritt die spätneolithische Periode mit Einzelfunden und mehreren Gräberfeldern stärker hervor. Bestattungsplätze der schnurkeramischen
Kultur liegen im Bereich der Fuldaer – Trierer Straße (fünf Gräber), in der Erfurter Straße nahe des Berkaer Bahnhofes (vier Gräber) sowie in der Johann-Sebastian-Bach-Straße (drei Gräber). Eine weitere große Gruppe ist im nördlichen
Stadtgebiet (Falkstraße – Ettersburger Straße) verbreitet. Den gehockt beigesetzten Bestattungen hatte man schnur- und stichverzierte Amphoren und Becher
sowie facettierte Steinäxte und Feuersteingeräte mitgegeben. Typisch sind auch
der Kleiderbesatz mit durchbohrten Hundezähnen, Muschelschmuck und Kno-
chennadeln sowie seltener kleine Kupferspiralen. Die nach ihren in Zonen gegliederten glockenförmigen Bechern benannten Glockenbecherleute haben ihre Spuren mit Gräbern in der Johann-Sebastian-Bach-Straße und in der Ettersburger
Straße hinterlassen.

Die Anwesenheit frühbronzezeitlicher Siedler zu Beginn des zweiten Jahrtausends v. Chr. belegen Wohnplätze (Park, Cranachstraße) und Körpergräberfelder
zwischen Erfurter Straße und August-Bebel-Platz sowie auf dem Gelände der Pestalozzi-Schule. Auch die jüngere Bronzezeit ist im Stadtgebiet von Weimar durch
Siedlungen und Gräberfelder vertreten (Flachgräberfeld vom Hohen Weg, Hügelgräber im Webicht). Wenige Einzelfunde aus der Hallstattzeit und Latènezeit im
Bereich der Trierer Straße und des Brühls (Gefäßreste und bronzene Gürtelkette)
scheinen einen vorübergehenden Siedlungsrückgang anzuzeigen, und auch die Römische Kaiserzeit ist auf dem Boden Weimars nur durch geringe Scherbenfunde
belegt. Siedlungen lagen danach im Bereich des Schlosses und der Schwanseestraße.

In der Merowingerzeit lassen Siedlungsfunde und große Gräberfelder darauf
schließen, daß Weimar einer der bedeutenden Siedlungsmittelpunkte des
Thüringerreiches war. Ausgrabungen auf dem Rollplatz und am Brühl haben
Reste von Holzgebäuden zweier Höfe des 5./6. Jh. erbracht, die einen ausgedehnten zentralen Siedlungskomplex vermuten lassen. Die Ausgrabungen

G 4.3 großer Gräberfelder im Bereich der Meyer- und der Friesstraße seit 1894 und in den fünfziger Jahren des 20. Jh. mit über 100 Bestattungen, in der Cranachstraße mit 27 Bestattungen und weiterer Nekropolen an anderen Stellen des Stadtgebietes haben weitreichende Einblicke in die gesellschaftliche Struktur der Thüringer ermöglicht. Den in holzverschalten Grabkammern und Särgen beigesetzten Toten hatte man reiche Waffenbeigaben wie Lang- und Kurzschwerter, Schilde, Lanzen, Pfeile, Äxte, Schmuck wie Perlenketten, Nadeln, Kämme sowie Gefäße und Glasbecher mitgegeben. Besonders hervorzuheben sind kunstvolle vergoldete Fibeln mit Almandineinlagen, ein golddurchwirktes Stirnband und ein Silberlöffel mit der Aufschrift „Basena". Als Zeichen der Hausfrauengewalt erhielt die Frau Bronzeschlüssel mit ins Grab. Mehrfach wurden Pferd oder Hund neben dem Grab des Herren bestattet. Nach Keramikfunden aus der Jakobsvorstadt und vom Brühl bestand die Siedlung im 8./9. Jh. fort. Belege für eine Siedlung des 7./8. Jh. wurden 1996 in der Windischengasse hinter dem Rathaus gewonnen.

Siedlungsfunde aus spätrömischer Zeit, der Völkerwanderungszeit und dem frühen Mittelalter aus dem Schloßbereich unterstreichen die große damalige Bedeutung dieses Geländes. Seit 949 ist das Geschlecht derer von Weimar als Grafen in Thüringen nachweisbar. Vermutlich auf einem karolingischen befestigten Hof oder einer Burganlage entstand im 9. oder 10. Jh. eine hochmittelalterliche Befestigung, die später zur Burg mit Graben ausgebaut wurde. Das Burg- und spätere Schloßgelände war von einem breiten, ovalen Wassergraben umgeben. Für die Alte Burg, auf der Anhöhe über der Ilm gelegen, ist eine Nutzung als Fliehburg über der darunterliegenden Siedlung anzunehmen.

Eingetiefte Grubenhäuser des 10./11. Jh. wurden am Brühl und in der Rittergasse südlich des Eisfeldes, dem Standort einer alten mittelalterlichen Gerichtsstätte, deren Ursprung noch vor der Stadtgründung anzusetzen ist, ausgegraben. Neben diesen aus mehreren Siedlungen hervorgegangenen Kernen entstand die spätere Stadt. Zu den frühdeutschen und slawischen Dörfern, die um die frühmittelalterliche Kernsiedlung Weimar vom 8. bis zum 10. Jh. entstanden, gehört ein bedeutender slawischer Siedlungskomplex, der 1977 bei der Erschließung des Wohngebietes Weimar-West archäologisch untersucht werden konnte. Im Halbkreis um die Quellmulde (Rabenwäldchen) wurden acht Häuser mit Herdstellen und 25 zum Teil ebenfalls bewohnte Gruben ausgegraben. Die Grundrißformen der Häuser und ein umfangreiches Keramikmaterial ließen eine Gliederung in slawische und deutsche Wohn- und Wirtschaftsbauten zu. Bronze- und Eisenfunde, Schlacken und Schmelzreste sowie Tierknochen deuten auf handwerkliche Tätigkeiten in dem weilerartig angelegten Dorf hin, das seit dem 8. Jh. bestand. Vergleichbare, wohl kleinere Siedlungen befanden sich nach Oberflächenfunden an der Wallendorfer Mühle (s. G 3), am Südhang des Ettersberges und am Dichterweg.

In der nachfolgenden, bereits durch schriftliche Quellen erhellten Zeit, konnte die Archäologie mit ihren Methoden wichtige Beiträge zur Erforschung der früh- und hochmittelalterlichen Stadtgeschichte erbringen. So wurde ein Töpfereizentrum des 13. Jh. in der Wagnergasse freigelegt. Auf dem Markt, in der Schillerstraße, in der Frauentorstraße und in der Windischenstraße wurden Anlagen der Be- und Entwässerung, darunter mehrere mit Feldsteinen aufgemauerte Brunnen,

die zeitbestimmendes Material enthielten, ausgegraben. Archäologische Untersuchungen am Graben erbrachten Belege für das Aussehen und den Verlauf der
frühesten Stadtbefestigung.

G 4.3

Zentrum der thüringischen archäologischen Forschung ist das Thüringische
Landesamt für Archäologische Denkmalpflege mit dem Museum für Ur- und
Frühgeschichte Thüringens in Weimar, Humboldtstraße 11, das aus dem 1892 gegründeten Naturwissenschaftlichen Museum im Poseckschen Haus hervorgegangen ist. Mit seinem reichen Bestand an alten Kulturgütern aus Ehringsdorf, Taubach, Weimar und darüberhinaus aus ganz Thüringen gehört es zu einem der
bedeutendsten Museen Deutschlands.

Die mittelalterliche Stadt

G 4.4

Der in einer Urkunde ARNULFS 899 genannte Ort *Vvigmara* bezieht sich mit an Sicherheit grenzender Wahrscheinlichkeit auf das heutige Weimar. Wie neue For-
schungsergebnisse besagen, dürfte das als Weimars urkundliche Ersterwähnung
anzusehen sein. Der Ortskern Weimars (Abb. 31) bildete sich im frühen Mittelalter am Rand eines Sumpfgebietes der Ilmniederung und eines westlich davon gelegenen Sees auf mehreren hochwassersicheren Erhebungen. Der See, dessen
spärliche Reste heute noch im Schwansee und Weimarhallenteich zu erkennen
sind, hat Weimar wohl auch seinen Namen gegeben, der als *Wihmari* = heiliges
Gewässer zu deuten ist. Diese Bezeichnung galt zunächst für das gesamte Gebiet
des Ilmtales bis Oberweimar; denn dieser Ort wurde zuerst einfach *Wimar* genannt. Erst 1244 erscheint die Bezeichnung *Oberenwimar* im Gegensatz zu der
späteren Stadt. Die ältesten Siedlungen in diesem Bereich waren die Burg auf einer
leichten Anhöhe über der Ilm und eine im engen Zusammenhang damit stehende
Fronhofsiedlung um die heutige Jakobskirche, die auf der am höchsten gelegenen
Stelle entstand.

Das Alter der Burg ist nicht mit Sicherheit zu ermitteln. Sie reicht vielleicht bis
in die Zeit des thüringischen Königreiches zurück. Möglicherweise ist sie aber
auch erst im Zuge der Abwehrmaßnahmen König HEINRICH I. gegen die Ungarn
um 930 entstanden. Sie war seit dem 10. Jh. Sitz der älteren Grafen zu Weimar, des
mächtigsten thüringischen Grafengeschlechts, so daß sie schon damals eine
größere Bedeutung gehabt haben muß. Die Burg bestand aus Holzbauten, die ein
durch Palisaden und Wassergräben geschützter Wall umgab. Steinbauten wurden
erst im 12. Jh. errichtet.

In der alten Fronhofsiedlung um die heutige Jakobskirche treten bald auch andere Besitzer auf. So erscheint 1157 ein Reichsministeriale WALTER VON WEIMAR,
der die Königspfalz Allstedt verwaltete und sich erstmals 1181 nach der Reichs-
burg Gleißberg bei Jena nannte. Er gründete vermutlich die im Jahr 1168 entstandene Jakobskirche, die als Eigenkirche auf seinem Besitz errichtet und für 1286 als
Pfarrkirche genannt wurde (s. G 4.12). Von Bedeutung für die älteste Geschichte
Weimars war auch die gräfliche Gerichtsstätte, die durch eine Urkunde von 1313
zu lokalisieren ist: Sie befand sich oberhalb der heutigen Stadtkirche „unter der
Linde", also auf dem Eisfeld (eigentlich Eichsfeld), der dritten Erhebung im alten
Stadtkern.

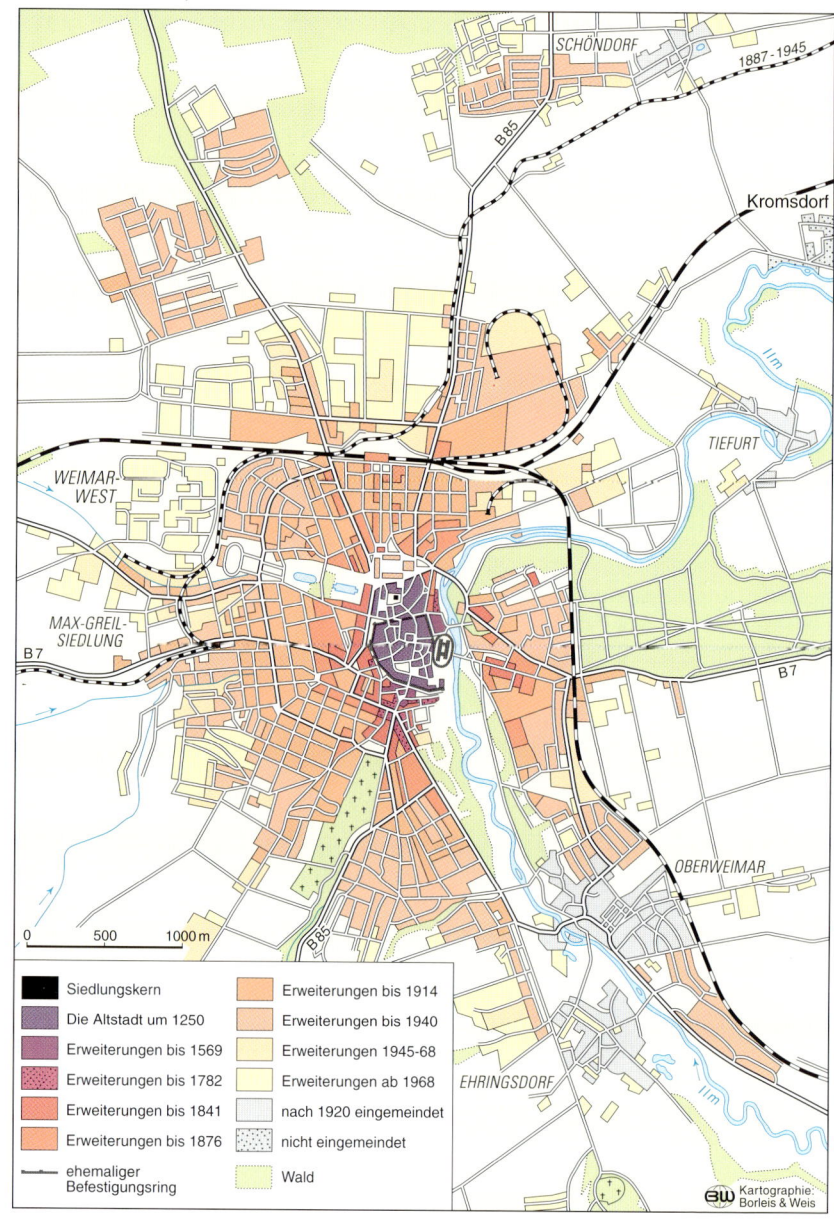

Abb. 31   Stadtentwicklung von Weimar
(nach I. Tietzsch, Ergänzungen 1968–1998 G. Schlüter)

Im Rahmen der Territorialpolitik der Grafen von Weimar-Orlamünde erfolgte in diesem Bereich um 1250 die Gründung der Stadt Weimar. Sie erwies sich als eine Notwendigkeit für den wirtschaftlichen und militärischen Ausbau des Territorialstaates. Wie die meisten deutschen Städte dieser Zeit ist die Stadt Weimar nicht aus einer alten Siedlung erwachsen, sondern durch landesherrliche Verfügung des Grafen HERMANN III. von Orlamünde zwischen Gerichtsstätte und Burg planmäßig angelegt worden. Die Gründung wird durch mehrere Urkunden deutlich: 1249 wird erstmals ein Pfarrer von Weimar genannt, 1253 erscheint ein Bürger von Weimar, 1254 ist erstmals von einer Stadt Weimar („in civitate nostra Wimar") die Rede. Das ursprüngliche Stadtgebiet hat sicher nicht den gesamten später ummauerten Kern umfaßt, sondern nur den nordöstlichen Teil um die Stadtkirche St. Peter, bei der bis 1550 auch der Friedhof lag. Heute sind diese Straßenzüge noch an der dichteren Bebauung zu erkennen. Die Siedlung um die Jakobskirche, die nunmehr als die alte Stadt (1278: *vetus civitas*) erscheint, gehörte nicht zum eigentlichen Stadtbereich und sank bald in die Stellung einer Vorstadt ab. Die Bürger lebten vorwiegend von der Landwirtschaft, wenn auch in den ersten Jahrhunderten mehrfach Handwerker erwähnt werden. Doch die Kaufleute als das eigentlich belebende Element fehlten der mittelalterlichen Stadt.

Seit 1298 wurde die Stadtverwaltung von einem landesherrlichen Schultheißen mit richterlichen Rechten und Vollmachten geleitet. Von einer Stadtgemeinde als Körperschaft war noch keine Rede, selbst zu Frondiensten waren bis 1407 die Bürger verpflichtet. Als im Grafenkrieg (s. Seite 25) die Wettiner die Lehnsherrschaft über Weimar erlangten, trat 1348 an die Stelle des landesherrlichen Schultheißen der Rat – bestehend aus vier Ratsmeistern und acht Ratsmannen, die sich jährlich, später im dreijährigen Turnus abwechselten – als Selbstverwaltungsorgan der Stadt. In der ersten Hälfte des 15. Jh. erfolgte durch mehrere Rechtsakte die Hebung der städtischen Freiheiten. So erhielt, sehr verspätet, Weimar 1410 das zum Eisenacher Stadtrechtskreis gehörige Stadtrecht von Weißensee, 1431 wurde das Stadtgericht endgültig vom Gericht für das Land getrennt. Die Stadt übte die Gerichtsbarkeit über zivile und leichte Strafsachen (Niedergerichtsbarkeit) in und vor der Stadt aus. Bald wurde auch die bürgerliche Wirtschaft gefördert. Weimar bekam 1421 eine Bierbannmeile, dann einige Handwerkssatzungen und schließlich 1438 eine Waidhandelsordnung. In bescheidenem Umfang bildete sich eine Kaufmannschaft. Auch die Stadtverwaltung wurde ausgebaut. Eine Ratsverfassung nach sächsischem Recht sah in der Verwaltungstätigkeit Räte an der Spitze der Ratsmeister (Bürgermeister) vor. 1433 wird der Rat mit polizeilichen Befugnissen ausgestattet und zum Organ städtischer Selbstverwaltung erhoben. Seit 1465 entsandte die Bürgerschaft „vier von der Gemeinde", die jedoch nicht ratsfähig waren, in den Rat; sie gingen 1530 endgültig in den Rat auf. So fand Weimar erst 200 Jahre nach der Stadtgründung den Anschluß an die deutsche Stadtentwicklung.

Den Rechtsverleihungen folgte auf landesherrliche Anweisung in der zweiten Hälfte des 15. Jh. eine umfassende Befestigung der bisher nur wenig geschützten Stadt. Sie war um die Mitte des 16. Jh. fertiggestellt. Eine Doppelringmauer mit vier Toren und zehn Türmen wurde längs des Verlaufs von Puschkinstraße, Schillerstraße, Wielandstraße, Goetheplatz, Graben und Marstallstraße gezogen.

G 4.4 Das Jakobstor führte nach N, das Kegeltor unmittelbar nördlich der Burg nach O, das Frauentor nach S und das Erfurter Tor (Neutor) zunächst am Ende der Geleitstraße nach W. Nach dem großen Stadtbrand von 1424 entstand ein Rathaus, das östlich des heutigen Baues in den Marktplatz hineinragte.

Im O war die Stadt durch die Burg, die nun Schloß Hornstein hieß, und durch die Ilm geschützt. Bauarbeiten an der Burg nach dem Brand von 1424 wurden wesentlich dadurch gefördert, daß sich hier zeitweise seit 1445 die bevorzugte Residenz der wettinischen Linie, besonders des tatkräftigen Herzogs WILHELM III. (reg. 1445-1482) befand. Außerhalb der Ummauerung lagen nur die Jakobsvorstadt und eine kleinere Siedlung vor dem Frauentor am Frauenplan mit der erstmals 1336 bezeugten Marienkapelle. In dieser Ausdehnung blieb die Stadt im wesentlichen bis ins späte 18. Jh. bestehen.

Das städtische kulturelle Leben war im Mittelalter durch kirchliche Einrichtungen geprägt. Der Deutsche Ritterorden zog 1284 in die Stadt ein, als ihm das Patronat über die Stadtkirche und reicher Grundbesitz übergeben wurden. Er besaß in Weimar eine Niederlassung (s. G 4.11) und vor dem Kegeltor ein Vorwerk auf dem Gelände des 1878 errichteten Marstalls. Der Orden leitete auch das städtische Schulwesen, auf das der Rat erst im 15. Jh. Einfluß zu gewinnen versuchte. Ein kleines Kloster der Franziskaner-Tertiarierinnen war schon zu Beginn des 14. Jh. vorhanden, und 1453 gründete WILHELM III. ein größeres Franziskanerkloster, dessen Gebäude damals an der westlichen Stadtmauer lagen (s. G 4.11). Durch die wettinischen Landesfürsten wurde 1525 frühzeitig die Reformation eingeführt.

Mit der Konzentration der Bevölkerung innerhalb der Stadtmauer hängt es offenbar zusammen, daß sich zwei in der Weimarer Gemarkung gelegene Dörfer entvölkerten. Der 1301 genannte Ort *Großen-Rode* wurde 1507 als Wüstung bezeichnet (Anhang D). 1533 erhielt JÖRG VON DENSTEDT von der dazugehörigen Flur sieben Hufen Land, sieben Haine, Wiesen, Weiden, die er von seinem Vorwerk aus bewirtschaften sollte. Für diesen Besitz bürgerte sich der Flurname *Herrenrödchen* (1742) ein. Das Dorf selbst hatte dort gelegen, wo heute in geringer Entfernung östlich die Ettersburger Straße verläuft.

G 4.5 Die fürstliche Residenzstadt

Die frühkapitalistische Entwicklung des 16. Jh. hob den Wohlstand des schon in den vorhergehenden Jahrzehnten wirtschaftlich gekräftigten Weimarer Bürgertums, vor allem der reichen Kaufleute. Sie und die wohlhabenden Handwerker beherrschten die Stadtverwaltung. Die Sozialstruktur der Stadt, die damals 3 200 Einwohner in 575 Wohnhäusern zählte, zeigte 1557 eine kleine Schicht Wohlhabender von 4,1 % der Bevölkerung, die 35 % des steuerbaren Vermögens besaß. Ihnen und einer Mittelschicht von 42,5 % der Steuerzahler mit 60 % des Gesamtvermögens steht die große Zahl von Unbemittelten von 53,4% der Steuerzahler mit nur 5 % Anteil am Gesamtvermögen gegenüber. Wie aus Grundstücks- und Mühlenkäufen zu ersehen ist, wuchs auch der Wohlstand der Stadtgemeinde. Sie konnte 1569 die Niedergerichtsbarkeit über die Stadtflur erkaufen.

Nach dieser Aufwärtsentwicklung hatte Weimar zwar noch längst nicht die Be- **G 4.5**
deutung der großen Städte des wettinischen Thüringens, Eisenachs und Gothas,
ganz zu schweigen von Erfurt, erreicht, aber wirtschaftliche Stärke und bürgerli-
ches Selbstbewußtsein waren im Zeitalter der Reformation doch merklich gewachsen.

Mit der Übersiedlung der Residenz der bisherigen Kurfürsten und nunmehrigen
Herzöge von Sachsen aus Wittenberg nach Weimar war 1552 ein Ereignis einge-
treten, das das Schicksal der Stadt bestimmen sollte. Während der landesherrliche
Beamte aus Adel und Bürgertum den Kaufmann verdrängte, stellte sich die Hand-
werkerschaft in ihrer schnell fortschreitenden Verzweigung ganz auf die Bedürf-
nisse des Hofes ein. Weimar wurde eine typische Hof- und Beamtenstadt und seit
1702 auch Garnision. Schon 1699 gehörten von der Einwohnerschaft 21,5 % zum
Beamtentum gegenüber 33 % Handwerksmeistern und 45,5 % Gesellen, Tagelöhnern und Dienstboten.

Das äußere Stadtbild wurde bald ganz vom fürstlichen Einfluß beherrscht. Das
Residenz- und Regierungsviertel dehnte sich südlich der Burg weiter aus bis zu
dem um 1650 auf dem Gelände des heutigen Beethovenplatzes angelegten Welschen Garten. Am Hang der Ilm entstanden inmitten fürstlicher Gärten das
Grüne Schloß (1562–1565) und nach dem Markt zu das Rote Schloß
(1574–1576), später (1702–1704) auch das Gelbe Schloß. 1554 wurde der
Marktplatz gepflastert.

Bald nach 1800 beseitigte man auch die zahlreichen Wirtschaftsgebäude
zwischen den Schlössern und legte den eindrucksvollen Blick vom heutigen Platz
der Demokratie zum Schloß frei. Nur das abseits der Ilm gelegene Reithaus blieb erhalten. Kurz vor dem Schloßbrand von 1774 war noch 1770 bis 1774
das Fürstenhaus (heute: Hochschule für Musik „Franz Liszt", s. G 4.12) errichtet
worden. Es diente bis zum Schloßneubau dem Herzog als Wohnung. Wenn
GERMAINE DE STAËL um 1800 behauptete, Weimar sei keine kleine Stadt, sondern ein großes Schloß, so meinte sie das allerdings im geistigen und nicht im
räumlichen Sinne.

Das kulturelle Leben Weimars stand auch im 17. und 18. Jh. ganz unter dem
Einfluß des Hofes. Mit dem Wittenberger Herzog war der Maler LUCAS
CRANACH DER ÄLTERE (1472–1553) nach Weimar gekommen. Von 1612 bis
1613 wirkte der um den Sprachunterricht verdiente Pädagoge WOLFGANG
RATKE (1571–1635) kurze Zeit in der Stadt. Auf Veranlassung WILHELMS IV.
siedelte 1651 die „Fruchtbringende Gesellschaft", die sich die Pflege der von
Verwilderung und Überfremdung bedrohten deutschen Sprache zum Ziel setzte,
von Köthen nach Weimar über. Bereits im Jahre 1617 war sie im Weimarer
Schloß gegründet worden. Unter Herzog WILHELM ERNST (reg. 1683–1728) erhielt die Stadt 1696 eines der ersten deutschen Schloßopterntheater, und zu Anfang des 18. Jh. wirkte JOHANN SEBASTIAN BACH hier, zunächst 1703 als Gei-
ger der Hofkapelle, dann 1708 bis 1717 als Hoforganist und Konzertmeister der
Hofkapelle.

Diese kulturellen Leistungen dürfen nicht darüber hinwegtäuschen, daß der
kleinfürstliche Absolutismus seine tiefen Schatten auf Weimar geworfen hat. Er
stellte das Leben der Bürgerschaft völlig unter sein Gesetz und züchtete eine ob-
rigkeitliche Denkweise, deren Folgen eine Interessenlosigkeit und Engstirnigkeit

G 4.5 sowie eine Erstarrung des kommunalen Lebens waren. Seit dem Ende des 17. Jh. zerstritten sich mehrere in dem Zwergstaat nebeneinander lebende Herzöge, und diesen unerfreulichen Jahrzehnten folgte der zur Willkürherrschaft neigende ERNST AUGUST I. (reg. 1728–1748), der mit großem Aufwand Schlösser und Jagdhäuser errichten ließ und die Stadt in jeder Hinsicht bevormundete. Er setzte seine Kammerdiener als Bürgermeister ein und legte die städtische Vermögensverwaltung in Regierungshände. Unter diesen Verhältnissen scheiterten die wenigen Bemühungen der Landesherrschaft zur Einführung neuer Gewerbe, etwa der Strumpfwirkerei, ebenso wie 1713 bis 1715 eine Wirtschaftsbelebung mit Hilfe von Hugenotten.

Im Dreißigjährigen Krieg blieb Weimar wegen seiner ungünstigen Verkehrslage vor Zerstörung und Einquartierung verschont. Aber zu den 2863 Weimarern waren 4103 Flüchtlinge gekommen, und die Menschen litten unter Teuerungen, Hunger und Seuchen. Weimar zählte 1762 bereits 6323 Einwohner, doch war seit dem Mittelalter die Wohnfläche etwa die gleiche geblieben. Dem großzügig angelegten Residenzviertel stand eine auf engem Raum aus 729 Häusern bestehende Bürgerstadt gegenüber. Die Dachstühle der Wohnhäuser waren für Stroh berechnet und nicht geeignet, Ziegelbedeckung zu tragen. Dazu wurde der städtische Charakter Weimars durch die weit verbreitete Landwirtschaft noch immer gemindert. Im Stadtreinigungsreglement von 1759 mußte erneut angeordnet werden, „Schweinvieh" nicht frei auf den Gassen herumlaufen zu lassen, und „Kehricht und sonstigen Unrat" nicht auf die Gasse oder in Kanäle zu werfen. 1767 wurden offene Kanäle überwölbt.

G 4.6 Das klassische Zeitalter

Trotz der rückständigen äußeren Bedingungen vollzogen sich in der zweiten Hälfte des 18. Jh. einschneidende Wandlungen, die bis zum heutigen Tag für die Geltung Weimars von Bedeutung sind. Weimar entfaltete sich in den Jahrzehnten um 1800 zu einem geistigen und kulturellen Zentrum von europäischem Rang. Nach der kurzen Regierungszeit (1755–1758) des früh verstorbenen Herzogs ERNST AUGUST CONSTANTIN übernahm 1759 seine Witwe ANNA AMALIA (1739–1807) die Regentschaft und führte sie bis zum Regierungsantritt ihres Sohnes CARL AUGUST im Jahre 1775. Obwohl sich die Herzogin von dem bedeutenden Staatsmann Graf HEINRICH VON BÜNAU (1697–1762) trennte, der sich Verdienste um die staatliche Organisation des Herzogtums erworben hatte, stabilisierten sich Verwaltung und Finanzwesen weiter, kam die Bautätigkeit in der Residenz Weimar in Gang. Am folgenreichsten wirkten sich jedoch die kulturellen Interessen ANNA AMALIAS aus, ihr Engagement für die Ideen der bürgerlichen Aufklärung und ihre Liebe zur Literatur, Musik, Kunst und zum Theater. Mit CHRISTOPH MARTIN WIELAND (1733–1813), den sie 1772 als Lehrer des Erbprinzen CARL AUGUST auf literarisch-ästhetischem Gebiet nach Weimar berief, kam der erste jener berühmten Dichter, deren Werke in der Folgezeit den literarischen Ruhm Weimars in die Welt trugen, an den fürstlichen Hof. „Ein ganz anderer Geist war über Hof und Stadt gekommen", resümierte GOETHE diese Zeit. „Bedeutende Fremde von Stande, Gelehrte, Künstler, wirkten besuchend oder bleibend. Der Gebrauch einer großen Bibliothek wurde freigegeben, ein gutes Theater unterhalten, und die neue Generation zur Ausbildung des Geistes veranlaßt." Man engagierte führende Schauspieltruppen dieser Zeit wie die der Prinzipale DOEBBELIN, KOCH und SEYLER. Bevorzugt wurde die zeitgenössische Dramatik mit Stücken von VOLTAIRE, MOLIÈRE und LESSING. Damals begründete man eine Tradition der Theaterkunst, die den besonderen Ruhm des klassischen Weimar ausmachte, – die Uraufführung von Werken der in Weimar schaffenden Dichter und Künstler. Es gab keine Trennung von Schauspiel- und Musiktheater. So wurde 1773 die Uraufführung von WIELANDS Singspiel „Alceste" in der Vertonung des für die Seylersche Truppe tätigen Komponisten ANTON SCHWEITZER (1735–1787) zu einem Höhepunkt deutscher Theatergeschichte jener Jahre.

Das unkonventionelle, tolerante Zusammenwirken adliger Schöngeister und junger bürgerlicher Schriftsteller und Intellektueller zählte zu den bleibenden Verdiensten ANNA AMALIAS. Ihr Sohn CARL AUGUST (1757–1828) hat das mit viel Vitalität und Klugheit fortgesetzt; die Jahrzehnte seiner Regierung (1775–1828) wurden zur Blütezeit des klassischen Weimars. „Männer von Kenntnissen haben auch jetzt noch, ohne Rücksicht auf Stand, freien Zutritt bei Hofe. Es herrscht an demselben eine Freiheit im Denken und Sprechen, welche an jedem anderen Hof ein unerhörtes Phänomen sein soll", berichtete 1796 ein Zeitgenosse. Dadurch, daß bürgerliche Intellektuelle wie GOETHE, HERDER und andere verantwortliche Aufgaben in der weltlichen und geistlichen Administration des Herzogtums und der Stadt übernahmen, erhielten die bürgerlichen Ideen des Fortschritts vor allem auf kulturellem und wissenschaftlichem Gebiet besonderes Gewicht. Davon profitierte auch das benachbarte Jena mit seiner Universität. Die Verbindung von „aufgeklärtem Absolutismus" und geistigem Fortschritt im Sinne der bürgerlichen Philosophie und Literatur war der Schlüssel dafür, daß ein ökonomisch unbedeutendes Land zu solcher kultureller Blüte aufsteigen konnte. ANNA AMALIA hat auch nach dem Ende ihrer Regentschaft daran teilgehabt. Ihre „Tafelrunden" im Weimarer Wittumspalais und auf ihren Sommersitzen in Ettersburg (1776–1780) und Tiefurt (ab 1781) begründete jene lebendige, die Standesgrenzen überschreitende literarisch-gesellige Kultur, die in der Folgezeit immer mehr auch von bürgerlichen Zirkeln und Salons im Hause GOETHES, BERTUCHS, JOHANNA SCHOPENHAUERS und vieler anderer getragen wurde und eine unentbehrliche Sphäre des Gesprächs über die neuesten literarisch-künstlerischen Werke bildete. Mit JOHANN GOTTFRIED HERDER (1744–1803) wurde 1776 ein bedeutender Theologe und Philosoph an die Spitze der Weimarer Kirchen- und Schulbehörde berufen.

Als nach dem Schloßbrand 1774 die Seylersche Truppe keine Spielstätte mehr hatte und an den Gothaer Hof ging, bildete sich mit dem sogenannten Liebhabertheater aus dem Kreis um ANNA AMALIA eine Laiengruppe auf hohem schauspielerischen Niveau. GOETHE, der sich nach seiner Ankunft in Weimar im November 1775 sehr schnell maßgeblich in das kulturell-gesellige Leben einbrachte, beeinflußte das Niveau des Liebhabertheaters ebenso, wie er ab 1791 als Direktor des in einem neu errichteten Gebäude begründeten Hoftheaters über ein Vierteljahrhundert die Theaterkunst des klassischen Weimars prägte. Mit einer hochstilisierten Sprech- und Darstellungsweise sollten, neben den unerläßlichen gängigen Repertoirestücken, die großen dramatischen Werke der Zeit in adäquater Weise zur Wirkung gebracht werden.

G 4.6   Das Schaffensbündnis GOETHES und SCHILLERS von 1794 bis zu SCHILLERS frühem Tod 1805 bildete den Höhepunkt der klassischen deutschen Literatur. Die gemeinsame Arbeit für das Theater, in dem – mit Ausnahme der „Jungfrau von Orleans" – alle berühmten Meisterdramen SCHILLERS vom „Wallenstein" bis zum „Wilhelm Tell" uraufgeführt wurden, nahm dabei einen besonderen Rang ein und führte zur Rückkehr SCHILLERS von Jena nach Weimar im Jahr 1799. Die von ANNA AMALIA initiierte kulturelle Infrastruktur Weimars wurde neben der Bibliothek und dem Theater durch bedeutende Kunstsammlungen, aber auch praktische Unternehmen wie Verlage – führend FRIEDRICH JUSTIN BERTUCHS (1747–1822) 1791 begründetes, später erweitertes „Landes-Industrie-Comptoir" – sowie bedeutende Zeitschriften wie Wielands „Teutschen Merkur", Bertuchs „Journal des Luxus und der Moden", Schillers „Horen" und andere zur Blüte geführt und damit auch eine ökonomisch-finanzielle Basis für die bürgerlichen Schriftsteller und Künstler geschaffen.

Wichtige Künstler wie die Maler GEORG MELCHIOR KRAUS (1737–1806) und JOHANN HEINRICH MEYER (1760–1832) und der Bildhauer MARTIN GOTTLIEB KLAUER (1742–1801) schufen hier ihre Werke und wirkten in der Freien Zeichenschule praktisch und geschmacksbildend besonders für talentierte junge Menschen. CLEMENS WENZESLAUS COUDRAY (1775–1845), der seit 1816 als herzoglicher Oberbaudirektor wirkte, lenkte die städtebauliche Entfaltung der sich erweiternden Stadt und prägte mit Bauten wie der Bürgerschule (1825) oder der Fürstengruft (1822–1827) den klassizistischen Baustil in Weimar aus (s. G 4.11).

Im Zentrum des wachsenden kulturellen Ruhms Weimars standen die bedeutenden literarischen Werke der klassischen Autoren wie Goethes „Wilhelm Meister", „Hermann und Dorothea" und „Faust", Schillers Dramen, Herders „Briefe zur Beförderung der Humanität" und seine „Ideen zur Geschichte der Philosophie der Menschheit", Wielands „Oberon"-Epos und sein satirischer „Abderiten-Roman", aber auch die populären „Volksmärchen der Deutschen" von JOHANN CARL AUGUST MUSÄUS (1735–1787) und die vielgelesenen Romane von CHRISTIAN AUGUST VULPIUS (1762–1827), die Satiren von JOHANNES DANIEL FALK (1768-1826). Die Stadt wurde immer mehr zum Ziel reisender Literaten aus ganz Deutschland und Europa, die das Gespräch mit den berühmten Weimarer Zeitgenossen suchten. Madame DE STAËL sprach 1811 bewundernd von Weimar als der „literarischen Hauptstadt Deutschlands". Die hohe Anerkennung, die CARL AUGUSTS „aufgeklärter Absolutismus" bei den Zeitgenossen fand, zeigte sich u. a. 1815, als das Herzogtum Sachsen-Weimar-Eisenach auf dem Wiener Kongreß zum Großherzogtum erhoben wurde.

G 4.7 Das nachklassische Weimar

Die staatlich-politische und kulturelle Entfaltung des klassischen Weimar war eng mit dem Wirken großer Persönlichkeiten verbunden. So konnte es nicht ausbleiben, daß nach dem Tod des Großherzogs CARL AUGUST und GOETHES 1828 beziehungsweise 1832 eine gewisse Stagnation eintrat. Seit Mitte des 19. Jh. und besonders nach der deutschen Reichsgründung 1871 erfolgte jedoch eine bewußte

Rückbesinnung des auch dynastisch mit dem deutschen Kaiserhaus verbundenen Weimarer Hofes auf die großen Traditionen der klassischen Zeit, auf das „geistige Weimar" (Goethe). Maßgeblichen Anteil an einer neuen Blüte, die unter dem Begriff des „Silbernen Zeitalters" zusammengefaßt wurde, hatte die Großherzogin MARIA PAWLOWNA (1786–1859), eine russische Zarentochter. „Unsere Zukunft liegt in der Vergangenheit", dieser vielfach variierte Wahlspruch des ab 1853 regierenden CARL ALEXANDER (1818-1901) bestimmte die Politik des Großherzogs und seiner Frau SOPHIE (1824–1897), einer geborenen Prinzessin der Niederlande. Doch anders als zur Zeit CARL AUGUSTS waren die politisch-gesellschaftlichen Prämissen des Hofes deutlich konservativ geprägt, was aber ein erneutes, betont kulturelles Engagement nicht ausschloß. Die Einschränkung der Entscheidungsbefugnisse des Herrschers durch eine Ständevertretung und das System der Staatsministerien führte sogar dazu, daß das persönliche Mäzenatentum des Hofes höheres Gewicht erhielt.

Nicht die Literatur, sondern die Kunst- und Musikpflege traten nunmehr in den Vordergrund. Mit der Berufung FRANZ LISZTS (1811–1886) kam erneut ein Künstler von Rang nach Weimar. Seine Tätigkeit als Hofkapellmeister von 1847 bis 1861 führte zu einer hohen Blüte der Musikkultur. Mit seinem Einsatz für das Opernschaffen des jungen RICHARD WAGNER (Uraufführung des „Lohengrin", 1850) und als Komponist und Dirigent eigener und anderer zeitgenössischer Werke verwirklichte LISZT seine traditionsbewußten und zugleich enorm innovativen musiktheoretischen und -politischen Grundsätze einer „Wiedergeburt der Musik durch das innigste Bündnis mit Dichtung". Konservative Grundhaltungen und die Kritik an dem Kreis um LISZT (Neu-Weimar-Verein, gegründet 1854) und seinem Zusammenleben mit der Gräfin CAROLYNE VON SAYN-WITTGENSTEIN auf der Altenburg oberhalb der Ilm, schließlich der Affront gegen die Uraufführung von PETER CORNELIUS' Oper „Der Barbier von Bagdad" (1858) führten zu Liszts Weggang aus Weimar als Kapitulation vor der „alltäglichen spießbürgerlichen Existenz". LISZT verbrachte jedoch seit 1869 die Sommermonate wieder in Weimar, wo er bedeutende Schüler um sich versammelte und die Musikentwicklung weiter förderte, so die Gründung der ersten deutschen Orchesterschule (1872) durch CARL MÜLLERHARTUNG (1834–1908), aus der im 20. Jh. die heutige Hochschule für Musik „Franz Liszt" hervorging.

Das Schauspieltheater erreichte durch das Wirken von FRANZ DINGELSTEDT (1814–1881) als Generalintendant des Hoftheaters zwischen 1857 und 1867 einen neuen Höhepunkt, so durch die Uraufführung der Nibelungen-Trilogie von FRIEDRICH HEBBEL (1861) und den Zyklus der Königsdramen WILLIAM SHAKESPEARES (1864). Im gleichen Jahr wurde in Weimar die Deutsche Shakespeare-Gesellschaft gegründet, die einen besonderen Aspekt der Traditionspflege eröffnete, der auch äußerlich durch die Errichtung von Denkmälern für Persönlichkeiten der klassischen Zeit zum Ausdruck gebracht wurde: Herder 1850, Wieland und das Doppelstandbild Goethes und Schillers 1857, das Reiterstandbild Carl Augusts 1875. 1885 wurden durch das Testament des letzten Goetheenkels, WALTHER VON GOETHE, die Goethe-Stätten dem weimarischen Staat übereignet und zugleich die schriftlichen Nachlässe GOETHES der persönlichen Obhut der Großherzogin SOPHIE anvertraut. Mit der anschließenden Gründung des Goethe-Nationalmuseums, des Goethe-Archivs (ab 1889 Goethe- und Schiller-Archiv) und der Goethe-Gesellschaft setzte man Maßstäbe, die bis heute das kulturelle Leben der Stadt maßgeblich prägen. Weimar wurde zum Zentrum der Goethe-Philologie – nicht zuletzt durch die bis heute einzige vollständige Goethe-Ausgabe, die von 1887 bis 1919 entstehende sogenannte Sophien-Ausgabe (143 Bände), und die öffentliche museale und wissenschaftliche Erschließung des riesigen Goetheschen Nachlasses.

1860 wurde die Großherzogliche Kunstschule gegründet. Von ihr gingen in den folgenden Jahrzehnten durch Künstler wie STANISLAUS Graf KALCKREUTH, THEODOR HAGEN, ALBERT BRENDEL, KARL BUCHHOLZ, CHRISTIAN ROHLFS u. a. starke Impulse der Verbindung von Natur und Malerei aus, die unter dem Begriff „Weimarer Malerschule" in die Kunstgeschichte eingegangen sind.

Der Antritt des 20. Jh. brachte neue Bestrebungen mit sich, der noch immer ökonomisch unbedeutenden Stadt zu höherer Anziehungskraft zu verhelfen. Die Besinnung auf die deutsche Klassik führte, neben einem wachsenden Strom von Kulturtouristen, zunehmend Intellektuelle nach Weimar, die ihren Respekt vor der großen Vergangenheit mit dem Engagement für das Neue, für die Moderne, zu verbinden trachteten. Nicht zuletzt trug der Wettstreit der im Reichsverband weiter bestehenden deutschen Fürstentümer dazu bei, solche Tendenzen zu unterstützen. So wurden 1902 bzw. 1903 mit dem Belgier HENRY VAN DE VELDE (1863–1957) und HARRY Graf KESSLER (1868–1937) führende Künstler bzw. Kunstförderer für Weimar gewonnen. Bald darauf zeigten aber der sogenannte „Rodin-Skandal" (1906) und der dadurch bewirkte Rücktritt Graf KESSLERS von seinen Weimarer Aufgaben den starken Einfluß konservativer Kräfte am Hof und unter dem Bürgertum der Stadt, die den Bestrebungen des sich unter dem Begriff des „Neuen Weimar" zusammenfindenden Kreises von Künstlern und Schriftstellern Widerstand leisteten. Dennoch wurden durch das Wirken VAN DE VELDES an der Kunstgewerbeschule wichtige Impulse gesetzt, einer dem Jugendstil verpflichteten Kunst- und Architekturgesinnung Geltung und praktische bauliche Realisierung zu verschaffen (Bau der Kunstgewerbeschule und der Kunsthochschule), die bis in den bürgerlichen Wohnungsbau im südwestlichen Teil der sich erweiternden Stadt Früchte trugen.

Damit waren Anknüpfungspunkte gegeben für die nach der Novemberrevolution von 1918 und der Abdankung des letzten Großherzogs möglichen einschneidenden neuen Kunstbestrebungen, die sich mit dem 1919 gegründeten Staatlichen Bauhaus in Weimar verbanden. Weimar wurde für kurze Zeit zu einer der führenden Kunststädte. Unter der Leitung des Architekten WALTER GROPIUS (1883–1969) wirkten hier Künstler wie LYONEL FEININGER, WASSILY KANDINSKY, PAUL KLEE, GEORG MUCHE oder JOHANNES ITTEN. Die Idee der Vereinigung werkkünstlerischer Disziplinen wie Bildhauerei, Malerei, Kunstgewerbe und Handwerk zum Nutzen einer auf industrielle Formen orientierten neuen Architektur hat in revolutionärer Weise die Architektur und Kunst des 20. Jh. beeinflußt. Doch das Bauhaus mußte schon 1925 konservativen Kräften in der Regierung des inzwischen entstandenen Freistaates Thüringen, zu dessen Hauptstadt Weimar geworden war, weichen. Für Weimar und Thüringen war die große Gelegenheit, nach der klassischen Zeit wieder für längere Zeit eine Kunststadt von europäischem Ruf zu werden, zunächst vertan.

1820 war die Stadt vom mittelalterlichen Festungswerk befreit. Sie dehnte sich über ihre ursprüngliche Begrenzung aus, und um den Kern entstand ein Ring von Straßen. Die Anlage einer Chaussee über den Graben 1818 erübrigte die Stadtdurchfahrt. Neue günstige Voraussetzungen für den Handel wurden seit 1777 mit dem Ausbau der Chausseen (s. D 2, E 2) geschaffen. Damit stieg auch der Fremdenverkehr, und es entstanden neue Einrichtungen des Gaststättengewerbes, wie 1805 der Fürstenhof (später Russischer Hof) und der Sächsische Hof (1809). Trotz besserer Verkehrsbedingungen veränderte sich die Wirtschaft kaum. Die Landwirtschaft war nach 1800 nicht mehr ausschlaggebend und eine Industrie nicht vorhanden. Das Kleinbürgertum mit Handwerk, Gewerbe und Kleinhandel waren die tragenden Elemente der ökonomischen Entwicklung. 485 Handwerker hatten sich in 40 Innungen mit Zunftzwang zusammengeschlossen, die sich technischen Neuerungen versperrten und gegen die aufkommenden Fabriken wehrten. Das einzige große Manufakturunternehmen, das in bedeutendem Umfang verschiedene Zweige industrieller Tätigkeit gefördert hat, gründete 1791 FRIEDRICH JUSTIN BERTUCH. Sein Landes-Industrie-Comptoir, das eine seit 1782 bestehende Fabrik für künstliche Blumen und Früchte einschloß, umfaßte die Herstellung von optischen und physikalischen Instrumenten, von Öfen und Fliesen, den Handel mit Spielwaren sowie ein vielseitiges Verlagswesen. Zeitweilig wurden 22 Kupferstecher und vier Kupferdrucker beschäftigt. Der Betrieb wechselte nach 1855 mehrfach den Besitzer. Ab 1869 wird nur noch das 1804 angeschlossene Geographische Institut genannt, das 1905 seine Tätigkeit einstellte.

Nach 1820 wurde mit mehreren Unternehmensgründungen der Grundstein für eine vielgestaltige Wirtschaftsstruktur gelegt, die sich in der zweiten Hälfte des 19. Jh. weiter ausprägte. Auf der Basis vorhandener natürlicher Ressourcen entwickelte sich das Tuch- und Zeugmachergewerbe sowie der Wollhandel. Der Wollmarkt, seit 1825 besonders gefördert, war bis zur Jahrhundertwende neben dem seit dem Mittelalter bestehenden Zwiebelmarkt das größte Volksfest. Aus einer Töpferei entstand 1852 die „Ofen- und Thonwarenfabrik" von JOHANN FRIEDRICH SCHMIDT, die sich seit 1871 zur größten Ofenfabrik Thüringens entwickelte.

1834 waren die Zollschranken weggefallen, und 1862 ist die Gewerbefreiheit eingeführt worden, die alle Zwangsrechte abschaffte. Nach seiner Reaktivierung 1857 nahm der Gewerbeverein größeren Einfluß auf ein neues wirtschaftliches Denken. Trotz der Beseitigung wesentlicher Schranken der industriellen Entwicklung waren 1869 nur 2,9 % der Arbeitskräfte in der Industrie beschäftigt. Auch der Eisenbahnbau (s. E 1) beeinflußte die Wirtschaft zunächst nicht. Verlage und Druckereien zählten bis zum Ende des 19. Jh. zu den stärksten Unternehmen. Dazu gehörte der Verlag von HERMANN BÖHLAU, der 1853 die 1624 gegründete Hofdruckerei erwarb und sie zu überregionaler Anerkennung führte. Bedeutend war auch BERNHARD FRIEDRICH VOIGT, der seit 1834 in Weimar lebte und mit seinen Informationen wesentlich zur Bildung des Kleinbürgertums beitrug. Sein Verlag wurde 1897 verkauft und nach Leipzig verlegt.

Durch gute Anbaumöglichkeiten für Gerste zählten Brauereien zu den alten bodenständigen Betrieben. Neben den Brauereien in Oberweimar (s. H 3) und Ehringsdorf (s. M 1) sowie dem Schloßbrauhaus, das 1866 vollständig abbrannte, gab es das Stadtbrauhaus, das 1806 einen Neubau in der heutigen Steubenstraße bezog. 1875 erwarb es JOHANN LUDWIG DEINHARDT, der maßgeblich die industrielle Entwicklung des Brauwesens prägte. Der Betrieb war bis 1925 die größte Brauerei Thüringens. 1953 wurden die Besitzer enteignet, nach 1990 wurde ihr Eigentum in der Humboldtstraße zurückgeführt. Heute nutzt die Bauhaus-Universität das nach Brand der Mälzerei 1828 entstandene Gebäude in der Steubenstraße. Ausgelöst durch Stadterweiterungsmaßnahmen verdrängte die Bau- und Baustoffindustrie die Buchdruckereien und das Verlagswesen vom ersten Platz. In der Zeit der großen Baukonjunktur entstanden Betriebe von wirtschaftlicher Bedeutung. OTTO HETZER gründete 1872 eine Parkettfußbodenfabrik, setzte 1884 Dampfmaschinen ein und ließ seine Entwicklung von Holzträgern für freitragende Hallenbauten patentieren. Heute ist die Hetzerhalle der Ort für Aufführungen des Kunstfestes. Die Ziegelei von Wilhelm Schleyer war Hauptlieferant von Steinen für den Wohnungsbau.

Im Bereich des Handels entstanden moderne Kaufhäuser wie die von Otto Haar 1889 in der Schillerstraße, von Hermann Tietz 1905 am Markt und 1911 von Sachs & Berlowitz, ebenfalls in der Schillerstraße. Der Konsumverein, der 1873 gegründet wurde, bezog später das Haus am Theaterplatz, das heute durch einen Neubau ersetzt ist. Die größte kommunale Errungenschaft stellte 1855 die Inbetriebnahme der Gasbereitungsanlage am Güterbahnhof dar, die 1908 durch ein leistungsfähiges Gaswerk am Ende der Schwanseestraße ersetzt wurde. 1883 war Weimar an die Hochdruckwasserleitung angeschlossen. Seit den siebziger Jahren des 19. Jh. arbeitete die Stadt an der Kanalisation, und 1910 wurde die erste Kläranlage (s. II 1) gebaut. Das Elektrizitätswerk am Kirschberg entstand 1898, nachdem das erste Gebäude in der Schwanseestraße 1897 abgebrannt war. Die elektrische Straßenbahn, die bis 1937 verkehrte, nahm den Betrieb 1899 auf. In der Nähe des Elektrizitätswerkes entstand 1911 das erste städtische Schwimmbad.

Mit der Einführung der Schulpflicht 1817 machte sich der Bau von Schulgebäuden notwendig. 1825 wurde die erste Bürgerschule (heute Musikschule) eingeweiht, die sich schon bald als zu klein erwies und ab 1859 den Bau von drei weiteren Schulen erforderte. Eigene Gebäude erhielten 1877/1878 das Lehrerseminar (heute Christoph-Martin-Wieland-Schule) und das Sophienstift, das spätere Lyzeum (heute Johann-Peter-Eckermann-Schule). Die Gründung dieser Töchterschule 1854 zog die Errichtung zahlreicher Mädchenpensionate nach sich. Schließlich erhielt auch das Gymnasium 1887 einen Neubau in der Amalienstraße. In der ersten Hälfte des 20. Jh. wurden nur die Pestalozzi-Schule (1925) und das Gebäude des heutigen Friedrich-Schiller-Gymnasiums (1928-1936) errichtet. Für eine bessere medizinische Versorgung baute man 1832 das Stadtkrankenhaus am Kirschberg und 1886 das Sophienkrankenhaus, eine Stiftung. Ein Kinderkrankenhaus entstand 1912 am Rollplatz.

Mit Beginn des 20. Jh. hatte sich im Maschinenbau die industrielle Produktionsweise weitgehend durchgesetzt, und die Konzentration von Industrie und Bankwesen nahm zu. Zahlreiche Familienunternehmen wurden in Aktiengesellschaften (AG) umgewandelt wie die Firma von Otto Hetzer und die Pianofabrik von Louis Römhild. Durch das Bankhaus Callmann & Co. sowie auswärtige Unternehmen entstand 1898 nördlich des Bahnhofs als größter Industriebetrieb die Waggonfabrik Weimar, die in den Zusammenbruch des Bankhauses verwickelt wurde und schon 1900 in Konkurs ging. Aus der Konkursmasse wurde 1901 die AG für Eisenbahn- und Militärbedarf gebildet. Mit Umstellung auf die Rüstungsproduktion 1914 übernahm ein Unternehmen aus Bautzen die Aktienmehrheit, und nach Verschmelzung mit weiteren Betrieben kam es schließlich 1927 zur Fusion mit mehreren AG zum größten Waggonbaukonzern Deutschlands.

G 4.8

Seit Gründung der Weimarischen Bank 1854 spielte das Bank- und Versicherungswesen in der Wirtschaft Weimars die wichtigste Rolle. In den Gründerkrach der siebziger Jahre einbezogen, wurde ihr Hauptsitz 1891 nach Berlin verlegt. Damit endete das größte Wirtschaftsunternehmen des 19. Jh., und gleichzeitig setzte der Zentralisierungsprozeß der Banken ein. Das erste Bankhaus von Israel Julius Elkan, 1816 gegründet, und die 1845 eingerichtete Darlehenskasse für Kleingewerbe, später eine Genossenschaft, gingen auf unterschiedlichen Wegen in die Mitteldeutsche Privatbank ein, die sich 1920 mit der Commerzbank mit Sitz in der Schillerstraße vereinte. Die Großherzogliche Landeskreditbank (1870) wurde 1923 zur Thüringischen Staatsbank. Zahlreiche weitere Banken und Filialen siedelten sich, meist mit einem Neubau, in der Stadt an. Von den kleineren Banken bestanden 1914 keine mehr.

Der Ausbruch des Ersten Weltkrieges führte zur Steigerung der Rüstungsproduktion, in die zahlreiche Betriebe einbezogen waren. Die Folgen dieses Krieges waren das Ende Weimars als Residenzstadt, Massenarbeitslosigkeit und Inflation. Zahlreiche kleinere Betriebe gingen zugrunde.

Erst 1924 erhielt die Bauindustrie wieder Aufträge, beispielsweise bei der Errichtung des Schwanseebades und der Thüringer Landeskampfbahn (Stadion), die 1928 eröffnet wurden. Um Ausstellungen und Tagungen nach Weimar zu bekommen, wurde 1929 bis 1932 die Weimarhalle errichtet, der bis dahin größte Saalbau Thüringens. Die Weltwirtschaftskrise seit 1929 führte zu weiteren Bankrotten, wie dem der Pianofabrik und der Fabrik Otto Hetzer. Der große Waggonbaubetrieb stellte seine Produktion ein.

Nach dem Ersten Weltkrieg erfolgte im Ergebnis der Novemberrevolution die Abdankung des Großherzogs WILHELM ERNST (reg. 1901–1918). Der Weg war frei für das neugewählte Parlament, die deutsche Nationalversammlung, die Weimar als Tagungsort wählte. Das Hauptergebnis ihrer Tagungen seit dem 6. Februar 1919 im neu benannten Deutschen Nationaltheater bestand in der militärisch abgeriegelten Stadt in der Erarbeitung und Verabschiedung einer Reichsverfassung am 11. August desselben Jahres, dem Grundgesetz der ersten demokratischen deutschen Republik bis 30. Januar 1933, der die Stadt Weimar ihren Namen gab.

Die Zeit nach 1933 ist durch eine zunehmende Verflechtung von Staat und Wirtschaft gekennzeichnet. Autobahnbau und Aufrüstung wurden Grundlage der Wirtschaftsstruktur. Den Waggonbaubetrieb übernahm 1936 die Berliner-Suhler-Waffen- und Fahrzeugwerke GmbH. Das Betriebsvermögen war Bestandteil der Wilhelm-Gustloff-Stiftung, die ab 1939 in die nationalsozialistische Industriestiftung Gustloff-Werke umgewandelt wurde. Das Weimarer Hauptwerk war Musterbetrieb und Sitz der Hauptverwaltung der Zweigniederlassungen. 1945 beschäftigten diese Betriebe 6 095 Arbeiter, darunter zwei Drittel ausländische Zwangsarbeiter, Kriegsgefangene und insbesondere Häftlinge des Konzentrationslagers Buchenwald. Die meisten übrigen Betriebe waren Zulieferer oder Zweigbetriebe größerer Konzerne, sofern sie überhaupt noch existierten. Bis

G 4.8 unmittelbar vor Beginn des Zweiten Weltkrieges erreichte die Bauindustrie durch verstärkten Wohnungsbau sowie die Errichtung von Militär- und Repräsentationsbauten einen Aufschwung. Die größten Bauobjekte waren die unvollendet gebliebenen Partei- und Regierungsgebäude in den ehemaligen Anlagen vor dem Landesmuseum, die auf das historisch gewachsene Stadtbild keinerlei Rücksicht nahmen (s. G 4.12).

G 4.9 Entwicklung von 1945 bis 1990

Nach dem Zweiten Weltkrieg mußten 300 000 Kubikmeter Trümmerschutt beseitigt werden. 1 000 Meter Gas- und 1 426 Meter Wasserrohre wurden ausgewechselt und 7 000 Quadratmeter Straßen und Plätze instandgesetzt. Die Beseitigung von Schäden an Wohnbauten, Schulen und Kulturstätten, die Wiederherstellung der Kegelbrücke sowie die Fertigstellung der Friedensbrücke, die Ende der dreißiger Jahre begonnen worden war, beanspruchten die Kräfte des Bauwesens bis in die fünfziger Jahre. Die Produktionsstätten von 23 Betrieben mit mehr als 30 Beschäftigten lagen still und waren zum Teil schwer beschädigt. Mit Befehl der Sowjetischen Militäradministration (SMAD) vom 17. April 1948 wurden 73 Betriebe enteignet und als Volkseigene Betriebe (VEB) weitergeführt. Der für Weimar wirtschaftlich wichtige Betrieb des früheren Gustloff-Konzerns wurde an eine sowjetische Aktiengesellschaft übergeben, und ab September 1945 begann man mit der Demontage der Werksanlagen für Reparationsleistungen, die später wieder eingestellt wurde. Dem Waggonbau Weimar der AG für Transportmittelbau stand bis 1949 ein sowjetischer Generaldirektor vor; ab 1952 produzierte der nun volkseigene Betrieb Landmaschinen. Seit 1964 beschäftigte das Weimar-Werk bis zu 5 000 Menschen und war der strukturbestimmende Betrieb in der Stadt.

Zahlreiche Fabriken, die für den Bevölkerungsbedarf produzierten, wurden 1949 zu einem Kommunalen Wirtschaftsunternehmen (KWU) zusammengefaßt. Dazu gehörte die Weimarer Uhrenwerkstätte mit 24 Arbeitskräften, die aus einem enteigneten Betrieb entstanden war und später selbständig wurde. 1961 nahm der Betrieb die Produktion von Uhren auf und erlangte als Uhrenwerk Weimar mit 2 000 vorwiegend weiblichen Beschäftigten wirtschaftliche Bedeutung. Neben dem VEB Elektroinstallation Oberweimar (s. H 3) hatte sich der spätere VEB Spezialmontagen mit 1 500 Arbeitskräften zu einem Betrieb mit überörtlicher Bedeutung entwickelt. Aus treuhänderisch verwalteten und Handwerksbetrieben entstanden, spezialisierte er sich auf die Montage von Industrieanlagen im In- und Ausland.

Ähnlich verlief die Entwicklung auf dem Gebiet des Bauwesens, das sich zum Teil durch die Verbindungen mit der damaligen Hochschule für Architektur und Bauwesen ansiedelte. Durch Ausgliederung von Kapazitäten und Vorhaben aus den Betrieben der Bauunion Halle und Jena entstand 1954 der VEB Talsperrenbau und Wasserkraftanlagen mit bis zu 1 300 Beschäftigten. Dieser Betrieb wurde zum Stammbetrieb des Kombinats Wasserbau, das ab 1964 seinen Sitz in Weimar hatte. Mit dem Ausbau eigener Projektierungsleistungen entstand 1978 ein weiterer Betrieb des Kombinates mit 150 Arbeitskräften. Schon 1947 war ein Sonderbüro gegründet worden, das zum Spezialbetrieb für Lieferungen und Leistungen für die sowjetischen Streitkräfte in Thüringen ausgebaut wurde. Der 1953 gegründete

VEB Straßenbau mit 1 200 Beschäftigten geht zurück auf die enteigneten Betriebe Straßenbau AG (STRABAG) und Hermann Kirchner sowie auf weitere Weimarer Straßenbaubetriebe.

Auch in den Betrieben mit nur örtlicher Bedeutung setzte der Prozeß der Zusammenschlüsse ein. 1950 gab es über 1 000 Handwerksbetriebe, 1989 noch 362. 1958 wurde die erste Produktionsgenossenschaft des Handwerks (PGH) gebildet, 1989 bestanden 18 Genossenschaften. Gleichgelagerte PGH hatten sich zusammengeschlossen oder waren industrielle Betriebe geworden. Die Klein- und Mittelbetriebe wurden in den Wirtschaftsprozeß über die Staatliche Beteiligung einbezogen. Mit der Ablösung der verbliebenen Privatanteile durch den Staat hat die Regierung auch diese Betriebe 1972 verstaatlicht.

Den zentralistisch organisierten Handel übernahm die staatliche Handelsorganisation (HO). Die Mehrzahl der Einzelhändler wurden über Kommissionsverträge an sie oder an die Konsumgenossenschaft gebunden. Mit der weiteren Konzentration waren fast alle Betriebe in den siebziger Jahren den bestimmenden Kombinaten zugeordnet, und auch die kleineren Betriebe wurden 1980 Kombinaten unterstellt, wie Backwaren-, Schlacht- und Verarbeitungsbetrieb, Weimar-Getränke und Baubetriebe. Mit der Einführung der Mikrotechnologie entstand 1977 der spätere VEB Robotron-Rationalisierung und war mit 600 Arbeitskräften in Weimar zentraler Rationalisierungsbetrieb des Kombinats Robotron Dresden. Er war verantwortlich für die Entwicklung von Hochtechnologien im wissenschaftlichen Gerätebau.

Ab 1971 wurde in Weimar ein langfristiges Wohnungsbauprogramm in Angriff genommen, das auf der industriellen Montagebauweise beruhte und das Defizit an Wohnungen abbauen sollte. Zu diesem Zeitpunkt waren 60 % der Wohnungen älter als 50 Jahre, und 13 % der Wohnungen befanden sich in Gebäuden mit höherem Alter als 100 Jahre. Über 80 % wiesen durch unterlassene Sanierung zum Teil schwere Schäden auf. Die ersten neuen Wohnblöcke waren bereits ab 1959 im Kirschbachtal entstanden, seit den sechziger Jahren in Weimar-Nord und seit 1972 am Schönblick. Das Wohngebiet am Dichterweg entstand 1974 bis 1977 in Großplattenbauweise, das größte Neubaugebiet 1978 bis 1984 in Weimar-West, und als letztes wurde 1987 Schöndorf-Waldstadt begonnen. In der Zeit von 1971 bis 1988 entstanden damit 7 551 Neubauwohnungen. Die Bauleistungen zur Erhaltung der Innenstadt reichten nicht aus, um den Verfall zu verhindern. Die Wiederherstellung der Marktnordseite und der Bau des heutigen Hotels Weimar Hilton wurde 1988 begonnen.

Für die Industriebetriebe entstand eine beträchtliche Anzahl neuer Gebäude. Schon Ende des 19. Jh. hatten sich größere Betriebe nördlich der Bahnlinie angesiedelt. Nach dem Zweiten Weltkrieg entfaltete sich im N auf 200 ha Fläche ein geschlossenes Industriegebiet, darunter das Weimar-Werk mit 65 ha Betriebsfläche. 36 % der Arbeitskräfte der Stadt waren in den dort ansässigen Betrieben beschäftigt. Im Bereich der Schwanseestraße bestand ein kleines Industriegebiet mit einer Fläche von 40 ha mit Produktions- und Arbeitsstätten von Betrieben der Leicht- und Lebensmittelindustrie sowie der Dienstleistungen. Das Industriegebiet im O (23 ha) war Standort von Betrieben des Großhandels und der Lebensmittelindustrie. In den Industriegebieten befanden sich auch die Heizwerke für die Fernwärmeversorgung. Handwerker und Kleinproduzenten arbeiteten vorwiegend im Innenstadtbereich.

G 4.10 Die Zeit nach 1990

Das bisherige Wirtschaftssystem brach beim Übergang in die Marktwirtschaft 1990 zusammen, das Volkseigentum ging in treuhänderische Verwaltung über, die Betriebe wurden wieder privatisiert, Rückführungsansprüche konnten befriedigt werden. Damit verbunden war ein enormer Rückgang der Beschäftigten. Die Großbetriebe bestehen nicht mehr, und die in den letzten vierzig Jahren entwickelte Industriestruktur war nicht zu erhalten. 1990 splittete sich das traditionsreiche Weimar-Werk unter dem Dach einer Holding-Gesellschaft in zehn Nachfolgefirmen mit wenigen Arbeitnehmern auf. Durch Fusion mit einem Betrieb außerhalb Weimars wurde die Holding aufgelöst, die noch bestehenden Betriebe wurden privatisiert. Einige Betriebe gingen in Konkurs, so das Uhrenwerk und zuletzt das Werk Spezialmontagen.

Zahlreiche Banken und Versicherungsagenturen kehrten nach Weimar zurück, wie die Commerzbank, die ihren Sitz wieder am alten Standort in der Schillerstraße nahm. Die Wirtschaft zeigt heute eine ausgeprägt mittelständische Struktur und ist damit zu ihren historischen Wurzeln zurückgckchrt. Dic Erneuerung ergab bisher noch keine marktfähigen Branchenstrukturen. Die drohende Arbeitslosigkeit führte oft zur Gründung einer selbständigen Existenz in verschiedensten Branchen. Konkurse blieben nicht aus. Heute sind rund 2 650 Betriebe Mitglied der Industrie- und Handelskammer, darunter aber nur 8 % Gewerbe- und Bauunternehmen. Es überwiegen Einrichtungen des Einzelhandels, des Gaststätten- und Beherbergungswesens mit 38 % Anteil. Das Handwerk stand 1990 nicht nur vor

Abb. 32   Gewerbegebiet Weimar-Nord
(mit freundlicher Genehmigung Stadt Weimar, Amt für Wirtschaftsförderung)

einer Neuorientierung, sondern mußte auch mit einem geringen Eigenkapital auf dem umkämpften Wirtschaftsmarkt bestehen. Trotzdem verdoppelte sich die Anzahl der Betriebe auf 680; die Mehrzahl ist in 17 Innungen organisiert. Neben dem Elektro- und Metallgewerbe mit einem Anteil von 40 % aller Betriebe prosperierte vor allem das Bauwesen. Eine wesentliche Voraussetzung für die Stabilisierung, die Ansiedlung von Industrie, kann in ihrem gegenwärtigem Umfang nicht befriedigen. Beginnende Zersiedelungen und gewerblich überfrachtete Landschaftsräume sind zu erkennen, da Investitionen auf „grüner Wiese" billiger scheinen als auf Industriebrachen. Weimar hat inzwischen acht Gewerbe-, Misch- und Sondergebiete, frei von Eigentumsansprüchen, festgelegt und erschlossen.

Die Stadt hat günstige Voraussetzungen als Wirtschaftsstandort. Dazu zählen die Lage zwischen der Landeshauptstadt Erfurt und dem Technologie- und Forschungsstandort Jena sowie eine gute Verkehrsanbindung durch Autobahn, Bundesfernstraßen und den IC-Halt der Eisenbahn. Auf dem Gelände des Gewerbeparks Weimar-Nord, das frühere Industriegebiet ohne Weimar-Werk, das einen Handwerkerhof mit Kleinparzellierung einschließt, befinden sich bereits eine Reihe bekannter und zum Teil großer Unternehmen, aber auch verlagerter Betriebe aus der Innenstadt (Abb. 32). Im sogenannten Classic-Zentrum Weimar-Schöndorf bietet neben Hotels ein Einzelhandelszentrum Arbeitsplätze. Auf dem Gelände des Industrieparks, ehemals Standort des Weimar-Werkes, bestehen gegenwärtig 15 Unternehmen. Es ist die einzige Fläche, auf der schwere Industrie zulässig ist. Auf dem Gewerbe-Misch- und Sondergebiet in Legefeld (s. P 1) mit guter Verkehrsanbindung sind erste Ansiedlungen erfolgt. Im O Weimars besteht auf der Flur des 1994 eingemeindeten Ortes Süßenborn an der Bundesstraße B 7 ein Gewerbe- und Sondergebiet mit Handelseinrichtungen der Handelsketten Allkauf und Obi sowie mit Autohäusern. In Weimar-West, wo sich bereits 1990 die Weltfirma Coca-Cola ansiedelte, sind Reserveflächen vorbehalten. Nach Verlagerung des Schlacht- und Verarbeitungsbetriebes ist das Areal im O der Stadt an einen Investor zur Neubebauung übergeben worden.

Im S Weimars, an der Bundesstraße B 85, entsteht der Dienstleistungspark Über der großen Sackpfeife. Das bevorzugte Wohngebiet am Stadtrand wurde mit Wohngebäuden unterschiedlicher Eigentumsformen erweitert. Als größter Verwaltungsbau entstand dort das Gebäude der Kassenärztlichen Vereinigung, und ein modernes Krankenhaus ersetzt die bisherigen Einrichtungen im Sophienhaus und in der ehemaligen Polizeikaserne. Trotz dieser Flächenangebote haben sich eine Reihe von Betrieben wegen der günstigen Grundstückspreise im Umland Weimars angesiedelt, wie das seit fast 100 Jahren in Weimar bestehende traditionsreiche Autohaus Thalmann.

Durch das seit 1990 jährlich veranstaltete Kunstfest – ein seit 1995 auch europaweit wahrgenommenes Sommerfest mit internationalen Koproduktionen, Gastspielen und eigenen Inszenierungen – sowie die Ernennung Weimars zur Kulturstadt Europas 1999 hat sich die kulturelle Attraktivität der Stadt weiter erhöht, was sich nicht zuletzt in steigenden Besucherzahlen ausdrückt. Damit wurde der Fremdenverkehr ein noch bedeutenderer Wirtschaftsfaktor. Weimar verfügte 1996 über 34 Beherbungsstätten, darunter zehn Hotels. Das Hotel Weimar Hilton wurde 1992 fertiggestellt, das Hotel Elephant und andere traditionsreiche Häuser dem internationalen Standard entsprechend erneuert. Neue Hotels entstanden in den einge-

G 4.10 meindeten Orten. Wo vor ihrer Zerstörung im Zweiten Weltkrieg die Weimarische Bank stand, befindet sich heute das Dorint Hotel. Einbezogen ist die sich anschließende denkmalgeschützte Villa im S und das nach Abriß als Kopie wieder aufgebaute Gebäude der Russischen Botschaft im N des Standortes. Als Kongreßzentrum wurde die Stadthalle völlig neu gebaut, nachdem der Totalabriß verfügt worden war. Weitere historische Objekte sind im Rahmen des Kulturstadtprogrammes saniert oder restauriert worden, wie das Goethe-Nationalmuseum, das Landesmuseum, das Römische Haus und das Kirms-Krackow-Haus. Das Gebäude der ehemaligen Druckerei des Böhlau-Verlages, das aus der zweiten Hälfte des 18. Jh. stammt und zum Teil auf Vorgängerbauten errichtet wurde, beherbergt nach Sanierung und einem ergänzenden Neubau das Stadtarchiv. Um- und neugestaltet wurden Straßen und Plätze wie die Schillerstraße, der Goetheplatz und die Carl-August-Allee.

Einschließlich neuer Wohngebäude in den 1994 eingemeindeten Orten hat sich der gesamte Wohnungsbestand in den Jahren 1991 bis 1996 mit 793 neuen Gebäuden wesentlich erhöht und beseitigt quantitativ das Wohnungsdefizit. Günstigere Baulandpreise veranlassen Familien, vor allem mit Kindern, im Umland zu bauen oder Eigentumswohnungen zu erwerben. Preiswertere innerstädtische Wohngebiete sind beispielsweise Über der Sackpfeife und an der Tiefurter Allee. Ein Viertel der Wohngebäude in Weimar stammt noch aus der Zeit vor 1900 und fast die Hälfte aus der Zeit von 1900 bis zur Mitte des 20. Jh. Verstärkt wurden deshalb ältere private Wohngebäude, aber zunehmend auch Wohnbauten in Plattenbauweise saniert, wie in den Wohngebieten Am Dichterweg und Weimar Nord.

Bis 1993 war Weimar Garnisionsstadt. Jetzt sollen deren sichtbare Zeugnisse beseitigt werden. Im Rahmen weltweiter Projekte wird auch Weimar an der ersten Weltausstellung in Deutschland, der EXPO 2000, beteiligt sein. Beispielhafte Gestaltungen sollen unter anderem für das nördliche Stadtviertel gefunden werden. Dazu gehört der erfolgte Umbau eines Hochhauses als Modell für betreutes Wohnen, die Entkernung durch den Abriß alter Hallen und die Begrünung der Flächen. Die Sanierung, Umnutzung und Einbeziehung des Kasernenkomplexes in das Wohngebiet hat begonnen. Eine Kaserne beherbergt bereits die Staatliche berufsbildende Schule Gesundheit und Soziales. Zu dem Projekt gehört auch die Umgestaltung des Kasernenkomplexes in der Leibnizallee.

G 4.11 Städtebauliche Entwicklungsphasen (Abb. 31)

Nach ihrer Gründung wurde die Stadt 1299 Opfer einer Feuersbrunst, die angeblich nur wenige Gebäude und die Burg verschonte. Das eilig wieder Aufgebaute widerstand 1309 einer militärischen Belagerung in den kriegerischen Auseinandersetzungen mit den Landgrafen.

Wie Burg, Stadt und Dorf (Jakobsvorstadt) Weimar damals ausgesehen haben, entzieht sich näherer Kenntnis. In der partiell versteinerten Umwehrung haben, abgesehen vom Zugang zur Burg und zu deren Wirtschaftshof, nur zwei Tore existiert. Ein Tor befand sich dort, wo der Abzweig von der *via regia* nördlich die Stadt erreichte (Jakobstor), und das andere dort, wo er sie südlich wieder verließ (Vorgänger des Frauentors nördlich der Marktstraße). Im 14. Jh. wurde das städti-

124

sche Areal so weit ausgedehnt, daß es im W den heutigen Theaterplatz und im S
die heutige Schillerstraße erreichte. Die erste bekannte Erwähnung der Marien-
(Frauen)Kapelle aus dem Jahre 1336 setzt die Existenz der Frauenvorstadt mit dem
Frauenplan für diese Zeit bereits voraus, ebenso das Frauentor am östlichen Ende
der jetzigen Schillerstraße. Das 1387 erstmals erwähnte (innerstädtische) Neutor-
viertel belegt die Öffnung der Stadt nach W mit dem Neuen Tor am heutigen
Goetheplatz. Die vollständige Umwehrung als bemerkenswert aufwendiges Forti-
fikationswerk mit großenteils doppeltem Mauerring zog sich noch bis ins 16. Jh.
hinein.

Die Erweiterung der Kernstadt nach S mit eigenem Markt anstelle eines Tur-
nierplatzes kam der Anlage einer Neustadt zwischen heutiger Markt- und Schillerstraße gleich. Wahrscheinlich erst in diesem Zusammenhang erhielt Weimar das
erste Rathaus; um 1380 wird das Erweiterungsgebiet als Oberstadt *obern stadt zu
Wymar* bezeichnet. Die Errichtung einer zweiten, „neustädtischen" Pfarrkirche
war nicht erforderlich: Die Peter- und Paul-Kirche war als spätromanische dreischiffige Basilika so großzügig ausgelegt worden, daß sie den Bedürfnissen auch
der Neubürger genügte. So wurde Weimar eine Stadt mit zwei Kernen, mit zwei
Marktplätzen, aber nur mit einer Pfarrkirche im älteren und nur einem Rathaus im
jüngeren Kern.

Damals erhielten Platz- und Gassenfolgen der Doppel-Kernstadt und ihrer beiden Vorstädte die Konturierungen, wie sie sich in ihren Grundrißfigurationen
größtenteils heute noch zu erkennen geben: Der Abzweig von der *via regia* weitete
sich beim Zugang in die Jakobsvorstadt an einer Gabelung zu einem Rastplatz,
dem Jakobsplan. In beachtlicher Breite und mit mäßiger Krümmung durchquerte
sie die Vorstadt abseits vom Jakobskirchhof und vom vorstädtischen Hauptplatz,
dem jetzigen Rollplatz, drang als schmale Gasse in die Kernstadt, tangierte den
Marktplatz der Gründungsstadt und führte recht eng zur älteren Stadtgrenze, wo
sie in die Neustadt einwinkelte. Hier stieß sie auf die Nordseite des in den Marktplatz gesetzten Rathauses, umging es östlich und verließ die Stadt als eine enge
Gasse. Nach dem Frauentor weitete sie sich wieder und durchquerte den Frauenplan. Westlich vom ersten städtischen Marktplatz (Herderplatz) zweigte die Ausfallstraße zum Neuen Tor ab (Eisfeld, Geleitstraße). Die südliche Begrenzung der
Gründungsstadt war zu einer breiten, zur heutigen Marktstraße, geworden. Das
verwinkelte Netz von Gassen des westlichen Teiles des einstigen Suburbiums hatte
sich durch indessen fixierte Parzellenstrukturen weitgehend unverändert bewahrt.

Den Ausbau der Stadt und ihrer Fortifikationsanlagen unterbrach 1424 eine
Feuersbrunst, der angeblich die gesamte urbane Siedlung, auch die Burg, zum
Opfer fielen. Das Rathaus entstand 1431 neu. Die Pfarrkirche ist wohl nur not-
dürftig repariert worden, denn 1498 bis 1500 erfolgte ihr Neubau. Der Wiederaufbau der Burg als Nebenresidenz der Wettiner ging offenbar nur zögernd voran: Aus
dem Jahre 1439 erfährt man, daß der Bergfried erneuert worden und die Toranlage,
der Kern der jetzigen mit „Bastille" bezeichneten Baugruppe, vollendet gewesen
sei. 1468 wurde die als Kollegiatsstiftskirche neu konzipierte Schloßkapelle St.
Martin neben dem südlich beigefügten Glockenturm fertiggestellt.

Mit Kapellen ausgestattet waren auch die Spitäler. Weit im S, zwischen der
Stadt und Oberweimar, lag der Siechenhof, wohl identisch mit einer 1323 genannten *curia leprorum*. Vor dem Kegeltor, der östlichen Öffnung der Stadt zum sub-

G 4.11 urbialen Wirtschaftshof, befand sich seit etwa 1385 das St.-Lorenz-Hospital und am Südhang des Kirschberges, jenseits des Asbaches, der natürlichen Nordgrenze der Jakobsvorstadt, das seit 1384 bekannte St.-Nikolaus-Spital (ungefähr an der Stelle des heutigen Kirschberg-Krankenhauses). Die Anlage eines städtischen Klosters für Franziskanermönche 1453 an der westlichen Stadtgrenze vervollständigte die mittelalterliche Stadt. Neben diesen von der Geistlichkeit betriebenen Institutionen war der Deutsche Ritterorden mit geistlichen und pädagogischen Funktionen präsent. Von 1284 bis 1533 hatte er die Patronatsrechte über die St.-Peter- und Paul-Kirche.

Die durch die Wahl Weimars zur ständigen Residenz der Herzöge 1552 ausgelösten städtebaulichen Impulse betrafen sowohl die Burg als auch die Stadt. Der Umbau der Burg zum Schloß war bislang recht zögernd vorangeschritten. Der im sächsisch-thüringischen Hofdienst beschäftigte Architekt NICOL GROMANN hatte 1531 dem Torgebäude die Gestalt gegeben, in der es sich weitgehend jetzt noch als sogenannte Bastille zeigt, und 1543 den hofseitigen Teil der Martinskapelle umgebaut. 1561 baute man am Südhügel, und 1602/03 wurde ein noch heute erkennbarer Anbau („Grünes Haus") an den Ostflügel gegen den Wehrgraben zur Ilm angefügt. Die Ansprüche einer repräsentativen Hofhaltung führten darüber hinaus zu erheblichen Ausweitungen des Schloßkomplexes nach S: Von 1562 bis 1568 entstand das Grüne Schloß als Lustschloß neben dem südlichen Turm der Stadtbefestigung, dem Bücherturm der jetzigen Herzogin Anna Amalia Bibliothek, von 1574 bis 1576 das Rote Schloß als Witwensitz. Dadurch ergab sich die noch heute vorhandene südliche räumliche Beziehung zwischen Markt und Schloßkomplex.

Das Stadtinnere erhielt repräsentative Wohnbauten, z.T. mit Gaststätten im Erdgeschoß, so den „Schwarzburger Hof" (Vorgängerbau als „Sächsischer Hof" 1429 erwähnt) und das „Deutschritterhaus" (1566) noch in Giebelstellung zum Marktplatz der Gründungsstadt (Herderplatz), das Pestelsche und Brücksche Haus (1547 bis 1549 von NICOL GROMANN) in Traufstellung zum Markt neben dem giebelständigen Stadthaus von 1526 bis 1547 gegenüber dem ebenfalls giebelständigen Rathaus.

Am 2. August 1618 brannte das Residenzschloß bis auf Bergfried und Bastille fast völlig aus. Der sogleich unter der Bauherrenschaft Herzogs JOHANN ERNST I. konzipierte Neubau, eine regelmäßige Vierflügelanlage mit stattlichem Empfangshof im S, wäre das erste Barockschloß in Deutschland geworden, wenn nicht kriegswirtschaftliche Restriktionen ein nur kümmerliches Fragment hätten entstehen lassen. Die Fortsetzung des Neubaus wurde erst 1651 unter Herzog WILHELM als Wilhelmsburg begonnen. Die nunmehr auf drei Flügel reduzierte Anlage blieb ebenfalls nur Fragment. Immerhin konnte 1658 die Schloßkapelle („Himmelsburg") mit Orgel und einem originellen, von einem Obelisken bekrönten Altarciborium neu geweiht werden, das Vorbild für Ausstattungen mancher Dorfkirchen des Herzogtums wurde. Mit dem Bau der Schloßbrücke, 1653/54 anstelle hölzerner Vorgänger über die Ilm mit (1996 restauriertem) Treppenabstieg zu einem barocken Park (Stern) am östlichen Ilmufer, und mit der Anlage des Welschen Gartens südlich von Schloßkomplex und der Frauenvorstadt griff der fürstliche Gestaltungswille erstmals über die von der Umwehrung gesetzten Grenzen hinaus: Die Ansätze für die spätere enge Beziehung von städtischem Weichbild und gestalteter Landschaft wurden damit geschaffen. Mit dem Bau des Gelben Schlosses

von 1702 bis 1704 am Grünen Markt vor der „Bastille" als Witwensitz von CHAR- G 4.11
LOTTE DOROTHEA SOPHIE, Herzogin von Sachsen, Landgräfin von Hessen-Hom-
burg, wich man allerdings dringlicheren höfischen Bauaufgaben aus. Für das 1712
gefertigte Geläut der Schloßkapelle wurde als Glockenstuhl der abseitig verbliebene Bergfried bestimmt, dessen 1729 bis 1732 geschaffener barocker Aufsatz
heute eines der baulichen Wahrzeichen Weimars darstellt.

Vereinzelte Eingriffe in das innerstädtische Gefüge erfolgten fürstlicherseits
1712 bis 1715 mit dem Bau des Gymnasiums Wilhelminum-Ernestinum, städtebaulich maßstabsbrechend neben den Chor der Stadtpfarrkirche, aber ganz im
Sinne des Barocks als wirkungsvoller optischer Abschluß der jetzigen Kaufstraße
gesetzt; bürgerlicherseits mit der Errichtung des Palais für den Strumpfwirker-Ver-
leger HELMERSHAUSEN 1709 an der Südseite des Frauenplanes, des späteren
Goethehauses, des Hauses für den Seifensiedermeister KIRMS („Branco-Haus")
1712/13 in der Windischenstraße und des „Hauses zum Palmbaum" in der Schloßgasse von 1728, dessen Palmenzier in der Portalbekrönung einen Bezug herstellt
zu der „Fruchtbringenden Gesellschaft (zum Palmbaum)". Fürstlicher Initiative
verdankte die Jakobskirche ihre Neugestaltung von 1712/13, die 1728 Garnison-
kirche wurde. Ihr Kirchhof war seit etwa 1530 einzige städtische Begräbnisstätte.
Die Herrscherfamilie jedoch ließ ihre Verstorbenen seit dem 16. Jh. in der Stadtpfarrkirche bestatten, die dadurch eine für die Weimarer Verhältnisse bezeich-
nende Zwitterstellung als Bürger- und als Hofkirche erhielt; als solche wurde sie
1726 und 1735 bis 1745 umgestaltet.

Die Belvederer Allee, schon 1717 bis 1720 mit dem Jägerhaus vor der Frauenvorstadt in ihrer Richtung fixiert, wurde zum wesentlichen Auslöser für die südliche, teils bau-, teils gartenkünstlerische Erweiterung der Stadt, letztere im Anschluß an den Welschen Garten. Ein gewisser Zielpunkt ist 1732 mit der Anlage
der „Falkenburg" etwa auf halbem Wege nach Belvedere gesetzt worden, einer Art
Spielfestung („Schanze") für die militärischen Launen ERNST AUGUSTS. Den Öff-
nungstendenzen der Stadt nach O folgte 1745 der steinerne Neubau der Kegelbrücke.

Die 1758 verwitwete Herzogin ANNA AMALIA, die für ihren 1757 geborenen
Sohn CARL AUGUST die Regierungsgeschäfte vormundschaftlich führte, ließ in der
südlichen Fortifikationsanlage das Frauentor abreißen, wodurch ab 1757 die Entfestigung der Stadt zugunsten ihrer Öffnung zu den beiden Vorstädten, zur Landschaft und zu baulichen Erweiterungsgebieten im W eingeleitet wurde. Als optischer Schlußpunkt im NW der als Esplanade bezeichneten eingeebneten
Wehranlage entstand 1767 das Palais des Staatsministers VON FRITSCH. Der Regierungsgeschäfte 1775 entledigt, bezog ANNA AMALIA dieses Gebäude als Wittumspalais. An der Nordseite der Esplanade ließ sich 1777 der Kaufmann SCHMIDT
ein Wohngebäude errichten, das als Schillerhaus bekannt wurde. Bauliche Veränderungen im Schloßkomplex fanden mit dem Neubau des Landschaftskassenge-
bäudes neben dem Grünen Schloß und mit dem Umbau dieses Schlosses 1761 bis
1766 zur herzoglichen Bibliothek statt. Das Residenzschloß blieb Fragment.

Am 6. Mai 1774 war das Stadtschloß erneut fast gänzlich ausgebrannt. Der Hof
hatte indessen u. a. das eben fertiggestellte Landschaftskassengebäude als „Fürstenhaus" in Anspruch genommen. Der Wiederaufbau des Stadtschlosses aber kam erst
nach 1788 zustande. Vierzehn Jahre zogen sich Erwägungen, Notsicherungen der

G 4.11 Ruine und Anschläge für entstehende Baukosten hin. GOETHE als Vorsitzender der Schloßbaukommission knüpfte Kontakte zu Architekten im „Ausland"; denn im Herzogtum fehlte es an Baumeistern, denen man die Lösung einer derartigen Aufgabe zutrauen wollte. Der Baukomplex, der 1803 unter dem zeitlichen Druck der bevorstehenden Vermählung des Erbherzogs CARL FRIEDRICH mit der russischen Großfürstin MARIA PAWLOWNA schließlich fertiggestellt wurde, stellte jedoch wieder nur ein Fragment dar: Die Umgestaltung des Westflügels mit der hier neben dem einstigen Bergfried vorgesehenen Schloßkapelle hatte unterbleiben müssen. Und der nach dem Abbruch der letzten Reste der Burgmauer, nach der Verfüllung des Burggrabens und des südlich davor gelegenen Küchteiches nun großzügig sich nach S öffnenden Dreiflügelanlage standen vereinzelte Gebäude gegenüber: das 1803/04 umgestaltete Reithaus, die Bibliothek, das Fürstenhaus und der Ostteil des Roten Schlosses, denen ein gestalterischer Zusammenhang noch fehlte.

Nur punktuell war die Bebauung den der Stadterweiterung gewiesenen Richtungen gefolgt. Noch 1769 hatte man für ein neues Siechenhaus einen Standort weit westlich neben der Federwischmühle ohne städtebaulichen Zusammenhang zur Kernstadt gewählt. Mit dem Bau des Komödienhauses 1779 westlich vor der im Abbruch befindlichen Stadtmauer – dem alsbaldigen Hof- und späteren Deutschen Nationaltheater – aber wurde die Anlage eines neuen städtischen Platzes initiiert. An der Ostseite der Belvederer Allee entstand 1798/99 das Hofgärtnerhaus, das spätere Wohnhaus von FRANZ LISZT, als Abschluß einer bis hierher sich erstreckenden Bebauung an der Straßenflucht. An der gegenüberliegenden Seite wurde 1826 ein fast kopieartiges Pendant geschaffen, heute das Rektoratsgebäude der Bauhaus-Universität, womit eine Torsituation beabsichtigt war – der Ausgang aus der Stadt in die gestaltete Landschaft.

Ab 1777 fanden westlich der Jakobsvorstadt Erweiterungsmaßnahmen statt. JOHANN FRIEDRICH JUSTIN BERTUCH (s. G 4.6) bewogen vornehmlich gewerbliche Interessen, als er die Schleifmühle am Asbach sowie einen Baumgarten erwarb und sich am östlichen Rande desselben ein barockes Palais als Wohn- und Geschäftshaus errichten ließ (s. G 4.6 und G 4.8). Er erweiterte sein Unternehmen 1799 bis 1803 durch südliche Anbauten zu dem stattlichsten bürgerlichen Architekturensemble Weimars, dem heutigen Stadtmuseum. Die vom Bertuchschen Palais östlich fixierte Bauflucht nahm die 1798 von GOETHE mitkonzipierte Bebauung der Westseite des zum neuen Platz erkorenen bisherigen Schweinemarktes östlich vor der Stadtmauer auf, wo sich seit dem 16. Jh. Scheunen und eine Ziegelei befanden. Zuerst entstand hier 1798/99 das Haus des herzoglichen Leibarztes HUSCHKE; es folgten die 1801 eröffnete Löwenapotheke und das 1805 als Alexanderhof fertiggestellte Hotel „Russischer Hof" am jetzigen Goetheplatz, unabhängig von städtebaulichen Erweiterungsabsichten. 1790/91 ließen sich im S an der heutigen Humboldtstraße FREIHERR VON OLDERSHAUSEN ein Palais, das heutige Museum für Ur- und Frühgeschichte Thüringens, 1803 bis 1805 im O unweit der Tiefurter Allee die Weimarer Schützengesellschaft das Schießhaus und 1811 auf der „Altenburg" der herzogliche Stallmeister FRIEDRICH VON SEEBACH ein Wohnhaus errichten. In dessen Nebenflügel nahm FRANZ LISZT anläßlich seines ersten Weimarer Aufenthaltes (1848–1861) Quartier.

Einen Aufschwung auch städtischer Entfaltung ließen die nach 1806 verfassungsmäßigen Liberalisierungstendenzen im Weimarer Staatswesen sowie die mit

Abb. 33   Ostseite des Goetheplatzes in Weimar
(Kasseturm hinten, Niketempel vorn, „deutsche" und „antike" Welt)

dem Ausgang der Befreiungskriege gegen Napoleon 1815 erfolgte Erhebung des Fürstentums in den Status eines Großherzogtums erhoffen. Wirtschaftliche Erwartungen erfüllten sich für den auf etwa 8 000 Einwohner angewachsenen Residenzort jedoch nicht. Der nur zögernd sich räumlich ausweitenden Stadt setzte der 1816 als Oberbaudirektor berufene CLEMENS WENZESLAUS COUDRAY architektonische Akzente in einer dem „Ort der Klassik" genau angemessenen Formensprache,

129

einer eigenständigen Modifikation des deutschen Klassizismus. COUDRAYS Bauten gaben Impulse für straßen- und platzräumliche Fassungen, so im W das Torhaus an der Ausfallstraße nach Erfurt (1822–1824) unweit von seinem eigenen Wohnhaus (1817/18) in der heutigen Heinrich-Heine-Straße, die Remise (1823; jetzt Bauhaus-Museum) gegenüber dem Hoftheater, die Bürgerschule (1822–1825) als Fixierung der Nordwestecke des jetzigen Goetheplatzes und des Abzweiges der Schwanseestraße, im S das Torhaus (1821) vor der Frauenvorstadt sowie die Fürstengruft (1822–1827) als raumbestimmendes architektonisches Element des 1818 neu angelegten städtischen Friedhofes und im O die sogenannten Holzställe (1820) an der Stelle eines 1808 abgebrochenen Flügels des „Roten Schlosses" sowie die neue Schloßwache (1834–1838). Mit dieser und den Holzställen wurden die verstreuten Baulichkeiten des Schloßkomplexes in einen bedeutungsvollen Sinnzusammenhang gebracht. Für den längst fälligen Neubau des Westflügels des Residenzschlosses (ab 1822) lieferte COUDRAY die Entwürfe. Der Wiederaufbau des 1837 abgebrannten Rathauses aber erfolgte 1841 nicht mehr nach seinen Plänen, sondern nach denen seines Mitarbeiters HEINRICH HESS in neugotischen Formen; lediglich COUDRAYS Vorschlag für den neuen Standort in westlicher Flucht des Marktplatzes wurde befolgt.

Die Zeit nach 1830, das sogenannte Silberne Zeitalter, war baulich-räumlich geprägt durch dezente Ausformungen der Innenstadt, vor allem durch neue großzügige, allerdings anfangs zögernd einsetzende Stadterweiterungen. Aus topographischen Gründen hatte beim Bau der Thüringischen Eisenbahn der Schienenweg weit nördlich der Stadt trassiert werden müssen. Mit der Errichtung des ersten Empfangsgebäudes des Bahnhofes 1846/47 wurde der Zielpunkt für eine Stadterweiterung auf etwa das Doppelte des bisherigen Weichbildes gesetzt. Hier, nördlich des Asbaches, waren nach Anlage des 1826 bzw. 1830–1832 mit Karlsstift, Luisenstift und Krankenhaus erweiterten Hospitals bislang wenige Gebäude entstanden, außer Scheunen nur das 1830 aus der Innenstadt verlegte „Falksche Institut", ein Kinderheim. Zur bequemen Überwindung des Asbachtales ließ die Eisenbahngesellschaft 1846 eine stattliche Bogenbrücke, den Asbach-Viadukt errichten, allerdings nicht mit Orientierung auf den Bahnhof, sondern von der jetzigen Karl-Liebknecht-Straße nordwestlich zur bereits chaussierten Ausfallstraße nach Ettersburg, was eine folgenschwere Verlagerung des städtischen Erschließungssystems vom Jakobsplan nach W bewirkte.

Der Eisenbahnbau hatte mit dem preußischen Bauinspektor FERDINAND STREICHHAN einen talentierten Architekten nach Weimar geführt, der 1848 die amtliche Nachfolge COUDRAYS antrat. Von ihm stammt die östliche Gestalt des heutigen Goetheplatzes mit dem Lokal der Lesegesellschaft („Lesemuseum", 1859/60) als antikisierendes Pendant zu dem vom Abriß verschont gebliebenen Kasseturm (Abb. 33) der Stadtbefestigung und dem Ballhaus der „Erholungsgesellschaft" (1860). Hier verwirklichte sich ein Baugedanke, der als eine Apotheose auf Goethes „Faust", als eine Verdeutlichung des fruchtbaren Spannungsverhältnisses zwischen „deutscher" und „antiker", zwischen nord- und südalpiner Welt interpretiert werden darf. STREICHHAN gab auch dem Alexanderplatz (Beethovenplatz) westlich mit dem Gebäude der Weimarer Bank (1854/55; später Großherzogliches Schatullgebäude an der Stelle des jetzigen Dorint Hotels), womit er die „Neorenaissance italienischer Provenienz" im Weimarer Stadtbild heimisch machte, und südlich mit dem Großherzoglichen Archiv (1884) in ähnlicher, etwas üppigerer Formensprache architektonische Prägnanz. Anstelle des inzwischen als Marstall genutzten Vorwerkes entstand nach seinen Plänen 1873 bis 1878 das, den Schloßkomplex hier repräsentativ abschließende, wenngleich mit zwei Flügeln Fragment gebliebene Bauwerk, das heutige Thüringische Hauptstaatsarchiv. Dem Gedenken der 1859 verstorbenen Großherzogin schuf er 1862 die russisch-ortho-doxe Grabkapelle als Anbau an die Fürstengruft und den gewachsenen militäri-schen Erfordernissen entsprechend ab 1854 das erweiterte Kasernement gleichsam als Stadtkrone östlich vom Schloßkomplex auf der Großmutterleite.

In STREICHHANS Amtszeit fällt auch der Bau der Kunstschule 1860, an der Stelle eines Baumagazines, deren Standortwahl neben dem Belvederer Tor in der Umge-bung von Nutzgärten und profanen Zweckbauten städtebauliche Konsequenzen nach sich zog: Es entstand die heutige Geschwister-Scholl-Straße; es folgte ab 1861 die südliche Erschließung an der jetzigen Bauhausstraße, ab 1891 über den hier verlegten Abzweig der Berkaer Chaussee hinaus bis zur Falkenburg, an der Belvederer Allee, mit der strikten Vorschrift einer nur einseitigen Bebauung. So entstand als westlicher Abschluß des Ilmparkes ein bemerkenswertes Villenviertel des 19. und frühen 20. Jh.

Den Impuls für die Bebauung des Bahnhofviertels gab die Entscheidung für den Standort eines längst fälligen Museumsgebäudes, den der Oberingenieur der Wei-mar-Geraer Eisenbahngesellschaft, ERNST HEINRICH KOHL, empfohlen hatte und das als Großherzogliches „Neues Museum" (später Landesmuseum) von dem böhmischen Architekten JOSEF ZITEK entworfen wurde. Es entstand von 1862 bis 1868, nördlich begleitet bzw. gefolgt von der Trassierung der Sophienstraße (heute Carl-August-Allee) mit dem friesgeschmückten Stegmannschen Haus, 1869 bis 1871 vom Realgymnasium und 1886 bis 1888 von der Zweiten Bürgerschule am jetzigen Rathenauplatz und von dem Hotel Kaiserin Augusta (jetzt Intercity Hotel) am Bahnhofsvorplatz. Im südlichen Teil entstanden die Museumsterrasse (wo sich von 1875 bis 1936 der Vimaria-Brunnen befand) und der Park im Tal des seit 1889 hier verrohrten Asbaches. Dem Erweiterungsgebiet setzte die Errichtung des Schlachthofes, 1887 von OTTO MINKERT, östlich der Buttelstedter Chaussee den Anziehungs- und Endpunkt einer schematischen Parzellierung für den folgenden Mietshausbau, der dem Schlachthofviertel eine weitgehend vom Jugendstil be-stimmte, allerdings sozial wenig attraktive Prägnanz verlieh.

Die Weimar – Geraer Eisenbahn war mit dem 1873 bis 1875 östlich der Stadt er-richteten sechsbogigen Ilmviadukt 1876 eröffnet worden. Der nunmehrige Wei-marer Hauptbahnhof wurde Umsteigestation, seit 1886 bzw. 1887 auch nach Berka und nach Rastenberg. Der Berkaer Bahnhof erhielt, mit einem im weiten Bogen westlich der Stadt trassierten Gleis an den Hauptbahnhof angeschlossen, seinen Standort im W an der Erfurter Straße in Erwartung einer nach hier sich ausweiten-den Bebauung, die jedoch zunächst ausblieb; deshalb verlängerte man den Schie-nenstrang bis zum Coudrayschen Torhaus, das bis 1908 als Abfertigungsgebäude diente. Die Stadterweiterung hatte hier erst den nördlichen Abzweig von der Erfurter Straße zum bereits 1849 bei den Schwanseewiesen angelegten Freibad erreicht, der 1892 von BRUNO EELBO mit dem stattlichen, später fragmentarisch erweiterten Eckgebäude für die Landesversicherungsanstalt im Rundbogenstil fixiert wurde. Nordwestlich initiierte erst 1902 die Errichtung der Mädchenabtei-

G 4.11 lung der Zweiten Bürgerschule weitere, nicht minder zögernde städtebauliche Entfaltungen.

Mit schnellerem Erfolg als hier gelang die Stadterweiterung in südwestlicher Richtung auf der Grundlage eines 1876 erarbeiteten rasterförmigen Bebauungsplanes. Es entstanden gestalterisch anspruchsvolle begrünte Straßenzüge in vornehmlich offener Bebauung mit Mietshäusern im zurückhaltenden Historismus und südlich des jetzigen Stadtringes weitgehend im Jugendstil. Plätze erhielten angemessene, wirkungsvolle Dominanten, so der Sophienstiftsplatz mit dem gleichnamigen Stiftsgebäude (Johann-Peter-Eckermann-Schule) von 1877/78 im Anschluß an das 1876/77 errichtete Lehrerseminargebäude (Christoph-Martin-Wieland-Schule), das der jetzigen Gropiusstraße die markante Kontur gab, der namenlos gebliebene Platz an der Kreuzung der jetzigen Humboldtstraße/Stadtring mit der Schwesternschule (später Sophienkrankenhaus) in Formen der deutschen Neurenaissance (1886 von Julius Bormann), der jetzige August-Frölich-Platz mit der stattlichen katholischen Herz-Jesu-Kirche in neugotischen Formen (1889-1891 von Max Meckel). Ein räumlicher Abschluß dieses Erweiterungsgebietes wurde im W mit der von Rudolf Zapfe entworfenen neugotischen „Englischen Kirche" (jetzige Kreuzkirche), im SW 1902 mit dem Blindenheim in einer Mischung aus Historismus und Jugendstil erreicht. Östlich, jenseits der Ilm, schuf 1896 Otto Minkert das formal dem Kleinen Trianon in Versailles angeglichene Goethe-(alsbald auch Schiller-)Archiv-Gebäude mit Terrasse als „Stadtbalkon", und im NW wurde der Hang des Ettersberges mit dem 1901 eingeweihten Bismarckturm von Ernst Kriesche akzentuiert. Industriebetriebe entstanden am planerisch nicht exakt definierten Stadtrand, bevorzugt nördlich der Eisenbahntrasse, nahe dem Hauptbahnhof (s. G 4.8).

Obwohl die Zeit nach der Jahrhundertwende von Traditionalismus und Konservatismus geprägt war, lockte der Ruf der Klassikerstadt Persönlichkeiten nach Weimar, die sich eine neue kulturelle Blüte vorwiegend aus dem Geiste des Kunstgewerbes und der Architektur erhofften. Mit dem Auftrag für den Ersatzneubau der Kunstschule und für den Neubau von Bildhauerateliers sowie einer Kunstgewerbeschule erhielt Henry van de Velde – 1902 als künstlerischer Berater des Großherzogs berufen – Gelegenheit für seine wohl besten architektonischen und städtebaulichen Schöpfungen. Der erstere entstand in zwei Bauabschnitten, 1904 und 1911, der letztere ihm gegenüber 1905 bis 1907, in welchem 1908 der Lehrbetrieb unter dem Direktorat seines Architekten begann. Aufträge aus privater Hand erhielt Henry van de Velde in Weimar nur vereinzelt für die 1903 abgeschlossene Umgestaltung des Nietzsche-Archivs, für die Ausgestaltung der Wohnung im südwestlichen Stadterweiterungsgebiet. Sein eigenes Wohnhaus schuf er 1907/08 an der Belvederer Allee: er bewohnte es bis zu seinem 1915 erzwungenen Weggang aus Weimar. Den Auftrag für den 1907/08 entstandenen Neubau des Hoftheaters hatte er nicht erhalten, sondern das Münchener Architekturbüro Jakob Heilmann & Max Littmann. Die selbe Firma lieferte auch die Entwürfe für das letzte fürstliche Bauvorhaben, für den 1913/14 verwirklichten Südflügel des Residenzschlosses, der die städtebauliche Beziehung zwischen Schloßhof und Landschaftsraum zerstört hat.

Stadtplanerisch erschlossen wurden indessen die Erweiterungsgebiete im NW bis an die Verbindungsbahn zwischen Haupt- und Berkaer Bahnhof, wobei sich

erstmals der Gedanke eines Stadtrings erkennen läßt, im S mit Neu-Ehringsdorf,
im O oberhalb des Ilmparkes, wo alsbald anspruchsvolle Villen entstanden, so an
der Straße „Am Horn", die wie die Belvederer Allee nur einseitig bebaut wurde.
Gleichzeitige innerstädtische Bauten lassen nicht immer eine städtebaulich glück-
lich entwerfende Hand erkennen: Das 1903 in der Schillerstraße, der ehemaligen
Esplanade, errichtete Gebäude der Norddeutschen Bodenkreditbank (heute der
Deutschen Bank) bildet mit seinen Jugendstilformen (im „Materialstil") zwar
einen beachtlichen architektonischen Blickfang, riegelte aber die Markierung des
südlichen Teiles des einstigen Befestigungsringes endgültig ab; das 1905 an die
Nordseite des Marktes gesetzte Warenhaus Hermann Tietz („Hertie"; Kriegs- bzw.
Nachkriegsverlust) fiel zu protzig aus, so daß, um diesen Eindruck zu mildern, der
aufwendige Neurenaissance-Giebel alsbald wieder entfernt wurde; das 1904/05
dem Coudrayschen Torhaus am „äußeren Frauentor" gegenüber nach Entwürfen
von RUDOLF ZAPFE in prächtigen Jugendstilformen entstandene „Hansahaus" mit
seiner Kuppelbekrönung ist nur als Blickfang vom „Belvederer Tor" aus stadtge-
stalterisch verträglich. Das von BRUNO RÖHR stammende Konfektionshaus Läm-
merhirt von 1906, dem Goethehaus am Frauenplan gegenüber, wirkte bis zu seiner Zerstörung in und nach dem Zweiten Weltkrieg maßstabsbrechend; und das
1911 an der Mündung der Schillerstraße in den Theaterplatz platzierte Modehaus
Sachs & Berlowitz – auch von BRUNO RÖHR entworfen – geriet zu wuchtig. In städtebaulicher Angemessenheit, architektonisch mit klassizistischen Anleihen prä-
sentierten sich dagegen der Neubau von 1911 für die Stadtsparkasse am Graben
mit gartenkünstlerischen Konsequenzen und das von AUGUST LEHRMANN entworfene, 1910 bis 1912 nördlich der Jakobskirche entstandene Feodora-Heim.

Bedeutende Neubauten aus jener Zeit prägten die Stadterweiterungsgebiete, im
N das im versachlichten Jugendstil 1907/08 von BRUNO RÖHR gestaltete Volkshaus
an der Buttelstedter Chaussee, das stattliche neubarocke Justizgebäude von 1913
bis 1916 von JAKOB SCHRAMMEN, der ab 1907 nach einem Entwurf von STEIN-
BRINCK vorangetriebene, 1914 bis 1922 ausgeführte Neubau des Empfangsgebäudes des Hauptbahnhofes; im S, an der Ausfallstraße nach Berka das hier den Stadt-
eingang seit 1904 markierende Atelierhaus der Weimarer Künstlerschaft.

Der Widerspruch zwischen der Stadt als Weihe- und Pflegestätte deutscher und
europäischer Kultur mit zunehmendem Bildungs- und Kongreßtourismus einerseits und ihrer mangelhaften infrastrukturellen Ausstattung andererseits hat sich
seit der Jahrhundertwende immer deutlicher ins öffentliche Bewußtsein gedrängt.
Jedoch weniger in städtebaulich-strukturellen Erwägungen, mehr in der bereits
1902 erklärten Absicht, FRIEDRICH NIETZSCHE am südlichen Hang der Weimarer
Mulde, dem Bismarckdenkmal gegenüber, ein Architekturdenkmal zu errichten,
hatte ein Projekt seinen Ursprung, das sich 1912 zur Planung eines Kultur- und
Sportzentrums europäischen Anspruchs ausweitete und bis zu Grundstücksankäu-
fen und Ausführungszeichnungen von HENRY VAN DE VELDE für ein Stadion mit
monumentalem Nietzsche-Tempel gedieh. Ohne Kenntnisnahme dieses Vorha-
bens, dessen Verwirklichung Weimar eine neue geographisch-stadtgestalterische
Orientierung gegeben und spätere städtebauliche Fehlleistungen vielleicht verhin-
dert hätte, betrieben die städtischen Behörden seit 1909 die Planung für ein Kongreßzentrum beim Schwanseebad: Mit dem Bau einer Stadthalle nach Entwürfen
von AUGUST LEHRMANN wurde 1913 begonnen; Fortsetzung und Vollendung, auch

das Projekt eines europäischen Nietzsche-Memorials vereitelte der Erste Welt-krieg.

Zur Linderung der Wohnungsnot nach dem Krieg wurden Stadtrandsiedlungen angelegt: 1919 in dem nordwestlich vor dem Verbindungsgleis zum Berkaer Bahn-hof bereits planerisch erschlossenen Gebiet nach Entwürfen von MAX VOGELER die Gartenstadt-Siedlung Heimfried und an der Buttelstedter Chaussee, nach Entwür-fen von AUGUST LEHRMANN 1920 die Siedlung Landfried mit zwei- und dreige-schossigen, schindelverkleideten Doppelhäusern.

Gehobeneren Wohnansprüchen verpflichtet waren die ab 1926 von AUGUST LEHRMANN als Stadtrat vorangetriebenen Bebauungen nördlich des Schwanseeba-des und auf dem keilförmig städtebaulich bereits konzipierten Gelände zwischen der Heimfried-Siedlung und Käthe-Kollwitz-Schule. In der Formensprache tradi-tionell, reihen sich dreigeschossige Blöcke zu geschlossenen Zeilen mit Durch-fahrten in die Wohnhöfe; Wohnblöcke rahmen den nördlichen Teil der Ringstraße. Im übrigen aber bestimmte auch hier wie im O zwischen der Ausfallstraße nach Jena und der Allee nach Tiefurt, im S westlich und östlich vom Friedhof vor-nehmlich der von Privaten und von Siedlungsgesellschaften betriebene Villen-, auch der Kleinhaus-, selten der Mietshausbau das stadtgestalterische Geschehen.

Mit Siedlungsprojekten für die Stadt hat sich auch das „Staatliche Bauhaus Wei-mar" befaßt. Die Gründung dieses avantgardistischen Lehrinstitutes durch Verei-nigung von ehemaliger Großherzoglicher Kunstgewerbeschule und einstiger Großherzoglicher Kunstschule durch WALTER GROPIUS, der auf Empfehlung HENRY VAN DE VELDES schon 1914 vom Großherzog eingesetzt werden sollte, schließlich 1919 durch die provisorische Landesregierung Thüringens berufen wurde, stellt zweifellos das kulturgeschichtlich bedeutendste Ereignis des frühen 20. Jh. in Weimar dar. GROPIUS berief seinerseits u. a. LYONEL FEININGER, JOHAN-NES ITTEN, PAUL KLEE und OSKAR SCHLEMMER nach Weimar und trug sich mit der Absicht, das Lehrangebot um die Architektur zu erweitern. Von GROPIUS und sei-nen Schülern erarbeitete städtebauliche Konzepte für Weimar, so für das soge-nannte Fliegerviertel und im S für eine Bauhaus-Siedlung, fanden jedoch keinen Zuspruch und stießen dort, wo konkrete Aussichten für eine Verwirklichung be-standen, wie für das Projekt einer Künstlerkolonie mit den „Meisterhäusern" und einem Institutsgebäude östlich des Ilmparkes, bei der Bevölkerung auf heftigen Widerspruch. Vom letztgenannten Projekt verblieb in Weimar nur ein einziges, als Exponat der 1923 veranstalteten Bauhaus-Ausstellung verwirklichtes Bauwerk, das Haus am Horn. Genötigt durch drastische Reduzierung seines Etats, übersie-delte das Lehrinstitut 1925 nach Dessau. In Weimar hinterließ es die Kunstschule, die sich schon 1921 von ihm gelöst hatte, und die 1926 so genannte „Staatliche Hochschule für Handwerk und Baukunst". Deren baukünstlerisches Lehrkonzept, mit dem erstmals nach bzw. neben der 1859 gegründeten Baugewerkenschule die (höhere) Architektenausbildung in Weimar heimisch wurde, vertraten OTTO BART-NING und ERNST NEUFERT im Sinne des „Neuen Bauens", damit dem Bauhaus-Konzept durchaus verpflichtet.

Die 1922 durch Eingemeindungen von Ehringsdorf, Oberweimar und Tiefurt ausgeweitete Planungshoheit der Stadt hatte bau- und siedlungsplanerisch zunächst keine Konsequenzen. Ohne städtebauliche Anbindung entstand im SO an der Ausfallstraße nach Taubach, unweit der Walkmühle, 1929/30 die Kolonie

Siedlersfreud. Den städtebaulichen Zusammenschluß von Weimar und Oberweimar suchte ein umfangreiches, von den in Thüringen schon vor 1933 zur Macht ge-
kommenen Nationalsozialisten propagandistisch befördertes Siedlungsprojekt.
Der nationalsozialistischen „Mustersiedlung" bei Schöndorf (s. D 5) entsprach so-
zialpolitisch die bei der Dürrenbacher Hütte 1939/40 angelegte Gustloff-Siedlung
mit gereihten Doppelhäusern (heute, nach Umbenennungen der Straßennamen als
Optiker-Viertel bezeichnet). Im N, zunächst außerhalb des Stadtgebietes an der Ettersburger Chaussee, entstand ab 1937 die Siedlung Kleinobringen, die heutige Et-
tersberg-Siedlung (s. C 2).

Ab 1935 wurden am nördlichen Stadtgebiet zwei Kasernenkomplexe gebaut,
1934 östlich des Ilmviadukts eine Polizeikaserne und wenig später das Stabsgebäude auf der Altenburg, das jetzige Finanzamt und die Kasernen auf der
„Großmutterleite" mit drei Baublöcken erweitert.

In dem Projekt eines nationalsozialistischen „Gauforums", dem im Asbachtal
zahlreiche Wohn- und Gewerbebauten zum Opfer fielen, hatte das innerstädtische
Siedlungsbauvorhaben in der Jakobsvorstadt seinen Ursprung: An der zum Tal hin
mit mäßiger Krümmung trassierten Ferdinand-Freiligrath-Straße entstanden als
quantitativ unzureichender Ersatz geschlossen aneinandergereihte Gebäude sowie
eine Gaststätte nebst Kegelbahn an einem Platz nach Entwürfen von WILLEM
BÄUMER, formal in drastischem Widerspruch zu dem, was baulich ab 1936 im Asbachtal geschah.

Mit öffentlichen Bauten und Anlagen war Weimar inzwischen verhältnismäßig
reichhaltig ausgestattet worden, allerdings ohne das Defizit, das der Status einer
Landeshauptstadt geschaffen hatte, decken zu können. Am Brühl befand sich seit
1928 bis zu seiner Kriegszerstörung das durch Umbau eines 1890 errichteten Kon-
zertsaales entstandene „Burgtheater" bzw. „Tivoli", gleichsam ein kultureller Ge-
genpol zum großbürgerlich etablierten ehemaligen Hof- und nunmehrigen Deutschen Nationaltheater. Zwei Sportstadien für einheimische Vereine hat man 1921
angelegt, das eine bei Oberweimar, das andere auf dem Lindenberg unweit des
Flughafens.

Der Berkaer Bahnhof hatte 1925 an der ursprünglichen Stelle sein jetziges Emp-
fangsgebäude erhalten. Im selben Jahre war das derzeitige Feuerwehrdepot an der
Ausfallstraße nach Erfurt entstanden. Anders als hier hatte AUGUST LEHRMANN
1925 bis 1928 für das weit nach SW geöffnete Stadterweiterungsgebiet den ba-
rockisierenden Baukomplex der Pestalozzi-Schule geschaffen, dem sich westlich
eine würfelförmige Wohnbebauung anschloß. Von LEHRMANN stammt auch das
ab 1928 auf der Kuppe südlich des Schwanseebades als tangierende Dominante
einer beabsichtigten monumentalen Ost-West-Achse entstandene, 1936 (ohne
Sporthalle) fertiggestellte Schiller-Gymnasium in dem „Neuen Bauen" verpflichteten Formen. Singuläre, großenteils Ersatzneubauten formten vorhandene städtebauliche Situationen aus: das Arbeitsamt am Rollplatz, 1930 ebenfalls von
LEHRMANN; das Ärztehaus in der jetzigen Bauhausstraße, 1935 von GEORG
SCHIRRMEISTER; der im selben Jahre vollendete Erweiterungsbau des Goethe-
museums als östlicher Abschluß des Gartens des Goethehauses, nach Entwürfen
anfangs (1932) von HEINRICH TESSENOW, dann von WALTER VOIGT; das Kreishaus (Stadtverwaltung) als Teil der südlichen Rahmung der monumentalen Ost-
West-Achse, 1936/37 von ERNST FLEMMING; das Haus II des Marie-Seebach-

Stiftes 1937 an der Allee nach Tiefurt sowie das Hotel „Elephant" an der Südseite des Marktes, 1938 von HERMANN GIESLER erbaut.

Im Jahre 1921 war das Vorhaben eines Weimarer Kongreßzentrums wieder aufgegriffen worden. Eine mit „Kulturprojekt" bezeichnete monumentale Ost-West-Achse mit aneinander gereihten Sportstätten sollte sich von einer nun beim Bertuchschen Palais vorgesehenen Stadthalle über das Freibad bis zur Verbindungsbahn vom Haupt- zum Berkaer Bahnhof erstrecken. Als 1924 für den Standort eines „Reichsehrenmales" auch Weimar und hier ein Monument erwogen wurde, gewann dieses in der Achse planerische Bedeutung als westliches Pendant zum Turm der Jakobskirche. Tatsächlich entstanden 1924 bis 1928 als westlicher Schlußpunkt der Achse ein Stadion, die Thüringische Landeskampfbahn, weitere Sportplätze, das Schwanseebad nach Entwürfen von AUGUST LEHRMANN und 1931/32 die Weimarhalle von MAX und GÜNTHER VOGELER als damals größtes Kongreßgebäude Thüringens in Formen der gemäßigten Moderne. Mit zwei Seitenflügeln faßte es einen Geländehang und bildete bis zu seinem Abriß im Jahre 1997 zugunsten eines Ersatzneubaus den Blickfang des zum Weimarhallenpark umgestalteten Bertuchschen Gartens.

Für das „Reichsehrenmal" war schließlich ein Standort südlich von Bad Berka bestimmt worden (wo es allerdings auch nicht verwirklicht wurde). In Weimar entstand lediglich ein 1927 eingeweihtes, 1949 wieder beseitigtes Stelenmonument südlich vor dem Stadtschloß. Der Gedanke eines Denkmals mit weit über die Stadt hinausweisender Aussage gewann erneute Nahrung durch das Interesse der Nationalsozialisten an dem Nietzsche-Memorial. Nach erheblich reduziertem sowie verändertem Konzept und Entwürfen von PAUL SCHULTZE-NAUMBURG begann 1937 die Verwirklichung südlich neben der Villa „Silberblick" mit Ahnengalerie, Ruhmes- und Tagungshalle sowie Verwaltungs- und Archivtrakt. Unausgestattet geblieben, dient der Baukomplex seit 1946 als Rundfunkanstalt.

Schon 1933 hatte die nationalsozialistische Landesregierung sich mit der Absicht getragen, Weimar zu einer repräsentativen sogenannten Gauhauptstadt auszubauen. Als Standort eines „Gauforums", eines 1,5 ha großen Aufmarschplatzes mit rahmenden Monumentalbauten, war das Asbachtal gewählt worden. Hier fand 1936 der „Erste Spatenstich", 1937 die Grundsteinlegung für eine „Halle der Volksgemeinschaft" statt, womit ein die gesamte Stadtstruktur brutal störendes Vorhaben seinen Anfang nahm. Westlich gegenüber der Halle sollte ein 137 m langer Trakt der „Deutschen Arbeitsfront", nördlich ein 150 m langes Gebäude für die „NSDAP und ihre Gliederungen", südlich ein Baukomplex für „Gauleitung und Reichsstatthalterei" entstehen; fortsetzen sollte sich eine weitgehende Überformung der Jakobsvorstadt mit gleichen rigorosen Eingriffen in Vorhandenes bis in die Innenstadt hinein. Entstanden ist lediglich der 1944 fertiggestellte „NSDAP"-Trakt; die übrigen Teile des „Gauforums" verblieben als rohbauliche Fragmente. Durch Abriß und Verschüttung des Asbachviaduktes war die Straßenbahnverbindung vom Betriebswerk zur Innenstadt zerstört worden. Kraftomnibusse besorgten nun den öffentlichen Personenverkehr; Wagenhalle und Wartungsstation entstanden westlich des Berkaer Bahnhofes.

Während des Zweiten Weltkrieges wurden bei dem Luftangriff am 9. Februar 1945 die Stadtpfarrkirche und die Gegend westlich derselben, die Umgebung des Schillerhauses, das Goethehaus etwa zu einem Drittel und die Nordseite des Frauenplanes, das Nationaltheater und dessen westliche Nachbarschaft, die Nord- und Nordwestseite des Marktes sowie die östliche Jakobsvorstadt und der nördliche Teil des Ilmparkes zerstört.

Gegenstand konzentrierter Wiederaufbauvorhaben waren zunächst die Kulturstätten, die Weimar in der Nachkriegszeit einen bleibenden Standort in dem politisch und sozial neu zu ordnenden Europa sichern sollten. Das Schillerhaus konnte bereits 1946, das Deutsche Nationaltheater 1948, das Goethehaus 1949 und die Stadtpfarrkirche (Herderkirche) 1953 der Öffentlichkeit wieder zugänglich gemacht werden. Das Landesmuseum aber wurde 1948 zur Plünderung freigegeben und machte alsbald den demagogisch behaupteten Eindruck einer Kriegsruine. Die Gebäude um den Platz des unvollendeten „Gauforums" wurden für neue Nutzungen bezugsfähig fertiggestellt, zunächst für die Sowjetische Militäradministration; später zogen Landwirtschaftliche Fachschule, Internat, kommunalpolitische Fachschule, Institutionen des Vorgängers der Bauhaus-Universität und das jetzige Thüringische Landesverwaltungsamt ein.

Im Rahmen der seit 1945 durchgesetzten Bodenreform wurden bis 1948 Neubauernhäuser am Rande des Stadtgebietes gebaut. Vereinzelt hat man Wohnhäuser in der Innenstadt errichtet, anfangs noch mit der Absicht, einige Kriegslücken in architektonisch angemessenen Formen zu schließen, so 1956 zwischen Bahnhof und Landesmuseum an dem nun in Platz der 56 000 (Opfer von Buchenwald) umbenannten Watzdorfplatz, dem heutigen Buchenwaldplatz. Hier entstand gleichzeitig das Ernst-Thälmann-Memorial anstelle des Kriegerdenkmals für die Gefallenen von 1870/71. Mit Wohnblockbebauungen westlich der Herderkirche (Rittergasse, Geleitstraße) und südlich der Frauenvorstadt (Amalienstraße) aber mißachtete man vorhandene Grundstücksgrenzen und Baufluchten. Die Nordseite der Marktstraße wurde 1962 mit einem, zwar hinsichtlich Geschoßzahl und Dachgestalt der Nachbarbebauung angepaßten, aber viel zu lang geratenen Laubenganghaus besetzt. Wohnungsneubauten größeren Ausmaßes konzentrierten sich an den Stadträndern, 1953/54 im O an einer bereits erschlossenen Straße (Bodelschwinghstraße), 1959 bis 1962 westlich in Fortsetzung der Gutenbergstraße und bei der Pestalozzi-Schule am Kirschberg.

Die 1946 als Lehrstätte für Architektur und bildende Künste wieder eröffnete Kunstschule weitete sich baulich seit 1950 erheblich aus: Ein Teil des kriegszerstörten Gebietes an der Coudraystraße wurde bis 1960 mit Institutsgebäuden zwar wieder als Straßenraum gefaßt, jedoch mit gestaffelt erweiterten Baufluchten; anstelle der einstigen Hofgärtnerei und einer Villa östlich der Marienstraße entstanden 1956/57 Bürogebäude und Hörsaaltrakt in einer der verpflichtenden Umgebung des Ilmparkes angemessenen Formensprache, und 1966 bis 1970 wurde die Lücke zwischen den Kopfbauten des Jägerhauses mit einem Seminargebäude geschlossen, das der Marienstraße zwar wieder städtebauliche Gestalt gab, aber den architektonischen Zusammenhang des Hauses zerstört hat. Dominant und autonom gestaltete sich mit einem sechsgeschossigen Bürogebäude 1973 bis 1975 in der Coudraystraße ohne Rücksicht auf ehemalige Bau- und Straßenfluchten ein Institutskomplex der indessen in „Hochschule für Architektur und Bauwesen" (mit Universitätsstatus) umstrukturierten einstigen Kunstschule. Den Rand des Ilmparkes beeinträchtigen empfindlich die 1974 fertiggestellte Hochschul-Sporthalle und der 1979 bis 1982 entstandene, im Grundriß gestaffelte Baukörper der Hochschul-Mensa.

G 4.11 In die Polizeikaserne an der Ausfallstraße nach Tiefurt war 1948 ein weiteres städtisches Krankenhaus eingezogen. Die anderen Kasernen, auch das Stabsgebäude auf der Altenburg, nahm die sowjetische Besatzungsmacht in Anspruch. Bis 1964 existierte in der östlichen Cranachstraße ein Wohngebiet für sowjetische Offiziersfamilien.

Im Rahmen der von einer zentralistischen Baupolitik diktierten Orientierung auf radikale Stadterweiterungen entstanden auf bislang unerschlossenen Gebieten Großwohnsiedlungen. Das ab 1964 gebaute Wohngebiet Weimar-Nord füllte den Raum zwischen Industriegebiet nebst einer Kleingartenanlage an der Eisenbahnstrecke und den Kasernen westlich der Ausfallstraße nach Ettersburg. Monoton, abwechselnd ost-westlich und nord-südlich gereihte, am westlichen Rand rechtwinklig zu partiell geschlossenen Wohnhöfen aneinandergefügte fünfgeschossige Wohnscheiben sowie drei Punkthochhäuser bestimmen die städtebauliche Gestalt, eine schachtelförmige Kaufhalle, zwei Schul-, ein Kindergarten- und ein Klubgebäude ergänzen sie. Fertiggestellt wurde das Ganze nie: Wo Wohngebietszentrum und Sportplatz geplant waren, gähnen gestaltlose Freiflächen. Als die von der sowjetischen Militärbehörde ab 1948 in Anspruch genommene Weimarhalle freigegeben wurde, erhielt sie als Kulturhaus und Offizierskasino 1974 am östlichen Rande des Wohngebietes einen Neubau, der seit 1997 zeitweilig als Ausweichspielstätte („Redoute") des Deutschen Nationaltheaters diente.

Keine eigentliche Stadterweiterung stellt der 1974 bis 1977 entstandene Wohnkomplex „Dichterweg", zwischen den Siedlungsbauten der dreißiger Jahre nördlich von Oberweimar und dem Ilmpark, dar. Die versetzt zu monotonen Zeilen gereihten fünfgeschossigen Wohnscheiben im nördlich beigefügten Zentrum mit Gaststätte, Kaufhalle, Bibliothek riegelten den Park, der sich einst unbeeinträchtigt zur Naturlandschaft öffnete, südöstlich nahezu hermetisch ab. Es folgte ab 1978 das Wohngebiet Weimar-West jenseits der Verbindungsbahn vom Haupt- zum Berkaer Bahnhof nach prinzipiell gleichem städtebaulichen Muster wie in Weimar-Nord. Jedoch lassen die ost-westlich gereihten, mit öffentlichen Einrichtungen unterlagerten fünfgeschossigen Wohnblocks und das dominierende Scheibenhochhaus des Altersheimes die Absicht eines integrierten Wohngebietszentrums besser als dort erkennen. Eine nachträgliche Ausstattung erhielt Weimar-West 1988 mit dem gestalterisch wohltuend von den uniformen Wohnblocks sich abhebenden evangelischen Gemeindezentrum. Das letzte derartige Wohngebiet sollte westlich von Schöndorf entstehen; einige Wohnblocks wurden bereits für den Einzug freigegeben, ehe alle Vorkehrungen für die technische Ver- und Entsorgung getroffen waren und der Zusammenbruch einer verfehlten Baupolitik 1989 Neuplanungen möglich machte.

Als Kompensat der durch Monotonie und Uniformität reduzierten Wohnqualität der Neubaugebiete weiteten sich Kleingartensiedlungen in beträchtlichen Dimensionen vornehmlich im W der Stadt und östlich der ehemaligen Polizeikaserne aus. Schrebergärten waren in Weimar an den Stadträndern seit dem 19. Jh. entstanden.

Zögernd näherten sich Neugestaltungen der Kernstadt: Auf dem unvollendet gebliebenen Teil des Kulturprojektes von 1921 entstand ohne städtebauliche Einbindung in die Ost-West-Achse 1973 eine Schwimmhalle. Die jahrelang hinausgezögerte Entscheidung über das Fragment der „Halle der Volksgemeinschaft" fiel zugunsten seines 1968 bis 1970 erfolgten mehrgeschossigen Ausbaus und seiner

Verkleidung mit Beton-Lamellen. Ein preisgekrönter Beitrag zu dem 1968 ausge- G 4.11
lobten Wettbewerb zur Gestaltung der gesamten Stadt, demzufolge weite Teile der
verbliebenen Jakobsvorstadt sowie großflächige Gebiete westlich von Goetheplatz
und Theater geopfert werden sollten, gab die Anregung für den 1970 bis 1972 erfolgten Bau des elf- bzw. zwölfgeschossigen Internatsgebäudes am Jakobsplan. Es
folgten östlich ein klotzartiges Bürogebäude mit städtebaulichem Bezug zur „Halle
der Volksgemeinschaft", nicht zur Jakobsvorstadt und 1972 bis 1975 ein sechs-
bzw. fünfgeschossiges Seniorenheim sowie das ab 1987 errichtete Hilton Hotel auf
der einstigen Falkenburg an der Belvederer Allee.

Vor dem Hintergrund städtebaulicher Fehlleistungen nahmen sich ernsthafte
Absichten, das historisch verpflichtende Antlitz Weimars zu bewahren bzw. wieder herzustellen, sehr bescheiden aus. Die Schillerstraße wurde beispielgebend
1968/69 zur Fußgängerzone umgestaltet, allerdings ohne die hier vom Krieg ge-
schlagenen Lücken zu schließen. Das verzögerte Vorhaben, dem Markt seine Gestalt wiederzugeben, blieb mit der 1968 bis 1971 erfolgten Baukörper- und (re-
staurativen) Fassadenkopie des Stadthauses fragmentarisch. Erst 1987 begann der
Wiederaufbau der Nordseite, der, unterbrochen durch die Ereignisse von 1989, im
Zusammenhang mit der Fortsetzung der Bebauung bis zur Marktstraße mit einer
funktionsunfähigen Marktpassage 1992/93 vollendet wurde. 1978 bis 1980 entstand der Ersatzneubau an der Ecke Marktstraße/Windischenstraße. Mit einer
schlichten Hauszeile wurde maßstabsgerecht partiell die Nordseite der Rittergasse
geschlossen. Der baukörperlich gut eingepaßte Neubau des Schillermuseums zwischen Schillerhaus und Windischenstraße, anstelle einer Kriegs- bzw. Nachkriegs-
lücke, beseitigte 1988 einen empfindlichen städtebaulichen Mangel.

Währenddessen nahmen die baulichen Substanzverluste rigoros zu. Als die
Marktnordseite emporwuchs, fiel das geschichtsträchtige, zuvor künstlich rui-
nierte Hotel „Erbprinz" an der Marktsüdseite bis auf eine Erdgeschoßmauer und
die Keller. Abrisse mit gravierendem städtebaulichen Identitätsverlust ohne Aussicht auf angemessenen Ersatz erfolgten in der nördlichen Kernstadt (Rosmarien-
gasse, Teichplatz), im einstigen Suburbium (Am Bornberg, Hinter der Badestube,
Mostgasse), in der Jakobsvorstadt (Wagnergasse, Roll- und Friedensgasse, nördliche Jakobstraße). Energisch betriebene Abrißbegehren konnten 1980 und 1989
von der Ruine des Landesmuseums und 1992 von weitgehend intakten Gebäuden
in der Heinrich-Heine-Straße abgewehrt werden.

Der 1993 erteilte Zuschlag für Weimar „Kulturstadt Europas 1999" wirkte an-
ziehend auf Investitionen, Institutionen (so das „Goethe-Institut") und Persönlichkeiten. Während in der Innenstadt sich das privatwirtschaftlich spekulative Inve-
stitionsgeschehen teils lückenfüllend, teils auf Abbruchstellen, teils bausanierend
bzw. restaurierend entfaltet, begleitet von tiefbaulichen und großenteils längst
überfälligen Erneuerungen der technischen Infrastruktur, dehnte sich das Stadtareal durch Eingemeindungen über Gaberndorf, Süßenborn, Taubach, Possendorf,
Legefeld, Gelmeroda, Niedergrunstedt und Tröbsdorf mit zahlreichen Gewerbegebieten und Einkaufszentren erheblich aus (s. G 4.10). Fertiggestellt wurde das
(nach Weimar-Nord, „Am Dichterweg", Weimar-West) vierte Wohngebiet nordwestlich von Schöndorf als „Waldstadt" mit mehrgeschossigen Gebäuden; übernommen wurde die eben entstandene Wohnsiedlung östlich von Gaberndorf, neu
erschlossen im S, in Richtung Gelmeroda, das Wohngebiet „In der Sackpfeife" mit

G 4.11 architektonischen Bekenntnissen zu einer randstädtischen Formensprache. Abrundung fand dieses Erweiterungsgebiet mit einem Gebäude der kassenärztlichen Vereinigung und einem 1998 eingeweihten Krankenhauskomplex, ohne der Stadt eine generell neuartige Orientierung geben zu wollen.

Spektakulär gestaltete sich die westliche Schließung des Beethovenplatzes (anstelle des im Krieg zerstörten Schatullgebäudes) mit dem 1998 eröffneten Dorint Hotel, dem das nördlich einbezogene, als Baukörper- und Fassadenkopie wieder entstandene einstige Gesandtschaftsgebäude zum Opfer fiel; auch der bis 1999 fertiggestellte Neubau der Weimarhalle, deren Flügel wie die ihres Vorgängers sich dem gleichnamigen Park entgegenstrecken. Nachnutzung und städtebauliche Integration der von der Sowjetarmee bzw. den GUS-Streitkräften geräumten Liegenschaften an der Ausfallstraße nach Ettersburg sowie an der „Großmutterleite" erfolgten schleppend. Oberhalb der Straße Am Horn wird ein neues Kleinsiedlungsgebiet erschlossen. Ungeklärt blieb das gestalterische Schicksal des ehemaligen „Gauforums" und seiner maßstabslosen Flügelbauten. Hier aber fand ab 1989 das wohl bedeutendste baudenkmalpflegerische Ereignis statt: die Wiederherstellung des Landesmuseums, mit dessen Eröffnung, wieder als Neues Museum, das Jahr der „Kulturstadt Europas 1999" feierlich eingeleitet wurde (s. G 4.12).

G 4.12 Kulturhistorisch bedeutende Gebäude
(kursive Zahlen in Klammern entsprechen denen in Abb. 34)

Weimars überregionale, europäische, weltweite Bedeutung ist wahrlich nicht durch das bauliche Antlitz dieser Stadt begründet, das nur sehr punktuell einem solchen Anspruch gerecht zu werden vermag: beim Stadtschloß, allerdings mehr in bezug auf die Absichten als auf das Verwirklichte, bei einigen Bauten von CLEMENS WENZESLAUS COUDRAY, beim Landesmuseum, bei den Kunstschulbauten HENRY VAN DE VELDES und bei der einzigen architektonischen Hinterlassenschaft des Bauhauses, dem „Haus am Horn", schließlich bei der sich gegenseitig steigernden Beziehung zwischen gebauter Struktur und gestalteter Natur, zwischen Stadt und Park mit seinen gleichsam eingestreuten Gebäuden. Sonst aber präsentiert sich die Stadt in provinzieller Bescheidenheit, jedoch darin gleichsam die hinreichende Kulisse bildend, vor und hinter der sich ein überragendes Geistesleben zu entfalten vermochte.

Bis zum Beginn des 20. Jh. gingen alle wesentlichen Impulse, die das Antlitz der Stadt geprägt und ihren weltweiten kulturellen Ruf begründet haben, von der einstigen Burg, vom Fürstenhofe, vom Stadtschloß (*1*) aus. Dieses zeigt sich in scheinbar regelmäßiger vierflügeliger Gestalt mit südwestlich etwas zusammenhanglos beigefügtem Turm und dem Torgebäude, „Bastille" genannt. Tatsächlich handelt es sich bei dem Schaft des Turmes um den 1439 erneuerten Bergfried der Burg, damit um das älteste Bauwerk Weimars, das seit 1732 den hölzernen, schieferverkleideten, mit welscher Haube und Laterne bekrönten Aufsatz trägt. Die Bastille mit dem prächtigen stadtseitigen Portal, das in seiner Wappenzier noch die Kurschwerter zeigt sowie die einstigen Öffnungen für die Ketten der Zugbrücke über dem vom Lottenbach gespeisten Wehrgraben zu erkennen gibt, war der Zu-

Abb. 34   Übersicht über die kulturhistorischen Bauten Weimars; Zahlen entsprechen denen (*kursiven*) im Text

gang zu der im Grundriß ovalförmigen Burg bzw. zu der im Umbau zum Renaissance-Schloß befindlich gewesenen Anlage. Der Ostflügel (ohne den 1803 am westlichen Kopf der Sternbrücke eingefügten Portaltrakt), in den der Baukörper des Grünen Hauses einbezogen worden war, der Nordflügel und die nördlichen vier Achsen des Westflügels sind das Fragment der einst von GIOVANNI BONALINO

141

G 4.12 geplanten Vierflügelanlage. Der restliche Teil des Westflügels mit Löwenportal, neuer Zufahrt in den Schloßhof und neuromanischer Kapelle darüber entstand bis 1840, womit (nach vorher schon erfolgtem Abriß der südlichen Burgmauer) eine sich nach S öffnende Dreiflügelanlage mit Appendix von Turm und Bastille gestalterisch als endgültig gab. Diesen Baugedanken hat die Errichtung des Südflügels 1914 zerstört.

Im Inneren befinden sich raumkünstlerische Kleinodien, die mit zu den qualitätvollsten der europäischen Kunstgeschichte gezählt zu werden verdienen: das Paradetreppenhaus im Westflügel, 1791 bis 1803 von JOHANN AUGUST ARENS (Erdgeschoß) und HEINRICH GENTZ (Obergeschoß), der über zwei Geschosse sich erstreckende Festsaal, die Falkengalerie im Nordflügel, ebenfalls von GENTZ und die Dichterzimmer im Westflügel, u. a. nach Entwürfen von KARL FRIEDRICH SCHINKEL. Genutzt wird das Schloß heute als Museum im West- und Nordflügel durch die Kunstsammlungen zu Weimar mit der öffentlichen Präsentation der Innenräume (Interieurmuseum) sowie einer Cranach-Galerie, mit Expositionen zur „Weimarer Malerschule", zur bildenden Kunst vom Mittelalter bis zur Gegenwart (Exponatmuseum); als Zentralort der Stiftung „Weimarer Klassik" (südlicher Teil des Ost- und östlicher Teil des Südflügels), der die Obhut der Klassikerstätten in Thüringen obliegt, sowie als ein (nicht öffentlicher) Teil der heutigen Herzogin Anna Amalia Bibliothek im Südflügel. Die Einrichtungen verwaltet die Thüringische Landesstiftung „Schlösser und Gärten".

Das nach dem Schaft des Schloßturmes älteste Bauwerk in Weimars Innenstadt ist die mehrfach umgestaltete einstige Kirche des Franziskanerklosters (2), die in ihrer Baukörperstaffelung noch das Laienhaus und den einseitig ausgeschiedenen Chor erkennen läßt. Nach der Säkularisation 1533 zum Speicher umgebaut, diente sie ab 1872 der von CARL MÜLLERHARTUNG gegründeten Orchesterschule und wurde, nachdrücklich befördert von FRANZ LISZT, Initialort der Weimarer Hochschule für Musik.

Mittelalterlicher Herkunft ist die Herderkirche (3), der zweite, 1500 unter Einbeziehung der Position des (jetzt schiefwinkelig stehenden) Turmes eines Vorgängerbaus als dreischiffige Halle unter monumentalem Satteldach und mit polygonalem Chorschluß vollendete Bau an dieser Stelle. Vornehmlich für die Ansprüche des Hofes erfolgten 1726 und 1735 bis 1745 gestalterische Veränderungen an den Öffnungen sowie der innere Neuausbau (Ersatz der Steingewölbe durch hölzerne) mit Emporen (darunter der fürstlichen im N). Auf die oberste von ihnen wurde nach Zerstörungen im Zweiten Weltkrieg bei den Wiederherstellungen verzichtet. Seit 1554 als höfische Begräbnisstätte genutzt, ist das Chorinnere geradezu zu einem Bildersaal der Grabmalkunst vom 15. bis zum frühen 19. Jh., bis zum Bau der Fürstengruft, geworden. Älteste Grabtafeln – so für Herzog WILHELM den Tapferen (gest. 1482) und für MARGARETHA (gest. 1521), der zweiten Gemahlin des Kurfürsten JOHANN – stammen aus der Franziskanerkirche; diejenige von LUCAS CRANACH d. Ä. (gest. 1552) wurde 1859 vom Friedhof der Jakobskirche hierher versetzt, Monumentalepitaphien der Herzöge JOHANN WILHELM (gest. 1573) und JOHANN (gest. 1605) nebst Gemahlin DOROTHEA MARIA (gest. 1617) zieren die Nordseite des Chores; die Tumbengräber Herzogs JOHANN FRIEDRICH des Großmütigen (gest. 1554) und seiner Gemahlin SIBYLLE VON CLEVE (gest. 1554) bestimmen des Chores Mitte vor dem 1552 bis 1555 von LUCAS CRANACH d. Ä.

und d. J. geschaffenen Flügelaltar. An JOHANN GOTTFRIED HERDER, von 1776 bis 1803 Prediger und Superintendent, erinnern seine Grabtafel im Fußboden des Laienhauses und das 1850 vor die Südseite aufgestellte Bronze-Standbild. Aus der Zeit um 1500 stammt das im 18. Jh. von der fürstlichen Finanzbehörde als „Kasseturm" (4) in Anspruch genommene, nach 1773 mit einem verputzten Fachwerkgeschoß aufgestockte nordwestliche Bollwerk der Stadtbefestigung, das seit 1962 als Studentenklub dient. Seit 1860 ist es einbezogen in die von FERDINAND STREICHHAN geschaffene Gestaltung der Ostseite des jetzigen Goetheplatzes. Das stattlichste Gebäude des Platzes ist das in spätklassizistischen Formen sich präsentierende einstige Ballhaus der Erholungsgesellschaft (5), das nach dem Zweiten Weltkrieg von der US-amerikanischen Besatzungsmacht in Anspruch genommen, danach Jugendklubhaus wurde und seit 1990 die Bezeichnung „mon ami" führt. Das gestalterische Pendant zum Kasseturm, das einstige „Lesemuseum" (6), beherbergt nach einer zwischenzeitlichen Nutzung als Reisebüro die Bauaufsichtsbehörde.

Der von der Stadtbefestigung im südöstlichen Bereich verbliebene Wehrturm (7), im Kern etwa so alt wie der Kasseturm, wurde nach Plänen von CLEMENS WENZESLAUS COUDRAY 1821 als Magazin für die 1761 bis 1766 im „Grünen Schloß" (8) mit dem Einbau eines durch drei Geschosse sich erstreckenden Saales eingerichtete Herzogliche Bibliothek als „Bücherturm" umgestaltet. Dabei erhielt der Turm im Inneren die aus der Osterburg in Weida ausgebaute Wendeltreppe mit der 16 m hohen, aus einem einzigen Eichenstamme gefertigten Spindel. Von COUDRAY stammt auch der im Äußeren des mit wenigen Ausnahmen (Fenstergewände) in barocker Gestalt mit Mansarddach sich präsentierenden Bibliotheksgebäudes nicht erkennbare nördliche Anbau des Treppenhauses als Ersatz für den südlich vorhanden gewesenen Treppenturm. Nach wie vor dienen die umgewidmeten Bauten, der einstige Wehrturm und das ehemalige Lustschloß, als Bibliothek, heute Herzogin Anna Amalia Bibliothek mit einem der schönsten barocken Bücher- und Repräsentationssäle Deutschlands.

Bauliche Repräsentanten der durch die Kernanlagen von Kasse- und Bücherturm bezeichneten beginnenden Neuzeit sind mehrere Gebäude am Markt: die älteste nachweisbare Gaststätte Weimars, der 1540 genannte „Schwarze Bär" (9), mit einer 1877 erfolgten Erhöhung um ein Geschoß und 1926 wieder sichtbar gemachter Toreinfahrt, östlich davon das 1561 erstmals als Haus „Elephant" erwähnte, seit 1696 als Gasthof bezeugte und 1937/38 nach Entwürfen von HERMANN GIESLER auf den Abrißstätten dreier Vorgängerbauten neu entstandene gleichnamige Hotel (10). Weitere Gebäude sind das Pestelsche/Brücksche Doppelhaus (1547–1549) mit der 1865 und 1829 um je eine Bogenöffnung veränderten Erdgeschoßzone (11), das 1526 bis 1547 entstandene, noch ganz mittelalterlichen, spätgotischen Formen verpflichtete, 1968 bis 1971 als Baukörper- und Fassadenkopie wiedergewonnene Stadthaus (12), schließlich die in die weitgehend kopierende Neugestaltung der Nordseite einbezogene ehemalige Hofapotheke (13) mit aus dem 16. Jh. stammenden Versatzstücken. Am Herderplatz befinden sich der Sächsische Hof (14) und das Deutschritterhaus (15), welches seinen Namen allerdings zu Unrecht trägt, weil das Grundstück dem Deutschritterorden nicht gehört hat. Es zeigt bei aller klassischen Strenge der Fassadengestaltung das Charakteristikum deutscher Renaissance: die Asymmetrie. Im Schloßkomplex ent-

G 4.12   stand 1574 bis 1576 anstelle niedergerissener Bürgerhäuser das stattliche, mit drei Zwerchhäusern und einem prächtig geschmückten Portal zur Stadtseite gewendete dreigeschossige Rote Schloß (*16*) als Witwensitz der vormaligen Gattin Herzogs JOHANN WILHELM, DOROTHEA SUSANNA (gest. 1573), welches seinen Namen wohl den rot gefaßten Fensterrahmen verdankte und nach Entwürfen von CLEMENS WENZESLAUS COUDRAY 1820 eine neue architektonische Hoffassung unter Beibehaltung des Treppenturmes erhielt, die Holzställe (*17*), das die Freie Zeichenschule, später Dienststellen thüringischer Ministerien beherbergte.

Das 17. Jh. ist als eine Folge des Dreißigjährigen Krieges arm an Hinterlassenschaften im Weimarer Stadtbild, etwas reicher im Schloßkomplex. Bedeutende barocke Gebäude aus dem 18. Jh. befinden sich in der Innenstadt, so das Gymnasium Wilhelminum-Ernestinum (*18*), das anstelle eines 1561 errichteten Schulhauses 1715/16 als stattliches dreigeschossiges, mit Freitreppe, Mittelrisalit und Mansarddach streng symmetrisch gestaltetes Gebäude entstand. Nach 1887 war es Domizil der Baugewerkschule, nach dem Zweiten Weltkrieg des Naturkundemuseums, ab 1968 eines polytechnischen Zentrums Weimarer Schulen, und heute wird es von der Volkshochschule genutzt. Das „Branco-Haus" (*19*), welches 1712/13 der Seifensieder JOACHIM KIRMS dreigeschossig vierachsig, mit Mittelrisalit und entsprechendem Zwerchhaus auf dem Mansarddach errichten ließ, trägt seinen Namen nach der 1827 hier ansässig gewordenen Seifensiederfamilie Branco. Das prinzipiell dem Gestaltmuster jenes Gebäudes, aber mit größerem Zuschnitt folgende „Haus zum Palmbaum" (*20*) wurde 1728 errichtet. 1701 entstand u. a. durch mansarddachbekrönt aufstockende Überbauung eines um 1520 geschaffenen Anwesens mit weitgehend erhaltenem laubenganggeziertem Binnenhof das Kirms-Krackow-Haus (*21*), an dessen Hof sich seit 1750 ein kleiner Park mit Gartenschlößchen anfügt und das zur Goethezeit die Brüder KARL und FRANZ KIRMS und des letzteren Ehefrau KAROLINE KRACKOW bewohnten. Es ist seit 1917 Interieurmuseum und wurde 1963 ergänzt um einen Ausstellungsteil zur Würdigung JOHANN GOTTFRIED HERDERS. Dieser hatte seinen Amtssitz in der Superintendentur (*22*), einem 1726/27 in die jetzige Gestalt gebrachten Haus aus dem 16. Jh.

Das 1777 einst als Hinterhaus eines Grundstücks an der Windischenstraße errichtete zweigeschossige mansarddachbekrönte Schmidtsche Haus neben der aus dem 15. Jh. stammenden einstigen Münze wurde als Wohnstätte FRIEDRICH SCHILLERS 1802 bis 1805 und Entstehungsort der Dramen „Die Braut von Messina", „Wilhelm Tell" und des fragmentarischen „Demetrius" bekannt und ist seit 1847 als Schillerhaus Museum (*23*). Das am damaligen westlichen Stadtrand 1767 mit acht Achsen und drei Geschossen quer in den Zwinger der einstigen Fortifikation gestellte Palais des Ministers JAKOB FRIEDRICH VON FRITSCH bewohnte als Wittums-(Witwen-)Palais (*24*) ANNA AMALIA von 1774 bis 1807. Sie ließ es nördlich mit einem zweigeschossigen Flügel erweitern. Hier regte sie mit ihren „Tafelrunden" das intellektuelle Leben Weimars ungemein an – ein Grund dafür, daß Kerngebäude und Anbau seit 1871 museal präsentiert werden. In der Frauenvorstadt bewohnte GOETHE 47 Jahre das vierzehnachsige zweigeschossige Helmershausensche Palais von 1709, das er im Inneren nach seinem Geschmack, namentlich mit einer neuen Treppe, ausstatten ließ. Das Gebäude ist seit 1886 als Goethehaus (*25*) Interieurmuseum und wurde 1913 und 1935 östlich um ein Exponatmuseum baulich erweitert. Von 1789 bis 1792 hatte GOETHE mit CHRISTIANE VULPIUS im Jä-

144

gerhaus (*26*) gewohnt. Dieses südlich vor dem äußeren Frauentor 1717 bis 1720 errichtete Gebäude mit seinen seitlichen fünfachsigen dreigeschossigen Kopfbauten und einem fünfzehnachsigen zweigeschossigen, nach Kriegs- und Nachkriegszerstörung 1966 bis 1970 ersetzten Mitteltrakt glich mehr einem eigenständigen Schloß als lediglich einem Jägerhaus, das für Beamte, Jagdhunde und -geräte bestimmt war und in dem von 1816 bis 1930 die Freie Zeichenschule eine Heimstatt mit bedeutenden Künstlern, u. a. FRIEDRICH PRELLER d. Ä., fand.

In der Jakobsvorstadt erhielt die namengebende Pfarrkirche (*27*) als schlichter Barockbau mit Westturm und östlich angefügter Sakristei, im Inneren mit dreigeschossigen Emporen, ihre jetzige Gestalt 1712/13 durch komplette Überbauung ihres Vorgängers. Sie diente von 1530 bis 1818 auch als städtische Friedhofskirche; in ihrer Umgebung befinden sich Grabstätten bedeutender Weimarer Persönlichkeiten, so die efeubewachsene Künstlergruft für LUCAS CRANACH d. Ä. (gest. 1553) mit kopierter Stele (Original in der Herderkirche), der durch eine liegende Platte im Rasen bezeichnete letzte Ruheplatz von CHRISTIANE VON GOETHE (gest. 1816) und die Erstbestattungsstelle SCHILLERS in dem 1715 als privates, mit einem (1927 kopierten) Pavillon überbauten Gruftgebäude entstandenen, 1742 vom fürstlichen Staat übernommenen Kassengewölbe. Im Schloßkomplex stößt das 1702 bis 1704 als langrechteckiger zweigeschossiger Bau mit in Resten verbliebenem Portalschmuck in der Mitte für die Herzogswitwe CHARLOTTE DOROTHEA SOPHIE errichtete Gelbe Schloß (*28*), an die seit 1838 westlich davon nach Entwürfen von CLEMENS WENZESLAUS COUDRAY entstandene, 1911 für Behördenzwecke nach S um fast das Doppelte mit akkurater Wiederholung des dreigeschossigen Fassadenmusters verlängerte, nun mit zwei giebelbekrönten Risaliten akzentuierte Neue Wache (*29*). In das eigentlich für die Landstände bestimmt gewesene, 1770 bis 1774 errichtete, nach dem Brand des Residenzschlosses jedoch als „Fürstenhaus" (*30*) vom Hof genutzte siebzehnachsige dreigeschossige, 1889 nördlich mit einem neubarocken Mittelrisalit mit axialem Bezug zum 1875 enthüllten Reiterdenkmal für CARL AUGUST versehene Gebäude zog nach mancherlei behördlicher Nutzung 1951 die Hochschule für Musik „Franz Liszt" ein. Das südlich jenseits des einstigen Wehrgrabens um 1770 aus dem Stiedenvorwerk entstandene, nach S zum Park sich dreiflüglig öffnende Gebäude ist in die Geschichte als Haus der Frau von Stein (*31*) eingegangen. Hier wohnte ab 1776 u. a. der Oberstallmeister JOSIAS VON STEIN mit seiner Frau CHARLOTTE, die zehn Jahre lang GOETHE als Vertraute nahe stand. Heute befindet sich hier das Goethe-Institut.

In dem Park an der Ilm (s. G 4.13), der wesentliche Impulse durch Goethes Garten an dem ihm vom Herzog geschenkten würfelförmigen Gartenhaus (*32*) erhielt, bezeichnen drei Bauwerke den indessen vom Barock sich strikt abwendenden, ambivalenten Geschmack: Die als Kugelfang der 1733 angelegten Schußbahnen 1784 gebaute Künstliche Ruine (*33*) mit mittelalterlichen Spolien aus dem 1774 ausgebrannten Residenzschloß bekundet die romantisch-sentimentale Geistesströmung jener Zeit; vor ihrer repräsentativen, dem unteren Teil des Parkes zugewendeten Seite erhielt 1904 das Shakespeare-Denkmal seinen Standort. Das Bekenntnis zum gotischen Historismus belegt das 1786/87 zunächst als hölzerner, neugotisch bemalter Teesalon, 1811 bis 1818 als steinernes, östlich mit einem Turm akzentuierte Tempelherrenhaus (*34*), das später als Kunstatelier, u. a. für FRIEDRICH PRELLER d. Ä. sowie für Meister des Bauhauses, diente und seit 1945 Ruine ist. Mit dem Bau

G 4.12 des Römischen Hauses (*35*), 1791 bis 1797 nach Entwürfen von JOHANN AUGUST
ARENS aus Hamburg und CHRISTIAN FRIEDRICH SCHURICHT aus Dresden (für die innere Ausstattung) als architektonische Zierde des Parkes und als Wohnsitz des
Herzogs während der Wiederherstellung des ausgebrannten Residenzschlosses
gleichermaßen geschaffen, gewann durch den streng ionisch im (oberen) Westteil
und den streng dorisch im Ostteil des als Verbindungsglied zwischen oberem und
unterem Parkteil gestalteten, in den Hang eingeordneten Gebäudes, unter Goethes
Assistenz, die rationale Gesinnung prägnanten Ausdruck. Heute dient es musealen
Zwecken wie auch Goethes Gartenhaus, das der Dichter bis 1782 ständig, danach
gelegentlich bewohnte.

Noch barocken Gestaltungsgepflogenheiten folgte mit seinem neunachsigen
zweigeschossigen, mit Mittelrisalit gezierten und Mansarddach bekrönten
Baukörper 1780 das Bertuchsche Palais (*36*), das derselbe Bauherr bis 1803 mit
einem fünfachsigen, ein Geschoß höheren, satteldachbekrönten Gebäude klassizistisch (mit dorisierendem Foyer und halbkreisförmig westlich sich auswölbendem
Treppenhaus) sowie der exakten baukörperlichen Wiederholung des 1780 entstandenen Kernbaus nach S erweitern ließ. So entstand, eingeschlossen die beiden
zweigeschossigen Verbindungsgebäude, ein fünffach gegliederter, insgesamt
siebenundzwanzigachsiger Komplex mit fast 100 m Länge. Das hier bis 1904 betriebene, indessen stark reduzierte Bertuchsche Unternehmen (s. G 4.8) diente
mancherlei gewerblichen Zwecken und beherbergt seit 1955, seit 1990 bei Inan-
spruchnahme der gesamten Liegenschaft das Stadtmuseum Weimar.

Ohne barocke Anleihen präsentiert sich das Oldershausensche Palais (*37*) von
1790/91, das 1800 der Kammerherr FRIEDRICH CARL CHRISTIAN VON POSECK erwarb, an den der Name des südlich an den dreiflügeligen Baukomplex angelegten
Parkes, im Zusammenhang mit dem hier 1915 eingeweihten Wildenbruch-Denk-
mal im 1998 wiederhergestellten „Poseckschen Garten" erinnert. Das Palais selbst
beherbergte seit 1891 naturkundliche und archäologische Exponate, den Grund-
stock für das jetzige, seit 1921 bestehende Museum für Ur- und Frühgeschichte
Thüringens. Gänzlich klassizistisch mit einem Kerngebäude und halbkreisförmig
angefügten Seitenflügeln ist das nach Entwürfen von HEINRICH GENTZ 1803 bis
1805 entstandene Schießhaus (*38*) ebenso wie das auf der „Altenburg" 1811 errichtete sieben- bzw. fünfachsige (an den Stirnseiten) dreigeschossige Seebach-
sche Palais (*39*). Auf dieses wurde der Name der frühgeschichtlichen Wehranlage
übertragen, und als Wohnsitz von 1848 bis 1860 der damals mit FRANZ LISZT
liierten CAROLYNE VON SAYN-WITTGENSTEIN erlangte es den Ruf eines international reflektierten Zentrums der musikalischen Geselligkeit. Nach der Folgenutzung
als Wohnhaus u. a. des Direktors des 1896 schräg gegenüber errichteten Goethe-
Schiller-Archivs (*40*), BERNHARD SUPHAN ist heute die Franz-Liszt-Gesellschaft
Weimar hier ansässig. Mit der Erinnerung an FRANZ LISZT und noch deutlicher als
mit der „Altenburg" verbunden ist der östliche, 1798/99 als Hofgärtnerhaus in wür-
felförmig zweigeschossiger, zeltdachbekrönter Gestalt entstandene Teil des 1826
vollendeten „Belvederer Tores" (*41*): Im Hofgärtnerhaus lebte der Tonkünstler, mit
Unterbrechungen, von 1869 bis 1886; seit 1886 ist es ein Museum (Abb. 35).

Das architektonisch und memorial bedeutendste Bauwerk auf dem 1814 bis
1818 von der Jakobskirche weit nach S verlegten städtischen Friedhof, dem jetzigen „historischen" Friedhof, ist die 1822 bis 1827 nach COUDRAYS Entwürfen ent-

Abb. 35   Das „Belvederer Tor"
          Bauhaus-Universität (links)
          Liszthaus (rechts)

standene mit achteckigem Turmaufsatz versehene und mit dorisierender Portikus
gezierte Weihehalle über dem Gruftgewölbe, der 1862 bis 1869 nach Entwurf von
FERDINAND STREICHHAN südlich mit einer russischen Kapelle erweiterte Bestat-
tungsort der fürstlichen Familie sowie GOETHES und SCHILLERS, die „Fürstengruft"
(*42*). Die 1878/79 entstandene neuromanische Friedhofskapelle ist seit 1921, nachdem auf dem Neuen Friedhof mit Aussegnungshalle und Krematorium Ersatz geschaffen worden war, Gedächtnisort für die Gefallenen des Ersten Weltkrieges.
Auf dem historischen Friedhof findet der Besucher Grabstätten bekannter Weimarer
Persönlichkeiten u. a. von CHARLOTTE VON STEIN (gest. 1827), JOHANN NEPOMUK
HUMMEL (gest. 1837), CLEMENS WENZESLAUS COUDRAY (gest. 1845), JOHANN PETER
ECKERMANN, Goethes Sekretär (gest. 1854), auch von Angehörigen Goethes.
    Von COUDRAYS praktischem Einfluß auf das Weimarer Stadtbild zeugen meh-
rere Bauten: das 1821 verwinkelt mit zweigeschossigem Giebelrisalit in die Ecke
von Goethes städtischem Hausgarten gesetzte Torhaus am äußeren Frauentor (*43*),
am heutigen, durch das 1857 mit dem Bronzedenkmal für CHRISTOPH MARTIN WIE-
LAND akzentuierten und nach ihm benannten Platz; das rechteckige, westlich der
Kernstadt repräsentativ mit säulengezierter Nische und Zwerchhaus darüber auf
dem gewalmten Satteldach der Erfurter Straße sich zuweisende Torhaus (*44*) von
1822 bis 1824; die dem Hoftheater östlich 1823 gegenübergestellte, eingeschos-

G 4.12 sige siebenachsige, mit giebelbekröntem Mittelrisalit gezierte Remise (*45*), welche nach mancherlei Nachnutzungen, zuletzt als städtische Kunsthalle, seit 1994 ständiges Bauhaus-Museum ist. Anläßlich des 50. Regierungsjubiläums von CARL AUGUST wurde 1825 die zwei- bzw. zweieinhalbgeschossige dreiflügelige Bürgerschule (*46*) eingeweiht, die heutige städtische Musikschule. Seit 1858 steht auf ihrem Vorhof eine Brunnenfigur des Lesenden Knaben.

Unschlüssig bei der Formenwahl für den Neubau des abgebrannten Rathauses (*47*) von 1560 bis 1583 – COUDRAY selbst hatte klassizistische, neugotische und Neurenaissance-Varianten vorgelegt – entschloß man sich auf Drängen des Großherzogs für das von HEINRICH HESS entworfene, 1841 vollendete neugotische, neunachsige dreigeschossige, mit Austritt im Obergeschoß und gestaffeltem zweigeschossigen Turm in der Fassade versehene Gebäude, in dessen Innerem das steinerne Stadtwappen sowie zwei Portale aus dem Vorgängerbau eingefügt wurden. Das bedeutendste architektonische Ereignis in der zweiten Hälfte des 19. Jh. war nach der Gestaltung der Ostseite des Goetheplatzes (*4, 5, 6*), die Errichtung des 1868 vollendeten und 1869 feierlich eingeweihten Landesmuseums (*48*), des Erstlingsbaus von JOSEF ZITEK. Es entstand mit dem zentral gelegenen, überkuppelten, von oben Tageslicht empfangenden, von Ausstellungssälen und Galerien umgebenen Treppenhaus im neun- bzw. sechsachsigen, von vier Eckrisaliten kräftig akzentuierten, aufgesockelten zweigeschossigen Baukörper und stellte einen Meilenstein in der Geschichte des europäischen Museumsbaus und einen der beachtlichsten Neurenaissancebauten Thüringens dar. Seine gesamte Entstehungsge-

Abb. 36   Weimar, Carl-August-Allee
(Der fremde und namenlose Platz, jetzt Weimarplatz, links das Neue Museum)

schichte, vom Modell bis zum Herbeischaffen der marmornen Sitzstatue Goethes G 4.12
(1851 von CARL STEINHÄUSER), wird in einem Fries am dreigeschossigen Stegmannschen Haus (49) dargestellt, südlich flankiert vom „Abschied der (golde-
nen) Klassik", nördlich von „Neuverheißung und Huldigung (der silbernen Klassik)". Als Folge der seit Ende des Jh. einsetzenden Aversion gegen den hier
bekundeten Historismus sollte das Museum im Inneren nach Entwürfen von
HENRY VAN DE VELDE 1907 radikal umgestaltet, ab 1936 „gleichgeschaltet", d.h.
mit bekrönungslosem Dach und reduziertem Dekor in den maßstabsbrechenden
Baukomplex des „Gauforums" (50) einbezogen (Abb. 36), und im Krieg beschädigt, in der Nachkriegszeit absichtlich ruiniert, schließlich abgerissen werden.
1989 wurde es denkmalpflegerische Baustelle. Ein würdiger Beginn des Kultur-
stadtjahres 1999 war die Eröffnung als Neues Museum am 1.1.1999. Es zeigt
unter der Thematik „Internationale Avantgarde seit 1960" wichtige Werke der
zeitgenössischen Kunst.

Die von HENRY VAN DE VELDE mit seinem Weimarer Aufenthalt von 1902 bis
1915 erwarteten persönlichen Entfaltungsmöglichkeiten haben sich nur teilweise
verwirklichen lassen, am ehesten während seines Direktorats an der Großherzoglichen Kunstgewerbeschule von 1907 bis 1914. Gering im Stadtbild vertreten sind
Zeugnisse seines architektonischen Wirkens; am meisten wird es repräsentiert im
Bauensemble jenes Lehrinstitutes und der einstigen Großherzoglichen Kunstschule, des „Van-de-Velde-Baus" und des „Hauptgebäudes" (51), den Stammor-
ten der heutigen Bauhaus-Universität. Letzteres ersetzte in zwei Bauabschnitten,
1904 und 1911, den Erstbau der Kunstschule von 1860 durch einen dreifach gegliederten zweigeschossigen Baukörper mit südlich winkelförmig beigefügtem
Trakt für das Auditorium („Oberlichtsaal"), teils noch in historistischen Formen
befangen (Mansarddach, Mittelrisalit), großenteils aber in einer die architektonische Moderne vorbereitenden Gestalt (Fassade und Dach aufbrechende Atelier-
fenster, dekorlose Öffnungen im S). Die Kunstgewerbeschule von 1905 bis 1907,
durch Kombination mit Bildhauerateliers ebenfalls ein winkelförmiger, sonst aber
eingeschossiger (später durch Einfügen von Zwischendecken partiell zweigeschossiger) Baukörper, bekundet formal die selbe Zwitterstellung zwischen (ba-
rockisierendem) Historismus und Moderne, wie sie dem sogenannten Jugendstil
grundsätzlich eigen ist.

Weiterhin ist VAN DE VELDE architektonisch präsent mit dem Palais Dürckheim
(52) von 1912/13, einem asymmetrisch gegliederten, mit monumentalem gewalmten Mansarddach bekrönten und beherrschendem Mittelrisalit außermittig versehenen dreigeschossigen Baukörper hinter schwungvoll zum Portal weisender Vor-
gartenmauer, der 1928 und nach dem Zweiten Weltkrieg erweitert wurde; ferner
mit dem, wegen seiner Hanglage, aufgesockelten zweigeschossigen mansarddach-
bekrönten, mittig, sich aus der Fassade wölbend, risalitgezierten Palais Henneberg
(53) von 1913/14. Schließlich ergänzte VAN DE VELDE 1902/03 das Nietzsche-Ar-
chiv (54) mit einem Vorbau und im Inneren mit einem der schönsten erhaltenen
Jugendstilräume Weimars (heute Museum), unweit der damals verfallenen Windmühle (55), die HERMANN GIESLER 1937 in den Villenkomplex des nationalsozialistischen Gauleiters Thüringens einbezogen hat. Sein eigenes Wohnhaus ließ VAN
DE VELDE nach selbst gefertigtem Entwurf außerhalb Weimars, auf Ehringsdorfer
Flur, errichten.

G 4.12

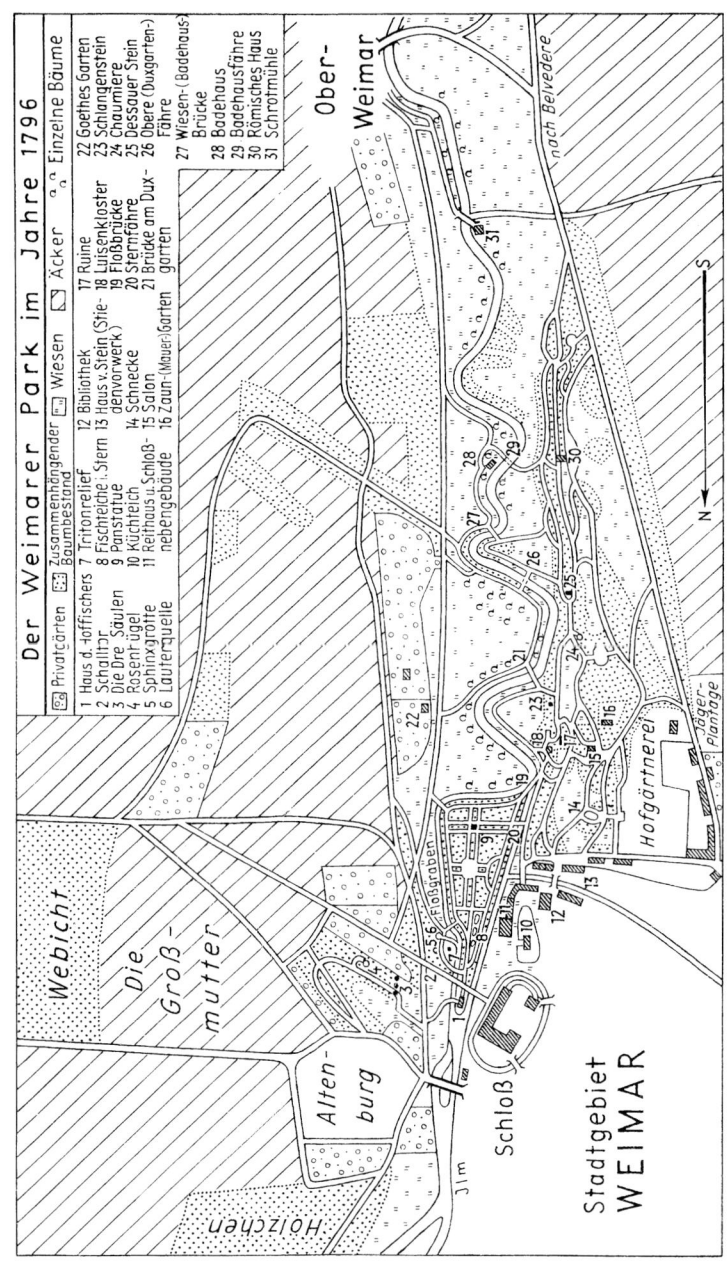

Der Weimarer Park im Jahre 1796

Privatgärten
Zusammenhängender Baumbestand
Wiesen
Äcker
Einzelne Bäume

1 Haus d. Hoffischers
2 Schaltor
3 Die Drei Säulen
4 Rosenkügel
5 Sphinxgrotte
6 Lauterquelle
7 Tritonrelief
8 Fischteiche i. Stern
9 Panstatue
10 Küchteich
11 Reithaus u. Schloß-nebengebäude
12 Bibliothek
13 Haus v. Stein (Sternenvorwerk)
14 Schnecke
15 Salon
16 Zaun-(Mauer)garten
17 Ruine
18 Luisenkloster
19 Floßbrücke
20 Sternföhre
21 Brücke am Duxgarten
22 Goethes Garten
23 Schlangenstein
24 Chaumiere
25 Dessauer Stein
26 Obere (Duxgarten-) Föhre
27 Wiesen- (Badehaus-) Brücke
28 Badehaus
29 Badehausföhre
30 Römisches Haus
31 Schrotmühle

Ober-Weimar

Webicht

Die Groß-mutter

Altenburg

Hölzchen

Schloß

Stadtgebiet WEIMAR

nach Belvedere

Jäger-Plantage

Hofgärtnerei

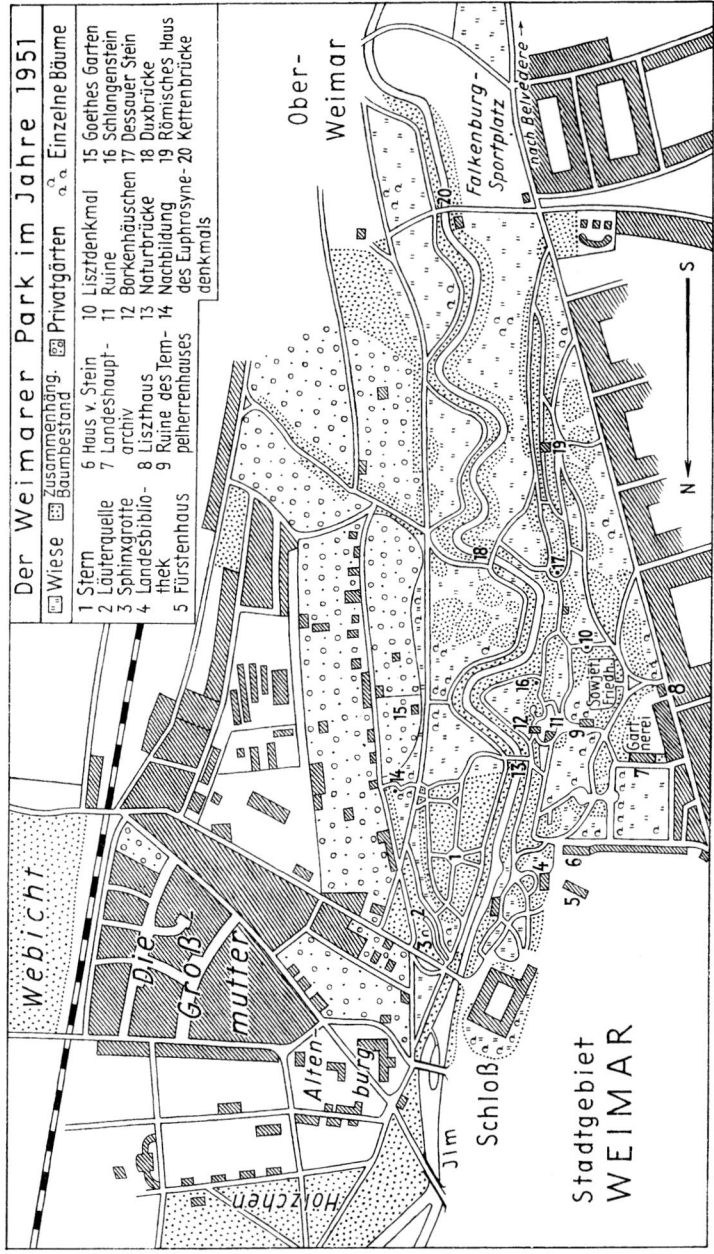

Abb. 37   Weimarer Park 1796 und 1951 (nach W. Huschke), jetzt Park an der Ilm

G 4.12   Nach der Jahrhundertwende war ein Neubau des Hoftheaters (56) wegen baulicher und funktioneller Unzulänglichkeiten längst überfällig; 1907/08 erfolgte er als dritter Theaterbau an dieser Stelle. Das hinter dem 1857 eingeweihten, von ERNST RIETSCHEL modellierten Goethe-Schiller-Denkmal neu errichtete Haus war 1919 Schauplatz der Deutschen Nationalversammlung (s. G 4.8), wurde als Deutsches Nationaltheater Opfer gezielter Luftangriffe im Zweiten Weltkrieg und hat, trotz der indessen zweimal veränderten Innengestaltung, seine identitätsstiftende und -bewahrende Funktion behalten.

Als einziges architektonisches Sachzeugnis hinterließ das Bauhaus in Weimar das „Haus am Horn" (57), als Fragment einer geplanten Bauhaus-Siedlung und Freilicht-Exponat der 1923 veranstalteten Ausstellung des avantgardistischen Lehrinstitutes, dem der Entwurfsverfasser des gestaffelt kubisch, mit zentralem Wohnzimmer und kammerartig zugeordneten Gemächern gestalteten Einfamilienhauses (dessen strenge Axialsymmetrie durch spätere Anbauten gestört ist), GEORG MUCHE, damals als Schüler angehört hat.

G 4.13   Parkanlagen (Abb. 37)

Die Stadt verfügt über größere Parkanlagen. Der Weimarhallenpark ist Bestandteil der 1921 für die Asbachniederung geplanten Anlage „Kulturprojekt Weimar", eine dem Volksparkgedanken des 20. Jh. zuzuordnende stadtplanerische Gestaltungsform, die den neuen Nutzungsansprüchen der Bevölkerung gerecht wird. Stadthalle, Schwimmbad, Kinderspiel- und Sportplatz, Ruheplätze, Liegewiese, Gaststätte und Schmuckanlagen wurden in einen Grünzug eingebettet, der sich axial auf den Jakobskirchturm ausrichtet und in seinen Grundzügen eine regelmäßige geometrische Gestaltung aufwies. Im Zusammenhang mit dem 1932 erfolgten Bau der Weimarhalle hat man den ehemaligen Fürstlichen Baumgarten, später Bertuchschen bzw. Froriepschen Garten, in Anlehnung an die Architektur der Halle regelmäßig überformt, ohne daß die landschaftlich verteilt angeordneten Altbäume beseitigt wurden. 1997/98 sind der Teich und die Kaskade als Hauptgestaltungsmittel wiederhergestellt und Bepflanzung und Wegeverläufe der Gestalt von 1932 angenähert worden.

Der Park an der Ilm erstreckt sich, vom Stadtschloß ausgehend, auf einer Länge von zwei Kilometern an beiden Seiten der Ilm bis nach Oberweimar. Die 1778 aus Anlaß des Namenstages der Großherzogin LUISE im Bereich des heutigen Borkenhäuschens vorgenommenen Verschönerungen am Ilmhang gelten als Beginn der Anlage dieses 60 ha großen Parkes. Unter Nutzung der landschaftlichen Gegebenheiten und der Einbeziehung älterer Gartenanlagen erhielt der Park bis etwa 1833 seine heutige Ausdehnung und Gestaltung. Im Zuge seiner Anlage wurde er zu einem Spiegel der Zeitströmungen von der Empfindsamkeit über die Klassik zur Nachklassik (Abb. 38). Am östlichen Ilmhang hatte GOETHE 1776 ein aus dem frühen 17. Jh. stammendes Häuschen vom Herzog geschenkt bekommen, das er mit einem Garten umgab. Von hier aus wurde die Absicht verwirklicht, Stadt und Landschaft mit einem Park zu verbinden. Unweit entstanden nach GOETHES Angaben 1778 eine romantische Felsarchitektur, das Nadelöhr und das „Luisenkloster" mit einer „Einsiedelei" („Borkenhäuschen"). Weiträumige Parkgestaltungen im

Abb. 38   Neugotisches Tempelherrenhaus im Park an der Ilm, im Hintergrund das Haus
der Frau von Stein und der Schloßturm

englischen Stil entstanden ilmauf- und -abwärts und gingen in Richtung Webicht
und Schloßpark Belvedere in landschaftsverschönernde Pflanzungen und Wege-
anlagen über. Bedeutendste und den damaligen Gestaltungswillen am besten cha-
rakterisierende architektonische Ausstattungsstücke sind das klassizistische Römische Haus von 1791 bis 1797 und das neugotische Tempelherrenhaus von 1786 bis
1818. Die verschiedenen Denkmäler, Bauten und pflanzliche Ausgestaltungen
geben den einzelnen Parkräumen einen prägnanten Charakter. Sichtverbindungen

Abb. 39   Das Goethegartenhaus im Park an der Ilm

als wichtiges Gestaltungsmittel eines Landschaftsparkes lenken den Blick auf das im Park befindliche Goethegartenhaus (Abb. 39), auf das Römische Haus als den Gartensitz des Großherzogs CARL AUGUST, auch über die Parkgrenze hinaus auf solche Blickpunkte wie den Kirchturm in Oberweimar und das Schloß Belvedere (s. M 4). Auch an der Gestaltung des Gehölzbestandes lassen sich bestimmte Entwicklungsabschnitte ablesen. So wurden in der Ilmaue vorwiegend die heimischen Gehölze wie Erle, Weide, Ulme und Pappel verwendet, dagegen im Parkteil entlang der Belvederer Allee die nach 1800 sich verbreitenden sogenannten Englischen Hölzer, d.h. die über England aus Nordamerika eingeführten Baumarten wie die Weymouths-Kiefer, der Geweihbaum, die Schwarznuß und verschiedene Eichenarten.

Seit 1971 wird durch Ausformung und Verjüngung des Gehölzbestandes und der Restaurierung der Denkmäler und Bauwerke an der Wiederherstellung der ursprünglichen Parkbilder gearbeitet. Dabei mußte auch der in den Jahren 1965 bis 1975 durch das Ulmensterben verlorengegangene Bestand ersetzt werden. 1997 wurde ein unter dem Park befindliches Stollensystem aus der Goethezeit für die Öffentlichkeit zugänglich gemacht. 1996/1997 begann eine gründliche bauliche Instandsetzung des Römischen Hauses und seiner Anlagen. In den vergangenen Jahren erlitt das für Weimar so bedeutende Denkmal der Gartenkunst durch Bauten im unmittelbaren Umfeld wie die Mensa der Bauhaus-Universität, das Hilton Hotel, eine Sporthalle und die Tiefgarage am Beethovenplatz schwerwiegende Beeinträchtigungen.

Die Häuser des einstigen Dorfes stehen vorwiegend auf dem linken Gleithang eines ausgeprägten Flußmäanders der Ilm in einer Höhenlage von 195 m ü. NN. Ausgedehnte Parkanlagen erstrecken sich zu beiden Seiten des Flusses und ziehen sich am steilen östlichen Prallhang bis zur Straße nach Kromsdorf hinauf. Dort erreichen sie eine Höhe von 230 m ü. NN. Der Untergrund wird von Schichten des Oberen Muschelkalks gebildet, die an der rechten Seite des Ilmtales einen steilen Prallhang bilden. An beiden Hängen sind kleine Schotterreste pleistozäner Ilmterrassen und Löß in geringer Verbreitung vorhanden.

Älteste urgeschichtliche Zeugnisse stammen aus der Jungsteinzeit. Eine große Siedlung aus der jüngeren Bronzezeit befand sich am nordwestlichen Ortsrand. Auf dem Tiefurter Berg über der Ilm wurde ein spätlatènezeitliches Brandgräberfeld (100 v. Chr.) ausgegraben. Drehscheibengefäße, Eisenfibeln, Gürtelhaken, Rasiermesser, Scheren und eine Pinzette gehörten zum Inventar dieses wichtigen, 22 Brandgräber umfassenden Feldes. Eine der Körperbestattungen des Bestattungsplatzes war mit einem keltischen Gürtelhaken ausgestattet (BARTHEL 1966). Nach diesem Ausgrabungskomplex benannte man später den nahegelegenen Keltenweg.

Der 1257 erstmals als *Divurde* überlieferte Ortsname bezeichnete die *Siedlung an der Dietfurt*, die hier durch die Ilm führte. Das Bestimmungswort geht auf althochdeutsch (ahd.) *diot* = Volk zurück. An dieser Furt entstand als Kern der rezenten Siedlung ein kleines Sackgassendorf, das sich mit seinen stattlichen Bauernhöfen noch heute von der Bebauung des Mittel- und Oberdorfes unterscheidet, einem weitläufigen Straßendorfteil auf dem linken hohen Ilmufer, in dem klein- und mittelbäuerliche Schichten, Tagelöhner des Gutes und seit dem 19. Jh. auch Arbeiterfamilien aus Weimar lebten.

Von dem Adelshof der Marschälle von Tiefurt, die Ministerialen der Grafen von Weimar-Orlamünde gewesen sind und 1341 ausstarben, sind oberirdisch keine Reste erhalten geblieben. Er ist auf dem Gelände des ehemaligen Kammergutes zu vermuten. Den Besitz übernahmen die Herren von Denstedt und übten damit die Herrschaft über das kleine Dorf aus, das 1542 aus 15 Bauernhöfen, der Mühle und Pfarrei bestand. Die Berechtigungen und Gerechtsame waren auf alle Bereiche des wirtschaftlichen und öffentlichen Lebens ausgedehnt: 1533 belehnen die Landesherren GEORG VON DENSTEDT mit Dorf und Vorwerk Tiefurt, mit der oberen und niederen Gerichtsbarkeit, dem Kirchlehen und der Mühle, mit Gemeindebackhaus, Kretzschmar (Schenke) sowie Schaf- und Viehtrift. Das Lehen fiel 1587 an die Landesherrschaft zurück und wurde in ein fürstliches Kammergut umgewandelt, das 1880 184 ha Land bewirtschaftete.

Der Standort des Gotteshauses abseits vom Dorfkern, von diesem getrennt durch den einstigen Gutskomplex läßt es als ehemalige Patronatskirche erkennen. Das rechteckige Laienhaus, der Westturm und der polygonale Chor weisen auf spätgotische Zeit ebenso wie die spitzbogigen Nischen außen in der Nord- und Ostmauer des Kernbaus hin. Die jüngst an einem Fenstergewände des Turmes entdeckte Inschrift, die als „AN(N)O 1500" gedeutet werden kann, gibt die Bestätigung. Zwischen 1715 und 1725 wurde die Kirche umgestaltet. Sie erhielt ihr jetziges Dach, die oberen Geschosse ihres Turmes mit der geschweiften, laternenbekrönten

Abb. 40   Tiefurt mit Park und Schloß

Haube, im Inneren die hölzerne Tonnendecke, die auch von außen zugänglichen Emporen sowie, über dem noch aus mittelalterlicher Zeit stammenden Altar, einen merkwürdigen, mit 1725 datierten Kanzelbau. Dieser hatte mit dem auf vier wie Palmen gestalteten Stützen aufgeständerten, u. a. mit Putten gezierten Obelisken, der die auskragende Kanzel enthält, im 1774 beim Schloßbrand in Weimar vernichteten Kanzelaltar der fürstlichen Kapelle („Himmelsburg") sein Vorbild.

Seine Glanzzeit erlebte Tiefurt nach 1781, nachdem die Herzogin ANNA AMALIA ihren Sommersitz von Ettersburg hierher verlegt hatte. Die Umgestaltung der Ilmaue im langgestreckten Bogen des Flusses zu einem englischen Landschaftspark war bereits seit 1776 eingeleitet worden, als das Schloß, ursprünglich das Herrenhaus eines Kammergutes, zum Sitz des Prinzen CONSTANTIN und seines Erziehers CARL LUDWIG VON KNEBEL geworden war. ANNA AMALIA ließ nun die Räume des Schlosses in einer Weise umgestalten, die in Farbgebung, Dekor und

Möblierung klassizistisch geschmackvolle Schlichtheit und praktische Wohnlich-
keit zu verbinden suchte. Der Park wurde wesentlich erweitert und im Stile eines
empfindsamen Landschaftsparkes mit Denkmälern ausgestattet, die an bedeutende
Persönlichkeiten, an Liebe und Freundschaft, aber auch an Vergänglichkeit erinnern sollten (Abb. 41). Anregungen holte man sich aus dem Wörlitzer Park. Neben
dem Musentempel inmitten des Parkes und der Vergil-Grotte am Ilmhang sind
weitere, meist von MARTIN GOTTLIEB KLAUER geschaffene, teilweise mit Versen
Goethes versehene Monumente MOZART, HERDER, WIELAND, CORONA SCHRÖTER,
Prinz CONSTANTIN und Anna Amalias Bruder LEOPOLD gewidmet.

Tiefurt wurde in dieser Zeit zu einem Ort geselliger ästhetisch-literarischer
Kommunikation und heiteren „Rustizierens", fernab von den Fesseln der Hofetikette in der Residenzstadt Weimar. Im Schlößchen und in der ländlichen Atmos-
phäre des Parkes und unmittelbar anschließenden Dorfes traf sich Anna Amalias
„Tafelrunde", die sowohl adlige Schöngeister als auch die bedeutenden bürgerlichen Schriftsteller Weimars sowie Gäste von außerhalb in wechselnder Runde vereinte. Das Liebhabertheater dieses Kreises erlebte 1782 mit der Uraufführung von
Goethes Singspiel „Die Fischerin" im Park am Ufer der Ilm einen besonderen
Höhepunkt. Man unterhielt sich mit literarischen Lesungen, Konzerten, nächtli-
chen Illuminationen im Park, Geburtstags- und Weihnachsfeiern. HENRIETTE VON
EGLOFFSTEIN bezeugt als Teilnehmerin der „Tafelrunde" aber auch ernstzuneh-
mende, scharfe philosophisch-literarische Dispute: „Die geistreichsten Unterhal-
tungen ... gingen ... nur allzu oft in heftige Diskussionen über, bei welchen Wielands launenhafte Krittelei, Herders persiflierender beißender Witz ..., vor allem

Abb. 41   Im Tiefurter Park

aber Goethes diktatorisches Genie kräftig hervortraten, und den Streitenden nicht selten scharf verletzende Worte auf die Zunge legten". ANNA AMALIA blieb die ausgleichende Integrationsfigur. Das „Journal von Tiefurt", eine in wenigen hand-geschriebenen Exemplaren ausgegebene Zeitschrift (49 Stücke, 1781–84), wurde zum kultur- und literaturgeschichtlichen Zeugnis dieses Kreises und wies mit Ge-dichten Goethes, u. a. „Auf Miedings Tod" und „Edel sei der Mensch, hülfreich und gut" (später „Das Göttliche" benannt), Texten WIELANDS, J. M. R. LENZ', des Darmstädters MERCK, Übersetzungen HERDERS u. a. literarische Beiträge von blei-bendem Rang auf. Besonders nach ANNA AMALIAS Italienreise (1788–1790) wurde das Schloß durch Abgüsse antiker Kunstwerke und Zeugnisse italienischer Re-naissancekultur zum Inbegriff einer geistigen Beziehung, die für die Ästhetik der Weimarer Klassik und ihre poetischen Werke von großer Bedeutung war.

Nachdem Schloß und Park Tiefurt nach der Schlacht bei Jena im Oktober 1806 durch französische Truppen geplündert worden waren und ANNA AMALIA am 10. 4. 1807 verstorben war, endete die Rolle Tiefurts als Ort originären kulturell-geselligen Lebens. Nach der Nutzung durch ein „Ökonomisches Institut" zur Aus-bildung junger Landwirte (1813–1818) wurde es Sitz des Erbgroßherzogs CARL FRIEDRICH und seiner Gemahlin, der Zarentochter MARIA PAWLOWNA. Der Park erfuhr 1846 bis 1850 nach Plänen des Hofgärtners EDUARD PETZOLD, die vom berühmten Gartengestalter HERMANN VON PÜCKLER-MUSKAU gutgeheißen wurden, Veränderungen und Erneuerungen. Sie waren darauf gerichtet, den Charakter eines klassischen Landschaftsparkes mit weiten, offenen Flächen in einem von Anhöhen flankierten Flußtal zu verstärken. PETZOLD verwendete, der Mode der Zeit ent-sprechend, für seine Pflanzungen ein reiches Sortiment in Farbe und Habitus un-terschiedlicher Gehölze. Die Schloßräume wurden nach 1820 stilistischen Verän-derungen und Überfremdungen unterworfen, die sie zu üppig ausgestatteten Raritäten- und Sammlungskabinetten werden ließen. Nachdem schon GOETHE in seinen letzten Jahren auf Tiefurt als „hohem Standort ... ernstlicher Studien und heiterster Mitteilung" hingewiesen und von der „Wiederherstellung der Vergan-genheit" gesprochen hatte, wurden die Überfremdungen der nachklassischen Zeit anläßlich des 100. Todestages ANNA AMALIAS 1907 zurückgenommen; 1978 bis 1981 erfolgte eine generelle Restaurierung, die eine starke Annäherung an die Zeit nach 1781 und damit an den Stil eines rustikalen Guts- und Sommerhauses an-strebte. Die Räume des Schlosses präsentieren sich heute als Erinnerungsstätten an die Lebenswelt und Wohnkultur des klassischen und nachklassischen Weimar. Der gepflegte Park gilt als eines der schönsten Beispiele der klassischen Parkkultur um Weimar und ist ein beliebter Ort der Erholung und Entspannung geworden. Ilm-abwärts wurde 1997 der Ilmtal-Radweg angelegt und damit der alte Gedanke von einem Ilmtalgrünzug wieder aufgegriffen.

1922 wurde Tiefurt in die Stadt eingemeindet. Der Ort war zu keiner Zeit land-wirtschaftlich besonders geprägt. Das wirtschaftsbestimmende Kammer- und spä-tere Staatsgut fiel 1945 unter die Bodenreform. Die Flächen wurden an Vertrie-bene und ortsansässige Bauern aufgeteilt; am westlichen Ilmhang entstanden Kleingartenanlagen. Einige Gebäude wurden abgebrochen, Zweckbauten, wie Ställe nutzte bis 1990 die LPG Kromsdorf, der die wenigen Bauern von Tiefurt an-gehörten. Das Gelände des alten Gutes wird seit 1998 zum Wohnen umgebaut. Eine Brauerei an der Straße nach Denstedt wurde mit Eiskeller, Teichen sowie einer Gaststätte bis Anfang der zwanziger Jahre betrieben. Die Gaststätte blieb bis zu ihrer Schließung 1989 ein beliebtes Ausflugsziel. Wenige Jahre danach wurde auch eine mechanische Werkstatt aufgegeben, die seit 1945 einen Teil des Geländes nutzte. Seit 1997 stehen drei neue Stadtvillen auf dem Areal. Die Tischlerei Rietschel wurde 1886 von einem Sohn des Bildhauers ERNST RIETSCHEL, dem Erbauer des Goethe- und Schiller-Denkmals in Weimar gegründet und 1890 nach Tiefurt verlagert. Sie befindet sich noch immer im Familienbesitz und besteht heute in der fünften Generation. In einer ehemaligen Papiermühle siedelte sich 1920 eine Kartonagenfabrik an, die nach 1990 wegen Rückführungsansprüchen aus Tiefurt verlagert werden mußte.

Die erste mechanische Großkläranlage für Weimar wurde östlich des Viadukts 1909–1911 an der Ilm errichtet. Unter Einbeziehung von Teilen des Vorgängerbaus entstand 1927 eine größere Anlage. Die Entwicklung der Stadt erforderte schließlich eine zentrale Kläranlage, die in der Ilmschleife am Fuße der Hangbebauung Tiefurts entstand. Beim Aushub der Baugrube wurde eine bedeutende Fundstelle von sehr gut erhaltenen Ceratiten freigelegt und über 2 000 Exemplare geborgen. Ausgerichtet für 100 000 Einwohner wurde die neue Kläranlage von 1964 bis 1989 in zwei Bauabschnitten errichtet. Sie war mit ihrer Fertigstellung bereits technisch überholt. Durch neue Baumaßnahmen soll auch die Lärm- und Geruchsbelästigung überwunden werden. Tiefurt selbst wurde erst 1997 an die Kläranlage angeschlossen. Die nach 1990 begonnenen umfangreichen ingenieurtechnischen Erschließungs- und Straßenbaumaßnahmen sowie die Sanierung älterer Gebäude werten den historischen Ortskern als ein geschütztes Denkmalensemble auf.

Webicht

Im NO der Stadt, wo die Süßenborner Platte die Weimarer Mulde begrenzt und die Ilm ihre bisherige Nordwest-Richtung nach NO ändert, breitet sich das Laubwaldgebiet des Webichts aus. Es senkt sich jenseits der Bundesstraße 85 nach Jena zunächst allmählich, dann steil ins Ilmtal ab. Der Untergrund wird aus Schichten des Oberen Muschelkalkes gebildet, der im südöstlichen Teil von 2–3 m mächtigem Löß bedeckt wird.

Das Waldgebiet ist ein beliebtes Naherholungsgebiet. Der Name 1378, *Webit*, *Wepet*, abgeleitet von ahd. *Waba* = Morast, ist schon aus dem 14. Jh. belegt. Im 18. und 19. Jh. spielte es auch als Jagdgebiet eine Rolle, ein sternförmig angelegtes Wegenetz deutet dies an. Bei dem am Kreuzungspunkt der Diagonal-Alleen befindlichen Travertinsockel handelt es sich um den Rest eines von nationalistischen Kräften 1926 für einen ihrer „gefallenen Helden", ALBERT LEO SCHLAGETER, errichtetes Denkmal.

Im 19. Jh. fand regelmäßig im Herbst die Fasanenjagd statt. Herzog CARL AUGUST richtete eine bedeutende Fasanenzucht ein, die in geringem Umfang bis Anfang der fünfziger Jahre des 20. Jh. durch den Förster betrieben wurde. Danach entstand aus der Fasanerie eine beliebte Waldgaststätte mit Kegelbahn und Kinderspielplatz. Mitte der achtziger Jahre wurde sie geschlossen, da Wasser- und Abwasserprobleme nicht gelöst werden konnten. Mehrfach durch Brände zerstört, verfiel sie und soll bis auf die Fundamente zurückgebaut werden. Die Lindenallee,

H 2   die am Webicht parallel zur B 7 (s. E 2) verläuft, war früher vierstreifig ausgebaut und Teil der alten Chaussee von Weimar nach Jena.

Rotbuchen, Eichen, Ahorne, Eschen, Ulmen und Hainbuchen bilden den Baumbestand, doch trotz unterschiedlicher Altersstruktur befriedigt das Bestandsbild nicht überall. Artenreich ist die Bodenvegetation, je nach Nährstoff- oder Feuchteverhältnissen wechselt die Artengarnitur im Verlaufe der Jahreszeiten. Gräser wie Wald-Flattergras (*Milium effusum*), Wald-Knaulgras (*Dactylis polygama*) oder Wald-Zwenke (*Brachypodium sylvaticum*) herrschen an einer Stelle vor, an anderer sind es Goldnessel (*Galeobdolon luteum*), Gelbes oder Weißes Windröschen (*Anemone ranunculoides, A. nemorosa*), Haselwurz (*Asarum europaeum*), Echtes Lungenkraut (*Pulmonaria obscura*) oder Schlüsselblumen (*Primula elatior*). Rankende Arten wie Wald-Wicke (*Vicia sylvatica*) oder Hecken-Wicke (*V. dumetorum*) überziehen an lichten Stellen und Waldrändern die Gehölze. Am Nordhang werden die Eichen-Hainbuchenwälder durch Eschen-Ahorn-Ulmen-Bestände abgelöst. Der Nährstoffreichtum und die ganzjährig günstige Bodenfeuchte bewirken ein üppiges Wachstum. Unter den Kräutern herrschen Zaun-Giersch (*Aegopodium podagraria*), Wald-Bingelkraut (*Mercurialis perennis*) und Wolliger Hahnenfuß (*Ranunculus lanuginosus*) vor. Zu den seltenen Arten gehören Gefleckter Aronstab (*Arum maculatum*), Hohler Lerchensporn (*Corydalis cava*) und Wolfs-Eisenhut (*Aconitum vulparia*).

Unter Mykologen gilt das Webicht als pilzreiches Gebiet, für einige Arten z. B. den Kahlen Krempling (*Paxillus involutus*), ist es „locus classicus". Man findet Eichen-Milchling (*Lactarius quietus*), Hainbuchen-Röhrling (*Leccinum griseum*) und Grünen Knollenblätterpilz (*Amanita phalloides*). Vorkommen zahlreicher

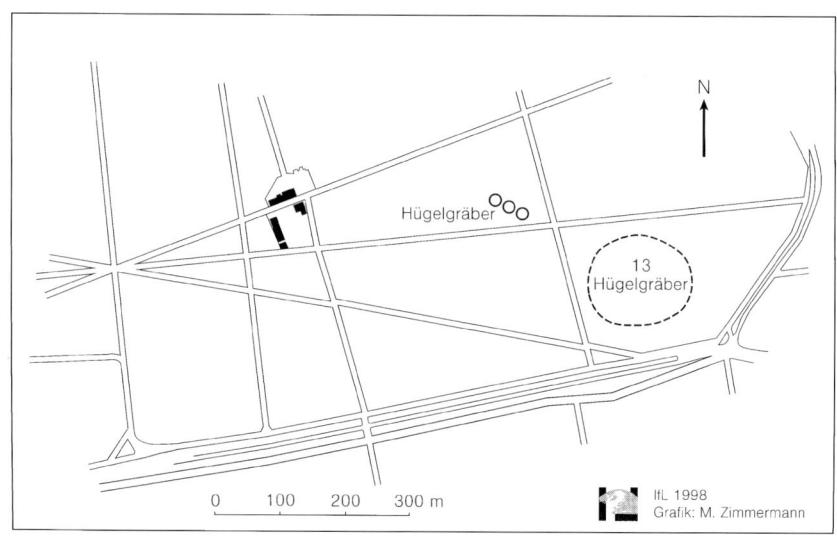

Abb. 42   Bronzezeitliche Hügelgräber im Webicht
(nach W. Timpel und P. Grimm 1975; Aufmessung: TLAD)

Streu- und Holzzerstörer wie Dünnfleischiger Anischampignon (*Agaricus silvi-*   H 2
cola), Safran-Schirmpilz (*Macroplepiota rhacodes*), Violetter Rötelritterling
(*Lepista nuda*), Stockschwämmchen (*Kuehneromyces mutabilis*), Honiggelber
Hallimasch (*Armillaria mellea*) und Riesen-Porling (*Meripilus giganteus*) sind
Ausdruck des hohen Anteils an Fallaub oder Totholz.

Ein Hügelgräberfeld aus der jüngeren Bronzezeit mit 16 teils gut erhaltenen
Grabhügeln dehnt sich mit zwei Gruppen von der Fasanerie bis in die Nordostecke des Webichts aus (Abb. 42). Grabungen im Jahr 1912 in einem der 10
bis 25 m großen und bis zu 1,2 m hohen Hügel haben einen großen Steinkranz
und dickwandige Keramik erbracht. Flache Gräben und Wälle im südlichen Teil
des Waldes stammen wahrscheinlich von einem Feldlager aus napoleonischer
Zeit.

Nach dem Vorbild Gothas wollte 1909 auch Weimar einen Luftschiffhafen
bauen. Es bildeten sich hier ein Verein für Luftverkehr und ein Verein für Luft-
schiffahrt. Schließlich gewann das Interesse an der Fliegerei das Übergewicht, und
1910 wurde unmittelbar südlich des Webichts, jenseits der Straße nach Jena, ein
Flugplatz angelegt. Der 1912 in Weimar gegründete Deutsche Flugverband übernahm das Gelände und errichtete darauf Flugzeughallen. Der Flugplatz wurde
1919, als die Nationalversammlung in Weimar tagte, an das entstehende deutsche
Zivilflugnetz angeschlossen. Die Fluglinie Weimar–Berlin war eine der ersten in
Deutschland. Der Flugbetrieb auf dem Weimarer Flugplatz wurde um 1930 eingestellt.

Wo die Straße von Weimar das Webicht in Richtung nach Tiefurt verläßt, mahnt
ein Gedenkstein an zahlreiche Opfer des Nationalsozialismus. Beim Vormarsch
der amerikanischen Truppen waren Häftlinge aus Eisenach, Gotha und Erfurt in
den Marstall nach Weimar gebracht worden. Viele von ihnen wurden zusammen
mit Gefangenen aus dem Polizeigefängnis im Landgerichtsgebäude im Webicht
erschossen. In den Massengräbern dreier Bombentrichter wurden 149 Opfer, darunter sieben Frauen, gezählt.

Oberweimar, zu Weimar seit 1922,   H 3

schließt das südliche Ende des Parks an der Ilm ab. Den Untergrund bilden Schichten des Oberen Muschelkalks, in die störungsbedingt schmale leistenförmige
Schollen von Unterem Keuper eingesenkt sind.

Der Hauptteil der Siedlung liegt um den von O in die Ilm einmündenden Pa-
pierbach und hat sich, vom Plan vor dem ehemaligen Kloster ausgehend, entlang
der Taubacher, Friedhofs- und Mittelstraße strahlenförmig als Haufenwegedorf
ausgebreitet. Die Bahnlinie nach Jena berührt diese jüngeren Ausbauten.

Zu reichen Zeugnissen einer steinzeitlichen Besiedlung gehören mehrere bandkeramische Wohnplätze und eine im Weimarer Gebiet seltene Körperbestattung
der Linienbandkeramik mit einem bandverzierten Kumpf (ein rundbodiges Gefäß),
Zapfenbecher und Steinhacke. Beim Bau der Gagfah-Siedlung wurde am Hang
über der Ilm eine Siedlung der Trichterbecherkultur angeschnitten. Auch aus der
Glockenbecherkultur und Schnurkeramik liegen Grab- und Siedlungsbefunde vor
(BEHM-BLANCKE 1976). Ein thüringisches Gräberfeld des 5./6. Jh. befand sich nahe

des Bahnhofes, ein weiteres östlich davon, in heute landwirtschaftlich genutztem Gelände (Anhang E). Die Bestattungen enthielten, wie die im Stadtgebiet von Weimar, Waffen und Schmuckbeigaben. Die dazugehörigen Siedlungen lagen wahrscheinlich unterhalb des Westhanges im Bereich eines Quellhorizontes.

Der Ort gehört als Sitz der Urpfarrei des Weimarer Gebietes zweifellos zu den ältesten Siedlungen des Gebietes (s. G 4.3), obwohl er erst 1244 im Zusammenhang mit der kurz vorher erfolgten Gründung des Zisterzienserinnenklosters Oberweimar im Bereich der heutigen Kirche genannt wird (Abb. 43). Der reiche Klosterbesitz, zu dem neben Oberweimar auch Ehringsdorf und Umpferstedt sowie Waldungen bei Buchfart und Troistedt gehörten, wurde mit der Reformation 1525 landesherrliches Eigentum und 1672 dem Amt Weimar eingefügt (Anhang C). Ältester Teil der Kirche ist ein westlich im Laienhaus verborgener kreuzgratgewölbter Raum, dessen Formen in das 13. Jh. weisen und über dem sich die Nonnenempore befunden haben könnte. Partiell wurde er einbezogen in einen 1361 vollendeten Neubau, von dem das jetzige, von Strebepfeilern gegliederte, mit polygonalem Chorschluß versehene und im S mit einem Tympanon gezierten Portal zeugen, das Christus als Vollstrecker irdischer und göttlicher Gerichtsbarkeit zeigt. Der Westturm wurde 1516 bis 1518, vielleicht anstelle einer Taufkapelle, angefügt. Seit der Auflösung des Klosters (1525) ist das Gotteshaus Pfarrkirche und erhielt als solche im 18. Jh. seine heutige Gestalt mit dem mächtigen Mansarddach, mit der steilen Turmbekrönung auf dem in Sichtfachwerk ausgeführten Obergeschoß (Glockenstube). Auch das Innere mit zweietagigen, einst auch südlich von außen zugänglichen Emporen, stammt aus dem 18. Jh., der Kanzelaltar von 1733. Besonders bemerkenswerte Ausstattungsstücke sind die Grabtafel des Grafen FRIEDRICH VON ORLAMÜNDE nebst Gemahlin von 1365 links neben dem Kanzelaltar und der jetzt rechts neben ihm aufgestellte Flügelaltar von 1572 des Cranach-Schülers VEIT THIEM. Von den profanen Anlagen des Klosters verblieb das um 1500 errichtete monumentale Speichergebäude. Ob die südlich der Kirche benachbarte, 1356 genannte „Papiermühle" an der Ilm Klostermühle war, ist wahrscheinlich, aber nicht nachgewiesen (Abb. 43).

Aus dem Wirtschaftshof des Klosters ging ein Kammergut hervor, das 1880 noch 237 ha Fläche bewirtschaftete. Das ihm nachfolgende Staatsgut war bis 1945 auf 340 ha angewachsen. Auf seinem Grundbesitz ist 300 m östlich des Bahnüberganges an dem nach Umpferstedt führenden Feldweg auf unerschlossenem Gelände von 1948 bis 1950 eine Neubauernsiedlung gebaut worden. Von den geplanten 24 Hofstellen mit jeweils sechs bis acht ha Land wurden nur 14 ausgeführt. Mit der Siedlungsform eines Angerdorfes knüpfte die Planung an Vorbilder friderizianischer Kolonistendörfer an.

Der umfangreiche Grundbesitz des Klosters Oberweimar machte dessen Bewirtschaftung durch Vorwerke notwendig. Ein solches wird mit dem *Newen Hoffe* 1512 erwähnt. Es stand oberhalb des Gehölzes an der Quelle des Papierbaches im Flurteil Das Mönchsfeld.

In der zweiten Hälfte des 19. Jh. wird Oberweimar städtisch überprägt; 1922 führte die starke wirtschaftliche Verflechtung mit der Stadt zur Eingemeindung. Vier Mühlen sind nachweisbar. Aus einer Öl- und Kupfermühle war schon 1546 eine der ältesten Papiermühlen Thüringens hervorgegangen, die bis 1925 betrieben wurde. Eine zweite Papiermühle bestand nur wenige Jahre länger. Unter Denk-

Abb. 43   Oberweimar: Klostermühle, -kirche und -speicher

malschutz steht die Getreidemühle des einstigen Kammergutes ebenso wie die Walkmühle an der Taubacher Straße, die erstmals im 13. Jh. erwähnt wurde. Sie war seit dem 18. Jh. bis 1949 nacheinander Getreide- und Schneidemühle. Teile des Hauptgebäudes und die Anlagen an der Ilm nutzt heute die Sportgemeinschaft der Kanuten. Am Südende des Parks an der Ilm wurde Anfang des 19. Jh. ein Gebäude für eine Kammgarnspinnerei errichtet, das Ende des Jh. zur Papiermühle umgerüstet wurde und seit 1936 eine Möbeltischlerei beherbergt. Um 1900 bestanden 30 kleine Betriebe, Geschäfte und Gaststätten, von denen sich in den folgenden Jahrzehnten nur wenige behaupten konnten. Der einzige Betrieb, der sich stärker entwickelte, war die elektrotechnische Fabrik, die der Unternehmer JOHANN CARL 1907 im Gebäude am Steinbrückenweg einrichtete.

Auf ehemaligem Gutsgelände stehen heute vier Wohnblöcke, die das dörfliche Ortsbild empfindlich stören. Im Jahre 1952 schlossen sich wirtschaftlich schwache Bauern genossenschaftlich zusammen. Die LPG verband sich 1960 mit der von Taubach. Weitere Spezialisierung führte später zum Anschluß mehrerer LPG an die KAP Kromsdorf sowie an die LPG Weimar.

Die Inhaber der Firma Carl wurden enteignet, der Betrieb als VEB Elektroinstallation Oberweimar (EOW) ab 1948 weitergeführt. Die Brauerei, die 1793 auf dem Gelände des Kammergutes gegründet wurde, stellte 1949 die Produktion ein. Der ehemalige Landgasthof Goldener Schwan beherbergt seit 1957 das Deutsche Bienenmuseum, das auf die Sammlung und Initiative des Oßmannstedter Pfarrers FERDINAND GERSTUNG zurückgeht. Nach umfangreicher Sanierung der Gebäudesubstanz aus dem 17. Jh. und langer Schließungszeit ist seit 1994 den Besuchern eine der ältesten und umfangreichsten Sammlungen zur Bienenkunde wieder zugänglich. Das Schulgebäude am Klosterweg blieb bis Ende des Zweiten Weltkriegs einzige Schule des Ortes. Nach 1990 wurde dort die erste Waldorfschule Thüringens untergebracht. Erweiterungen auf dem Gelände des ehemaligen Kammergutes haben begonnen und beziehen die Sanierung der noch vorhandenen Bausubstanz aus dem 18. Jh ein. Mehrere Brücken

H 3 ermöglichen eine gute Verkehrsanbindung der einzelnen Siedlungsteile. West-lich des Angers wurde 1722 die heute denkmalgeschützte vierbogige Ilmbrücke aus Kalkstein gebaut, der man 1952 einen Fußgängersteg beifügte. Nördlich davon verbindet eine Hängebrücke von 1833 die beiden südlichen Teile des Ilm-Parks, die durch den Fluß getrennt sind. Sie ist als eine Frühform der Ketten-brücke ein technisches Denkmal. Ehringsdorf wurde mit Oberweimar vor allem durch die Ilmbrücke an der Kipperquelle verbunden, 1874 erbaut und 1997 mit wesentlich höherer Tragfähigkeit erneuert.

Oberhalb der Hangbebauung verläuft die Eisenbahnstrecke Weimar – Gera. Erst 21 Jahre nach dem Eisenbahnbau (s. E 1) erhielt Oberweimar ein Bahnhofsge-bäude. Seit Beginn des 20. Jh. wird Oberweimar immer mehr zum Wohnort der Weimarer Bevölkerung. In den dreißiger Jahren gründeten Arbeiter die Anlage Siedlersfreud. Am Hang wurden ein- und zweigeschossige Doppelhäuser als Ei-genheime errichtet. An der Hart entstand ein neues Siedlungsgebiet. Der Woh-nungsbau in den fünfziger Jahren schloß den Übergang vom ehemaligen Vorort zur Stadt ab. Die Betriebe werden seit 1990 privatisiert. Das EOW wurde mit 260 Beschäftigten 1991 liquidiert. Die Stadt hat das chemalige Betriebsgelände zur Re-naturierung gekauft. Bei veränderten Strukturen erreicht die Anzahl der Gewerbe-treibenden wieder den Stand von 1900. Oberweimar wurde 1994 mit Ehringsdorf zu einem Stadtteil verbunden (s. M 1).

J 1 Sohnstedt, Ortsteil von Mönchenholzhausen, Landkreis Sömmerda,

liegt im NW der Gutendorfer Platte als kleines Haufendorf in 305 m Höhe im Be-reich des Oberen Muschelkalks in einer flachen, fast nordsüdlich verlaufenden Geländedepression. Die umgebende, nur wenig gegliederte Hochfläche steigt all-

Abb. 44   Sohnstedt, Flurstück Nr. 4. Der nach Befunden rekonstruierte Tor- und Türbogen um 1600, das Wohnstallhaus laut Inschrift 1784 erbaut; in den siebziger Jahren abgebrochen. (Aufmaß und Zeichnung H. WENZEL)

mählich nach S an und ist weitgehend waldfrei. Aus der Flur liegen steinzeitliche **J 1** Einzelfunde vor. In der Ortslage wurden slawische und deutsche wellenverzierte Scherben des 11. Jh. gefunden.

Der erstmals als *Sanstete* 1217 erwähnte Ort gehörte zur Herrschaft Vieselbach und teilte damit seit 1343 das Schicksal des östlichen Erfurter Landes (s. Seite 25). Die Bebauung auf Flurstück Nr. 4 wurde in den siebziger Jahren abgebrochen (Abb. 44). Das Gotteshaus, eine alte Ostturmanlage, ist ein bescheidener aber ansehenswerter Kirchenbau. Der gotische Turm hat später ein achteckiges verschiefertes Obergeschoß mit einer Schweifkuppel und kleiner Laterne erhalten. Nach der über dem Emporeneingang angebrachten Jahreszahl entstand das barocke Langhaus 1717. Aus dieser Zeit stammt auch der mit schönem Schnitzwerk versehene Kanzelaltar. Der Urheber der Bemalung der Emporenbrüstungen mit biblischen Szenen ist laut Inschrift ein JOHANN CHRISTOPH KOCH aus Großmündra, womit wahrscheinlich das heutige Großmonra bei Sömmerda gemeint ist.

Die bäuerliche Bevölkerung von Sohnstedt war in den fünfziger Jahren in der LPG Alfred Berles in Obernissa beschäftigt, die schon Ende der sechziger Jahre in die LPG Pflanzenproduktion Vieselbach, Sitz Mönchenholzhausen, eingegliedert wurde. Seit 1990 wird die Flur von der Agrar-GmbH Mönchenholzhausen bewirtschaftet. Das Dorf hat verschiedene kleinere Betriebe der Bau-, Elektro- und Automationsbranchen angezogen. Außerdem gibt es einen Getränkegroß- und Einzelhandel, eine Gaststätte und das Pelto-Bad mit finnischer Sauna. Zahlreiche neue Wohnhäuser fügen sich in das Ortsbild ein.

Am nördlichen Ortsausgang befindet sich ein Ehrenfriedhof für während des Zweiten Weltkrieges aus der Sowjetunion nach Deutschland verschleppte Zwangsarbeiter. In einem ehemaligen Lager für den Autobahnbau an dieser Stelle starben mehr als siebzig von ihnen infolge unmenschlicher Arbeits- und Lebensbedingungen.

Bechstedtstraß, Landkreis Weimarer Land   **J 2**

Längs der Straße von Utzberg nach Gutendorf erstreckt sich Bechstedtstraß in einer Höhenlage von 340 m ü. NN auf der Gutendorfer Platte im Bereich des Oberen Muschelkalks. Die flache Quellmulde auf der Hochfläche, an deren Westhang das Dorf liegt, vertieft sich allmählich nach N. Der S der Gemarkung wird teilweise von Wäldern des Berkaer Forstes eingenommen.

Zahlreiche Geräte wie Schuhleistenkeile, facettierte Axthämmer oder Steinbeile belegen eine steinzeitliche Besiedlung des Ortes und dessen Umgebung. Umfangreiche Wohnplätze aus der Bronzezeit und der Römischen Kaiserzeit konnten 500 m westlich und südwestlich von Bechstedtstraß mit Oberflächenfunden und Grabungen lokalisiert werden (Anhang E).

Der Ortsname wird erstmals in einem um 860 verfaßten Güterverzeichnis der Reichsabtei Fulda als *Bechestat* überliefert und bezeichnete die Siedlungsstätte eines *Beraht*. Der Zusatz *-straß* tritt erst 1524 auf und bezieht sich auf die Lage des Dorfes an der Salzstraße, die von hier nach N in Richtung Ollendorf zur *via regia* führte und mit einer Nebenstraße die direkte Verbindung mit Erfurt suchte. Mit

J 2

100   200m

Abb. 45   Bechstedtstraß, eine ältere Platzkernsiedlung, die durch je zwei Sackgassengrund-
formen und Straßenzeilen ausgebaut worden ist.
(Zeichnung H. WENZEL nach der Flurkarte von 1841 – siehe auch Abb. 46)

166

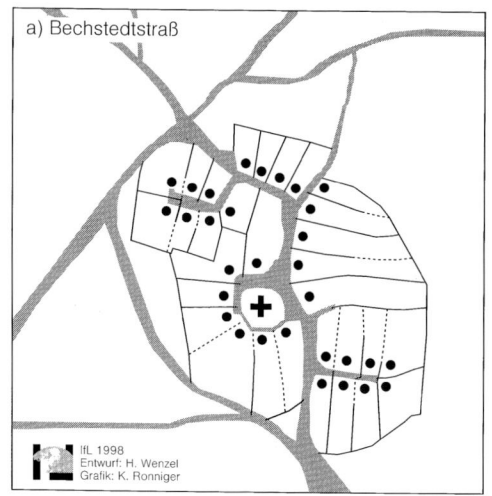

a) Bechstedtstraß

IfL 1998
Entwurf: H. Wenzel
Grafik: K. Ronniger

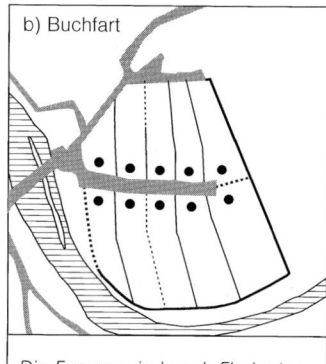

b) Buchfart

Die Formen sind nach Flurkarten aus der ersten Hälte des 19.Jh. konstruiert. Die gerissenen Linien stellen den vermuteten Verlauf von Gehöftgrenzen dar.

Abb. 46   Analyse der Grundrisse von
a) Bechstedtstraß, der aus einer älteren Platzkernsiedlung und je zwei Sackgassen- und Straßenzeilengrundformen besteht (vgl. Abb. 45)
b) Buchfart (ein kleines Sackgassendorf an einer Ilmfurt, vgl. Abb. 74)
    (Entwurf H. WENZEL 1998)

dem sekundären Bestimmungswort wurde der Ort von Bechstedt-Wagd am Steigerwald bei Erfurt unterschieden.

Eine Analyse des Grundrißgefüges auf der Grundlage der historischen Flurkarte von 1841 (Abb. 45 und 46) läßt als Ursprung des heutigen Dorfes eine Gruppe von sieben Gehöften erkennen, die im Halbkreis den kleinen Dorfplatz umschließen. Auf ihm steht die schon 918 erwähnte Bonifatius-Kirche, hier fand das 1354 urkundlich genannte Gemeindebackhaus seinen Standort und hier ist später auch die Schule errichtet worden. Reste einer mit Wall und Graben ausgeführten Dorfbefestigung, die Größe der radial zugeschnittenen Hofreiten und die günstigen topographischen Verhältnisse zeichnen diesen Wohnplatz gegenüber den übrigen Ortsteilen aus.

Zwei Sackgassen-Grundformen sind wahrscheinlich auf die Ansiedlung je einer Wüstungsgemeinde zurückzuführen und ebenso wie die beiden Straßenzeilen als jüngere Ausbauten des alten Siedlungskernes anzusprechen. Der Ortsname der Wüstung *Westerndorf* bezeichnete eine 500 m westlich von Bechstedtstraß gelegene Siedlung, die die Tradition eines bereits in der Vorrömischen Eisenzeit und Römischen Kaiserzeit bevorzugten Wohnplatzes fortführte (Anhang D). Mit Keramikfunden des 8. bis 12. Jh. ist *Bechmich*, einst an der Mündung eines Grabens in den Krambach gestanden, ebenfalls als frühmittelalterlicher Kern der Siedlungskammer Bechstedt bezeugt.

Das Patrozinium St. Bonifatius und die Anlage der Pfarrkirche mit dem Chorturm im O weisen auf das hohe Alter hin. Der Turm hat noch heute einen ausge-

167

Abb. 47
Mühle
bei Bechstedtstraß

sprochenen Wehrcharakter. Nach der Entfernung des Kanzelaltars 1986 erhielt der im Turmerdgeschoß befindliche, mit einem Tonnengewölbe überdeckte Raum seine ursprüngliche Funktion als Chor zurück. Auf dem Altartisch ist noch eine Reliquienöffnung zu sehen, auch ein anläßlich der Weihe eingeritztes Kreuz. An der Südwand des Chores steht ein qualitätvoll gearbeiteter Grabstein für den Pfarrer JOHANN HERTRICH, gestorben 1609, auf dem der Verstorbene in der Amtstracht der Zeit dargestellt ist. Im Kirchenraum herrscht ein eigenartiges Nebeneinander verschiedener Stilepochen: gotisch ist der Altarraum, barock die Emporen, mit einer originellen Jugendstilbemalung versehen ist der Triumphbogen. Die Orgel, die anläßlich einer Kirchenerneuerung 1857 eingebaut wurde, ist ungewöhnlich groß und wird zu Konzerten genutzt. Als sogenanntes Orgelmuseum ist die Kirche in der warmen Jahreszeit zugänglich.

Bechstedtstraß bestand ursprünglich aus mittel- und kleinbäuerlichen Wirtschaften. Die Kollektivierung der Landwirtschaft brachte die Eingliederung in die

LPG Pflanzenproduktion Isseroda und in die LPG Tierproduktion Troistedt-Is- J 2
seroda. Letztere hatte am westlichen Ortsrand Ställe für Jungvieh und Milchkühe
errichtet, die gegenwärtig von der Agrargenossenschaft Thüringer Korn und Rind
e.G. Isseroda genutzt werden. In der nur knapp 300 Einwohner zählenden Gemeinde sind heute ein privater Landwirt sowie einige Handwerksbetriebe und ein
Gasthof die wirtschaftliche Basis. Etwas abseits des Ortes steht die nach 1990 dem
früheren Besitzer zurückgegebene Windmühle mit einem Bauerngehöft (Abb. 47).

Isseroda, Landkreis Weimarer Land J 3

Zwischen der Bundesstraße 7 und der Autobahn A 4 breitet sich Isseroda im nördlichen Teil der Gutendorfer Platte auf der sanft nach N abfallenden Muschelkalkhochfläche in einer Höhe von 346 m ü. NN aus. Im S steigt die Flur bis zur Issero-
daer Höhe an, um dann im Hengstgraben wieder abzufallen.

Im Grundrißgefüge der Siedlung sind mehrere unterschiedliche Grundformen
zu unterscheiden: Im östlichen Teil der Ortslage bildet eine Platzkernsiedlung bei
der dem Heiligen Pankratius geweihten Kirche den Ursprung des mittelalterlichen
Dorfes. Von diesem Platz aus führt ein kurzer Straßendorfteil, die Schloßgasse, zur
ehemaligen Wasserburg, einst die Lauenburg genannt, in der ein Adelsgeschlecht
saß, das wahrscheinlich den Ort, 1285 als *Uzerenrode* urkundlich überliefert, gegründet hat. Von der Wasserburg ist die ursprüngliche Anlage noch anhand der
zum Teil offenen Gräben und der Bebauung im Geviert zu erkennen. Das Hauptgebäude, ein schlichter Renaissancebau mit den typischen Fensterformen jener
Zeit, den profilierten Steingewänden, wurde durch Modernisierung stark verändert. So ist der ehemalige Treppenturm an der Hofseite kaum noch als solcher auszumachen. Im Erdgeschoß des Gebäudes an der Straßenseite befindet sich an der
Ostecke eine spitzbogige Pforte, die einem spätgotischen Portalbau zugehörte, den
LEHFELDT 1892 noch erwähnte. Der Ort besitzt in seiner Mitte ein schönes städte-
bauliches Ensemble, das besonders beeindruckt, wenn man von der Hauptstraße
Richtung S schaut. Die Dominante ist die Kirche St. Pankratius, ein spätgotischer
Bau mit Westturm und dreiseitigem Chorabschluß. Das Turmerdgeschoß, durch
das der Eingang führt, ist mit einem Tonnengewölbe überdeckt, an den Seiten befinden sich gemauerte Bänke. Über dem Eingang weist eine Tafel auf den barocken Umbau 1749/50 hin.

Isseroda war stets ein überwiegend bäuerlich geprägtes Dorf. Etwa zwei Drittel
der Bevölkerung arbeiteten in der Landwirtschaft. Die LPG Ernst Thälmann war
1952 der erste genossenschaftliche Landwirtschaftsbetrieb im Landkreis Weimar.
Der Ort wurde Standort für eine Maschinenausleih- bzw. Maschinentraktorensta-
tion (MAS/MTS) und zu einem ländlichen Siedlungszentrum ausgebaut, obwohl
hier nur etwa 350 Einwohner lebten. Im Zuge der Kooperation zu Beginn der siebziger Jahre entwickelte sich Isseroda mit fast 7 000 ha LN in 19 Gemeinden zur
größten LPG (P) im Raum westlich von Weimar. Gleichzeitig entstand die LPG
(T) Troistedt-Isseroda, Sitz Troistedt, der auch noch Bechstedtstraß und Nohra mit
Rinder- und Milchviehhaltung angehörten. Damals wurde Isseroda planmäßig ausgebaut und erhielt ein Kulturhaus mit Großküche, eine staatliche Arztpraxis und
eine Wäscherei. Die Zentralschule, 1956 eingerichtet, bekam einen Sportplatz,

J 3   Turn- und Gymnastikraum. Schulhort, Kindergarten und Kinderkrippe ergänzten in den fünfziger und sechziger Jahren die Ausstattung des Ortes, der 1977 Sitz eines Gemeindeverbandes wurde. Die MTS wurde zum Betriebsteil für landtechnische Instandhaltung ausgebaut. Weiterhin entstanden rund 50 Wohnungen in ein- bis dreigeschossiger Bauweise, vorwiegend für Beschäftigte in der Landwirtschaft und den örtlichen Dienstleistungen.

Nach 1990 entstanden aus der LPG (P) drei Agrargenossenschaften. In Isseroda blieb die Agrargenossenschaft Thüringer Korn und Rind e.G. mit Milchviehhaltung im Ort und Jungviehaufzucht und Milchvieh in Bechstedtstraß. Ein Wiedereinrichter hält hauptsächlich Schweine, die er auch selbst vermarktet. Die Bedeutung Isserodas als Zentrum der Landwirtschaft ist stark zurückgegangen. Dafür haben sich in einem neuen Gewerbegebiet mit rund 20 ha Fläche einige mittelständische Betriebe angesiedelt, die insgesamt 420 Menschen beschäftigen, darunter eine Pralinen- und Schokoladenmanufaktur.

Im Ort selbst gibt es einige Handwerker, eine Verkaufsstelle, Arzt und Zahnarzt, eine Gaststätte im ehemaligen Kulturhaus, eine Grundschule und die Regelschule, die gemeinsam mit Niederzimmern genutzt wird. Zwischen 1990 und 1997 sind 22 Einfamilienhäuser gebaut worden. Seit 1994 ist Isseroda Sitz der Verwaltungsgemeinschaft Grammetal mit elf eigenständigen Orten und sechs Ortsteilen (Abb. 9).

J 4   Eichelborn, Ortsteil von Mönchenholzhausen, Landkreis Sömmerda

Zwischen der Autobahn A 4 und den südlich des Ortes bis 450 m Höhe ansteigenden ausgedehnten Forsten liegt Eichelborn in etwa 360 m Höhe auf der Gutendorfer Platte. Die Erosion hat einzelne Erhebungen zwischen 300 und 400 m ü. NN aus dem mäßig zerschnittenen, leicht hügeligen Plateau herausmodelliert wie den Mittelberg und den Lohberg. Nördlich der Autobahn fallen große Senkungswannen mit Durchmessern bis zu mehreren hundert Metern auf. Auch südöstlich des Ortes gibt es derartige Geländeformen, die durch Subrosion (s. Seite 9) des im Mittleren Muschelkalk vorhandenen Gipses bzw. Anhydrits entstanden sind (Abb. 3).

Die Gemarkung Eichelborn bietet vielfältige Gelegenheit, sich den Landschaftswandel zu vergegenwärtigen. Ein weitgespannter Wiesengrund prägt das Bild. Ältere Karten zeigen noch zahlreiche Gräben und Feuchtwiesen. Doch Eingriffe in die Wasserführung, Nährstoffeinträge, Ausbau der Straßen und Wege sowie Bau und Erweiterung der Autobahn fragmentierten und uniformierten die Lebensräume. Teiche sind nicht mehr bespannt, Erdfalltümpel eutrophiert. Zahlreiche Kennarten der wechselfeuchten bis nassen Wiesen sind selten geworden. Große Bestände des Kleinen Knabenkrautes (*Orchis morio*) wurden vernichtet. Nur wenige artenreiche Biotope wie die „Wiesen am Wasserhäuschen" Bechstedtstraß oder der „Moossee" am Wiedersberg sind noch erhalten.

Das Dorf wird erstmals in einer 1143 ausgestellten Urkunde als *Eichelbrunnen* genannt, mit der das Erzbistum Mainz dem Erfurter Peterskloster alle bis dahin erworbenen Besitzungen bestätigte. Seine Gründung St. Marien ist seit 1240 mit einem Pfarrer besetzt. Für das Mittelalter sind daneben auch grundherrschaftlicher Besitz des Marienhospitals und des Kartäuserklosters zu Erfurt und der Klöster Georgenthal und Oberweimar nachweisbar. Ein Geschlecht, das sich seit 1217

nach dem Ort nannte, aus der Ministerialität des Mainzer Stifts hervorging, mit den J 4
Herren von Mellingen verwandt gewesen ist und zeitweilig in den Diensten der
Grafen von Weimar-Orlamünde gestanden hat, ist mit einem Allodialgut als Mainzer Lehen bis um 1360 hier ansässig gewesen. Danach fiel der Ort an die Grafen
von Käfernburg, wurde von Landgraf BALTHASAR 1389 an den Erfurter Bürger
JAKOB VON SEEN verpfändet, kam 1418 an die Vitzthume von Apolda und von diesen 1426 an die Erfurter Patrizierfamilie SIFFART ZIEGLER. Von 1545 bis 1680
gehörte Eichelborn zur Herrschaft Tannroda der Herren von Bünau, fiel danach an
die Landesherrschaft zurück und wurde dem Amt Berka zugeschlagen.

Ein Bauernhaus, Wohnstallhaus Eichelborn Nr. 10 wurde 1984 abgetragen und
1988 im Thüringer Freilichtmuseum Hohenfelden wieder aufgebaut. Nach bauar-
chäologischen und archivalischen Untersuchungen wurde das Haus 1772 von dem
Anspänner JOHANN ADAM ROSE errichtet. Um 1820 ist in den Hochkeller eine Erdgeschoßstube eingebaut worden (Abb. 48).

Die Bevölkerung lebte in ärmlichen Verhältnissen und ernährte sich nebenbei
bis ins 19. Jh. mit Schubkarrentransporten für Erfurter und Weimarer Kaufleute.
Als Folge eines Bittbriefes der Gemeinde an den Kurfürsten wegen Ermäßigung
der Abgaben berichtete der Hauptmann von Weimar 1541 an den Landesherren,
daß die Eichelborner einen „untrechtigen, steynichten und gebirgichten acker"
haben und von den 36 Männern der Dorfschaft „nit in die hälffte ackerwergk".
1715 wurden 17 Anspänner und 20 Hintersättler gezählt.

Im Grundrißgefüge der Siedlung sind drei Teile zu unterscheiden: Im N bilden
rechtwinklig um den Kirchplatz geordnete Gehöfte einen besonderen Ortsteil, dessen Mitte, die Marienkirche, einst ein stattlicher Bau aus dem Jahre 1756, durch

Abb. 48 Wohnstallhaus Eichelborn Nr. 10 (Aufmaß H. WENZEL)

171

den in den siebziger Jahren dieses Jahrhunderts erfolgten Abbruch des Langhauses zerstört worden ist. Eine mehrhundertjährige Linde steht auf dem Platz als ein Symbol ständiger Erneuerung. In der Dorfmitte umschließen giebelständige Wohngebäude in regelmäßiger Reihung einen langgestreckten Platz, auf dem, aus der Flurkarte von 1875 ersichtlich, das Brauhaus am Teich, das Brunnenhaus und zwei weitere Brunnen gestanden haben. Der Platz nimmt die Quellmulde in dem einstigen Eichenhain ein, in dem das Dorf, durch Keramikfunde in der Ortslage bezeugt, im 10. Jh. gegründet worden ist. Eine Gruppe von Kastanien vor dem ehemaligen Tanzsaal bezeichnet den Standort des Gerichtsplatzes, auf dem im Jahre 1730 das Halsgericht über die beiden ortsansässigen Diebe mit dem Todesurteil endete, das auf der dorfeigenen Richtstätte Im Grunde sogleich vollstreckt worden ist. Auf einem nach N vorspringenden leicht abfallenden Sporn an der Südostecke der Dorflage liegt eine Motte (Burghügel) von 15 m Durchmesser, die von Wall und Graben umgeben ist. An die kleine, ehemals mit festen Gebäuden bebaute Ministerialenburg des 10. bis 13. Jh. schließt sich nach N das ehemalige Hofgebäude an.

Im ehemaligen Bauerndorf erfolgte 1960 der Zusammenschluß der Bauern zu einer LPG. Es gab zunächst nur umfangreiche Schaf- und Hühnerhaltung. Die lockere Kooperation der einzelnen Genossenschaften führte zur Vereinigung in der LPG Alfred Berles (Typ III) in Obernissa und schließlich zum Zusammenschluß mit der LPG Pflanzenproduktion Vieselbach und der LPG Tierproduktion Mönchenholzhausen im damaligen Landkreis Erfurt.

Die Felder von Eichelborn bewirtschaftet gegenwärtig die Agrargenossenschaft Mön-

Abb. 49 Pflanzenbeispiele aus dem Lohholz
Herbstzeitlose (links)
Kuckucks-Lichtnelke (Mitte)
Trollblume (rechts)

chenholzhausen. Außer einem Betrieb für Garten- und Landschaftsbau und einer **J 4**
Kfz-Werkstatt gibt es nur Arbeitsplätze außerhalb des Ortes. Größtenteils auf der
Flur von Bechstedtstraß steht an der Autobahn seit 1979 die Tankstelle Eichelborn,
die Mitte der neunziger Jahre zur Autobahnraststätte Eichelborn erweitert wurde.

Lohholz   J 5

Das Lohholz hat seinen Namen wohl von der Herstellung der Gerberlohe aus Ei-
chenrinde bekommen. Es liegt unweit des Lohberges östlich von Eichelborn in 370
bis 380 m Höhe auf mergelig-kalkigen Gesteinen des Oberen Muschelkalks.

Der Eichen-Hainbuchenwald wird vor allem im mittleren, inzwischen stark aufgelichteten sowie im östlichen Teil interessant, wo die Krautschicht vorwiegend
aus Feuchtezeigern zusammengesetzt ist. Zu Echtem Mädesüß (*Filipendula ulmaria*) und Sumpf-Storchschnabel (*Geranium palustre*) oder sogar Waldsimse (*Scirpus sylvaticus*) gesellen sich Kohl-Kratzdistel (*Cirsium oleraceum*) und Sumpf-
Pippau (*Crepis paludosa*). Seltenheiten in solchen auf schweren Tonböden
stockenden Mädesüß-Eichenwäldern sind Trollblume (*Trollius europaeus*) und
Herbstzeitlose (*Colchicum autumnale*) (Abb. 49).

Nohra, Landkreis Weimarer Land   K 1

In der flachen Quellmulde des Norbaches liegt das Dorf Nohra, in etwa 320 m
Höhe nur wenig in das Plateau von Gutendorf eingetieft. Südöstlich von ihm erstreckt sich bis zur Autobahn A 4 das Osterholz, das mit 381 m seine größte Höhe
erreicht. Das Osterholz wird auch *Kiek* genannt, ein Name, entstanden aus dem
slaw. *Kika* = Stock, Stumpf.

Der Untergrund der Nohraer Flur besteht aus Schichten des Oberen Muschelkalks, die von Lehm und zum Teil von Löß verhüllt werden. Ein kleines Gewässer
südöstlich des Ortes, der Egelsee, füllt einen Erdfall und ist als Teil einer sich nach
O fortsetzenden Senkungswanne anzusehen. Er ist stark der Verlandung unterworfen und als geschützter Landschaftsbestandteil ausgewiesen (Anhang H).

500 m östlich von Nohra liegt eine jungsteinzeitliche Siedlung, von der zahlreiche Oberflächenfunde stammen. Bei Ausschachtungen auf dem ehemaligen Flugplatz wurde eine schnurkeramische Familienbestattung ausgegraben. Eine Frau
trug eine Halskette aus durchbohrten Hundezähnen und Muschelscheiben, außerdem hatte man ihr eine Feuersteinklinge mitgegeben. Etwa 500 m westnordwestlich des Dorfes entdeckte man 44 Gräber eines spätbronzezeitlichen Gräberfeldes.
Davon waren 29 Körpergräber in Steinkisten und Steinpackungen beigesetzt, bei
den restlichen handelt es sich um Brandbestattungen. Die Gräber der Unstrut-
gruppe lagen bis zu 80 m voneinander entfernt. Die beachtlichen Beigaben umfassen Tassen, Becher, Schalen, Schulterwulstamphoren und Bronzegegenstände,
wie Ringe, Spiralen, Nadeln und Pinzetten.

Am Bechstedtstraßer Berg und südlich des Ortes grub man Brandgräber der
frühen Latènezeit mit Vogelkopffibeln und Bronzeknotenarmringen sowie ein
spätlatènezeitliches Grab mit einem bronzenen Stabgürtelhaken und einem be-

K 1   malten keltischen Drehscheibengefäß aus. Ebenfalls aus dem Bereich des Flugplatzes sind Grabfunde des 8./9. Jh. mit Eisenmessern und Schnallen überliefert (Anhang E).

Im Ort hatten zunächst das Kloster Oberweimar und die Burggrafen von Kirchberg Besitz. Bis ins 14. Jh. wird ein nach Nohra benanntes Adelsgeschlecht erwähnt. Bekannt wurde Nohra durch die Aktion der Jenaer Studenten im Jahre 1792, die aus Protest gegen die die akademische Freiheit einengenden Maßnahmen der Weimarer Regierung in den damals kurmainzischen Ort zogen, aber durch Nachgeben der Regierung von einer Übersiedlung an die Universität Erfurt abgehalten werden konnten.

Der erstmals 1217 urkundlich überlieferte Ortsname *Nore* geht auf die Bezeichnung des Norbaches zurück, der als einer der Quellbäche der Gramme im Oberdorf entspringt, wo einst die älteste Kirche des Ortes gestanden hat, an die der Name des Kapellenplatzes erinnert, die platzförmige Umbauung einer Quellmulde. Im Pfarrlehnbuch des Erfurter Landgebietes von 1524 wird diese Kapelle noch erwähnt. Von hier aus erfolgte nach N der Ausbau dieses Siedlungskernes zu einem großen Straßendorf, das bis an die Bundesstraße Erfurt – Weimar heranreicht. Das Patrozinium der Peterskirche dieses Ortsteiles und der Name der Herrengasse lassen die Vermutung zu, daß der Grundherr dieser Dorferweiterung das Erfurter Peterskloster gewesen ist, das wohl auch die Gründung des Nachbardorfes Mönchenholzhausen veranlaßt hat, ein Straßendorf mit einer Peterskirche.

Der Kirchenbau weist sich mit seinem Chortum als mittelalterliche Anlage aus. Eine Inschrift am Turmsockel zeigt die Jahreszahl 1392. Das Erdgeschoß des Turmes, der einstige Chor, ist mit einem Kreuzgratgewölbe überdeckt. Man sieht dort auch eine zugemauerte Spitzbogentür an der Südwand, die, wie LEHFELDT vermutet, einmal in eine Sakristei führte. An der Ostwand des Raumes befindet sich eine Sakramentsnische. Das Langhaus mit alter Mauerwerkssubstanz, ein zugemauertes Rundbogenfenster und der Ansatz eines Eingangs wurde offenbar in mittelalterlicher Zeit bereits verlängert, denn in seinem Westteil besitzt es einen Sockel, der im älteren östlichen Teil fehlt. Im Jahre 1892 schlug der Blitz in den Turm ein und vernichtete den Oberbau samt achteckigem Helm durch Brand. Er wurde ersetzt durch einen neuen Turm, der sich mit seinem neubarocken Ambiente merkwürdig fremd in dem ländlichen Umfeld ausnimmt.

Die Gemeinde Nohra hatte im 20. Jh. auf Grund ihrer Lage an der Fernverkehrsstraße zwischen Weimar und Erfurt eine gewisse Sonderstellung. Dies zeigte sich während des Ersten Weltkrieges in der Anlage eines Militärflugplatzes, der auch angrenzende Gemarkungen einbezog. Aus den Resten der 1919 demontierten Anlagen entstand eine Brikettfabrik und danach eine Maschinenfabrik. 1932 widmete man das Gelände als Ersatz für den alten Weimarer Flugplatz am Webicht wieder für Übungen thüringischer Fliegergruppen um. Im Zuge der Aufrüstung wurde 1936 aus dem Gelände ein Militärflugplatz. In gleicher Zeit entstand östlich von Nohra ein großer Kasernenkomplex. Alle Anlagen wurden nach Kriegsende von den sowjetischen Besatzungstruppen weiter genutzt. Zeitweilig waren hier bis 60 Hubschrauber stationiert. Nach dem Abzug der sowjetischen Truppen im Jahre 1992 wurde das Flugplatzgelände von den Hinterlassenschaften entsorgt. Die Kaserne aus den dreißiger Jahren und die für die sowjetische Armee errichteten Wohngebäude harren noch einer neuen Nutzung. Eine 1906 eingerichtete Dampf-

174

molkerei wurde in den siebziger Jahren in einen Geflügelschlachthof umgewandelt, der heute noch besteht.

In der Landwirtschaft begann mit der Gründung der LPG Goldene Ähre die genossenschaftliche Entwicklung. Die Feldflur bestellte die LPG Pflanzenproduktion Isseroda. Die LPG Tierproduktion Troistedt-Isseroda beschäftigte eine Brigade in Nohra, die nach 1990 aufgelöst wurde. Die Bearbeitung der Felder betreibt heute die Agrargenossenschaft Thüringer Korn und Rind e.G. Isseroda. Daneben gibt es einen Wiedereinrichter und einige Landwirte im Nebenerwerb. Mit Handwerksbetrieben und Gaststätten ist der Ort gut ausgestattet.

Auf einem Gewerbegebiet von 20 ha Fläche wurde im Januar 1994 von der Weimarer Wurstwaren GmbH das Fleischzentrum Nohra als Ersatz für überalterte Schlacht- und Verarbeitungskapazitäten in der Region in Betrieb genommen. 1997 zeichnete man den Betrieb auf der Kölner Nahrungs- und Genußmittel-Ausstellung mit einem „Preis der Besten" aus.

Durch den kommunalen Zusammenschluß von Nohra mit Ulla und Obergrunstedt im Jahre 1994 war es möglich, gemarkungsübergreifend den Gewerbepark U.N.O. mit einer Fläche von 185 ha anzulegen. Begünstigt durch die Nähe von Eisenbahn, Autobahn, Bundesstraße sowie der Städte Weimar und Erfurt ist das Gebiet gut belegt. Erste Investoren waren 1992 die Deutsche Post und ein Baubetrieb. Seitdem haben sich 40 Betriebe unterschiedlicher Größe angesiedelt. 1997 waren hier rund 2 000 Arbeitskräfte beschäftigt.

Obergrunstedt, Ortsteil von Nohra seit 1994, K 2

erstreckt sich westlich der Bahnlinie Weimar – Bad Berka in einer flachen Mulde im Oberen Muschelkalk, die sich ostwärts nach Niedergrunstedt hinzieht. Landschaftlich liegt es an der Grenze zwischen Gutendorfer und Gelmerodaer Platte, die sich aber in der Umgebung des Dorfes morphologisch kaum unterscheiden lassen. Schutz vor den Winden bieten den Häusern im W das Osterholz, im S die forstlichen Reste von Holzdorf.

150 m östlich von Obergrunstedt kennzeichnen Oberflächenfunde, Keramik und Steinfunde, eine ausgedehnte jungsteinzeitliche Ansiedlung (Anhang E). Vom slawischen Anteil an der Erschließung, die bereits in fränkischer Zeit in der Obergrunstedter Flur geleistet wurde, künden die Flurnamen Brüske, slaw. *preseka* = Lichtung und *Lutschke*, das auf slaw. *luka* = Wiese, Aue, zurückgeht.

Später als Grunstedt, womit aber Niedergrunstedt gemeint ist (s. L 1), wird Obergrunstedt erstmals 1388 genannt. Den Kern der älteren Siedlung bildet ein dicht bebautes Platzdorf, dessen ursprünglich einziger Zugang vom O in das Dorf führte, während das Unterdorf eine jüngere Erweiterung bildet.

Ein flacher, breiter Wall an der Ostseite der Dorflage, Wallreste an der Südwestecke und künstliche Absteilungen im N sind die Reste einer spätmittelalterlichen Ortsbefestigung. Der Flurname Burg für eine flache Anhöhe am Nordrand des Ortes deutet auf eine ehemals hier vorhandene Befestigung hin.

Am Anger, heute in der Ortsmitte, steht die Kirche, die einst sicher weniger von anderen Gebäuden umbaut war. Ihr Patrozinium ist unbekannt. Der schlichte Bau, dessen Turm ein einfaches Giebeldach trägt, zählt von seiner Erscheinung her zu den

Abb. 50   Kirchturm
in Obergrunstedt

ältesten Kirchenbauten um Weimar (Abb. 50). Sowohl Bautyp (Chorturm) als auch
bauliche Details im Inneren (niedriger runder Chorbogen, Schachbrettmuster an
seinen Kämpfern) weisen die Anfänge des Bauwerks in das 12. Jh. Die Schallöffnungen im Turmobergeschoß sind, wie in der Romanik üblich, durch eine Mittel-
säule geteilt, oben aber schon mit einer leicht spitzbogigen Rundung abgeschlossen. An den Chorturm schloß sich im O, von innen noch gut erkennbar, einst eine
Apsis, über halbrundem Grundriß, an. Nach ihrem Abriß wurde der Chorbogen zu-
gemauert und mit einer Tür versehen. Dies geschah wahrscheinlich zu der Zeit, als
das Langhaus neu aufgeführt wurde, die großen Fenster und das Mansardendach
erhielt. In der Südwand des Langhauses ist ein sehr altes Steinkreuz mit kleeblatt-
förmigen Armen eingemauert.

   In einem Massengrab auf dem Friedhof wurden 34 Kriegsgefangene verschiedener Nationalität beerdigt. Sie fanden 1945 bei einem Angriff angloamerikani-
scher Tiefflieger auf ihren Transport den Tod.

Abb. 51   Gewerbegebiet in Obergrunstedt/Nohra

Zu Beginn der sechziger Jahre gab es in der ehemals von Klein- und Mittelbauern geprägten Gemeinde die LPG Am Rodberg. Später übernahm die LPG Pflanzen-produktion Isseroda die Feldarbeit, während in der Tierhaltung mit der LPG (T) Ulrich von Hutten zusammengearbeitet wurde.

Nach 1990 haben sich ehemalige Genossenschaftsbauern dem Landgut Weimar e.G. (s. L 5) angeschlossen, obwohl Obergrunstedt seit 1994 als Ortsteil von Nohra zur Verwaltungsgemeinschaft Grammetal, Sitz Isseroda, gehört. Der nur etwa 200 Einwohner zählende Ort hat eine Gaststätte, eine Kindertagesstätte und ein Ge-schäft für Fliesenhandel. Ein Teil der Gemarkung von Obergrunstedt ist in den bis an den Ortsrand heranreichenden Gewerbepark U.N.O. einbezogen (s. K 1, Abb. 51).

Troistedter Forst   K 3

Südlich von Eichelborn, Troistedt und Schoppendorf bzw. um Meckfeld und Gutendorf erstreckt sich der große, zusammenhängende Waldkomplex des Troistedter Forstes. Auf anstehendem Muschelkalk differenzieren Mergel, Tone, Kalksteinbänke, aber auch Lößauflagen, Hangschuttdecken und Schwemmbö-den das Standortgefüge. Erosionsrinnen, wie das Katztal, Tiefborntal und Erfur-ter Tal durchziehen das Gelände in südöstlicher bzw. östlicher Richtung. Sie und die zufließenden Nebenbäche haben ein bewegtes Relief mit Höhen über 450 m geschaffen.

Die Zahl der floristischen Seltenheiten und pflanzengeographischen Besonderheiten in diesem auch forst- und jagdgeschichtlich bedeutsamen Gebiet ist demzufolge groß (Abb. 52). Abgesehen von Frühlings-Platterbse (*Lathyrus vernus*), Schlüsselblume (*Primula veris, P. elatior*), Waldgerste (*Hordelymus europaeus*), Erdbeer-Fingerkraut (*Potentilla sterilis*) oder Quirl-Weißwurz (*Polygonatum verticillatum*) sei besonders auf die Orchideen verwiesen. Frauenschuh (*Cypripedium calceolus*), Vogel-Nestwurz (*Neottia nidus-avis*), Bleiches Waldvöglein (*Cephalanthera damasonium*) und Großes Zweiblatt (*Listera ovata*), aber auch Händelwurz (*Gymnadenia conopsea*) und Fliegen-Ragwurz (*Ophrys insectifera*) wird man entdecken können. Im nördlichen und östlichen Teil überwiegt alter Bauern-, Gemeinde- und Klosterwald. Durch die unregelmäßige Nutzung und jahrhundertelange Niederwaldwirtschaft, bei der man mit kurzer Umtriebszeit den Bestand wieder und wieder abholzte, wurden Buchen stark zurückgedrängt, Holzarten mit Stockausschlag, z. B. Linde und Hasel, aber gefördert. Der westliche und südliche Teil besteht vorwiegend aus Mittel- und Hochwald, in dem die Rot-Buche, teilweise mit beachtlicher Vitalität, vorherrscht. So wechseln buchen-, eichen- und lindenreiche Bestände, Eschen-Ahornwälder in Bachgründen, Kiefern- und Fichtenforste, Schlagfluren sowie Waldmantelgebüsche.

Repräsentativ für das Mosaik der Waldgesellschaften der Ilm-Saale-Platte ist das NSG „Diebeskammer" mit 72,72 ha Fläche (Anhang H) östlich Gutendorfs. Verschiedene Verjüngungsstadien und fast alle Wuchsklassen sind vorhanden. Zwei Totalreservate

Abb. 52
Pflanzenbeispiele aus dem Troistedter Forst
Nestwurz (links)
Frauenschuh (Mitte)
Fliegen-Ragwurz (rechts)

sollen das Studium der Waldregeneration ermöglichen. Kennzeichnend sind K 3 Kalkbuchenwälder und Eichen-Hainbuchenwälder, deren Artengarnitur je nach Hangneigung und Hangrichtung bzw. Gründigkeit und Nährstoffgehalt der Böden wechselt. An flachgründigen Hangstandorten wachsen wärmeliebende Arten wie Ebensträußige Wucherblume (*Tanacetum corymbosum*) oder Langblättriges Hasenohr (*Bupleurum longifolium*). Oberflächlich versauerte, lößbeeinflußte Böden werden von Wald-Reitgras (*Calamagrostis arundinacea*), Schmalblättriger Hainsimse (*Luzula luzuloides*) oder Heidelbeere (*Vaccinium myrtillus*) eingenommen.

Im Gottesholz, etwa einen Kilometer westnordwestlich des Ortes Troistedt, befindet sich ein großes, aus 34 Grabhügeln bestehendes Gräberfeld der jüngeren Bronzezeit. Grabungen fanden 1911 und 1974 statt und haben aus einem der Hügel Leichenbrand, Keramik und verkohlte Eichenholzreste erbracht.

Troistedt, Landkreis Weimarer Land K 4

Zwischen dem großen Waldgebiet des Troistedter Forstes (s. K 3) und dem nördlich vorbeifließenden Hengstbach liegt das kleine Haufendorf Troistedt in einer Meereshöhe von etwa 350 m auf der Muschelkalkhochfläche. Die unbewaldete Grunstedter Höhe (383 m ü. NN) im N und mehrere Erhebungen im Forst westlich und südlich umschließen den Ort von drei Seiten. An der Südflanke der Grunstedter Höhe entstand ab 1994 ein großer Steinbruch, um Schüttmaterial für den Ausbau der Autobahn zu gewinnen.

Der 1250 als *Dratsted* = Siedlungsstätte eines *Drat* und 1470 als *Drostedt* genannte Ort war zunächst je zur Hälfte in der Hand des Klosters Oberweimar und adliger Familien, geriet aber 1525 bzw. 1586 ganz an den Landesherrn. Seit etwa 1540 war der Ort Sitz einer landesherrlichen Forstei, die 1880 nach Bad Berka verlegt wurde.

Einen Einblick in die wirtschaftlichen Verhältnisse des Ortes um die Mitte des 16. Jh. bieten die Türkensteuerregister des Amtes Weimar, die 1542 27 Steuerpflichtige nennen, von denen zehn mehr als eine Hufe Land, 13 im Durchschnitt eine halbe Hufe besaßen. Vier Häusler verfügten über keinen Grundbesitz. Ferner gab es sechs Hausgenossen, die zur Miete wohnten, und elf Knechte und Mägde. Der reichste Bauer ist HANS ROST der Alte gewesen, der mehr als drei Hufen Ackerland, fünf Kühe, einen Farren (Bulle), ein Kalb, sieben Schafe, vier Schweine und zwei Böcke besaß; damit ein Vermögen von 516 Gulden versteuerte, darüber hinaus 50 Gulden ausgeliehen hatte und mit 800 Gulden im Waidhandel veranschlagt wurde. Das „sehr geringe Häuslein" der Tagelöhnerin ANNA TUBELSS wurde hingegen mit sechs Gulden bewertet. Grundherrschaftlich gehörte Troistedt vor der Reformation größtenteils zum Kloster Oberweimar, das hier ein Vorwerk mit neun Hufen Land unterhielt.

Der das Dorfbild prägende Kirchenbau St. Jacobus major entstammt in seiner ursprünglichen Anlage dem ausgehenden Mittelalter: die Anordnung von Westturm, Langhaus und Chor lassen eine einheitliche Planung erkennen. Da bereits 1277 ein Pfarrer für den Ort genannt wird, muß aber ein Vorgängerbau angenommen werden. Nachdem 1820 die bereits im 17. Jh. umgestaltete Kirche abgebrannt war, wurde sie in den folgenden Jahren nach Plänen von C. W. COUDRAY in einer

K 4 für ihn typischen Weise wieder aufgebaut. Dies geschah unter Nutzung des spätgotischen Mauerwerks. Die Innenausstattung stammt aus dieser Zeit. In den von der Emporenbrüstung des Kanzelaltars gebildeten Nischen sind zwölf Apostelfiguren aufgestellt, wahrscheinlich vom Vorgänger um 1500 stammend, ein frühes Beispiel von Denkmalpflege. Die „barocke Haube" des Turmes, die uns heute für diese Kirche so typisch erscheint, stammt von 1904. COUDRAY hatte, wie LEHFELDT beschrieb, ein „... flaches Zeltdach mit noch aufgesetztem, kleinem Viereck-Thürmchen und Zeltdach" als Abschluß des Turmes bauen lassen, was offenbar keinen Gefallen fand.

Troistedt bewahrte bis zur Gegenwart sein bäuerliches Gepräge. Mit der Gründung der LPG „Florian Geyer" begann seit 1952 die genossenschaftliche Landwirtschaft. Obwohl in der Folgezeit die LPG Tierproduktion Ernst Thälmann ihren Sitz in Troistedt hatte, gab es im Ort nur eine Geflügelhaltung. Den Pflanzenbau besorgte die LPG Pflanzenproduktion Isseroda. Im Dorf gab es eine Verkaufsstelle und einen Kindergarten. Nach 1990 arbeiteten die Bauern weiter in der Agrargenossenschaft Thüringer Korn und Rind e. G., Isseroda. Durch einen Wiedereinrichter und zwei Landwirte im Nebenerwerb wird die Betriebsstruktur der Landwirtschaft erweitert. Zwei kleinere Betriebe der Kraftfahrzeug- und Baumaterialbranchen, verschiedene Dienstleistungen und zwei Gasthäuser bieten in der kleinen Gemeinde weitere Arbeitsplätze.

L 1 Niedergrunstedt, zu Weimar seit 1994,

liegt im Bereich des Oberen Muschelkalks in einem Tälchen, das mit lehmig-steinigem Lockermaterial ausgefüllt ist und in das Kirschbachtal westlich von Weimar einmündet (Abb. 53). Nordöstlich des Ortes wurde die als Werkstein geeignete Cycloidesbank abgebaut, die gelegentlich auch in größeren als Wegbelag verwendbaren Platten anfällt. Die flachwellige Gemarkung erreicht größere Höhen bei den Oberbüschen im S (364 m), während im N 300 m kaum überschritten werden.

Die Vertreter der Weimarer Malerschule haben das Kirschbachtal als typische Landschaft empfunden und mehrfach dargestellt. Südöstlich von Niedergrunstedt und dem Klasberg ist im Bereich des Quellgrabens, der dann hinunter in das Stierenbach- und Kirschbachtal führt, ein mit einzelnen Baumgruppen bestandenes Wiesengelände erhalten. Die Glatthaferwiesen auf Oberem Muschelkalk, reich an Wiesen-Storchschnabel (*Geranium pratense*), sind durch Beweidung leider beeinträchtigt, doch in und an kleinen Teichen bieten sich einige Besonderheiten. Im Uferbereich siedeln Rohrkolben (*Typha latifolia*), Igelkolben (*Sparganium erectum, S. emersum*), Sumpfsimse (*Eleocharis palustris*) und Froschlöffel (*Alisma plantago-aquatica*); im Wasser schwimmen Laichkräuter (*Potamogeton natans, P. crispus*).

Nördlich des Ortes fanden sich in leicht abfallendem Gelände Siedlungsreste aus der Jungsteinzeit und frühen Eisenzeit. Mit mehreren Siedlungsgruben ließ sich am Nordwestausgang des Dorfes eine bronzezeitliche Siedlung nachweisen. Der Ort war im Spätmittelalter mit einem Wall und vorgelegten Graben befestigt. Spuren davon sind im N, NO und an der Südseite des Dorfes erhalten.

Abb. 53   Niedergrunstedt

Der Grundriß der Siedlung weist zwei Straßendorfteile beiderseits des Kirschbaches aus, die durch Ausbauten am Anger und Gasthof zu einer mehr haufendorf-
förmigen Anlage ausgebaut worden sind. Noch immer ist der Kirchenbau mit seinem massigen Westturm das beherrschende Bauwerk. Zusammen mit dem
Pfarrhaus und der ehemaligen Schule bildet er ein die Ortsmitte markierendes Ensemble. Besonders wenn man von Weimar die Hauptstraße entlang kommt, bietet
sich ein schönes Dorfbild. Der Turm, und der östlich anschließende Teil des Mauerwerks vom Langhaus sind mittelalterlichen Ursprungs; die Baudetails wie Ge-
simse und das Maßwerk in den spitzbogigen Schallöffnungen weisen auf die Spätgotik hin. Das Langhaus hingegen wurde von 1726 bis 1729 als einfacher Saalbau
mit Mansarddach errichtet. Im Inneren überrascht eine noch gänzlich erhaltene
Ausstattung aus jener Zeit: Doppelemporen, deren Brüstungen mit biblischen
Szenen geschmückt sind, eine als Himmel mit Wolken und Engeln üppig bemalte

Abb. 54
Kirche
in Niedergrunstedt,
Pyramidenaltar

Holztonnendecke. Am auffallendsten aber ist der Kanzelaltar (Abb. 54) vom Typ des im Weimarer Land selten vorkommenden Pyramidenaltars (s. H 1), der seinen Ursprung wahrscheinlich in dem 1658 in der Schloßkapelle in Weimar errichteten Altar hat. Auf vier naturalistisch durchgebildeten Palmstämmen ruht ein Baldachin, ein Dach für den Altartisch. Er trägt einen reich mit plastischen Elementen, mit Engeln, Früchten, Blumen- und Blattwerk geschmückten Obelisken, aus dem die Kanzel hervortritt. Laut Inschrift an der Rückwand des Altars hat JOHANN ERNST RENSCH 1729 Kanzelbau und Kirche ausgemalt.

Niedergrunstedt ist noch heute ein ländlicher Ort mit geringer Bautätigkeit. Die Anzahl der Einwohner hat sich in diesem Jh. kaum verändert. Mehr als die Hälfte der erwerbstätigen Bevölkerung arbeitet in Weimarer Unternehmen, einige davon betreiben landwirtschaftliche Nebenerwerbswirtschaften. 1960 hatten sich zwanzig Bauern des Ortes genossenschaftlich zusammengeschlossen und gehörten später im Zuge der weiteren Spezialisierung und Konzentration der landwirtschaftlichen Produktion der größeren LPG in Weimar und der KAP Isseroda an. Heute bewirtschaftet das Landgut Weimar e.G. die Flächen. Handwerk ist kaum vertreten, auch nach 1990 gibt es nur drei Gewerbetreibende. In den letzten Jahrzehnten

entstanden Kinder- und Handelseinrichtungen sowie ein Sportplatz. In einem Neubau befindet sich eine Arztpraxis. Im Ort bestehen zwei Gaststätten, die seit 1990
privat bewirtschaftet werden. Am Gasthaus aus dem 19. Jh. erinnert eine Gedenk-
tafel an französische Widerstandskämpfer, die in den vierziger Jahren von hier aus,
und von den Dorfbewohnern gedeckt, ihre Untergrundarbeit leisteten. Im Schulgebäude von 1835 wurde bis 1975 unterrichtet und später der Schulhort untergebracht. Heute ist es Stätte der Begegnung von Vereinen und der kulturellen Arbeit
des Kunstvereins Hofatelier e. V. Im Zusammenhang mit dem Bau der Nebenbahn
Weimar – Berka wurde auf der Niedergrunstedter Flur der Bahnhof Nohra errichtet.

Der Flurname Schloßapfel bezieht sich auf eine bachdurchflossene Niederung
mit geringfügigen Erhöhungen im Gelände der Wüstung Neuses, 500 Meter östlich vom Ort entfernt, die als Reste eines Wüsten Hauses der Ritter von Mellingen
gedeutet werden. Eine Geländekante auf der Westseite des Komplexes dürfte als
Teil eines Walles der ehemals auch hier vorhandenen Dorfbefestigung zu deuten
sein. Die von der Wüstungsstelle vorliegende Keramik umfaßt den Zeitraum vom
13. bis zum 16. Jh.

Lindenhof L 2

Unweit vom Schloß Belvedere steht auf der Muschelkalkhochfläche der Gelmerodaer Platte der Lindenhof mit seinen zwei Gehöften. Er gehörte bis zur Bodenreform 1945 zum Ehringsdorfer Rittergut (s. M 1) und ist ursprünglich die Aus-
spanne für Arbeitstiere gewesen. Seit 1935 war dort die Schäferei mit einem
Schafstall für 400 Tiere untergebracht. Zur Hutung wurden die vielen Ödflächen
auf den verkarsteten Muschelkalkhängen, aber auch der Park an der Ilm genutzt.
Nach der Gründung der LPG betrieb man die Schafhaltung genossenschaftlich, ab
1966 im Rahmen einer zwischengenossenschaftlichen Einrichtung. Die spätere
Angliederung an die KAP Isseroda wurde Ende der achtziger Jahre wieder aufgehoben. Es entstand die Brigade Süd in Holzdorf, das heutige Landgut Weimar. Die
Schafe vom Lindenhof wurden zunächst noch behalten, dann aber an eine Schäferei in Gaberndorf verkauft. Die Tiere verblieben auf dem Lindenhof. Die Schafhaltung orientiert sich heute an der Lämmermast.

Gelmeroda, zu Weimar seit 1994 L 3

Das Dorf Gelmeroda, 340 m ü. NN gelegen, hat dem gesamten Plateau zwischen
dem Ilmtalgraben im O, dem Talabschnitt des Mittleren Ilmtals im S, der Weimarer Mulde im N und dem Hengstbachtal im SW seinen Namen gegeben. Nach
W geht die umgebende Landschaft in die ähnlich gestaltete Gutendorfer Platte
über.

Das Plateau breitet sich im Bereich des Oberen Muschelkalkes aus und ist im
allgemeinen von einem geringmächtigen Lößschleier bedeckt. In der Umgebung
des Dorfes wurden harte Kalksteinbänke, die Cycloidesbank und die Glaukonit-
bank, in zahlreichen kleinen Steinbrüchen, die heute zum Teil verfüllt sind, für den

L 3   örtlichen Bedarf ausgebeutet. Aus einem dieser Steinbrüche wurde das Material für den Bau der Friedensbrücke in Weimar gewonnen. Von dem hochgelegenen Ort aus gewinnt man einen eindrucksvollen Überblick über das Landschaftsbild der Weimarer Mulde. Sie wird im N von der Antiklinale des Ettersberges, im S von der Muschelkalkhochfläche abgeschlossen.

Ein Körpergrab aus einem Steinbruch südlich von Gelmeroda mit einem Becher ist der jungsteinzeitlichen Glockenbecherkultur zuzuweisen. Außerdem sind in der Flur Steinbeile und Hacken gefunden worden. Spuren eines flachen Walls in den Gärten auf der Westseite des Ortes gehen auf eine spätmittelalterliche Ortsbefestigung zurück (Anhang E). Sie biegt an der Südwestecke nach O um und geht im S in eine Mauer über. Der Flurname Im Haine ist ein Hinweis auf die Dorfbefestigung, die aus einem mit schützendem Bewuchs versehenen, künstlich angelegten Wall auf der Nordseite des Ortes bestand. Mittelalterliche Einzelfunde liegen aus der Dorflage und von einer Fundstelle südwestlich des Ortes vor.

Der 1301 erstmals überlieferte Ortsname *Germenrode* ist als die Rodungssiedlung eines *Germo* zu deuten. Davon, daß an der Erschließungsarbeit, die in fränkischer Zeit in der damals waldreichen Umgebung Gelmerodas geleistet wurde, auch Slawen beteiligt waren, kündet ein heute fast vergessener Flurname Muschkel. Er ist aus dem slawischen Wort *mocidlo* herleitbar, das eine Lache oder eine nasse Stelle in der Flur bezeichnete.

Das Dorf ist in der Grundrißform eines Platzdorfes mit einem langrechteckigen Innenraum, an dem auch die Kirche steht, gegründet worden. Im N endet dieser Platz in zwei Sackgassen, von denen die Petersgasse bereits vor 1880 eine Verbindung zur Chaussee und heutigen Bundesstraße erhielt, an der der Ort seitdem über seinen mittelalterlichen Umfang hinauswuchs.

Der älteste Teil der Kirche ist der Turmunterbau; er stammt noch aus romanischer Zeit. An den Turm, einem Chorturm, wurde als Erweiterung des Chores im 14. Jh. ein tonnengewölbter Raum angefügt, gleichzeitig wurde der Turm erhöht. An den Wänden des neuen Chorraumes entdeckte man 1989 Malereien („al secco"– auf's Trockene gemalt) aus seiner Entstehungszeit. Vorläufig sind Frauengestalten und verschiedene Fabelwesen zu erkennen. Mit der Freilegung und Restaurierung der für den Weimarer Raum einmaligen Malereien wurde 1996 begonnen. Bauliche Veränderungen an der Kirche gab es bis ins 19. Jh. Sie betrafen vor allem das Langhaus, wie die Fensteranordnung und die Erhöhung des Triumphbogens sowie den Turmoberbau. Bekannt wurde die Kirche durch das Wirken des Malers und Bauhausmeisters LYONEL FEININGER, 1918-1926 in Weimar tätig, dem der Kirchenbau mit seiner markanten Turmspitze, neben vielen anderen Dorfkirchen um Weimar, zum bevorzugten Motiv seiner Bilder und Grafiken wurde.

Unweit der Kirche ließ der einstige Bauhausschüler, seit 1928 Leiter der Architekturklasse an der Staatlichen Hochschule für Handwerk und Baukunst, dem Nachfolgeinstitut des Weimarer Bauhauses, ERNST NEUFERT, 1929 sein Wohn- und Atelierhaus errichten, einen von ihm selbst entworfenen, in Holzständerkonstruktion, zweietagig auf massivem Kellergeschoß mit flachem, weit auskragendem Zeltdach in sechs Wochen ausgeführten Experimentalbau. Dieser beherbergte zwischenzeitlich einen Kindergarten und dient nach sorgfältiger Restaurierung seit 1994 wieder dem Zweck, wofür er geschaffen wurde, als Sitz eines Architekturbüros.

Bis Anfang des 20. Jh. lebten hier überwiegend Mittelbauern. Danach war die L 3
erwerbstätige Bevölkerung zunehmend in Weimarer Betrieben beschäftigt. Andererseits siedelten sich auch Arbeiter aus Weimar in Gelmeroda an. Nach 1945 erhielten landlose und landarme Bauern aus der Enteignung des Rittergutes Holzdorf (s. L 5) Bodenreformland zugeteilt. Gelmeroda wurde 1958 das dritte vollgenossenschaftliche Dorf im damaligen Kreis Weimar und später Sitz der Kooperationsgemeinschaft Pflanzenproduktion, der acht Nachbarorte angehörten. Ab 1975 war die Feldwirtschaft in der KAP Isseroda, die Tierproduktion in der LPG Ulrich von Hutten konzentriert. Erst ab 1990 entwickelten sich Handwerk und Gewerbe. 22 Betriebe, darunter ein Blumengroßhandel, haben überörtliche Bedeutung. Von den fünf Gaststätten, die um die Jahrhundertwende bestanden, hat die Raststätte an der Bundesstraße 85 als letzte ihre Tätigkeit 1994 aufgegeben. Neben der Erhaltung von Altbausubstanz, wie der Sanierung eines Lehmbauhauses von 1804, verdoppelte sich die Anzahl der Gebäude durch Neubau in den letzten 20 Jahren. Am nördlichen Ortsrand wurden 1982 staatliche Wohnungen gebaut, besonders nach 1900 entstand östlich der Bundesstraße am Steinigen Berg eine neue Wohnsiedlung, westlich des Ortes wurden Einfamilienhäuser und ein Hotel errichtet. Am südlichen Ortsrand befindet sich die Anschlußstelle zur Autobahn (s. L 4), die ein hohes Verkehrsaufkommen verursacht. Zur Erhöhung von Durchlaßfähigkeit und Sicherheit ist die Einmündung der Ortsverbindungsstraße von Weimar mit einem Knotenpunkt und einer Vorfahrtregelung im rechten Winkel zur B 85 (s. D 2) eingebunden worden. Die zwei 10 000 Kubikmeter Wasser fassenden Hochbehälter, die sich unter Erdaufschüttungen nahe der Anschlußstelle zur Autobahn befinden, gehören zum System der Fernwasserversorgung, an die Weimar seit 1967 angeschlossen ist.

Bundesautobahn (BAB) A 4   L 4

Die Bundesautobahn A 4 Kirchheimer Dreieck – Görlitz erreicht das Weimarer Gebiet bei Eichelborn und führt entlang der Orte Nohra, Holzdorf, Gelmeroda, Possendorf, Köttendorf und Mellingen. Der Autobahnabschnitt ist in den Jahren 1936–1939 mit mehreren Brückenbauwerken und den drei Anschlußstellen Nohra, Weimar – Gelmeroda und Mellingen erbaut worden. Die Strecke ab Eichelborn wurde seit 1991 sechsspurig mit zwei Standspuren ausgebaut. Gleichzeitig sind die Auffahrten zur Autobahn an der Anschlußstelle Weimar – Gelmeroda nach neuen Sicherheitsbestimmungen verändert worden. Die alte Auffahrt nach Dresden dient jetzt ausschließlich der Zufahrt zur Autobahnmeisterei einschließlich der Werkstatt Legefeld, deren Verantwortungsbereich sich von der Anschlußstelle Arnstadt bis zu der nach Stadtroda erstreckt.

Holzdorf, zu Weimar seit 1994   L 5

Im S des flachen Rückens der Grunstedter Höhe entstand Holzdorf an der Stelle, wo der von W kommende Hengstgraben nach S umbiegt, um in einem Kerbtal das Niveau der Ilm zu gewinnen. Da einige Nebentälchen sich hier ebenfalls in die

L 5 Muschelkalkhochfläche eingeschnitten haben, erhielt die Holzdorfer Gemarkung ein recht bewegtes Relief in der sonst hochflächenartigen Umgebung. Die großen Senkungswannen im Wald westlich von Holzdorf sind dagegen durch Subrosion entstanden (s. Seite 9). Steinzeitliche, bronzezeitliche und mittelalterliche Einzelfunde aus der Umgebung Holzdorfs belegen die Besiedlung in diesen Perioden.

Das Dorf wird erstmals 1271 als *Halsdorf* in einer für das Kloster Oberweimar ausgestellten Urkunde erwähnt. Das Bestimmungswort im Ortsnamen geht entweder auf den germanischen Personennamen *Hal* zurück, eine Kurzform zu *Halfrid* oder *Halabold*, oder auf das Appellativum (mittelhochdeutsch) mhd. *hals*, das eine fortlaufende, schmale Höhe bezeichnet und sich auf die Topographie der Ortslage bezogen haben könnte.

Eine Pfarrei wird 1310 genannt, deren Patronat 1333 dem Kloster Oberweimar zugeeignet wurde. Seit 1465 ist der Ort als die *wustenunge zcu Holstorff* urkundlich überliefert; 1489 wird ein Gut erwähnt, das aus dem Grundbesitz eines hier ansässigen Ministerialengeschlechts hervorgegangen ist, das sich Schetin oder nach Holzdorf nannte, und in den Diensten der Grafen von Weimar-Orlamünde gestanden hat. Es war zur Bereitstellung eines Lehnpferdes verpflichtet und ist mit einem 1436 in Ehringsdorf belehnten DIETRICH SCHETIN ausgestorben.

1542 besitzen HANS BARTEL und die Bauchspiessen *die wustunge Holßdorff die helffte* im Wert von 1 000 Gulden und zwei Bauern noch einen Hof als letzten Rest des Dorfes. Die historische Flurkarte von 1842 zeigt den vierseitig umbauten Gutshof inmitten einer Gutsblockflur von 85 ha Größc.

In den zwanziger Jahren erlebte das Rittergut unter seinem bürgerlichen Eigentümer Dr. OTTO KREBS (1837–1941), ein Industrieller und Kunstfreund aus Mannheim, eine letzte Blüte, der das Schloß im Heimatstil umbauen ließ. Dieser veranlaßte auch, in den Jahren 1923 bis 1926 vom Heidelberger Gartenarchitekten F. WIRTZ den neun Hektar großen Park anlegen zu lassen. Unter Einbeziehung von Baumbeständen des alten Rittergutsgartens entstanden im Umfeld des Herrenhauses Anlagen in architektonischen Formen. Talwärts zum Hengstbach schließen sich ein landschaftlicher Parkteil mit einem Badeteich, einem Bachlauf mit Steinbrücke, einem bedeutenden Steingarten und ein Wirtschaftsgarten an. Von der früheren reichen Ausstattung mit plastischem Schmuck sind noch Plastiken und Reliefs des Weimarer Bildhauers und Brütt-Schülers JOSEF HEISE vorhanden. Plastiken von A. RODIN, W. LEHMBRUCK, C. MEUNIER und anderen befinden sich heute in der Nationalgalerie Berlin. Die bedeutende, vorwiegend aus französischen Impressionisten bestehende Gemäldesammlung, gelangte vor 1950 nach Rußland, 1995 bildete sie den Hauptteil einer Ausstellung der sogenannten Beutekunst in St. Petersburg.

Nach dem Zweiten Weltkrieg wurde das Gut erheblich geplündert, der Besitz enteignet, Flächen fielen unter die Bodenreform. Zunächst als Schulungszentrum genutzt, zogen in das Gutsgebäude ein Kinderheim mit einer Schule ein, die zeitweise auch von den Kindern umliegender Orte besucht wurde. Sie wurde später durch einen Neubau in Plattenbauweise vergrößert. Nach 1990 wurde der Landhof Holzdorf eine Einrichtung der Kinder- und Jugendhilfe, die mit dem Wechsel in die freie Trägerschaft 1996 das Objekt verließ. Seitdem verfallen die Gebäude, die historisch wie botanisch und landeskulturell wertvolle Parkanlage verwahrlost.

Im Ort arbeiten gegenwärtig das Landgut Weimar e.G. sowie ein landwirt- L 5
schaftlicher Betrieb der Pflanzen- und Tierproduktion, der sich nach 1990 aus der
ehemaligen LPG Ulrich von Hutten entwickelte. Die LPG war 1952 in Ehringsdorf
gegründet worden, verlagerte ihren Sitz nach Weimar in die Humboldtstraße und
spezialisierte sich ab 1975 mit einer Milchviehanlage auf die Tierproduktion. Der
Bestand ist von damals 2 000 auf 250 Kühe reduziert, die in Schoppendorf stehen.
Die Felder werden im Pachtverhältnis bewirtschaftet. Holzdorf ist seit 1850 nach
Legefeld (s. P 1) eingemeindet, kam mit diesem 1994 zu Weimar.

Possendorf, zu Weimar seit 1994,   L 6

liegt im Bereich der Muschelkalkhochfläche und umschließt südlich der Autobahn
A 4 in 340 m Höhe die flache Quellmulde des nach O abfließenden Possenbaches.
Die Mulde ist mit lehmig-steinigem Lockermaterial ausgefüllt. Im S fällt die Landoberfläche zum Ilmtal ab, mehrere Nebenbäche haben sich eingeschnitten.
      Bodenfunde nördlich und südöstlich des Ortes geben Zeugnis davon, daß die
Landschaft in der jüngeren Stein- und Bronzezeit wiederholt besiedelt war. Bereits
1869 wurden im westlichen Bereich des Ortes slawische Gräber aufgefunden.
1958 fanden umfangreiche Ausgrabungen statt, welche 30 Körperbestattungen er-
brachten. Die Beigaben und Trachtenbestandteile in den Gräbern, wie silberne
Schläfenringe, Glasperlen, Eisenmesser und Sporen, stammen aus dem 8. bis 10.
Jh. und belegen einen wesentlichen slawischen Siedlungsanteil (Anhang E).
      In dem erstmals zwischen 1140 und 1172 genannten Dorf (*Bussindorph*) eines
Busso waren zunächst die Marschälle von Tiefurt mit Grundbesitz ansässig. Später folgte das Kloster Oberweimar. Als Platzdorf mit radialer Grundstruktur ist die
Siedlung sehr schön den topographischen Gegebenheiten angepaßt worden. Die
Siedlung war von einer Ortsbefestigung umgeben, von der auf der Nordwestseite
ein die Dorflage begleitender flacher Wall und auf der Südseite ein heute als Hohl-
weg genutzter breiter, tiefer Graben vorhanden sind. Der ursprünglich einzige Zugang führte von O in das Dorf, der zweite, nach der Separation geschaffene, verband es mit der Chaussee Weimar – Berka, der heutigen B 85.
      Der Dorfplatz blieb bis heute unbebaut, an seinem Rand ist die St. Ägidius ge-
weihte Kirche nach dem bekannten mittelalterlichen Ostturmtyp errichtet worden,
die zugehörige Pfarrei seit 1299 urkundlich nachweisbar. In seinem ältesten Teil,
dem Turmunterbau, reicht der Kirchenbau ins ausgehende 13. Jh. zurück. Im Jahre
1509 entstand laut Inschrift der Choranbau in seiner heutigen Form mit den großen
Fenstern an der Südseite mit spätgotischem Maßwerk. Im Inneren sieht man unter
dem Südostfenster das Ausgußbecken, die Piscina, und an der Nordwand eine
spitzbogige Sakramentsnische in reicher Ausführung. Um die gleiche Zeit wurde
der Turm mit vier, von Gesimsen gegliederten Strebepfeilern, abgestützt. Die Pos-
sendorfer Kirche besitzt noch ein geschlossenes Altarwerk aus vorreformatori-
scher Zeit (Abb. 55). Zur Zeit ist es in der Legefelder Kirche aufgestellt. In dem
Mittelschrein steht, in etwa halber Lebensgröße, die Figur der Maria mit dem
Kinde zwischen zwei, besonders qualitätsvoll gearbeiteten Figuren, dem Heiligen
Gregor und dem Heiligen Augustinus. Wie man unlängst feststellte, hat der Chor
einst eine reiche malerische Ausgestaltung gehabt, deren Freilegung vorgesehen ist.

L 6

Abb. 55   Possendorf, Schnitzaltar (um 1500)

Ein typischer Zweiseit-Winkelhof war Nr. 36 (Abb. 56). Zwei kleine Ställe sind (später) an das Wohnstallhaus angebaut worden. Der Wirtschaftshof ist nach N durch die Scheune mit einem in den Bansen eingebauten Stall geschlossen, dahinter befindet sich der große Obst- und Baumgarten. Der Beet- und Kräutergarten liegt dem Wohnstallhaus gegenüber. Das Gehöft ist abgebrochen worden.

Bis zum Beginn des 20. Jh. überwogen im Dorf die Mittelbauern. Kleinbauern erhielten 1945 aus der Enteignung des Ehringsdorfer Rittergutsbesitzers Bodenreformland zugeteilt (s. M 1). Die genossenschaftliche Viehwirtschaft begann 1953 mit dem Bau von Schweine- und Rinderoffenställen sowie einer Hühnerfarm, die sich zur Zwischenbetrieblichen Einrichtung (ZBE) entwickelte. Die gemeinsame Feldwirtschaft wurde in Kooperation mit Nachbargemeinden betrieben. Heute werden die Flächen vom Landgut Weimar e. G. (s. L 5) bewirtschaftet. Einige landwirtschaftliche Bauten sind abgerissen worden, darunter die Getreidehochsiloanlage, andere werden nur teilweise genutzt. Eine Scheune dient der Sammlung aller Typen von Traktoren aus DDR-Produktion. Nach dem wirtschaftlichen Neubeginn 1990 haben sich mehrere Gewerbetreibende angesiedelt wie Architekturbüros und eine Einrichtung des Musikinstrumentenhandels. Die Gemeindeschenke aus dem 18. Jh. dient Verwaltungszwecken, eine Gaststätte ist zum Hotel ausgebaut worden, und im Schulhaus von 1872 treffen sich Traditionsvereine. Der noch heute genutzte Brauhausbrunnen am Dorfplatz erinnert an das 1896 abgebrochene Brauhaus. Die Begrenzung durch Autobahn, Frei- und Erdgasleitungen gestattet keine bauliche Erweiterung des Ortes. Nach der Eingemeindung nach Weimar 1994 hatte der Ort weniger als 200 Bewohner (Anhang B).

Tobritzteiche

Südlich von Possendorf wurde im vorigen Jh. „*bey der Tobritze*, von *topor*, slaw. = Axt, *dobr* = Mulde, *dobry* = gut, Torf gestochen. Doch schon vor Jahrzehnten fielen die in den Erdfällen, die auf Subrosion im Mittleren Muschelkalk beruhen, ausgebildeten Moore und Tümpel trocken. Inmitten der landwirtschaftlichen Nutzflächen gelegen, wurden sie vor allem durch Eingriffe in das Wasserregime und durch Überdüngung beeinflußt. Jeder Trichter bietet ein anderes Bild. Arten der Röhricht- und Großseggengesellschaften herrschen vor. Säume mit Gemeinem Schilf (*Phragmites australis*), Trupps von Breitblättrigem Rohrkolben (*Typha latifolia*) oder Gemeiner Teichsimse (*Schoenoplectus lacustris*), Rasen mit Blasen-Segge (*Carex vesicaria*) oder Ufer-Segge (*C. riparia*) wechseln vielfach, Gemeiner Gilbweiderich (*Lysimachia vulgaris*) oder Rauhhaariges Weidenröschen (*Epilobium hirsutum*) sind Begleiter. Auf der Wasseroberfläche erkennt man die langelliptischen Blätter des Sumpf-Knöterichs (*Polygonum amphibium*) oder die Kleine Wasserlinse (*Lemna minor*), unter Wasser wachsen Untergetauchte Wasserlinse (*Lemna trisulca*) oder Laichkräuter (*Potamogeton spec.*). Buschige Weiden (*Salix cinerea* u. a.) bedecken den einen, nackter Teichschlamm den anderen Tümpel.

Beim Torfstechen wurde im vorigen Jh. eine bedeutende Kultstätte der Spätlatènezeit und der Römischen Kaiserzeit aufgedeckt. Dabei kam eine menschenähnliche Holzfigur zum Vorschein, um die sieben Gefäße, ein Bronzekessel und eine Emailfibel niedergelegt waren. Zur Opferstelle des 2./1. Jh. v. Chr. gehörten nach Scherbenfunden in der Umgebung mehrere Siedlungsplätze. Bereits in der frühen Eisenzeit gelangten eine bron-

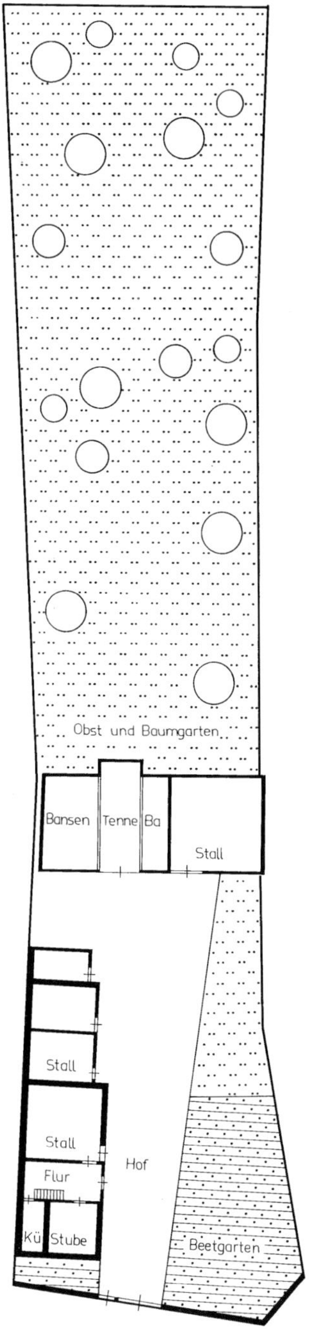

Abb. 56
Possendorf Nr. 36, ein typischer Zweiseit-Winkelhof (Zeichnung H. WENZEL nach Aufmaß und Flurkarte Possendorf von 1878)

189

L 7 zene Paukenfibel und drei Bronzescheiben offenbar als Opfergaben in das Moor. Die Funde könnten, wie an anderen Stellen nachweisbar, auf eine längere Nutzung des Ortes als Opferplatz schließen lassen.

Südlich des Tobritzteiches ist durch zahlreiche Fundstellen mittelalterlicher Keramik die Wüstung Witticheroda nachgewiesen, die nach Aussage der historischen Flurkarte ein großes Straßendorf mit einer Kirche gewesen ist. Die Rodungssiedlung eines *Witigo* ist urkundlich 1378 erstmals bezeugt und noch im 15. Jh. aufgelassen worden. Die Landbesitzer in der 172 ha großen Flur (1876) bildeten bis zur Separation eine Flurgenossenschaft, die als *gemeine zcu Witticheroda* bereits 1542 in den Türkensteuerregistern des Amtes Weimar begegnet.

L 8 Vollersroda, Landkreis Weimarer Land,

liegt auf der Muschelkalkhochfläche der Gelmerodaer Platte, wo sich unweit des Dorfes die Landoberfläche steil zum mittleren Ilmtal absenkt. Nach N erfolgt ein allmählicher Abfall zum Possenbachtal. Im NO reichen die Waldungen an den Ort heran, die sich an den Park von Belvedere anschließen (s. M 4). Eine allseitig geschlossene Einsenkung am Südostrand des Dorfes wird als eine durch Subrosion entstandene Senkungswanne angesehen (s. Seite 9).

Der 1262 erstmals erwähnte Ortsname *Volrashrode* bezeichnete die Rodungssiedlung eines *Volrad*, die vermutlich von den Herren von Kranichfeld gegründet

Abb. 57 Vollersroda, Blick zur Kirche von Süden

190

wurde, die den Namen als einen Leitnamen ihres Geschlechts bevorzugten. 1330 **L 8** übereignen die Kranichfelder die Kirche und ihren Landbesitz im Dorf dem Kloster Oberweimar.

Nach Auskunft der Türkensteuerregister des ALBRECHT VON MEUSEBACH ZU SCHWERSTEDT, dem zu dieser Zeit Vollersroda gehörte, bestand der Ort 1542 aus 12 Bauernhöfen, vier Tagelöhnerstellen und dem Hirtenhaus. Die gleichmäßige Verteilung des Landbesitzes von durchschnittlich einer Hufe auf jeden Hof läßt auf das hier vorherrschende Anerbenrecht schließen, das nur einen der Söhne, meist den jüngsten, zur Übernahme des Besitzes berechtigte, während die übrigen mit einem Häuschen ohne zugehöriges Erbe vorliebnehmen mußten oder den Ort verließen, um in der Fremde ihr Glück zu versuchen.

Der Innenraum des Straßendorfes ist dort, wo die Siedlungsachse nach S leicht abgewinkelt ist, zu einem Anger aufgeweitet. Hier beherrscht am städtebaulich hervorragenden Platz die Kirche mit ihrem massigen Turmkörper, der mit einem schlichten Zeltdach bedeckt ist, das Ortsbild besonders, wenn man es von der Straße von S her betrachtet (Abb. 57). In ihrem Ostteil ist sicher noch altes Kernmauerwerk enthalten; im Inneren befindet sich dort an der Nordseite eine spitzbogige Nische, wahrscheinlich eine Sakramentsnische. Ansonsten ist die Kirche in ihrer heutigen Erscheinung ein Bau des 18. Jh., auch ihre Innenausstattung ist aus jener Zeit.

Die Bauern schlossen sich in den fünfziger Jahren der LPG am Wachhügel, der Kooperationsgemeinschaft Gelmeroda/Legefeld und schließlich der LPG Pflanzenproduktion Isseroda an. Seit 1990 arbeiten einige Beschäftigte im Landgut Weimar e.G. Der ehemalige Schafstall der LPG dient jetzt als Lagerschuppen. Im Dorf gibt es zwei Handwerker und zwei Gaststätten. Einige neue Einfamilienhäuser erweitern den rund 500 m südlich der Autobahn A 4 liegenden Ort.

Ehringsdorf, zu Weimar seit 1922, **M 1**

erstreckt sich auf dem breiten Talboden der Ilm. Nach S steigt die Ortsflur über Terrassenreste an, während sie im N einen steilen Hangknick überwindet. Der im Untergrund anstehende Untere und Mittlere Keuper wird in der Talaue von Kies und Auelehm überlagert. Am Südwesthang des Ilmtales bildete sich ein umfangreiches und mächtiges Travertinvorkommen (s. Seite 8). Man unterscheidet einen Unteren und Oberen Travertin, die durch den sogenannten Pariser, einen lehmigen, porösen Lockertravertin, voneinander getrennt sind. Das durch seine Funde weltbekannte Travertinvorkommen, das sich mit einer Länge von über einem Kilometer und einer Breite von etwa 400 Metern ausdehnt, entstand seit einem Interstadial der Saalekaltzeit vor etwa 200 000 Jahren aus dem kalkhaltigen Quellwasser zahlreicher Karstquellen.

In den Ablagerungen haben sich zahlreiche Belege erhalten, die eine Rekonstruktion der Umwelt dieser Periode zulassen. So sind Reste von zahlreichen Tieren eingebettet wie Schneckengehäuse, Vogeleier, Knochen von Waldelefanten, Waldnashorn, Bison, Hirsch, Biber, Sumpfschildkröte u. a. Abdrücke von Blättern und Früchten lassen eine ehemals reiche Vegetation erkennen (Linden, Eichen, Ulmen, Kirschen, Wildäpfel, Erlen und eine Vielzahl von Sträuchern). Vom Altsteinzeitmenschen, der zur Gruppe des Paläoanthropus gehörte, sind bei dem langjährigen Gesteinsabbau seit 1909 Skelettreste von neun Individuen aufgefunden worden. Die Rastplätze und Feuerstellen der altsteinzeitlichen Jäger haben sich mit übereinanderliegenden Brandschichten im 20 Meter hohen Travertinverband erhalten. Die systematischen archäologischen Forschungen des Museums für Ur- und Frühgeschichte Thüringens seit Ende der vierziger Jahre führten zur flächigen Freilegung mehrerer Feuerstellen und zur Sicherung eines Forschungspfeilers, der als geologisches und archäologisches Denkmal unberührt erhalten bleiben wird.

Über dem Travertin lagern in starken Kulturschichten die Siedlungsreste der Bandkeramiker. Zu den herausragenden Fundstücken zählt hier das Bruchstück einer bandverzierten Tonsäule mit Gesichtsdarstellung, das als kultisches Tonidol anzusprechen ist. Ein Gräberfeld der bronzezeitlichen Unstrutgruppe (ca. 800 v. Chr.) aus diesem Bereich wurde weitgehend ausgegraben. 16 Körpergräber und eine Brandbestattung waren in großen Steinpackungen beigesetzt. Die Gräber enthielten neben Tongefäßen reiche Bronzebeigaben wie Ringe, Spiralen und Schmuckscheiben. Hervorzuheben ist eine Frauenbestattung mit bronzenen Fuß- und Armringen, einer Bronzenadel und einem Halskollier aus acht massiven Halsreifen sowie einem Bronzeknopf und mehreren Schmuckspiralen. Ein weiteres Grab gehörte der frühen Eisenzeit an. Die Tote trug am Unterarm bronzene Steigbügelringe und einen für die Thüringische Kultur der frühen Eisenzeit (6. Jh. v. Chr.) typischen bronzenen Wendelhalsring.

Im 3. Jh. legte eine germanische Siedlergruppe im Ilmtal nahe Ehringsdorf eine Siedlung an. Das dazugehörende Brandgräberfeld wurde 1912 in den Deckschichten über dem Travertinabbaugelände entdeckt, aber nicht fachgerecht ausgegraben. Aus etwa 11 Brandgräbern liegen eine Silberfibel, Schalen, darunter auch Drehscheibengefäße, und ein zerscherbter Glasbecher vor. Ein römischer Bronzeteller mit der Aufschrift des Personennamen „Attinni" gehört zu den Gegenständen, die wiederholt in hermundurischen Gräbern gefunden wurden und offenbar als Beutegut nach Thüringen gelangten (Anhang E).

Im Steinbruch bietet der Wechsel zwischen trockenen und feuchten Stellen auf der Sohle, älteren und jüngeren Bruchkanten, Aufschüttungen und Aufgrabungen Lebensbedingungen für zahlreiche Pflanzenarten. Auch wenn Besonderheiten fehlen, lassen sich Prozesse der Vegetationsentwicklung eindrucksvoll belegen. Kanadische Goldrute (*Solidago canadensis*) und Land-Reitgras (*Calamagrostis epigejos*) oder auch Eselsdistel (*Onopordum acanthium*) und Kugeldistel (*Echinops sphaerocephalus*), vor allem zur sommerlichen Blüte auffällig, nehmen ältere Ruderalstandorte ein, während auf frischen Substraten Glanz-Melde (*Atriplex nitens*) und viele Acker-Wildkräuter anzutreffen sind. An schattigen Bruchkanten, in Felsritzen und auf Simsen treten Stink-Storchschnabel (*Geranium robertianum*), Weißer Mauerpfeffer (*Sedum album*) und Platthalm-Rispengras (*Poa compressa*) auf. Pioniergehölz aus Sal-Weide, Purpur-Weide, Espe, Silber-Pappel, Hänge-Birke und Weichsel sind aufgewachsen. An Kleingewässern siedeln Ästloser Igelkolben (*Sparganium emersum*), Rauhes Weidenröschen (*Epilobium hirsutum*) und Kröten-Binse (*Juncus bufonius*).

Der Ort wurde erstmals 1252 als *Hyringestorf* = Dorf eines *Iring* genannt, 1408 dem Kloster Oberweimar übergeben und kam im 16. Jh. an die Landesherrschaft. Einen großen Teil der Ortsflur besaß das Rittergut (1884: 111 ha), mit dem eine

noch heute bestehende Brauerei verbunden war. Mittelbäuerliche Betriebe konnten daneben kaum bestehen. An dieses Gut, das bis 1850 die Gerichtsbarkeit über
drei Fronhäuser ausübte, erinnert noch der Name der Edelgasse.

Das Grundgerüst der älteren dörflichen Siedlung, das die historische Flurkarte
von 1861 überliefert, bilden strahlenförmig von der Ortsmitte am Anger ausgehende Gassen und Straßen, an denen sich Ehringsdorf nach seiner Eingemeindung
nach Weimar 1922 flächenhaft bis zum Steinbruch, Ziegelberg und zur Belvederer
Allee ausdehnte. Als Teil des Sackgassendorfes mit der an ihrem Eingang stehenden Marienkirche scheint die Bäckergasse zu den ältesten Bestandteilen zu
gehören. Ihr gegenüber führte die Edelgasse zu den umfangreichen baulichen Anlagen des zu einer Brauerei umgebauten ehemaligen Rittergutes, während die Kip-
pergasse als Straßendorfteil mit ihren giebelständigen Wohnhäusern dörflichen
Charakter bewahrte.

Beim Wiederaufbau des durch Feuer schwer beschädigten Gotteshauses, das
durch einen Typ als Chorturmkirche und mit dem überlieferten Patrozinium beata
Maria virgo (beglückte Jungfrau Maria) auf ein sehr hohes Alter schließen läßt,
wurden Anfang des 16. Jh. zumindest die Fundamente des ersten (steinernen) Vorgängers sowie Mauern des im Grundriß gerade geschlossenen Choranbaus, wohl
aus dem 15. Jh., mit seinen beiden spitzbogigen Fenstern im O und der Sakramentnische im Inneren mit einbezogen. In die Südmauer hat man einen aus jenem
Jh. stammenden Kruzifixus eingefügt. Seine jetzige Gestalt erhielt das von der
Kirchhofmauer eingefriedete Gebäude 1686, 1721 (Eingang von S durch den
Turm), 1908 (Verlängerung des Laienhauses, vornehmlich, um im W eine Orgel
zu installieren) und, nach dem Datum der Wetterfahne, 1929 (Vergrößerung einiger Öffnungen im S, Eindeckung der Satteldächer von Laienhaus und Chorschluß
sowie des Turmes mit Schiefer). Im Inneren künden von älteren Zeiten Grabsteine
aus den Jahren 1590 und 1599 (für die Gattinnen des Grundherrn von Ehringsdorf,
Verwandte bzw. Verschwägerte von LUCAS CRANACH), ein Epitaph von 1694,
Gemälde aus einem gotischen Altar mit acht Aposteln sowie ein Kreuz aus dem 16.
Jh. im Kanzelaltar. Dieser selbst ist jüngeren Datums, ebenso der Taufstein aus
dem Jahre 1886 und die Orgel von 1908.

Das Rittergut und weiterer Großgrundbesitz fielen 1945 unter die Bodenreform,
Vieh und Ländereien wurden an landlose und landarme Bauern verteilt. Die zum
Gut gehörende Brauerei, die um 1900 mit Nebenanlagen bedeutend erweitert
wurde, ging in das Eigentum der Konsumgenossenschaft über. Westlich von Belvedere entstand 1949 die Neubauernsiedlung Neu-Ehringsdorf. 1952 wurde eine
LPG gebildet, die später ihren Sitz nach Weimar in die Humboldtstraße verlegte.
Mit der aufblühenden Bautätigkeit seit Mitte des 19. Jh. wurde verstärkt Travertin
abgebaut und fand beim Bau privater und öffentlicher Bauten Verwendung. Neben
der Werksteingewinnung bestand seit 1885 ein Kalkwerk, das Branntkalk vor
allem zur Aufbereitung von Trinkwasser herstellte. Stützpfeiler erinnern an eine
Drahtseilbahn, die die Erzeugnisse mit einer Überbrückung der Taubacher Straße
zum Bahnhof Oberweimar beförderte. Mitte der siebziger Jahre des 20. Jh. er-
schöpfte sich das Rohstoffvorkommen, das Kalkwerk wurde stillgelegt. Auf dem
Werksgelände befinden sich seitdem ein Technikum für Baustoffe und Einrichtungen der Bauwirtschaft. Der großflächige Travertintagebau war bereits 1970 eingestellt worden. Wirtschaftliche Interessen bestimmen auch nach 1992 die ge-

M 1 werbliche Gewinnung von Travertin. Sowohl sein Abbau als auch die Wirkungen der Abbautechnik gefährden dieses für Mitteleuropa einmalige geologische Denkmal. Zunehmend setzt sich die Öffentlichkeit für die Erhaltung des Areals mit den wertvollen prähistorischen Fundstätten ein. Der 1990 aufgestellte Denkstein am Rande des Parks von Belvedere weist auf die naturwissenschaftliche und kulturhistorische Bedeutung des Travertins hin.

Ehringsdorf erweiterte sich nach 1950 vor allem am westlichen Ortsrand mit Eigenheimbauten. Im Merketal entstand 1978 das erste Wohnheim für Studenten der Hochschule für Musik. Nach 1990 wurden in Baulücken neue Gebäude mit Eigentumswohnungen errichtet. Traditionelle Betriebe, wie die Brauerei und Gaststätten, wie Café Hainfels und der Gasthof Kipperquelle, werden wieder privat betrieben. Seit 1994 sind Oberweimar und Ehringsdorf zu einem Stadtteil zusammengefaßt.

HENRY VAN DE VELDE gab seinem 1908 an der nach Belvedere führenden Allee errichteten Wohnhaus Hohe Pappeln mit separatem Ateliergebäude im südlichen jetzt ausgegrenzten Teil des Grundstückes eine eigenwillige Gestalt durch das monumentale Mansarddach und das Verwischen einer strengen Geschoßtrennung des eigentlich eingeschossigen Gebäudes. Das entsprach einer Strömung innerhalb des sogenannten Jugendstils, der „romantischen". Im Haus lebte der Architekt und Bauherr mit Unterbrechungen bis 1915, danach wurde es von mehreren Familien bewohnt. Nach weitgehendem Rückbau in den ursprünglichen Zustand 1992 ist es fast ein Museum unter der Obhut der jetzigen Bewohnerin.

Ehringsdorf liegt in einer reizvollen Landschaft. Die Kipperquelle in der Talebene der Ilm ist seit 1997 unter Naturschutz gestellt. Sie ist die einzige noch naturnah vorhandene Karstquelle im Stadtgebiet von Weimar. Der Geschützte Landschaftsbestandteil umfaßt verschiedene, teilweise flachmoorartige Seggenriede, Feuchtwiesen, Hochstauden- und Quellfluren sowie Gehölzbestände aus Weide, Erle, Traubenkirsche und Pappel. Dominierend sind Sauergräser wie Sumpf-Segge (*Carex acutiformis*), Schlank-Segge (*C. gracilis*) oder Flecht-Simse (*Scirpus sylvaticus*). Als Seltenheit tritt die Rasen-Segge (*Carex cespitosa*) auf. Flächendeckend wachsen Rohr-Glanzgras (*Phalaris arundinacea*) und Großes Mädesüß (*Filipendula ulmaria*). Im Frühjahr blühen Sumpf-Dotterblume (*Caltha palustris*) und Gemeine Pestwurz (*Petasites hybridus*). Später entfalten Sumpf-Pippau (*Crepis paludosa*), Gemeiner Gilbweiderich (*Lysimachia vulgaris*) und Blutweiderich (*Lythrum salicaria*) ihre Blütenpracht. Als mykologische Besonderheit sei der Erlen-Grübling (*Gyrodon lividus*) hervorgehoben, einer der wenigen unter Erlen wachsenden Pilze.

In der Nähe befinden sich die einst von der Brauerei angelegten, auch von Quelltrichtern gespeisten Stillgewässer, die interessante Verlandungsfolgen aufweisen. Ein breiter Schilfgürtel umgibt das offene Wasser, in dem verschiedene Laichkraut- und Wassersternarten vorkommen. 1993 wurde erstmals für die Flora von Thüringen die Turionentragende Wasserlinse (*Lemna turionifera*) nachgewiesen.

M 2 Burgholz

Südöstlich von Ehringsdorf zieht sich am Rande des Ilmtalgrabens steil abfallend ein schmales Waldstück hin. Es steht im oberen Teil auf Travertin, im unteren auf Gesteinen des Unteren Keupers. Am nordostexponierten Unterhang stockt ein

edellaubholzreicher Mischwald. Ausdauerndes Bingelkraut (*Mercurialis perennis*),
Giersch (*Aegopodium podagraria*) und Ähriges Christophskraut (*Actaea spicata*)
bedecken den Boden zur Sommerzeit. Reich aber ist der Frühjahrsaspekt. Besonders
fallen Hohe Schlüsselblume (*Primula elatior*), Echte Sternmiere (*Stellaria holostea*), Hohler Lerchensporn (*Corydalis cava*), Scharbockskraut (*Ranunculus ficaria*)
und Wolliger Hahnenfuß (*Ranunculus lanuginosus*) auf. Sehr zeitig entfaltet der
Winterling (*Eranthis hyemalis*) seine gelben Blüten. Mit der Schuppenwurz (*La-
thraea squamaria*) findet sich auch eine Schmarotzerpflanze. Später blühen Wolfs-
Eisenhut (*Aconitum vulparia*) und Türkenbund (*Lilium martagon*). Am stellenweise
feuchteren Hangfuß deuten Gewöhnliche Traubenkirsche (*Padus avium*) und
Schwarz-Erle (*Alnus glutinosa*) sowie auch Rasen-Schmiele (*Deschampsia cespitosa*) und Sauergräser Übergänge zu auenwaldartigen Beständen an.

Auf einer zur Ilmniederung abfallenden Terrasse sind flache Wälle mit vorgelegten Gräben auszumachen, die zum Teil in natürliche Schluchten übergehen. Sie
sind die Reste einer rechteckigen Befestigungsanlage, die als frühgeschichtliches
Heerlager zu deuten ist und namengebend für das Waldstück war.

Taubach, zu Weimar seit 1994

Der Ort meidet fast völlig die Ilmaue. Er zieht sich am Osthang des Tales in einer
flachen Senke aufwärts, die in die nach N ansteigende Erhebung der Taubacher
Höhe (303 m) eingeschnitten ist und zur Süßenborner Platte gehört. Dabei erreicht
der Ort eine Höhenlage von 240 m, während die Ilmmäander 20 m tiefer liegen.

In der Gemarkung stehen vorwiegend Schichten des Oberen Muschelkalks an.
Untergeordnet sind am Hangfuß Schichten des Unteren Keupers vorhanden, die jedoch meistens von dem bekannten Taubacher Travertin bedeckt werden, der neben
einer reichen Fauna mittelpaläolithische Steinartefakte lieferte. Der Fundplatz von
Taubach gehört in einen älteren Abschnitt des Eem-Interglazials. Die einfachen
Feuersteinartefakte haben präparierte Schlagflächen. Besondere Aufmerksamkeit
verdienen die hier vorkommenden Rothirsch-Abwurfstangen, die man für einen
Gebrauch als Hacken und Hammerkeulen zugerichtet hatte. Arbeitsspuren deuten
darauf hin, daß sie auch zum Graben genutzt wurden. Die eiszeitlichen Wildbeu-
ter von Taubach jagten vor allem Waldnashörner und Waldelefanten. Die Tiere
hatten gegenüber denen aus Ehringsdorf geborgenen ein geringeres Lebensalter.
Daraus wird auf unterschiedliche Jagdmethoden geschlossen. Der Siedlungsplatz
von Taubach lag ungeschützt und war den Westwinden stärker ausgesetzt, so daß
sich hier eine Steppenlandschaft entwickelte. Die Fundstellen stehen seit 1870 im
Blickpunkt der Wissenschaft.

In den Deckschichten lagen Siedlungsreste der jungsteinzeitlichen Band- und
Stichbandkeramiker. An der Hauptstraße, nahe der Kirche, wurde ein Hockergrab
mit einer Gefäßbeigabe ausgegraben. Germanische und mittelalterliche Keramik
vom südlichen Ortsrand weist auf ehemalige Wohnplätze hin. Drei slawische Körpergräber aus dem 10./11. Jh. mit silbernen Schläfenringen, Eisenmessern und
Sporen wurden in der Gemeindelehmgrube aufgefunden. 1934 entdeckte man
mehrere Gefäße mit 8 500 silbernen Brakteaten aus der Zeit der sächsischen Kaiser OTTO I., II. und III.

M 3   Taubach ist vom Grundrißtyp wie die Nachbardörfer Oberweimar und Ehringsdorf ein Haufenwegedorf. Erstmals 1120 als *Thovbeche* in einer Urkunde des Bi-
schofs von Halberstadt für das Kloster Kaltenborn mit seiner Mühle als eine
Schenkung des Grafen Wichmann urkundlich erwähnt, wurde es nach einem heute
unbekannten Gewässer (vermutlich dem Bonifatiusbach) benannt. Es gehörte wohl
von Anfang an der Landesherrschaft als Zubehör der Burg Weimar. Im 16. Jh.
baute die Bevölkerung Waid an und bearbeitete bis ins 18. Jh. auch Rebkulturen.
Seit dem 19. Jh. war ein immer größerer Teil der Einwohner im Handwerk und
schließlich in der Industrie Weimars tätig.

Die Kirche St. Ursula war ursprünglich eine Chorturmkirche mit im O liegenden Turm. Nach verschiedenen Umbauten (1600, 1705) wurde sie schließlich 1848
durch einen Neubau nach den Plänen C. W. COUDRAYS, die dieser schon 1820 angefertigt hatte, ersetzt. Der Turm blieb stehen, das in schlichtem Rundbogenstil
entworfene Langhaus aber wurde im O angesetzt. An der Westfront des Turmes ist
noch der zugemauerte einstige Triumpbogen zu erkennen. In der Ausführung des
Neubaus wurde die ursprüngliche Planung – nach heutigen Erkenntnissen – jedoch
so verändert, daß die Autorenschaft COUDRAYS für den Bau offensichtlich nicht
mehr aufrecht erhalten werden kann.

Im 19. Jh. prägte eine mittelbäuerliche Besitzstruktur die Landwirtschaft. Danach arbeiteten immer mehr Einwohner in Weimarer Betrieben und nur wenige
Handwerker waren für den örtlichen Bedarf tätig. Bis zum Anfang des 20. Jh.
wurde aus dem Travertinvorkommen innerhalb der Ortslage Werkstein abgebaut.

Die Taubacher Mühle befindet sich auf dem ältesten urkundlich nachweisbaren,
1120 erstmals genannten Standort an dem von der Ilm abgezweigten Wassergraben. Der jetzige dreiseitig einen Hof umfassende Gebäudekomplex besteht aus
einstigem Stall, ehemaliger Scheune (Garage) und dem Wohn- und Produktionsgebäude. Dieses ist im Erdgeschoß massiv und im Obergeschoß in Sichtfachwerk
ausgeführt und war mit einer älteren, jetzt leerstehenden Ölmühle kombiniert. Das
Wohn- und Produktionsgebäude entstand zufolge eines Antrages auf Wiederaufbau nach 1723 und enthält, mehrfach verändert, das komplette technische Inventar
einer Getreidemühle. Bis 1960 wurde hier vollgewerblich Getreide verarbeitet, bis
1991, nun nur noch mit elektrischem Antrieb, geschrotet. 1990 erhielt die Mühle
ein neues hölzernes unterschlächtiges Wasserrad für Anschauungszwecke und zur
Umwandlung von Wasserkraft in Elektroenergie.

1960 waren alle Bauern genossenschaftlich organisiert und verbanden sich mit
der LPG Oberweimar zur gemeinsamen Tierproduktion. Die Pflanzenproduktion
war in einer Kooperationsgemeinschaft zusammengefaßt, die heute als Erzeugergenossenschaft Kromsdorf e.G. die Flächen bewirtschaftet. Zimmerer und Tisch-
ler gründeten 1959 eine PGH, die heute als GmbH weiterbesteht. Die Zahl der mit-
telständischen Betriebe und Einrichtungen hat sich nach 1990 vervierfacht. Eine
Reihe ehemaliger gemeindeeigener Gebäude wird jetzt gewerblich genutzt, darunter die beiden Schulen, in denen bis 1984 Unterricht erteilt wurde. Backhaus
und Schankwirtschaft aus dem 18. Jh. werden inzwischen nach umfangreicher Sanierung als Gaststätten weitergeführt. Am östlichen Ortsrand verläuft die Eisenbahnstrecke Weimar – Gera (s. E 1). Der Wiederaufbau des mehrfach zerstörten
Ortes hat zu einer relativ großzügigen Anlage der Straßen beigetragen. Durch die
Ortslage führt die Verbindungsstraße Weimar – Mellingen mit Anbindung an die

Bundesautobahn A 4. Räumlich begrenzt durch Bahn, Bonifatiusbach und Ilmaue, entwickelt sich der Ort in nordwestlicher Richtung als Wohngebiet von Weimar. In Hanglage entstehen, verstärkt seit 1992, Eigenheime, Doppel- und Reihenhäuser.

Südlich des Possenbaches ist im Forst Belvedere und damit heute zum Stadtgebiet Weimar gehörend eine mittelalterliche Siedlung nachgewiesen, die 1302 mit einem HEINRICH VON WIGERODE erstmals überliefert ist. Der Standort wurde 1965 durch einen beim Holztransport aufgebrochenen, gut erhaltenen Keller bekannt, in dem ein vollständig erhaltenes Gefäß aus dem 13. Jh. stand. Im Termineiverzeichnis der Erfurter Augustinermönche, um 1400 angefertigt, wird Weihroda nicht mehr erwähnt. Die Flur der Rodungssiedlung fiel zum größten Teil an Taubach. 200 m östlich von hier erinnert der Stein einer gefaßten Quelle an den Geheimen Hof- und Medizinalrat Dr. PFEIFFER († 1921). Er war Leiter eines Naturwissenschaftlichen Vereins in Weimar und maßgeblich an der Begründung des heutigen Museums für Ur- und Frühgeschichte beteiligt (s. G 4.12).

Belvedere (Abb. 58)

Südlich von Weimar erheben sich Schloß, Park und Forst von Belvedere in der sonst landwirtschaftlich genutzten Umgebung im Bereich des großen Ilmknies. Unmittelbar südöstlich eines Parkplatzes steht ein sogenannter Eiszeit-Denkstein, der auf den südlichen Rand der elsterglazialen Vereisung bei Weimar hinweist. Ein Travertin-Denkstein befindet sich unmittelbar östlich der Gewächshäuser. Der Forst von Belvedere steigt bis 340 m ü. NN an. Der von W nach O fließende und bald darauf in die Ilm einmündende Possenbach trennt mit einem tiefen Einschnitt den Park vom Forstbezirk.

Ab 1724 wurde der Schloß- und Parkkomplex angelegt. Bauherr war bis 1748 der Weimarer Herzog ERNST AUGUST, der Architekt JOHANN ADOLF RICHTER des kubischen zweigeschossigen Kernbaues des Schlosses, danach GOTTFRIED HEINRICH KROHNE. Dieser schuf die seitlich symmetrisch beigefügten, durch Übergänge über säulenflankierten Durchfahrten verbundenen pavillonartigen Erweiterungen sowie die dekorative Überformung des Ganzen einschließlich des namensgebenden „Belvedere", des für intime vergnügliche Stunden geschaffenen Laternenaufsatzes mit einem „Tischlein-deck-dich", einer Aufzugsvorrichtung für die gedeckte Tafel und in Röhren bereitgestellten Weinflaschen.

Belvedere blieb unter den folgenden Weimarer Fürsten stets Sommersitz, erlebte jedoch seit ERNST AUGUST CONSTANTIN (1737–1758), seiner bis 1775 als Regentin herrschenden Witwe ANNA AMALIA (1739–1807) und besonders unter deren Sohn CARL AUGUST (1757–1828) einschneidende Erweiterungen und Veränderungen im Geiste des „aufgeklärten Absolutismus". Schloß und Park wurden Aufenthaltsorte für Dichter und Künstler, die mit dem Weimarer Hof verbunden waren. WIELAND, GOETHE, HERDER, später auch SCHILLER und ihre Familien hielten sich häufig in Belvedere auf, das, ähnlich wie Ettersburg und Tiefurt, eine Art Refugium im Vergleich zu dem Leben in der der Hofetikette verpflichteten Residenzstadt im Ilmtal wurde. Das ungezwungene Leben förderte heitere Geselligkeit und künstlerische Kreativität. So vollendete GOETHE hier im Sommer 1789 sein Drama „Torquato Tasso".

Abb. 58   Belvedere

Gleichzeitig mit dem Schloß war zunächst ein radial gegliederter Lustgarten entstanden. An und zwischen den strahlenartig vom Schloß ausgehenden Wegeachsen wurden Tiergehege, Gartenanlagen mit Wasserbecken und Plastiken sowie bereits ab 1739 die von GOTTFRIED HEINRICH KROHNE entworfene, noch heute vorhandene Orangerie, angelegt. Die ursprüngliche barocke regelmäßige Anlage ist heute nur noch andeutungsweise zu erkennen, nach ihrer Verwilderung wurde sie unter Großherzog CARL FRIEDRICH und Großherzogin MARIA PAWLOWNA in den Jahren 1811 bis 1859 in einen Landschaftspark verwandelt. Unter Nutzung von Teilen des alten Bestandes entstanden am Hang zum Possenbach geschwungene Wege, die Schmuckplätze und Parkarchitekturen miteinander verbanden. Ein ausgeklügelt angelegtes System verschiedener Wasseranlagen, welches vom hochgelegenen Schirmteich gespeist wird, belebt die Partien. Der Baumbestand des Parkes ist noch heute in starkem Maße von alten Eichen der sogenannten Eichleithe geprägt, dem Namen des Grundstücks, auf dem Schloß und Park angelegt sind.

Die Mitglieder der Gärtnerfamilie Sckell ergänzten im Sinne der Englischen Schule der Landschaftsgärtnerei den vorhandenen Bestand durch ein reiches Sortiment an Bäumen und Sträuchern. Noch heute kann man die gekonnte Gruppierung der Gehölze z. B. durch die Pflanzung mehrerer Bäume in ein Pflanzloch erkennen. Im Geiste der Zeit beschränkte sich die Gestaltung nicht nur auf den ei- gentlichen Park, sondern griff landesverschönernd auf die Umgebung über. Erhaltene Zeugnisse davon sind der Obelisk, ein Lindenrondell und der Hainturm auf dem gegenüberliegenden Hang des Possenbachtales.

Eine besondere Bedeutung im Schloßpark Belvedere hatte und hat die im Grundriß hufeisenförmige Orangerie. Ursprünglich zur Repräsentation vom absolutistischen Herrscher angelegt, entwickelte sie sich am Beginn des 19. Jh. durch das große botanische Interesse des Großherzogs CARL AUGUST zu einer der bedeutendsten Pflanzensammlungen auf dem Kontinent. Zu ihrer Blütezeit befanden sich über 5 000 Arten im Bestand des *Hortus Belvedereanus,* und es ist bekannt, daß auch GOETHE hier botanische Studien trieb. Noch heute gehört die Pflanzensammlung des Belvederer Schloßparks zu den reichsten und ältesten in Deutschland. Hier werden etwa 300 verschiedene frostempfindliche Pflanzenarten aus gemäßigten Klimaregionen beider Erdhalbkugeln in Kübeln kultiviert. Darunter befinden sich Exemplare, die weit über hundert Jahre alt sind, wie etwa Zypressen, die jährlich ihr Winterquartier in den Orangeriegebäuden finden und noch mit einer holzgefeuerten Kanalheizung vom Beginn des 19. Jh. beheizt werden. Im Sommer finden heute in den Orangeriegebäuden Ausstellungen statt.

Belvedere ist auch der Ort einer reichhaltigen Blumenzucht. In der historischen Gärtnerei werden jährlich über 200 verschiedene, meist weniger gebräuchliche Arten herangezogen und in den verschiedenen Sondergärten und auf den Schmuckplätzen in historischer Anordnung gepflanzt.

Von 1797 bis 1801 stellte CARL AUGUST die Schloßanlagen dem französischen Emigranten JEAN-JOSÈPHE MOUNIER für eine pädagogische Anstalt zur Verfügung, in der vor allem wohlhabende junge Engländer und Schotten ausgebildet wurden. Im 19. Jh. blieb Belvedere mit Gästen wie KARL IMMERMANN, FRIEDRICH HEBBEL u. a. sowie als Ort der heiteren Künstlerfeste der 1860 von Großherzog CARL ALEXANDER begründeten Kunstschule weiterhin Anziehungspunkt für Schriftsteller und Künstler. Nachdem Schloß und Park in den zwanziger Jahren unseres Jh. in öffentlichen Besitz überführt worden waren, richteten die Kunstsammlungen zu Weimar museale Präsentationen ein, die noch heute mit Kunstgegenständen des Barock und Rokoko, mit Jagdgeräten, historischen Wagen und Kutschen den besonderen Traditionen Belvederes verpflichtet sind. Die langwierigen Arbeiten zur baulichen und denkmalpflegerischen Erhaltung des Schlosses und der umliegenden Gebäude dauern noch an. Den künstlerischen Traditionen Belvederes folgten auch das „Deutsche Theaterinstitut", das von 1947 bis 1953 unter der Leitung von MAXIM VALLENTIN Schauspieler und Regisseure ausbildete, sowie seit 1953 eine Fachgrundschule für Musik (ab 1958 Spezialschule für Musik) der Hochschule für Musik „Franz Liszt", die seit 1995/96, nunmehr als Musikgymnasium, in großzügig ausgestatteten Um- und Neubauten jährlich ca. 150 begabte Kinder und Jugendliche auf ein Musikstudium vorbereitet. Heute ist Belvedere mit Schloß, Park und Orangerie, seinen musealen Sammlungen, dem Studiotheater und dem Konzertsaal des Musikgymnasiums ein vielbesuchter Ort kulturvoller Erholung und Bildung.

Auf der großen, von alten Eichen bestandenen Wiese auf der Stadtseite des Schlosses wurde 1945 ein Sowjetischer Ehrenfriedhof angelegt, der heute unter Denkmalschutz steht und im Rahmen der Kriegsgräberfürsorge erhalten wird.

M 4 Auf dem allmählich zum Ilmtal abfallenden Hang nordöstlich des Schlosses wurden in den zwanziger Jahren Siedlungsgruben und Pfostenverfärbungen einer großen spätbronzezeitlichen Siedlung untersucht. Sie bestand bis in die frühe Eisenzeit fort und zeichnet sich durch reiche Keramikfunde, Henkeltassen, doppelkegelige Gefäße, Schalen und Terrinen sowie den Fund einer Bronzerollenkopfnadel aus.

M 5 Köttendorf, Ortsteil von Mellingen, Landkreis Weimarer Land

Um Köttendorf, unmittelbar südlich der A 4 gelegen, neigt sich die Muschelkalkhochebene der Gelmerodaer Platte zum Ilmtal, dessen Flanken sich hangabwärts beträchtlich versteilen. An dieser Stelle ragt die Hochfläche mit einer Zunge ostwärts, begrenzt im N vom markanten Einschnitt des Possenbachtales, im S vom mittleren Ilmtal. Hier ist in der Quellmulde des Köttendorfer Grabens im Mittelalter ein Dorf gegründet worden, dessen Grundherr ein Adliger mit einem slawischen Namen gewesen ist: 1253 wird in einer für das Kloster Oberweimar ausgestellten Urkunde *Hermann militis de Cotendorf* genannt. Als Dorf des *Chot* ist der slawisch-deutsche Mischname zu erklären. Das Rittergeschlecht, das dem Dorfgründer folgte, saß an jenem Ort, wo sich noch heute, versteckt in einem Baumgarten, westlich des Gutshofes die Überreste einer Herrenburg vom Typ der Hochmotte befinden. Der aus dem Gelände herausgeschnittene Burghügel von 20 m zu 23 m Durchmesser wird von einem Graben mit vorgelegtem Wall umgeben. An dessen Nordwestseite ist im Dreißigjährigen Krieg auf Befehl Herzog WILHELMS eine Schanze errichtet worden. Die Burg existierte im 12. und 13. Jh.

Das Dorf, das einst zur Burg gehörte, stand auf dem Platz des heutigen Gutshofes, seine dem Heiligen Ägidius geweihte Kirche auf dessen Nordseite. Ihre Mauern sind in der in den siebziger Jahren des 20. Jh. abgerissenen alten Schäferwohnung enthalten gewesen. Eine Pfarrei wird 1301 erwähnt, nicht aber mehr in den Subsidienregistern von 1506. So ist davon auszugehen, daß Köttendorf, 1395 noch als Hof und Dorf überliefert und 1444 mit der Mannschaft der Burg genannt, in der zweiten Hälfte des 15. Jh. zur Wüstung geworden ist. 1499 wird in den Jahrrechnungen des Amtes Weimar die *schefferey zu Cotendorff*, 1590 das *forwerg* erwähnt. Auf dem Standort des wüsten Bauerndorfes ist mithin ein der Landesherrschaft gehörender Einzelhof entstanden. Dessen Siedlungs- und Flurform als großherzogliches Kammergut überliefert die Flurkarte von 1824: Ein vierseitig umbauter Gutshof mit einem Herrenhaus, Küchengarten und kleinen Park inmitten einer großflächig gegliederten Blockflur von 220 ha Gemarkungsfläche.

Das Staatsgut Köttendorf ist 1948 mit der Bodenreform zerschlagen und aufgesiedelt worden. Das Land erhielten 12 Neubauern, einige der Siedlerstellen sind durch Umbauten der alten Gutsgebäude entstanden, die übrigen als Neubauten in einer Gehöftzeile am südlichen Ortsrand. Das Bauprogramm blieb unvollendet; 1952 wurde als eine der ersten im Landkreis Weimar die LPG Fred Oelßner gegründet, die später in Hainhöhe umbenannt worden ist. Zwei Neubauernhöfe sind als Doppelhaus neben der ehemaligen Schnitterkaserne bereits 1938 gebaut worden.

Abb. 59   Landschaft um Gutendorf auf der Ilm-Saale-Platte

Gutendorf, Landkreis Weimarer Land

Die Landschaft um Gutendorf ist signifikant für diesen Abschnitt der Ilm-Saale-Kalkplatte (Anhang A) und trägt nicht zu Unrecht den Namen des Dorfes (Abb. 59). In der Regel herrscht ein mäßig zerschnittenes, leicht hügeliges Plateau vor mit Quellmulden und Muldensohlentälern. Die Hochfläche erreicht im Rüttelsberg eine Höhe von 471 m. Einen anderen Charakter zeigt die anschließende Landschaft, die zur nördlichen Kalkumrandung des Tannrodaer Sattels gehört. Hier hat sich das Tiefborntal mit steilen Hangpartien eingeschnitten.

In einer der Quellmulden erstreckt sich Gutendorf in westöstlicher Richtung. Im Untergrund sind gelbliche Mergelkalke und dolomitische Kalksteine des Mittleren Muschelkalks vorhanden, die wenig widerständig gegen Verwitterung sind und tiefgründig zu steinig-grusigem Lehm zerfallen. Südöstlich des Dorfes gelangt der Untere Muschelkalk an die Oberfläche, der als Werkstein geeignete Horizonte aufweist. So schließen Steinbrüche an der Nordflanke des Tiefborntales die Terebratulazone auf, während in den Steinbrüchen südlich des Tales die Schaumkalkzone ansteht. 1993 wurde hier ein neuer Großsteinbruch angelegt, der auch die darunter liegenden Schichten des Wellenkalkes als Schotter für den Straßenbau gewinnt.

Das urkundlich erstmals 1230 erwähnte Straßendorf ist mit seiner leicht gekrümmten Siedlungsachse sehr schön den topographischen Verhältnissen in der Mulde einer Rodungsinsel angepaßt worden (Abb. 60). Am östlichen Ortsrand führt die Trasse der ehemaligen Salzstraße (Abb. 61) vorbei; die Eingangssituation

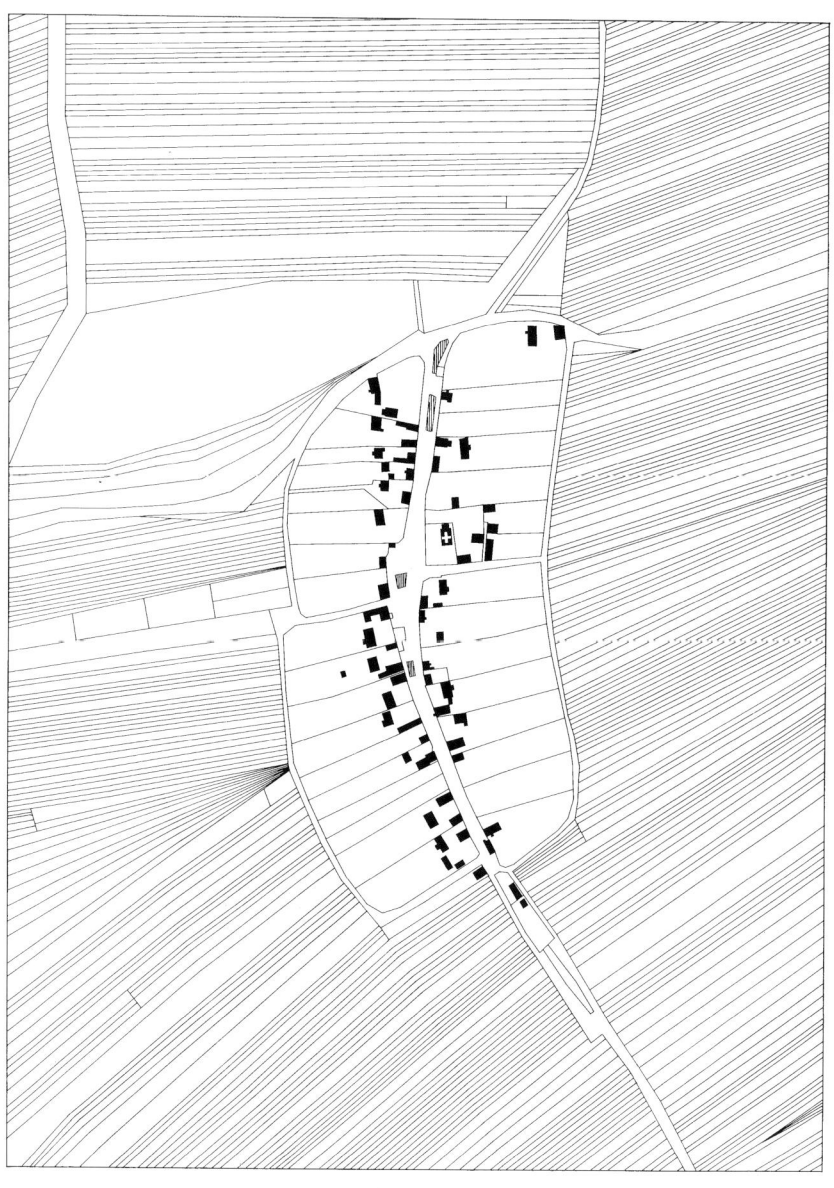

Abb. 60 Gutendorf, ein vierzeiliges Straßendorf vor und nach der Separation
(Zeichnung H. WENZEL nach den Flurkarten von 1841 (links) und 1953 (rechts)

N 1 in das Dorf betont noch heute eine alte Linde. Bezüglich der Parzellenfiguration und der Regelmäßigkeit des Siedlungsgrundrisses, der mittels eines umlaufenden Weges scharf gegen die Feldflur abgegrenzt ist, gehört Gutendorf zu den Hochformen eines nach Plan gegründeten vierzeiligen Straßendorfes. Auf der in der Ortsmitte zu einem kleinen, baumbestandenen Anger aufgeweiteten Hauptstraße sammelten früher vier Teiche das Oberflächenwasser; denn dem Dorf fehlte es an Quellen. In Trockenjahren wurde das Trinkwasser im benachbarten Meckfeld oder in dem mehr als drei Kilometer entfernten Tiefborn geholt. Daß sich an diesem Ort, der 1119 in einer Urkunde des Mainzer Erzbischofs ADALBERT für das Marienstift zu Erfurt als *Wald zu Diephenburnen* erwähnt wird, im Mittelalter auch ein kleines Dorf gestanden hat, konnte durch Keramikfunde glaubhaft gemacht werden.

Am Abzweig der einzigen nach S führenden Gasse von der Hauptstraße liegt die Kirche, eine schlichte Ostturmanlage, St. Severin geweiht. An der Ostseite des Turmes sieht man ein Rundbogenfenster, an der Langhausnordseite ist noch eine zugemauerte Rundbogentür zu erkennen. Das Langhaus erhielt seine jetzige Gestalt 1714, wie die Jahreszahl am mittleren Fenster der Nordseite aussagt. Da in seinem westlichen Teil der Sockel fehlt, muß hier eine Erweiterung angenommen werden. Von der einfachen, aber freundlichen Innenausstattung mit Kanzelaltar, Emporen und Orgel ist auch ein holzgeschnitztes Taufgestell zu nennen, Johannes der Täufer Christus im Jordan taufend, ähnlich dem in der Berkaer Kirche, aber gröber in der Ausführung. Neben dem Kirchhofseingang befindet sich in der Mauer eine Steintafel mit dem Erfurter Wappen und der Jahreszahl 1696. Sie weist auf die einstige Zugehörigkeit des Dorfes zu Erfurt hin, das auch seit alters die Patronatsrechte über die Kirche besaß.

Nach Gründung der landwirtschaftlichen Produktionsgenossenschaften in den fünfziger Jahren des 20. Jh. übernahm den Feldbau die LPG Pflanzenproduktion Bad Berka und die Tierhaltung die LPG Tierproduktion Deutsch-Sowjetische Freundschaft Gutendorf. Dazu wurde eine Rinderstallanlage zur Jungviehaufzucht gebaut, die jährlich etwa 1 000 Färsen für die große Milchviehanlage in Berlstedt lieferte. 1976 wurde in Gutendorf ein kleines Kulturhaus errichtet; es wird gegenwärtig als Gaststätte genutzt.

Heute betreibt die Agrargenossenschaft Bad Berka e.G., Sitz Gutendorf, die Pflanzen-und Tierproduktion in Gutendorf und den angrenzenden Gemarkungen. Ein Wiedereinrichter beschäftigt sich hauptsächlich mit Schweinezucht. Zwei Speditionsunternehmen, ein Malerfachbetrieb, ein Baubetrieb und in der südöstlichen Flur seit 1991/92 ein modernes Hartsteinwerk bilden neben der Landwirtschaft die wirtschaftliche Basis der Gemeinde.

Ausgedehnte Siedlungen aus der Jungsteinzeit und Hallstattzeit sind mit Funden vom Flurteil Ebene, einen Kilometer östlich des Ortes zu belegen.

N 2 Meckfeld bei Bad Berka, zu Bad Berka seit 1994

Meckfeld ist mit 440 m ü. NN der am höchsten gelegene Ort unseres Gebietes, der vom östlich gelegenen Rüttelsberg noch um 31 m überragt wird. Von SW her hat sich der Dürre Grund in die Muschelkalkhochebene eingeschnitten. An seinem Ursprung ist das kleine Dorf, in seiner Grundrißgestalt eine Platzkernsiedlung, gegründet worden. Dessen Gemarkung liegt vorwiegend auf schweren Lehm- und Tonböden.

Der 1219 erstmals überlieferte Ortsname *Mecheveld* enthält im Bestimmungswort mhd. *meck(e)* = Ziege. Mit dem gleichnamigen Meckfeld südlich Blankenhains, mit Saufeld, das später Thangelstedt genannt wurde, Kranichfeld und Barchfeld (barch = verschnittener Eber) gehört das Dorf zu einer Namengruppe, der ein Tiername im Bestimmungswort gemeinsam ist. Zählt man Alt- und Neudörnfeld, Haufeld, Hohenfelden mit der Wüstung Oberhohenfelden, Legefeld und Lengefeld hinzu, so ergibt sich rings um den Tannrodaer Sattel ein Nest von *-feld*-Ortsnamen, das in seiner Dichte einmalig in Thüringen ist. Nach den Erkenntnissen der Ortsnamenforschung ist der Typ vorwiegend während des karolingischen Landesausbaues verwendet worden und blieb über diese Zeit hinaus nur wenig fruchtbar.

1566 kam Meckfeld grundherrlich an die Stadt Erfurt. Drei noch bis ins 17. Jh. bestehende Rittergüter erlangten keine Gerichtsbarkeit über den Ort. Sie lagen an der Westseite des rechtwinkligen, nach N ansteigenden Platzes, der wohl ursprünglich nur einen Zugang von S besaß.

Abb. 61
Verlauf der Salzstraße zwischen Rudolstadt und Frankenhausen (nach OELKE 1992)

205

N 2   Wie fast alle Kirchen der Umgegend wurde auch die hiesige, St. Martin geweihte, eine Chorturmkirche, im 18. Jh. umgebaut. Sie erhielt dabei ein barockes
Erscheinungsbild von seltener Geschlossenheit: Der Turm bekam eine welsche
Haube, das Langhaus ein Mansarddach. Vom mittelalterlichen Bau findet sich an
der inneren Nordwand des Chores eine rundbogige Sakramentnische. Die Innenausstattung stammt aus der Zeit des Umbaus von 1767.

Die wenigen Bauern des Ortes hatten sich in den fünfziger Jahren der LPG im
benachbarten Gutendorf angeschlossen. Am westlichen Ortsrand errichteten Erfurter Bürger einige Wochenendhäuser.

Seit 1994 hat sich Meckfeld hinsichtlich bebauter Fläche, Anzahl der Wohnhäuser und Einwohner etwa verdoppelt. Im alten Ortszentrum bestimmen ein
Gasthof mit Hotel und Töpferei sowie eine kleine Druckerei in Nachbarschaft der
Kirche das Bild. Zwei Landwirte im Nebenerwerb und einige Handwerksbetriebe
sind zu nennen. Nahe der Dorflinde wurde 1997 ein Kinderspielplatz fertiggestellt.

Zahlreiche Einzelfunde von Steinbeilen und Keramikscherben weisen auf bisher
noch nicht lokalisierte steinzeitliche Ansiedlungen in der Umgebung des Ortes hin.

O 1   Schoppendorf, zu Bad Berka seit 1994,

liegt in 360 m Höhe im Ostteil der Gutendorfer Platte, die von hier aus nach S bis
zu den Kalksteinrandhöhen des Tannrodaer Sattels ansteigt. In dieser Richtung erhebt sich mit flachem Anstieg der Hexenberg. Ein Graben, an dessen Anfang der
Ort liegt, mündet östlich von Schoppendorf in das Hengstbachtal ein.

Diesen topographischen Gegebenheiten ist das Platzdorf mit radialer Grundrißstruktur gut angepaßt worden, dessen ursprünglich einziger Zugang von N in das
Dorf führte, wie aus der Flurkarte von 1863 zu erschließen ist. Hier steht auf dem
ehemaligen Anger eine mächtige Linde, unter der ein im Volksmund Schweden-
stein genanntes, aus Muschelkalk gefertigtes Steinkreuz aufgestellt worden ist
(Abb. 62). Der zweite, noch vor der Separation geschaffene Eingang stellt nach S
zu die Verbindung mit dem Nachbardorf Bergern her. Von der mittelalterlichen
Dorfbefestigung sind flache Wälle und Gräben erhalten geblieben. Sie können
einen Hinweis auf die Deutung des Ortsnamens geben, der 1337 als *Schopphindorf*
urkundlich überliefert ist. Vermutlich liegt dem Bestimmungswort ahd. *scopf* zugrunde, was soviel wie Hütte oder Schutzbau bedeutet.

In dichter Folge umschließen heute Gehöfte mit meist giebelständigen Wohngebäuden den kleinen Dorfplatz, auf dem, von Linden umgeben, die St. Martin geweihte Kirche steht, ein bescheidener Saalbau aus dem Jahre 1693. In der Anlage
ist sie jedoch älter; davon zeugen das steile Giebeldach und im Inneren an der Ostwand eine spitzbogige Sakramentsnische. Die Ausstattung mit Emporen, Orgel
und Kanzelaltar ist schlicht. Der Dachreiter aus Fachwerk über der Westfront
wurde 1882 aufgesetzt.

Im Zuge der LPG-Gründung hatten sich die Kleinbauern Schoppendorfs der
LPG in Legefeld angeschlossen. Das VEG Blankenhain baute hier einen Kuhstall.
Sonst hat der Ort nur wenig Veränderungen erfahren. Nach 1990 schloß sich die
bäuerliche Bevölkerung dem Landgut Weimar e.G. an, das die hiesigen Felder bearbeitete und den Kuhstall weiter nutzt.

Abb. 62
Linde und Steinkreuz
in Schoppendorf

Neben Steinbeilen, Hacken und Schuhleistenkeilen, die als Einzelfunde zutage traten, ist westlich des Ortes eine größere jungsteinzeitliche Siedlung nachgewiesen.

Hexenberg O 2

Der Hexenberg gehört mit 439 m ü. NN nicht zu den höchsten Erhebungen des Weimarer Umlandes, fällt aber durch seine gesteinsbedingte Form auf. Morphologisch gesehen stellt er, ebenso wie der Rosenberg, einen Teil der Kalkumrandung des Tannrodaer Sattels vor dem Abfall ins Ilmtal dar. Über dem unteren Hangteil, der aus Schichten des Mittleren Muschelkalks besteht und bei nur flacher Neigung agrarisch genutzt wird, erhebt sich über einer deutlichen Stufe aus hartem Trochi-

O 2   tenkalk die jetzt bewaldete Kuppe. Vom Waldrand aus hat man eine gute Aussicht vor allem nach N zum Ettersberg, aber auch nach O zum Kötsch sowie in die kesselartige Erweiterung des Ilmtals um Bad Berka.

Die ehemals kahle Kuppe war durch Vorkommen des Frühlings-Adonisröschens (*Adonis vernalis*) bekannt, doch verschwand mit dem Aufwuchs von Laubgehölzen und der Aufforstung von Nadelbäumen nicht nur diese Art. Das dunkle Grün der Forste wird nur im Spätsommer durch die roten Früchte der Vogelbeere und des Trauben-Holunders unterbrochen. Am oberen Waldrand bildet ein Mantelgebüsch aus Schlehe, Weißdorn und anderen Sträuchern den Abschluß. Dort und in Resten von Zwenken-Rasen am steileren Süd- und Westhang wird man noch Österreichischen Lein (*Linum austriacum*), Saat-Esparsette (*Onobrychis viciifolia*) und Sichel-Hasenohr (*Bupleurum falcatum*) entdecken. Weitere floristische Besonderheiten bieten Hangbereiche an der Rauschenburg und das Gelände des ehemaligen Kalksteinbruches westlich von Hetschburg.

Die durch ihre Hangexposition und Vegetation recht unterschiedlich strukturierten Wälder nordwestlich von Bad Berka bergen eine bemerkenswert interessante Schneckenfauna (ZₑFISSLER 1969, 1973), die je nach Standort zwischen sieben im Buchenforst und 22 Arten im feuchten Laubmischwald schwankt. Zu den Besonderheiten zählen hier die Bezahnte Achatschnecke (*Azeca goodalli*), die Mittlere Schließmundschnecke (*Macrogastra lineolata*) sowie die Maskenschnecke (*Isognomostoma isognomostomos*). Diese Arten können als Anzeiger für alte Waldstandorte gewertet werden. Die Maskenschnecke wurde 1784 durch den wegen seiner malakologischen Studien bekannten Thüringer Pfarrer JOHANN SAMUEL SCHRÖTER (1735–1808) erstmals für die Wissenschaft aus der Umgebung von Weimar beschrieben.

Der Name des Berges steht wahrscheinlich mit der Hinrichtungsstätte in Verbindung, die sich zu seinen Füßen, unmittelbar an der Straße Berka – Gutendorf gelegen, als Erhebung im Gelände deutlich abzeichnet. Auf diesem Galgenberg ist am Freitag, dem 24. Juli des Jahres 1772 der in die Lokalgeschichte als Menschenfresser von Eichelborn eingegangene arbeitslose Kuhhirte NIKOLAUS GOLDSCHMIDT, nachdem er vom Amtsgericht Berka und vom Schöppenstuhl der Universität Jena für schuldig befunden worden war, ein elfjähriges Mädchen aus dem genannten Dorf ermordet und von der Leiche auch gegessen zu haben, vom Scharfrichter Wittig aus Weimar mit dem Rad vom Leben zum Tode befördert worden. Wie aus der im Thüringischen Hauptstaatsarchiv noch vorhandenen Kriminalakte hervorgeht, geschah das vor einer „unglaublichen Menge von Zuschauern", die auf dem Westhang des Hexenberges das grausige Schauspiel verfolgte.

P 1   Legefeld, zu Weimar seit 1994

Legefeld befindet sich in etwa 340 m Meereshöhe auf der Muschelkalkhochfläche der Gelmerodaer Platte, die im SW des Dorfes etwa 50 m tief zum Kerbtal des Hengstbaches abfällt. Auf seiner schmalen Talsohle liegt außerhalb des Ortes der Bahnhof an der Strecke Weimar – Bad Berka.

In der Flur fanden sich jungsteinzeitliche Steinbeile, Schuhleistenkeile und Meißel sowie Scherben eines spätneolithischen Kugelamphorengefäßes. Ein selte-

Abb. 63
Kirche in Legefeld,
Kanzelaltar

nes Kupferflachbeil kam 1,5 km nördlich der Siedlung an die Oberfläche. Bereits im 18. Jh. entdeckte man südlich des Ortes einen Depofund mit Bronzesicheln aus der jüngeren Bronzezeit.

Legefeld wird erstmals 1290 in einer Urkunde des VOLRAD VON KRANICHFELD für das Kloster Oberweimar als *Lenvelt* genannt. Sprachlich ist der Ortsname als das Feld an der Berglehne zu erklären, auf dem die Siedlung in der Grundrißgestalt eines Straßendorfes gegründet worden ist, dessen gekrümmte Achse in der Mitte zu einem kleinen Platz aufgeweitet ist. Das Adelsgeschlecht, das sich nach dem Ort nannte und zu den Ministerialen der Grafen von Weimar-Orlamünde gehörte, hatte seinen Sitz vermutlich da, wo im südlichen Teil der Ortslage eine Gehöftgruppe, die Häuserchen, genannt wird.

Die Kirche mit ihrem Mansarddach und der Schweifkuppel auf dem Turm entstand in dieser Form im Jahr 1789. Ein Jahr zuvor war der aus dem Jahre 1701 stammende Vorgängerbau abgebrannt. Der Chorturm im O läßt vermuten, daß, vor allem in seinem Unterbau, noch ältere Mauersubstanz eines mittelalterlichen Baues steckt. Das für eine Dorfkirche prächtig ausgestattete Innere zeigt sich nach der Restaurierung von 1987 in einer kräftigen Farbigkeit (Abb. 63).

P 1   Auf dem Friedhof ruhen in einem Massengrab 14 unbekannte KZ-Häftlinge. Vor Erschöpfung hatten sie ihrer Kolonne nicht mehr folgen können und waren 1945 von SS-Wachposten erschossen worden.

Die wirtschaftliche Bedeutung des Ortes nahm zu, als am Anfang des 19. Jh. die neue Chaussee Weimar – Berka am westlichen Dorfrand vorbeigeführt wurde. Dieser, heute als Bundesstraße klassifizierte Verkehrsweg, wurde zur Leitlinie der baulichen Erweiterung des Dorfes im 19. und 20. Jh. Noch zu Beginn des 20. Jh. bestimmten Kleinbauern die Sozialstruktur. Die Flächen des ehemaligen Rittergutes Holzdorf (s. L 5) wurden 1945 an landlose und landarme Bauern vergeben. Zwei LPG wurden 1958 und 1960 gegründet, die sich mit denen der Nachbargemeinden zusammenschlossen. Diese gehörten später mit der Pflanzenproduktion zur KAP Isseroda, mit der Tierproduktion zur LPG Weimar. Nach 1990 wurden beide Produktionsarten im jetzigen Landgut Holzdorf e.G. weitergeführt. Die verbesserte verkehrstechnische Erschließung hatte Einfluß auf die Mobilität der Berufstätigen. Nachdem sich die Straßenverhältnisse gebessert hatten (s. D 2), 1847 auch die Eisenbahn- und 1936 der unmittelbare Autobahnanschluß (s. L 4) gewährleistet war, stieg die Zahl der Auspendler nach Weimar und in die Nachbarorte an. 1925 siedelte sich eine Kunstschmiede an, die sich später erweiterte. In den fünfziger Jahren zunächst als PGH geführt, wurde sie 1971 mit Anschluß an einen größeren Betrieb volkseigen, der heute eine GmbH ist. Mit dem Bau der Autobahn entstand auch eine Autobahnmeisterei mit einer größeren Zentralwerkstatt. Schon in der ersten Hälfte des 20. Jh. siedelten sich Arbeitskräfte aus Weimar und Umgebung in Legefeld an. Nach 1970 entstanden zunehmend Eigenheime. 1975 wurde eine zentrale Schule mit Turnhalle für 450 Kinder gebaut. Nach der Eingemeindung nach Weimar im Jahre 1994 entwickelt sich Legefeld als südlichster Wohn- und Geschäftsstandort der Stadt. Auf 30 ha Fläche entsteht ein Gewerbe-, Misch- und Sondergebiet mit Betrieben, ingenieurtechnischen und sozialen Einrichtungen, Hotels und Gaststätten. Gleichzeitig entwickelte sich am Eingang zum Naherholungsgebiet Mittleres Ilmtal der Wohnungsbau. Südlich und nördlich der Hauptstraße wurden auf fünf Standorten Wohngebäude errichtet. Einfamilienhäuser entstanden vorwiegend am Hang; wo früher Stallanlagen waren, stehen heute Mehrfamilienhäuser.

Die im Flurteil In Ebersroda durch Oberflächenfunde nachgewiesene Wüstung war vermutlich eine kleine, spätmittelalterliche Ausbausiedlung von Legefeld.

P 2   Hengstbachtal

Der Hengstbach fließt zwischen Troistedt und Holzdorf nur wenig eingetieft über die Kalktafel der Gutendorfer Platte. Dann biegt er, weit stärker erodierend, nach SO in ein Kerbtal ab. Der landschaftlich reizvollste Abschnitt befindet sich zwischen dem Bahnhof Legefeld und der Einmündung des Baches in die Ilm unweit von Hetschburg. Im widerständigen Gestein des Unteren Muschelkalks hat er sich ein Kerbsohlental geschaffen, dessen Hänge bewaldet sind. In diesem Abschnitt sind Erosionsformen im kleinen wie Prallhänge, Gleithänge, Terrassen, das Rückwärtseinschneiden oder Wasserfälle lehrbuchartig zu sehen. Nach Starkregen tritt der Wasserlauf oft über seine Ufer. Andererseits versickert im klüftigen Wellenkalk reichlich Wasser, eine Erscheinung, die bei geringem Abfluß den Wasserstand noch P 2 zusätzlich senkt. Als naturnaher Bachabschnitt ist auf der Grundlage des § 18 des vorläufigen Thüringer Naturschutzgesetzes vom 28.1.1993 der Hengstbach ein besonders geschützter Biotop. Das Fließgewässer und seine Ufer zeigen eine einzigartige Formenfülle. Schutzwürdig sind jedoch auch die Aue und angrenzende Hangpartien, die in ihrer Differenziertheit gleichfalls zahlreichen Arten Lebensraum bieten. Wenn auch Folgen intensiver Nutzung noch erkennbar sind, zählt das Gebiet zu den floristisch reichsten und ökologisch wertvollsten in der Weimarer Umgebung. In den bachbegleitenden Gehölzen erregen Wolliger Hahnenfuß (*Ranunculus lanuginosus*) und Wolfs-Eisenhut (*Aconitum vulparia*) Aufmerksamkeit. Am linken Ufer führt am Fuße des Herlitzenberges ein schmaler Pfad oberhalb eines Steilabsturzes durch Buschgehölze. Neben Berg-Kronwicke (*Coronilla coronata*), Gelbem Sonnenröschen (*Helianthemum nummularium*) und anderen thermophilen Arten fallen vor allem die großen Doldengewächse Hirschwurz-Haarstrang (*Peucedanum cervaria*), Berg-Hirschwurz (*Libanotis pyrenaica*) und Breitblättriges Laserkraut (*Laserpitium latifolium*) auf. Ein Stück weiter gelangt man in einen edellaubholzreichen Wald mit Seidelbast (*Daphne mezereum*) und Türkenbund (*Lilium martagon*).

Herlitzenberg   P 3

Zur nördlichen Kalkumrandung des Tannrodaer Sattels gehört der Herlitzenberg (372 m ü. NN), der nach allmählichem Anstieg von N her nach drei Seiten einen deutlichen Steilabfall bildet: im W zum Hengstbachtal, im O zu dem engen Tälchen des Herrnsprungs und im S zum Ilmtal. Die Schichtenfolge am Steilhang läßt sich gut verfolgen. Sie beginnt mit den flaserigen Kalksteinen des Unteren Muschelkalkes und läßt die darin eingeschaltete Terebratula- und Schaumkalkzone gut erkennen, die an mehreren Stellen abgebaut wurden. Darauf sind die um den Berg ziehenden Steinbrüche zurückzuführen. Etwas flacher geböscht sind die dolomitischen Kalk- und Mergelsteine des Mittleren Muschelkalks. Den Abschluß bildet der Obere Muschelkalk, an dessen Basis der harte Trochitenkalk eine kleine Steilstufe bildet.

Den Berg bedecken überwiegend buchenreiche Mischwälder, stellenweise jedoch auch Nadelholzforste. Seinen Namen trägt er nach dem ehemals reichen Vorkommen der Kornelkirsche (*Cornus mas*), auch Herlitze, Gelber Hartriegel oder Hornstrauch genannt. Leberblümchen (*Hepatica nobilis*), Frühlings-Platterbse (*Lathyrus vernus*) und Christophskraut (*Actaea spicata*) sind häufige Laubwaldpflanzen. An lichten und ehemals offenen Partien erscheinen Silberdistel (*Carlina acaulis*) und Große Braunelle (*Prunella grandiflora*). Besonders artenreich ist der südostexponierte Steilhang am Ausgang des Herrnsprungs.

Rosenberg   P 4

Obwohl die höchsten Erhebungen der Kalkumrandung des Tannrodaer Sattels 500 m Höhe erreichen, wirkt der Rosenberg mit nur 376 m ü. NN wegen seiner unmittelbaren Nachbarschaft zum Ilmtal, das sich zwischen Bad Berka und Mellin-

P 4 gen tief eingeschnitten hat (s. P 9), als beträchtliche Anhöhe. Seine steilen Südhänge bieten beim Heraustreten aus dem Wald eine eindrucksvolle Aussicht auf den Berkaer Kessel und seine Umrahmung.

Ursprünglich unbewaldet, sind sie in der gleichen Weise wie im Saaletal bei Jena mit Erfolg aufgeforstet worden. Zunächst wurden Kiefern gepflanzt. Später erzielte man mit Fichten, Buchen, Birken, Ahornen und Eschen einen Mischwald. An den Hangpartien verändert sich bei unterschiedlicher Exposition zwischen kleinen Kuppen und Runsen das Artenspektrum der Vegetation. Vor allem an Lichtungen bieten staudenreiche Säume mit Blutrotem Storchschnabel (*Geranium sanguineum*), Rauhem Alant (*Inula hirta*), Schwalbenwurz (*Vincetoxicum hirundinaria*), Ästiger Graslilie (*Anthericum ramosum*) und Berg-Aster (*Aster amellus*) ein buntes Bild. Zu den Seltenheiten zählen Purpur-Klee (*Trifolium rubens*) und Buntes Perlgras (*Melica picta*). An Steilabstürzen sind schließlich Trockenrasen (*Teucrio-Seslerietum*) erhalten, in denen Blaugras (*Sesleria calcarea*), Erd-Segge (*Carex humilis*) und Berg-Gamander (*Teucrium montanum*), aber auch Große Händelwurz (*Gymnadenia conopsea*) und Fliegen-Ragwurz (*Ophrys insectifera*) zu finden sind.

P 5   Buchfarter Schloßberg

Etwa 18 Meter unter dem 58 Meter hohen Felsrand über der Ilm sind in den Steilhang des Unteren Muschelkalks 12–15 Kammern eingearbeitet, die ehemals durch eine Terrasse mit Hangmauer im Baustil des frühen 12. Jh. verbunden waren. Ein großer Teil dieser Mauer, in der sich ein in Stein gemeißelter Löwenkopf des orlamündischen Wappentieres befand, ist abgestürzt und wurde 1913 am Fuß des Berges aufgefunden. Von hier verläuft ein unterirdischer Gang, der bis zum Dorf führen soll. Jungsteinzeitliche und bronzezeitliche Keramik sowie Geräte wurden oberhalb der Burg gefunden und deuten auf Höhensiedlungen hin. In den Steinkammern fand sich mittelalterliche Keramik. Unterhalb der Burg barg man einen mittelalterlichen Knochensteilkamm, Eisenreste und Glasfingerringe. 1348 tritt LUDOLF VON HEITINGSBURG als Burgverwalter der Grafen von Orlamünde auf, später war die Burg in Besitz der Grafen von Schwarzburg. Die in ihrer Form sehr seltene Befestigungsanlage fand auch die Aufmerksamkeit GOETHES, der sie wie folgt beschrieb: „Kennst du die Burg, gegraben in bergigen Felsen, der aus dem Tal hochragend zum Himmel emporstrebt, Wellen der Ilm umspülen den Fuß ihr, die Zinne wählet zur Weide für seine Schafe der Hirt".

Der Schloßberg ist botanisch außerordentlich reich ausgestattet. Ober- und unterhalb der Felsenburg sind in den letzten Jahrzehnten Gebüsche aus Rotem Hartriegel (*Cornus sanguinea*), Wolligem Schneeball (*Viburnum lantana*), Hasel (*Corylus avellana*) und dem Jungwuchs anderer Laubgehölze aufgewachsen, vom Hangfuß reichen inzwischen baumförmige Eschen immer weiter den Berg hinauf. An lichten Stellen und auf Kalkstein-Rohböden wird man in lückigen Rasen Fieder-Zwenke (*Brachypodium pinnatum*), Sichel-Hasenohr (*Bupleurum falcatum*), Tauben-Skabiose (*Scabiosa columbaria*) und Hügel-Meier (*Asperula cynanchica*) entdecken. Auf schmalen Felssimsen wachsen stellenweise in großen Mengen Berg-Lauch (*Allium senescens*), Gemeine Weißwurz (*Polygonatum officinale*) und

212

Wimper-Perlgras (*Melica ciliata*). In Felsritzen hat die Fels-Mispel (*Cotoneaster* P 5
integerrimus) Wurzeln geschlagen. Schon seit 1800 ist das Vorkommen des Haar-
Federgrases (*Stipa capillata*) bekannt.

Bergern, zu Bad Berka seit 1994   P 6

Zwei Kilometer nördlich von Bad Berka lehnt sich der kleine Ort an den flachen
Osthang des Hexenberges an, der zur nördlichen Umrandung des Tannrodaer Sat-
tels gehört (Abb. 64). Er liegt in 396 m Höhe. Unmittelbar am Südrand des Ortes
streicht der Trochitenkalk aus, an dessen Vorkommen meist eine gut erkennbare,
wenn auch kleine Stufe gebunden ist. Das tiefeingeschnittene Durchbruchstal der
Ilm sorgte für eine beträchtliche Reliefenergie, die Ilmaue liegt bei 260 m ü. NN.
Im NO wird die Bergerner Ackerflur von den Laubwäldern an den Hängen des
Hengstbachtals begrenzt.

Zu den Zeugnissen einer steinzeitlichen Besiedlung, besonders an den Hängen
des Hexenberges, gehören Steinbeile, ein Spitzhammer aus Tonschiefer und Feuersteingeräte. Am südlichen Dorfausgang wurden sieben slawische Körpergräber
mit Trachtenbestandteilen (bronzene Schläfenringe) ausgegraben (Anhang E). Die
topographische Lage mag bei der Wahl des Ortsnamens ausschlaggebend gewesen
sein, der 1263 als *Bergeren* erstmals genannt wird und die Siedlung der Bergbe-
wohner bezeichnete. Im Dreißigjährigen Krieg wurde sie völlig zerstört. Die historische Flurkarte von 1833 (Abb. 65) überliefert als den mittelalterlichen Kern
des Dorfes, das heute durch moderne Wohnsiedlungen erweitert worden ist, ein
kleines, in Nord-Süd-Richtung angelegtes Straßendorf.

Der Westteil der Ortslage wird von einem nur teilweise erhaltenen flachen Wall
von acht Meter Breite umgeben. Zusammen mit dem Flurnamen An der Mauer bildet er den Beleg für eine mittelalterliche Ortsbefestigung. Das Dorf wurde von den
baulichen Anlagen eines Rittergutes beherrscht, das zwei Fünftel der Ortslage einnahm und bis 1850 auch die Gerichtsbarkeit ausübte. Sein Grundbesitz von 220 ha
(1880) lag als Gutsblockflur separat von der Bauernflur und ist durch eine Baum-
allee erschlossen gewesen.

Der schlichte Kirchenbau trägt die Jahreszahl 1693 über dem Eingang und steht
unmittelbar an der Straße, einbezogen in den ursprünglich dreiseitig bebauten
Gutshof. In der „Chronik von Bergern ...", 1896 von dem Lehrer O. W. IMHOF auf-
gezeichnet, heißt es, daß sie aus dem ehemaligen Schafstall entstanden und 1696
nach Fertigstellung dem „Kripplein Christi" geweiht worden ist. Der Saalbau ist in
der üblichen Weise mit Emporen, einer kleinen Orgel und Kanzelaltar ausgestattet
worden. An der Nordseite befindet sich noch die mit Fenstern verschließbare Patronatsloge, die einen eigenen Zugang vom Gutshof hatte. Das Herrenhaus des Rittergutes wurde in der zweiten Hälfte des 19. Jh. durch einen Neubau ersetzt und
dabei die ursprünglich zwischen Herrenhaus und Kirche liegende Toranlage nördlich, außerhalb des alten Gehöftbereiches, an das neue Gebäude angesetzt. Vom
alten Tor stammt wahrscheinlich das Sandsteinrelief eines Schafes über der Eingangstür.

Im nördlich des Gutshauses sich erstreckenden, teilweise von einer Mauer umgebenen kleinen Park befindet sich neben einer ansehnlichen Gruppe Schwarz-

Abb. 64 Bergern

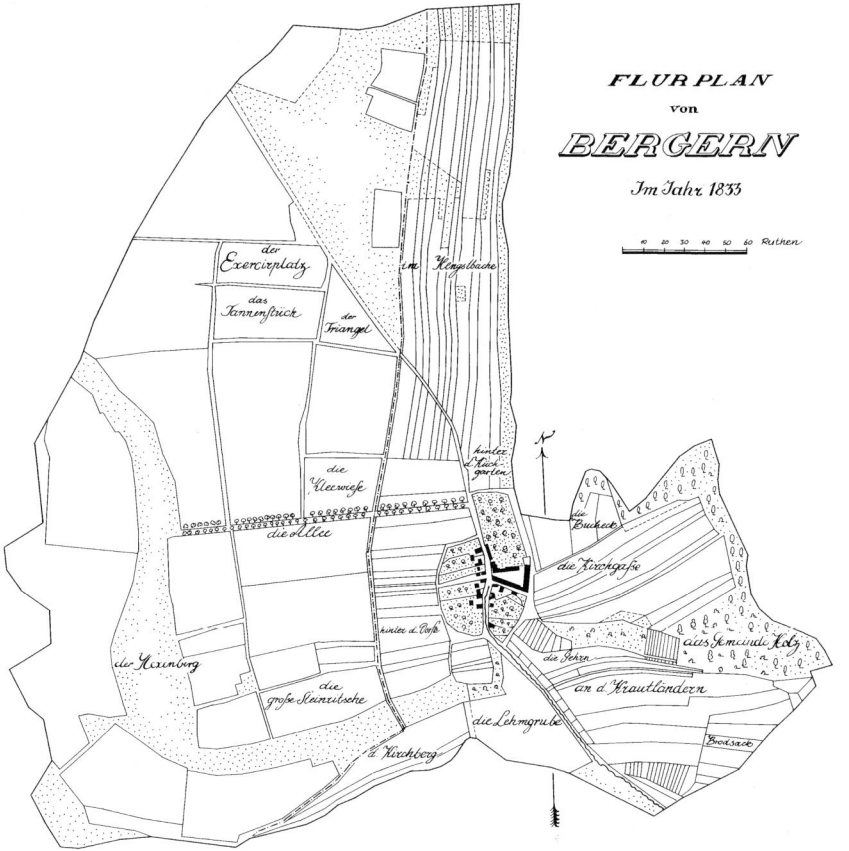

FLUR PLAN
von
BERGERN
Im Jahr 1833

Abb. 65   Bergern, ein kleines Straßendorf mit Rittergut, dessen Gutsblockflur separat von dem Bauernland liegt. Die Strich-Punkt-Linie gibt die Grenze an.
(Zeichnung H. WENZEL nach der Flurkarte von 1833)

Kiefern ein stattlicher klassizistischer Gartenpavillon. Dieser wurde vom Weimarer Kanzler ADAM HEINRICH FRIEDRICH VON MÜLLER etwa 1826 erbaut. Sowohl GOETHE als auch Großherzog CARL ALEXANDER weilten zu Besuchen hier. Leider ist der Pavillon in einem baulich sehr schlechten Zustand und dadurch in seinem Bestand gefährdet.

1945 wurden die Besitzungen des Rittergutes im Zuge der Bodenreform enteignet. 1948 entstanden die ersten Neubauerngehöfte. Das ehemalige Gutshaus diente dem Forstwesen als Ausbildungsstätte für Forstarbeiter und als Lehrlingswohnheim. Im Ort befand sich ein Betriebsteil des Volkseigenen Gutes Blankenhain mit Rinderhaltung. Die wenigen Bauern schlossen sich der LPG in Legefeld an, viele

P 6 Berufstätige pendelten aus. Im Ort gab es eine Gaststätte, einen Kindergarten und eine Verkaufsstelle. Eine weitere Gaststätte, die Rauschenburg, an der B 85 gelegen, bildete den Kern für einen größeren Kinderferienlagerkomplex.

Seit 1990 gibt es in Bergern keine Landwirtschaftsbetriebe mehr. Auch die Gaststätte Rauschenburg und die ehemaligen Ferieneinrichtungen werden nicht mehr genutzt. Im Ort haben sich zwei Handwerksbetriebe und eine kleine Gaststätte angesiedelt. In dem ehemaligen Gutshaus betreibt jetzt das Thüringer Ministerium für Landwirtschaft, Naturschutz und Umwelt durch das Thüringer Forstamt Bad Berka ein Jugendwaldheim, um bei Kindern und Jugendlichen das Naturverständnis zu fördern.

P 7 Hetschburg, Landkreis Weimarer Land

Hier tritt die Ilm in einer Höhenlage von 260 m, den Berkaer Kessel verlassend, in ein steilwandiges, in den Wellenkalk des Unteren Muschelkalks eingeschnittenes Durchbruchstal ein, das von den umgebenden Plateauflächen, wie etwa vom Herlitzenberg (s. P 3), um 100 m überragt wird. Das enge Tal bietet dem Ort zwischen Fluß und Abhang nur wenig Raum zur Bebauung (Abb. 66). Lediglich nach NO verbreitert er sich auf dem Schwemmfächer des einmündenden Hengstbaches (s. P 2).

Wie ein Rekonstruktionsversuch auf der Grundlage der Flurkarte von 1855 ergab, bildeten ursprünglich etwa sieben Gehöfte den Kern der Siedlung. Durch ihre vor Überschwemmungen sichere Hanglage heben sie sich deutlich von den späteren Erweiterungen des Dorfes um die Kirche ab. Diese entstand im 18. Jh. als

Abb. 66   Blick auf Hetschburg von Süden

216

einfacher Rechteckbau mit Giebeldach und Dachreiter an der Westseite. Auch ihre P 7 Ausstattung stammt aus dieser Zeit. An der Nordempore befindet sich eine wertvolle spätbarocke Ausschmückung. Die Südempore samt Kanzelaltar wurde bei einer Renovierung in den fünfziger Jahren entfernt. Die Kanzel fand an der Südwand Aufstellung.

Nach dem Bahnanschluß im Jahre 1887 an der Strecke Weimar – Bad Berka zogen immer mehr Arbeiter in den Ort. Aus einer Kunstmühle entstand 1906 eine Sprengkörperfabrik, die nach einer Explosion im Jahre 1910 in eine Metallwarenfabrik umgewandelt wurde.

Die 1958 gegründete LPG Am Hengstbach schloß sich 1966 der LPG Ilmtal in Bad Berka an. 1967/68 wurde ein Stall für 200 Rinder gebaut. Die Kooperation mit der LPG Ilmtal brachte den Beginn der gemeinsamen Feldwirtschaft, die schließlich in der LPG Pflanzenproduktion Bad Berka fortgeführt wurde. Für die Tierhaltung war die LPG Tierproduktion Bad Berka, Sitz Gutendorf, zuständig.

Heute bearbeitet die Felder die Agrargenossenschaft Bad Berka e.G. Neu ist ein Landwirt im Nebenerwerb. Die Stallanlagen der ehemaligen LPG in der Ilmaue, um eine Reithalle erweitert, nutzt jetzt ein Reiterhof. Außerdem gibt es im Ort einige Handwerksbetriebe. Die Gemeinde ist infrastrukturell gut mit Gasthäusern und Pensionen ausgestattet und profitiert aus der Lagegunst im Landschaftsschutzgebiet Mittleres Ilmtal. In Nähe der Ortsmitte entstanden neue Wohngebäude.

Heidingsburg P 8

Einen Kilometer abwärts von Hetschburg hat die Ilm einen langgestreckten Sporn aus dem Mittleren Wellenkalk des Unteren Muschelkalks herausmodelliert, durch den der Fluß abgesperrt scheint und nach N abgeknickt wird. Die Erhebung fällt auf drei Seiten sehr steil ab.

Der Bergsporn trug eine bereits in der späten Bronzezeit/frühen Eisenzeit entstandene Wallburg, die als Heidingsburg oder auch Martinskirche bezeichnet wird. Die Zugangsseite im S zur 350 m x 220 m großen Innenfläche war durch eine Holz-Erde-Konstruktion geschützt, die abbrannte und heute durch einen hohen Brandwall zu erkennen ist. Reste einer randlichen Befestigung sind auch auf der Ostseite vorhanden (Abb. 67).

Aus der ersten Belegungsphase der Burg stammen eine bronzene Tüllenpfeilspitze, eine lange Bronzenadel und verzierte Tonscherben. Der Bronzekopf einer Osirisstatuette gehört in das 3. Jh. Das Importstück ist ein Einzelfund und zeigt, daß die Anlage in der Römischen Kaiserzeit aufgesucht wurde, läßt jedoch nicht auf eine dichtere Besiedlung in dieser Zeit schließen. Die Merowingerzeit wird durch eine vergoldete Scheibenfiebel repräsentiert, deren Schmuckeinlage ausgefallen ist. In der Folgezeit (8.–11. Jh.) häufen sich die Siedlungsbelege mit Eisenmessern, Kammbruchstücken, einem Stachelsporn sowie deutscher und slawischer Keramik. Die jüngsten Gegenstände, Wellen- und Pantoffelhufeisen sowie ziegelfarbene Keramik, sind in das 12. bis 14. Jh. einzuordnen. Der Name Martinskirche spricht dafür, daß die in der Burg gelegene Kirche, deren Fundamente herausgebrochen wurden, dem Heiligen Martin geweiht war. Das in karolingischer Zeit bestehende

P 8 Patrozinium unterstreicht die Bedeutung der Anlage im frühen Mittelalter. An der östlichen Innenseite der Anlage befand sich, wie Grabungen im Jahr 1970 gezeigt haben, ein hochmittelalterlicher Gebäudekomplex. 1973 wurden im südlichen Teil des Bergplateaus sechs in den Felsen eingetiefte West-Ost orientierte mittelalterliche Körpergräber mit Steinschutz freigelegt, die auf den Standort der Kirche schließen lassen. Aus der gesamten Flur liegen Steingeräte aus der Jungsteinzeit vor. Etwa 500 Meter östlich des Ortes wurden in einem Steinbruch unterhalb des Röhmberges slawische Bestattungen mit bronzenen Schläfenringen aufgedeckt. Sie stehen vermutlich mit der Wallburg Martinskirche in Verbindung, in der durch wellenverzierte Keramik die Anwesenheit von Slawen im 10./11. Jh. belegt ist.

Der Ortsname, welcher die *Burg des Heiting* bezeichnete, ist erstmals 1119 in der Schenkungsurkunde des Grafen Wichmann (s. P 10.2) überliefert und bezog sich auf die Martinskirche in der Burg auf dem Bergsporn unterhalb Hetschburgs (s. P 8), wie durch das 1972 freigelegte mittelalterliche Gräberfeld bezeugt werden kann. Zu Füßen des Berges stand auf der linken Seite der Ilm das Dorf Niederhetschburg, 1407 als *Nedern Heytingsburg* genannt. Mit dem sekundären Bestimmungswort wurde es von unserem Ort unterschieden, der im Register der Markgrafen von Meißen 1378 *Heitingisburg superior* heißt. Das Adelsgeschlecht, das in der Burg wohnte, ist seit 1252 mit einem Marold in der Gefolgschaft der Grafen von Berka bezeugt; spätere Vertreter begegnen als Ritter und Ministerialen der Grafen von Weimar-Orlamünde. Das kleine *Niederheitingsburg* wurde noch vor 1400 aufgelassen, wie aus seinem Fehlen im Termineiverzeichnis der Erfurter Augustinermönche zu schließen ist.

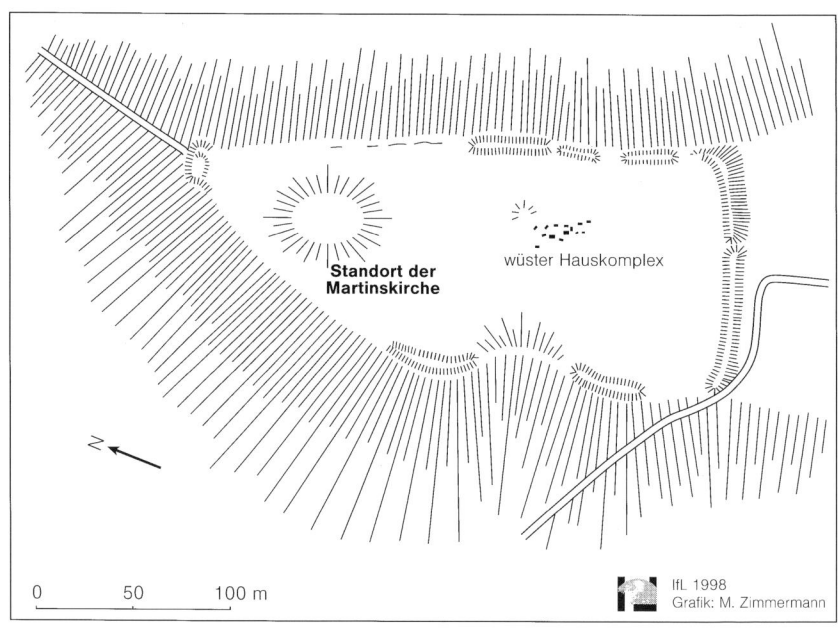

Abb. 67 Grundriß der Wallburg: Standort der Martinskirche nach einem Plan von A. Götze (nach W. Timpel und P. Grimm 1975)

Ilmtal (Abb. 68) **P 9**

Die Ilm, deren Quellbäche auf der Nordostseite des Thüringer Waldes entspringen, erreicht in Ilmenau das Thüringer Becken. Während des größten Teils des Jahres ist ihre Wasserführung gering, nur zur Zeit der Schneeschmelze schwillt sie an, so daß der Unterschied zwischen Niedrigstwasser und Katastrophenhochwasser durchaus einmal das Tausendfache betragen kann. Wasserverluste werden auch durch Versickerungen in den klüftigen Wellenkalk hervorgerufen. Zerstörungen von Häusern und Gebäuden waren in der Vergangenheit nicht selten. Die tragischste Katastrophe ereignete sich am 20. Mai 1613. Sie ist als „Thüringische Sintflut" in die Geschichte eingegangen. Durch sie ertranken 65 Menschen, 44 Wohnhäuser, Mühlen und Stallungen wurden zerstört.

Bei Bad Berka hat die Ilm im Buntsandstein eine kesselförmige Talweitung mit einem Durchmesser von reichlich 2 km geschaffen. In nordöstlicher Richtung tritt sie etwa beim Dämmstoffwerk in das Muschelkalkgebiet, dessen widerstandsfähige Schichten sie bei Hetschburg in einem engen Durchbruchstal durchfließt. Wellen- und Trochitenkalk (s. P 3) bilden teilweise markante Schichtstufen, die an den Talflanken mit ihren bisweilen gut erhaltenen Flußterrassen gelegentlich zu eindrucksvollen Landschaftsbildern führen. Bis oberhalb Mellingen wechseln dann Talengen mit Erweiterungen ab. Wo sich breitere Auen bilden konnten, pendelt die Ilm hin und her und schafft flache Gleit- und steile Prallhänge. Noch vor Mellingen hat die Ilm ihre bisherige nordöstliche Abflußrichtung aufgegeben und wendet sich bis Weimar nach NW. In diesem Talstück bestimmt die Störungszone des Ilmtalgrabens ihren Lauf. Hier fließt das Gewässer in einem breiten Sohlental und bildet deutlich ausgeprägte Mäander. Flußbedingte Erosion und Akkumulation sind gut zu verfolgen. Die Aue verbreitet sich bis zu 500 m, sanft steigen die löß- und lehmbedeckten Keuperhänge auf beiden Seiten an.

Sobald westlich vom Webicht die Ilm wieder ihre vorherige Fließrichtung nach NO einnimmt und die Störungszone verläßt, verengt sich das Tal erneut. Der Fluß erreicht hier härtere, kalkige Gesteinsschichten am Rande des Ettersberges. Unter Ausnutzung der natürlichen Gegebenheiten wurde der Prallhang bei Tiefurt in die Parkanlagen des Schlosses (s. H 1) einbezogen. Kies- und Schottervorkommen an den Talhängen stammen aus dem Pleistozän und stellen alte, höher gelegene Ilmterrassen dar. In Zeiten größerer Wasserführung in den interglaziären Warmzeiten schnitt sich der Fluß von Zeit zu Zeit tiefer ein, wobei am Talrand stellenweise die älteren Ablagerungen der ehemaligen höheren Talböden erhalten blieben. Am Hang des Ilmtales bei Ehringsdorf bildete sich in einer pleistozänen Warmzeit (Eem) ein zum Teil recht mächtiger Süßwasserkalk, der Travertin.

Als jüngste Ablagerungen sind im Ilmtal Auelehm über 2 bis 3 m mächtigem Kies zu finden. Das fließende Wasser transportiert ständig feinere und gröbere Gesteinsbestandteile. Bei nachlassender Fließgeschwindigkeit sinkt die Transportkraft des Wassers und es werden zuerst die groben Anteile abgelagert. Das feine Material bleibt so lange in der Schwebe, bis es in Flußbereichen mit geringstem Gefälle sedimentiert wird. In den Tälern der Nebenbäche mit geringem Wasserangebot ist die Tälchenfüllung weniger differenziert entwickelt und ausschließlich von der Beschaffenheit der umgebenden Schichten abhängig, so daß je nach Festig-

Abb. 68   Das Ilmtal zwischen Taubach und Ehringsdorf

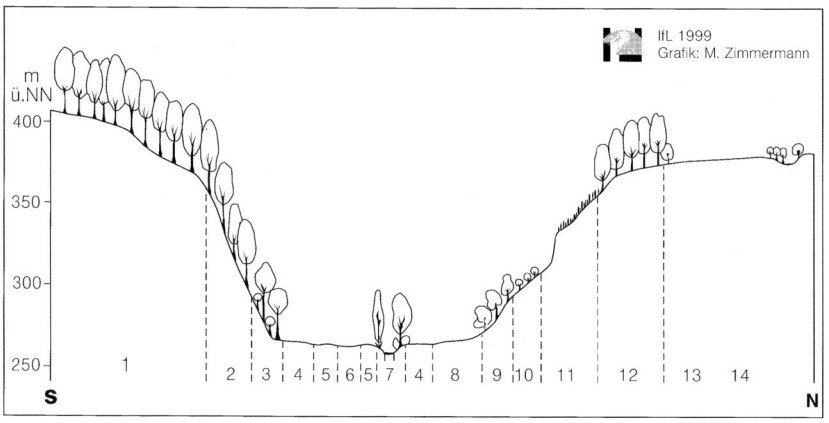

IfL 1999
Grafik: M. Zimmermann

Abb. 69   Vegetationsprofil (Schema) aus dem Ilmtal bei Buchfart

1 Waldgersten-Buchenwald
2 Bingelkraut-Buchenwald
3 Eschen-Ahorn-Ulmen-Wald
4 typische Glatthaferwiese
5 Kohldistel-Glatthaferwiese
6 Seggenried
7 Weiden-Pappel-Auewald

8 Trespen-Glatthaferwiese
9 wärmeliebender Eichenwald
10 Schneeball-Hartriegel-Gebüsche
11 offene Felsflur
12 Hainbuchen-Buchenwald
13 Acker
14 Erdfälle, Grauweidenbüsche u. a.

keit der Gesteine gröbere oder feinere, meist geringmächtige Ablagerungen auf den Talböden vorliegen.

Flußbegleitende Auenwälder sind kaum noch vorhanden. Nur an Uferböschungen oder steilen Unterhangpartien wachsen in meist schmalen Beständen kräftige Exemplare von Esche, Schwarz-Erle, Weide und Pappel mit Ahorn, Weißdorn, Holunder (*Sambucus nigra*) und Rotem Hartriegel (*Cornus sanguinea*). Staudenreiche Säume aus Gold-Kälberkropf (*Chaerophyllum aureum*) oder Knollen-Kälberkropf (*C. bulbosum*) bilden den Übergang zu den Wiesen. Leitgesellschaft ist die Glatthaferwiese (*Arrhenatheretum elatioris*). Stellenweise gelangte Wiesen-Fuchsschwanz (*Alopecurus pratensis*) zur Vorherrschaft. In feuchten Ausbildungen überwiegt Kohl-Kratzdistel (*Cirsium oleraceum*), für trockene Bereiche sind Aufrechte Trespe (*Bromus erectus*) oder Wiesen-Salbei (*Salvia pratensis*) charakteristisch. Nur die grundwassernächsten, überflutungsgefährdeten Standorte werden von Feuchtwiesen und Seggenrieden eingenommen, in denen beispielsweise auch Wiesen-Silau (*Silaum silaus*) oder Zweizeilige Segge (*Carex disticha*) auffallen (Abb. 69).

Das Ilmtal wurde seit der jüngeren Steinzeit mit Schwerpunkten in der späten Bronzezeit und frühen Eisenzeit sowie im frühen bis späten Mittelalter besiedelt. Hervorzuheben sind Zeugnisse einer frühen slawischen Besiedlung, die von Mellingen an ilmaufwärts zu erschließen sind.

Als die Weimarer Herzöge 1660 aus der hennebergischen Erbschaft das waldreiche Amt Ilmenau erhalten hatten, wurde die Ilm im späteren 17. und im 18. Jh.

P 9 auch zur Flößerei benutzt. Das Floßholz wurde in den Ilmenauer Wäldern in den Fluß gebracht und bei Weimar wieder an Land gezogen. Allerdings bestanden mancherlei Schwierigkeiten. Oft führte die Ilm nicht genügend Wasser, um den Floßbetrieb aufrecht erhalten zu können. Noch hemmender erwiesen sich aber die territorialstaatlichen Verhältnisse. Die Ilm floß zwischen Ilmenau und Weimar vor allem durch schwarzburgisches Territorium, und hier wurde viel Holz entwendet. So lohnte sich der Floßbetrieb vielfach nicht. Er wurde aber erst um die Mitte des 19. Jh. endgültig aufgegeben. Die in Weimar unterhaltene Spezialbehörde für die Ilmflößerei, die Ilm-Floß-Intendanz, stellte 1849 die Arbeit ein.

P 10 Bad Berka, Landkreis Weimarer Land,

liegt in einem Talkessel der Ilm im Bereich des Oberen Buntsandsteins, einer mächtigen Folge von grünen und roten Ton- und Schluffsteinen. Vom W her mündet der Steingraben mit weitgeschwungener Talform in die Ortslage ein, die allseitig von bewaldeten Höhen umgeben ist. Sie gipfeln im N im Hexenberg (s. O 2), im O im Adelsberg (s. P 11) mit dem Friedensturm. Die Erhebungen im S des Talkessels erreichen im Bereich des Mittleren Buntsandsteins geringere Höhen (Abb. 70).

P 10.1 Historische Entwicklung

In das Licht geschichtlicher Überlieferung tritt Berka mit einer im Mai des Jahres 1119 von Erzbischof ADALBERT VON MAINZ für das Marienstift zu Erfurt ausgestellten Urkunde, die jene Schenkungen festhält, die der edelfreie, aus dem Hause Querfurt stammende WICHMANN kurz zuvor auf dem Landgericht zu Buttelstedt zugunsten dieses Stifts gemacht hatte, darunter die Kirchen in Apolda, Ramsla, Hetschburg, Rottdorf und *in loco Bercha*; dazu der Halberstädter Domkirche (in einer erst 1120 bestätigten Urkunde) Hufengüter in Alt- und Neudörnfeld, Lengefeld, Rottdorf, Födern und Schwerstedt sowie zehn Hufen und eine Mühle in Taubach. Graf WICHMANN legte mit dieser Auflassung seines Allodialgutes den Grundstein für die Entstehung der beiden kleinen Herrschaften Blankenhain und Berka. Der Ort wurde nach einem von Birken gesäumten Gewässer benannt, mit dem vermutlich der links zur Ilm fließende Steingraben gemeint war.

Hier traten die Nachfolge Grafen mit dem Leitnamen Dietrich an, die sich nach Berka nannten, aber wahrscheinlich aus dem Querfurter Geschlecht stammten oder zur Gefolgschaft Wichmanns als Ministerialen gehört haben. Sie sind 1154 mit einem kleinen Hof im Ort bezeugt und um 1270 ausgestorben.

Als Erbschaft fiel Berka an die verwandten Grafen von Querfurt-Osterfeld und am Anfang des 14. Jh. an die Grafen von Weimar-Orlamünde, die 1321 die Herrschaft als Afterlehen an die Herren von Blankenhain weitergaben. Von diesen ging sie 1415 auf die Grafen von Beichlingen, 1422 auf die Herren von Witzleben über. Zu dieser Zeit umfaßte das Territorium Schloß und Stadt Berka mit dem Kloster, die Dörfer Hetschburg, Saalborn, Anteile von Meckfeld und Troistedt, München und andere wüste Dörfer; 1444 kam Maina hinzu, das die Nonnen des Zisterzienserinnenklosters „um ihre Pfennige" gekauft hatten.

Abb. 70   Blick vom Adelsberg auf Bad Berka und auf die Muschelkalkumrandung des Tannrodaer Sattels

Die Lehnsherrschaft erwarben 1484 die Grafen von Gleichen-Blankenhain. Sie wurde 1538 in der Weise geregelt, daß die von Witzleben als eigentliche Inhaber der Herrschaft Berka Ritterdienste den Grafen von Gleichen-Blankenhain, Steuer und Zehnt jedoch unmittelbar den seit 1485 die Landeshoheit ausübenden Ernestinern und damit seit 1572 den Herzögen von Sachsen-Weimar zu leisten hatten. Diese kauften 1605 und 1608 in zwei Anteilen die Herrschaft von den Herren von Witzleben, die das ohnehin schon kleine Territorium, das zu dieser Zeit aus der Stadt, fünf Dörfern und zwei Wüstungen bestand, unter sich geteilt hatten. Berka mit seinen Zugehörungen wurde 1631 Sitz eines Amtes und blieb es bis zum Jahre 1878 (Anhang C).

Ältere Siedlungskerne und Stadtgründung   P 10.2

Die Siedlung Berka nahm ihren Anfang mit einem zwischen Ilm und Mühlgraben gelegenen Weiler, in dem die 1119 genannte Kirche gestanden hat, deren Grundmauern 1906 zum Teil ausgegraben worden sind. Den Grundriß der kleinen Platzkernsiedlung, an deren Marienkirche noch heute der Flurname In der lieben Frau erinnert, teilt eine Flurkarte von 1735 mit, die zeigt, daß der Ort zu dieser Zeit als partielle Wüstung nur noch mit einigen Scheunen bebaut gewesen ist (Abb. 71).

P 10.2

FLUHR-CHARTE
von
BERKA

0   50   100 m

1 : 6000

13

Die Bornwiese

Beim Ziegelborne

14

Auf dem Rode

Die Rodgärten

In der lieben Frau

Der Mühlgarten

Bei der Hirtenwiese

In Lochs Garten

In den Rodwiesen

In der Klinge

Auf der Harth

IfL 1999
Kartographie:
M. Zimmermann

▪ bebaute Fläche	1 Bezirk des ehemaligen Klosters	5 Brauhaus	10 Lindenplatz
Gärten innerhalb der Marktsiedlung	2 Standort des alten, 1816 abgebrannten Rathauses	6 Pfarrbrücke	11 Fischteich
		7 Klosterbrücke	12 Mühlgraben
Wiesen und Gärten	3 Marktplatz	8 Untermühle	13 Hungerbach
	4 Stadttor nach Norden	9 Edelhof	14 Steingraben

Flurnamen nach Flurkarten des 19. Jahrhunderts

Abb. 71   Bad Berka 1735
(Zeichnung H. WENZEL, nach der Kopie einer im Kreisarchiv Weimar aufbewahrten
Flurkarte)

Auf der anderen Seite der Ilm stand die Wasserburg der Grafen von Berka, die ein
erhöht gelegenes Gelände von etwa 65 zu 70 m Durchmesser einnahm, auf dem
heute der Edelhof steht. Hier wurden 1905 beim Bau der Wasserleitung die Grundmauern eines mächtigen Turmes und weitere Gebäudereste freigelegt. Es ist der
Standort des 1144 *curtilia* und 1300 *castrum* genannten Herrenhofes, zu dem ein
südlich anschließendes Vorwerk gehört haben wird, dessen Umfang durch die heu-

224

tige Drachenburggasse beschrieben wird. Die Wasserburg wurde 1277 durch Landgraf ALBRECHT DEN ENTARTETEN zerstört. Thüringens Adel empörte sich gegen diesen Bruch des Landfriedens, und der Graf erhielt die Erlaubnis zum Wiederaufbau.

Er baute seine Burg aber nicht auf dem alten Standort, sondern weit außerhalb des Ortes auf einem über dem Ilmtal vorspringenden Bergsporn auf, der heute der Schloßberg heißt. Von dieser Anlage sind Ruinen und ein Graben in rechteckiger Form mit einem vorgelegten Wall erhalten geblieben. Sie wurde wohl noch vor 1300, sicher aber vor 1370 errichtet, denn in diesem Jahr ist von einem Hof auf der *alten Burg* in Berka die Rede. Die Höhenburg draußen vor der Stadt ist bis in den Anfang des 17. Jh. von den Herren Witzleben als den letzten Inhabern der Herrschaft bewohnt gewesen.

Der Pfarrbrücke gegenüber bilden auf der rechten Seite der Ilm einige Gehöfte um den Lindenplatz ein kleines Platzdorf, das mit einem bereits 1251 erwähnten Hof das Suburbium der Wasserburg gewesen ist. In enger Beziehung zu derselben stand auch eine Gehöftzeile am Mühlgraben mit zwei Mühlen; die kleinere Untermühle ist 1280 von den Nonnen des Klosters gekauft worden. Die baulichen Anlagen des Klosters wurden um 1248 auf der höchsten Erhebung innerhalb des Weichbildes der späteren Stadt, genannt *Die Schanze*, errichtet, nachdem es vor 1241 im nahegelegenen München in einer vom Erfurter Peterskloster abhängigen Zelle gegründet worden war. Graf DIETRICH stattete seine Gründung mit dem Klosterhof, einem großen Baumgarten mit Teich und mit dem Patronat über die in Berka vorhandene Pfarrei aus.

Mit der Niederlassung eines Zisterzienserinnenklosters wurde ein kräftiger Impuls für eine bevorstehende Stadtgründung gegeben, deren Zeitpunkt aber unbekannt ist. Gewiß erfolgte sie vor 1370, als ein Ziegelofen auf dem Gelände des späteren Zeughauses genannt wird. Initiatoren dürften die Herren von Blankenhain gewesen sein. Erst 1414 ist die Stadteigenschaft auch urkundlich überliefert. Und wenn der Ort danach meist noch als Flecken oder Marktflecken, gelegentlich als Dorf genannt wird, so beweist das einerseits die Unzulänglichkeiten schriftlicher Quellen, andererseits die geringe wirtschaftliche und politische Bedeutung des Mittelpunktes einer kleinen Herrschaft.

Aus der Zeit des ausgehenden Mittelalters stammt eine Kapelle im Untergeschoß des Pfarrhauses. Über einer Grundfläche von 5 m x 6,27 m spannen sich zwei Kreuzrippengewölbe mit verzierten Schlußsteinen, davon einer mit dem Wappen der Herren von Witzleben. Außer an der Südwand ist ein Inschriftenstein mit dem gleichen Wappen und der Zahl 1513 für das Jahr der Erbauung eingesetzt. Die Pfarrkirche St. Marien, von ihrer Erscheinung her heute ein Bau des 18. Jh., enthält in der Mauersubstanz, besonders im Ostteil mit dem zugemauerten Spitzbogenfenster und dem Sockel am Langhaus, noch Reste der Klosterkirche aus dem 13. Jh.

Die Marktsiedlung im 18. Jh.

Auf dem linken Ufer der Ilm, von dieser sowie von Mühlgraben und Steingraben im S und O begrenzt, nimmt die Marktsiedlung mit einer Fläche von annähernd acht Hektar den größten Raum im Weichbild der Stadt ein, deren Grundrißform durch die Flurkarte von 1735 überliefert ist. Ihre Umrißlinie beschreibt in etwa

P 10.3 eine Ellipse, deren Längsachse in nordostsüdwestlicher Richtung 360 m, die Querachse 270 m mißt. Mauern umfriedeten den westlichen und nördlichen Stadtrand; im S und O boten das sumpfige Gelände am Brühl und die Ilm den natürlichen Schutz. Ein vom Markplatz nach N aus der Stadt führendes Tor ist durch die Flurkarte von 1826 nachgewiesen, ein zweites hat am westlichen Stadtausgang zum Harthberg hin gestanden. Im Mittelpunkt der Siedlung, auch der gedachten konstruierten Ellipse über ihrem Grundriß, liegt der Marktplatz mit Abmessungen von 23 m x 63 m. Eine Grundrißfläche von nur 0,145 ha ist selbst für Landstädte dieser Kategorie sehr klein. Ganz offensichtlich hat der Stadtplaner ein reales Augenmaß für die wirtschaftlichen Möglichkeiten des Ortes gehabt. Der Platz selbst bildet eine Verbreiterung der Verkehrsachse und wird im S durch das Rathaus begrenzt.

Die Hauptverkehrslinie in Richtung der Längsachse nahmen im W die Überlandwege auf, die Berka mit seinem Umland verbanden, und führte am Rathaus und Marktplatz vorbei zum Klosterbezirk und schließlich über die Pfarrbrücke hinweg auf die andere Seite der Ilm zum Lindenplatz und Edelhof. Die Einschnürung der Trasse am Kloster und die Parzellenfiguration der Zeile am Mühlgraben lassen erkennen, daß beide Siedlungskerne vor der Stadtgründung bestanden haben.

Im Jahre 1608 war bei einem Stadtbrand auch der mittelalterliche Kirchenbau vernichtet worden. Der Wiederaufbau fand nur zögernd statt; erst 1741 konnte der neue Bau mit dem stattlichen Kanzelaltar der Nutzung übergeben werden, ein Jahr später wurde eine Orgel eingebaut (Disposition von JOHANN SEBASTIAN BACH). Von 1736 bis 1739 entstand das Jagdzeughaus des Herzogs ERNST AUGUST, ein typischer Barockbau mit schwerem Mansarddach. Seine ungewöhnliche Länge ist funktional bedingt, sie entspricht der Länge der bei der Zeugjagd benötigten Jagdtücher, die im Obergeschoß aufgehängt wurden. Im Erdgeschoß standen die Zeugwagen, 1794 waren es 28 Stück. Der Edelhof, ein später Barockbau von 1786 auf dem Gelände der ehemaligen Wasserburg, diente fürstlichen Jagdgästen als Logis.

P 10.4 Bauliche Entwicklung im 19. Jh.

Am 25. April des Jahres 1816 brannten 90 Wohngebäude, das war nahezu die ganze Stadt, nieder. Mit der Leitung des Wiederaufbaues wurde der kurz zuvor berufene Direktor der Oberbaubehörde des Großherzogtums betraut, CLEMENS WENZESLAUS COUDRAY (1775-1845), der über eine seiner ersten Arbeiten berichtete: „Meine 1815 bei der Wiederherstellung des abgebrannten Dorfes Butlar an der Ulster gesammelte Erfahrung kam mir nun trefflich zu statten und ich suchte die Grundzüge für das Verfahren beim Wiederaufbau abgebrannter Oerter festzustellen; allein da der Commission nur geringe Mittel zur Disposition gestellt wurden, und das Beste nur bei vollkommener Entschädigung der betheiligten Privatbesitzungen zu erlangen ist, so konnte das für Berka entworfene neue Bauprojekt nur theilweise und unvollkommen zur Ausführung gebracht werden. Das Städtchen ist indessen doch viel verschönert aus der Asche emporgestiegen."

COUDRAY hat die Fernverkehrsstraße, die den Flecken zuvor, wie andere mittelalterliche Handelswege anderenorts auch, nur tangierte, über die Rodwiesen und

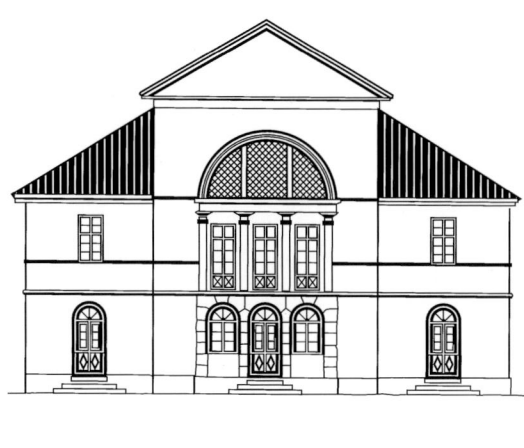

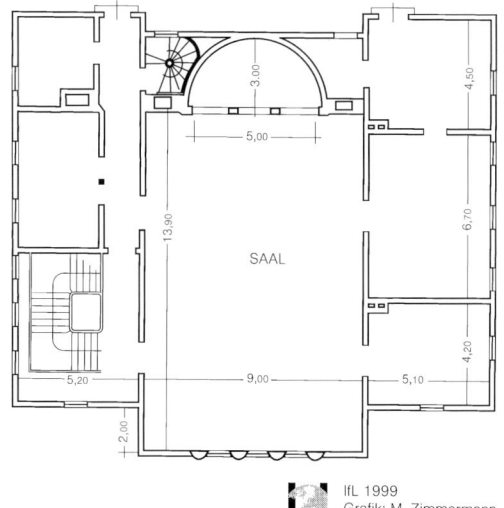

Abb. 72
Bad Berka, das Kurhaus
von C. W. COUDRAY
(aus W. SCHNEEMANN: C. W.
Coudray. Goethes Baumeister,
1943)

IfL 1999
Grafik: M. Zimmermann

durch die Stadt zum Marktplatz geführt, um Handel und Gewerbe zu fördern; eine Maßnahme, die in den achtziger Jahren des 20. Jh. zurückgenommen wurde, um das durch den lästigen Durchgangsverkehr beeinträchtigte Leben in der Stadt wieder erträglich zu machen. Der Oberbaudirektor hat ferner das Rathaus in die Flucht der Bürgerhäuser zurückversetzt und damit den Marktplatz vergrößert. Nicht zur Ausführung kam die städtebauliche Sanierung der Gehöftzeile am Mühlgraben, die zunächst auf dem alten Grundriß aufgebaut und erst um die Jahrhundertmitte begradigt worden ist. Auf das Stadtbild hat sich sein Einfluß wohltuend ausgewirkt. Von COUDRAY stammen die Entwürfe für das neue Rathaus, das Torhaus am Stadtausgang nach Weimar, für mehrere Bürgerhäuser und das Badegesellschaftshaus am Kurpark, das 1825 eingeweiht worden ist (Abb. 72).

P 10.4   Baulichen Veränderungen ist im 19. Jh. auch das Gelände um das ehemalige
Kloster unterworfen gewesen, das nach seiner Säkularisierung von den Herren von
Witzleben in ein Vorwerk verwandelt worden war. Das aus diesem hervorgegan-
gene herzogliche Kammergut wurde 1843 zur Besserung der wirtschaftlichen Verhältnisse der Stadt an ihre Ackerbürger verkauft; der Gutshof selbst aufgeteilt und
neu parzelliert. Einige Gehöfte an der Neugasse verdanken dieser Maßnahme ihre
Entstehung.

Während sich die Bebauung innerhalb der ursprünglichen Umrißlinie der Marktsiedlung nur geringfügig verdichtete, wuchs die Stadt seit der Mitte des 19. Jh. nach
N, W und SW weit über ihre alten Grenzen hinaus. Meßbares Ergebnis dieser Entwicklung ist die Verdoppelung der Einwohnerzahl zwischen 1817 und 1871 von 825
auf 1 648 Bürger gewesen.

Mit dem Beginn des Badebetriebes im Jahre 1812 entstanden erste einfache
Parkanlagen zwischen den einzelnen Gebäuden, Quellen, Gaststätten und Plätzen.
Bereits 1813 wurde eine heute noch die Anlage bestimmende Pappelallee, seit
1902 Lindenallee, als Kurpromenade angelegt. Mehrfach legten die Weimarer
Hofgärtner Planungen vor; es kam aber zu keiner durchgreifenden Gestaltung der
Kuranlagen. Aus einer zweiten Blütezeit des Bades vor dem Ersten Weltkrieg
stammen die sogenannte Verlobungslaube auf dem ehemaligen Platz des Pump-
hauses für das Schwefelwasser und der 1909 errichtete Pavillon über dem Carl-Au-
gust-Brunnen. Nach dem Zweiten Weltkrieg entstand der Musikpavillon (1954)
und 1968 wurden Gedenksteine für GOETHE und HEINRICH FRIEDRICH SCHÜTZ aufgestellt.

Von 1995 bis 1996 erfolgte eine umfassende Instandsetzung des Parkes, verbunden mit vielen Neupflanzungen. Dabei legte man Wert auf die Erhaltung der
großen Artenvielfalt der Flora, die durch die unterschiedlichen Voraussetzungen
für die Entwicklung verschiedener Biotope hervorgerufen wurde. Der verdienstvolle Berkaer Botaniker DIETHARD WEBER ermittelte in den Jahren 1993 bis 1995
insgesamt 265 Gefäßpflanzenarten, davon 11 geschützte besonders gefährdete und
sieben unter Naturschutz stehende Pflanzengesellschaften.

P 10.5   Wirtschaftliche Entwicklung

Bad Berka, im ausgehenden Mittelalter an keiner wichtigen Handelsstraße gelegen, entwickelte sich wirtschaftlich nur langsam. Erst nach der Aufteilung des
Kammergutes 1843 entstanden kleinere und mittlere landwirtschaftliche Betriebe.
Auch die ausgedehnten wild- und holzreichen Wälder in der Umgebung brachten
wenig Lohn und Brot, vielfach mußten von den Untertanen Frondienste geleistet
werden. Seit Einführung einer geordneten Forstwirtschaft im 17. Jh. gab es vielfach Saisonarbeit. Auch das Handwerk erlangte kaum Bedeutung über den örtlichen Rahmen hinaus.

Mit dem Bau der Eisenbahn von Weimar nach Berka (1887/88) waren die Voraussetzungen zum Aufbau der Industrie gegeben. Die Stadt entwickelte sich zum
Mittelpunkt eines umfangreichen Abbaus der Sandstein- und Kalksteinvorkom-
men der Umgebung. Westlich von Berka wurden im Steingraben in erheblichem
Umfang roter Sandstein (Bausandstein) und grauer Sandstein (Chirotheriensand-

stein) gewonnen. Letzterer wurde beim Bau des Goethe- und Schiller-Archivs verwendet. Bei dem Ort Tiefengruben lieferte der Röt zu Beginn des 19. Jh. einen ala-
basterartigen Gips, den Tiefengrubener Marmor. Zu ornamentierten Werkstücken
verarbeitet, wurde er für die Türverkleidungen der sogenannten Dichterzimmer im
Weimarer Schloß eingesetzt.

Größere industrielle Einrichtungen zu Beginn des 20. Jh. waren ein Ziegelwerk
und ein Zementwerk, in denen örtliche Vorkommen verarbeitet wurden. Während
das Ziegelwerk in den sechziger Jahren wegen Unrentabilität die Produktion einstellte, produzierte das ehemalige Zementwerk ab 1971 Mineralwolle. Heute ist
der Betrieb ein leistungsfähiges Unternehmen mit 130 Beschäftigten, das ein umfangreiches Sortiment an Dämmstofferzeugnissen für die Bauindustrie fertigt.
Auch dem ehemaligen volkseigenen Unternehmen Schmelzkäsewerk gelang es,
sich nach 1990 als Bad Berkaer Käse GmbH zu profilieren.

Um den Forderungen eines Kurortes gerecht zu werden, ist die Stadt bestrebt,
handwerkliche und gewerbliche Ansiedlungen aus dem innerstädtischen Bereich
zu verlagern. Aus diesem Grund wurde im nordwestlichen Teil der Stadt ein 16 ha
großes Gewerbegebiet erschlossen, auf dem sich inzwischen zahlreiche Unternehmen niedergelassen haben. Eines der größten ist die Firma Mauer Thüringen
GmbH, in der 40 Beschäftigte Schlösser für Geldschränke, automatische Kassen-
und Miettresore herstellen.

Die vom Forstamt Bad Berka betreuten Wälder umfassen 11 160 ha. Neben der
Erhaltung und Mehrung der Waldflächen liegt das Hauptaugenmerk auf einer na-
turnahen Holzproduktion, der Erhaltung der Schutzfunktion des Waldes und der
Verbesserung der Erholungsmöglichkeiten. Auch die Jagd spielt eine wesentliche
Rolle. Neben Reh- und Schwarzwild kommt auch Dam- und Muffelwild vor, deren
Bejagung im Einklang mit der Waldbewirtschaftung steht.

Die landwirtschaftlichen Nutzflächen werden bis auf einige wenige Rest- und
Splitterflächen von der Agrargenossenschaft Bad Berka e.G. mit Sitz in Gutendorf
bewirtschaftet. Hauptanbauarten sind Weizen und Gerste, und im geringeren Umfang werden Futterpflanzen, Raps und Hülsenfrüchte angebaut.

Der Wasserversorgungszweckverband Weimar unterhält in Bad Berka einen
Meisterbereich, der in einer 1995 neu errichteten Trinkwasseraufbereitungsanlage
den südwestlichen Teil des Landkreises Weimarer Land und einen Teil der Stadt
Weimar versorgt. Auf kulturellem Gebiet hat das alljährlich stattfindende Brun-
nenfest, eines der größten Feste im südlichen Kreisgebiet, eine lange Tradition.
Aber auch die regelmäßig im Sommer veranstalteten Kunstfesttage, die in der Kirche veranstalteten Orgelkonzerte, das Schützenfest und die regelmäßig durchgeführten Galerien, besonders mit Werken junger Künstler, ziehen zahlreiche Besucher an.

Kur- und Badeort   P 10.6

Bedeutung erlangte die Kleinstadt besonders durch Einrichtungen des Gesundheitswesens, zunächst nach der Erschließung eisen- und schwefelhaltiger Quellen
im Bereich des heutigen Kurparkes im Jahre 1812. Auf Anregung des Berkaer
Mädchenschullehrers und Organisten HEINRICH FRIEDRICH SCHÜTZ und unter Mit-

P 10.6 hilfe von JOHANN WOLFGANG VON GOETHE gründete Herzog CARL AUGUST im Jahre 1813 eine kleine Schwefelbadeanstalt, die sich wachsender Beliebtheit erfreute. GOETHE, der 1814 mit seiner Familie selbst zur Kur in Berka weilte, hatte es die landschaftlich schöne Lage besonders angetan. Gemeinsam mit SCHÜTZ setzte er sich für die weitere Entwicklung der Badeanstalt ein.

Als die Schwefelquelle zum Versiegen kam, verlegte man sich auf Stahl- und Fichtennadeldampfbäder, wenig später auch auf Ziegenmolkenkuren. In den siebziger Jahren des 19. Jh. entstanden eine Sand- und eine Moorbadeanstalt. Immer mehr wurde auch das Wasser des Goethebrunnens, dessen Heilwasser sich durch eine Tiefbohrung qualitativ veränderte und nun als Kalziumsulfatwasser hervortrat, zu Trinkkuren genutzt.

1887 kam es zu ersten Behandlungen lungenkranker Patienten in den sogenannten Waldschlafstätten an der Harth. Gegen die Proteste der Berkaer Bürger, die eine Ansteckungsgefahr und die Beeinträchtigung ihrer Badeanstalt fürchteten, wurde 1898 die erste Lungenheilanstalt, die Sophienheilstätte bei München, errichtet. Nachfolgend entstanden weitere Genesungsheime.

Nach umfangreichen Rekonstruktionsmaßnahmen an den Bade- und Kuranlagen, nach Verschönerungsmaßnahmen am Stadtbild und in der Umgebung, besonders aber nach Schaffung von modernen hygienischen Voraussetzungen durch Wasser- und Abwasserleitungen sowie einer Kläranlage erhielt die Stadt von der Landesregierung 1911 die Genehmigung, künftig den Namen Bad Berka zu führen.

Not und Entbehrung führten nach Beendigung des Zweiten Weltkrieges zu einem Ansteigen der Tuberkuloseerkrankungen. Da trotz Einbeziehung weiterer, in der Umgebung befindlicher Heime die Kapazität der Lungenheilanstalten nicht ausreichte, entstand in den Jahren 1951 bis 1957 auf der Harth ein neuer Krankenhauskomplex, die „Zentralklinik für Lungenerkrankungen", in der 1 060 Patienten von 776 Mitarbeitern betreut wurden. Der Einrichtung, die vom Ärztlichen Direktor Prof. Dr. ADOLF TEGTMEIER geführt wurde, war es wesentlich zu verdanken, daß die Tuberkulose in der DDR stark zurückging. Die Klinik konnte in den siebziger Jahren zum führenden herzchirurgischen Zentrum umprofiliert werden. Seit 1991 befindet sich die Zentralklinik Bad Berka GmbH in den Händen der Rhön-Klinikum AG Bad Neustadt, die eine umfassende Rekonstruktion und Erweiterung des Klinikums vornahm. Bereits im Dezember 1993 konnte ein Operations- und Intensivmedizinisches Zentrum seiner Bestimmung übergeben werden. Im August 1995 wurde an der Südseite der Klinik ein bautechnisch und architektonisch gelungenes Bettenhaus mit 488 Betten eröffnet, und 1996 wurde die Rekonstruktion und Umwandlung des einstigen Mittelbaues mit einer eindrucksvollen Eingangshalle abgeschlossen. Die Errichtung eines Wirtschaftstraktes und eines Bettenhauses für Querschnittsgelähmte erfolgte 1998. Im Jahr 1996 standen dem gesamten Klinikum 591 Betten zur Verfügung. Zur Behandlung kamen die Fachdisziplinen Pneumologie, Kardiochirurgie, Kardiologie, Thorax- und Gefäßchirurgie, Neurochirurgie, Neurologie, Angiologie, Orthopädie mit Wirbelsäulenchirurgie und Intensivmedizin.

Das gesamte Bäder- und Kurwesen war nach 1946 verstaatlicht worden, und 1950 wurde das Volksheilbad Bad Berka gegründet. Zwischen 1956 und 1959 entstand unterhalb des Adelsberges ein Kliniksanatorium. Durch Einbeziehung ehemaliger Ferienhäuser erhöhte sich die Bettenkapazität auf 450. Behandelt wurden Lebererkrankungen, gastroenterologische Krankheiten, Zweit- und Dritterkrankungen des Herz- und Kreislaufes sowie des Bewegungsapparates. 1991 ging das Volksheilbad an die in Berlin ansässige Unternehmungsgruppe Dr. Marx über und heißt seit dieser Zeit Ilmtalklinik Bad Berka GmbH. 1994 und 1996 wurden zwei weitere Kliniken in der Nähe eröffnet. Hier werden im Rahmen von Anschlußheilbehandlungen, stationären Heilverfahren und berufsgenossenschaftlichen stationären Weiterbehandlungen Patienten mit Herz- und Kreislauferkrankungen, arteriellen Erkrankungen sowie Erkrankungen der Verdauungsorgane und des Stoffwechsels, insbesondere Diabetes mellitus, behandelt.

Adelsberg   P 11

Der 416 m hohe Adelsberg östlich von Bad Berka gehört zur Muschelkalkumrandung des Tannrodaer Sattels, die im Riechheimer Berg sogar bis zu 513 m ü. NN ansteigt. Am Adelsberg wird der westliche Steilabfall durch die an seinem Fuße fließende Ilm, die von hier ihren Durchbruch durch den Muschelkalk beginnt, noch verstärkt. Der Friedensturm gewährt einen Überblick über das sogenannte „Geologische Buntsandsteinfenster" um Bad Berka, Tannroda und Kranichfeld. In diesem Bereich sind Triasschichten kuppelförmig aufgebogen. Die weit über ihr ursprüngliches Niveau emporgehobenen Schichten des Muschelkalks und Röts wurden abgetragen, so daß das tektonische Gewölbe heute als geomorphologische Senke vorliegt. Im O erkennt man die Berge des mittleren Saaletals bei Jena, im N den Ettersberg mit der davorliegenden Weimarer Mulde und das Ilmtal.

Im Jahre 1407 hieß die Höhe Arnsberg und bezeichnete damit den Berg als einem *Arn* gehörig. Begünstigt durch das Vorkommen der Elsbeere (*Sorbus torminalis*), hier Arlsbeerbaum (1715 *Arls Baum*) genannt, trat eine Umdeutung zu Arlesberg ein. Da im Thüringischen für diese Art auch Adelsbeere gebräuchlich ist, entstand die heute übliche Bezeichnung im 19. Jh.

Am Adelsberg bietet sich Gelegenheit, den Aufbau und die standörtlichen Abwandlungen der Kalkbuchenwälder zu studieren. Über große Flächen bildet die Rotbuche herrliche Bestände. Einzelne Ahorne und Eschen, der Buche an Wuchsleistung nicht nachstehend, lockern das Bild auf. Eine Strauchschicht ist kaum ausgebildet, wenn auch Jungwuchs der Baumarten und stellenweise Seidelbast (*Daphne mezereum*) reichlich vorhanden sind. Eine Strauchhöhe erreichende Pflanze fällt jedoch vor allem an aufgelichteten Orten durch große Blätter, bräunliche Blüten und glänzend schwarze Beeren auf. Dieses Kraut, die Schwarze Tollkirsche (*Atropa bella-donna*), ist giftig. Es kennzeichnet die Schlagfluren in den niederschlagsreicheren Lagen der Muschelkalkplatte, auf dem Ettersberg fehlt sie weitgehend. Eine andere charakteristische Art der Bodenschicht ist die Waldgerste (*Hordelymus europaeus*), die, wie auch das Einblütige Perlgras (*Melica uniflora*) stellenweise dichte Rasen bildet. Nicht selten sind Haselwurz (*Asarum europaeum*), Leberblümchen (*Hepatica nobilis*), Wald-Sanikel (*Sanicula europaea*), Echte Sternmiere (*Stellaria holostea*) und Goldnessel (*Galeobdolon luteum*). Das Wald-Bingelkraut (*Mercurialis perennis*) überwiegt an den schattseitigen, stärker geneigten Hängen, wo auch die Böden frischer und nährstoffreicher sind. In der

P 11 Holzartenkombination nimmt dort die Sommer-Linde stärkeren Anteil. An sonnseitigen Partien treten auf flachgründigen Böden wärmeliebende Elemente wie Dürrwurz-Alant (*Inula conyza*), Langblättriges Hasenohr (*Bupleurum longifolium*), Weiße Schwalbenwurz (*Vincetoxicum hirundinaria*) und Wenigblütige Gänsekresse (*Arabis brassica*) hinzu. An den extremsten Standorten, schon außerhalb des geschlossenen Waldes, können wir am Rande von Hartriegel-Schneeball-Gebüschen in Staudenfluren Sichel-Hasenohr (*Bupleurum falcatum*), Abbiß-Pippau (*Crepis praemorsa*), Nord-Labkraut (*Galium boreale*) oder Ästige Graslilie (*Anthericum ramosum*) finden.

Auf den nach N allmählich abfallenden Hang des Berges liegt etwa 200 m vom Paulinenturm entfernt, eine abgerundete eckige Erdbefestigung von 12 m Durchmesser. Die Anlage wird als kleine Beobachtungs- oder Geschützstellung des ausgehenden Mittelalters gedeutet und dürfte mit der Burg auf dem Schloßberg (s. P 10.2) in Verbindung gestanden haben.

Q 1 Buchfart, Landkreis Weimarer Land,

liegt malerisch an einer der landschaftlich schönsten Stellen des mittleren Ilmtals, das hier als Durchbruchstal ausgeprägt ist, in 260 m Höhe (Abb. 73). Die vom Wellenkalk des Unteren Muschelkalks und seinen dazwischen liegenden festen Bänken gebildeten Steilhänge sind wechselseitig auf beiden Seiten des Flusses ausgeprägt und steigen bisweilen mauergleich über der Ilm auf. Im S werden die Hänge durch eine Reihe von Gründen wie den Bärfangsgrund stärker gegliedert.

Abb. 73   Blick auf Buchfart vom Schloßberg (Mittleres Ilmtal)

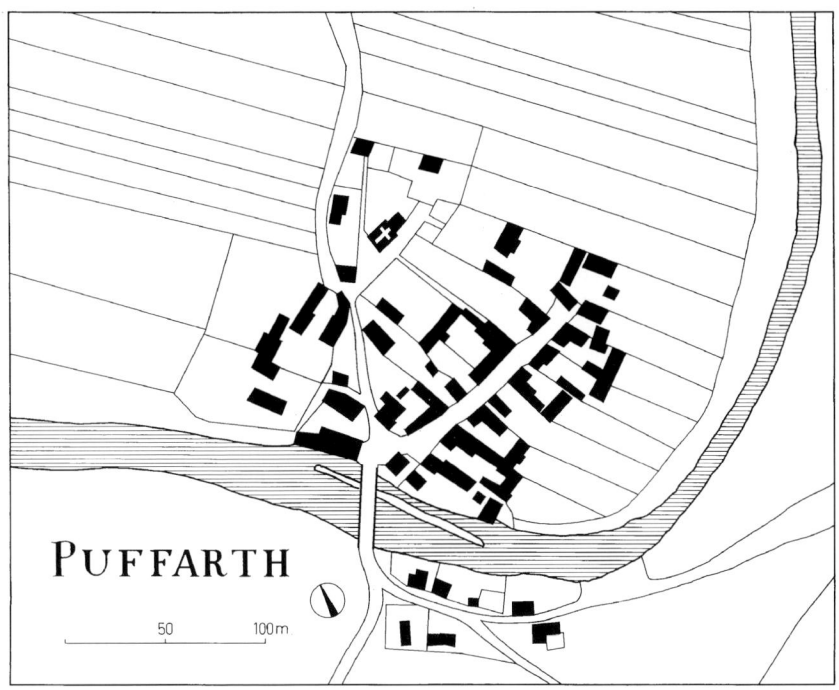

Abb. 74   Buchfart, ein Sackgassendorf an einer Ilmfurt
(Zeichnung H. WENZEL nach der Kopie einer Flurkarte der ersten weimarischen Landes-
vermessung in der ersten Hälfte des 18. Jh.)

In der Flur sind die Schichten des Wellenkalkes weitgehend verdeckt, stellenweise
von Schottern der oberen und der mittleren saalezeitlichen Ilmterrassen, deren Por-
phyre und Porphyrite dem Thüringer Wald entstammen, sowie von pleistozänen
Lehmen.

Urgeschichtliche Fundplätze sind aus der Jungsteinzeit mit Keramik und neun
Steinbeilen und aus der Bronzezeit mit einem großen Granitrillenhammer bekannt.
Die bereits 1870 westlich von Buchfart in der Nähe der Tafelbuche geborgene Ei-
senfibel, zwei große Ringe sowie Pfeil- und Lanzenspitzen, stammen vermutlich
aus einem Grab der Latènezeit (Anhang E).

Der erstmals 1348 überlieferte Ortsname bezeichnete mit *Buchverte* die bei
einer im Buchenwald gelegenen Furt entstandene Siedlung. Es war ein kleines
Sackgassendorf, das wie an anderen Orten am Mittellauf der Ilm abseits eines
Überlandweges gegründet war. Es bestand am Anfang wohl nur aus zehn Gehöften. Außerhalb dieses ältesten Siedlungskernes fand die Kirche ihren Platz, und
die heute noch gangbare Mühle hatte ihren Standort unmittelbar an der Furt,

neben der 1613 eine überdachte Holzbrücke errichtet wurde. Daß die weitläufige Bebauung auf der rechten Seite der Ilm eine jüngere Erweiterung des Dorfes ist, geht aus einer Flurkarte des 18. Jh. hervor (Abb. 74).

Am nördlichen Rand des Dorfes, befindet sich die Kirche, eine zweiteilige, aus Langhaus und Ostturm bestehende Anlage. Ihr Ursprung ist romanisch: an der Südwand des Langhauses sind ein zugemauertes Rundbogenfenster und eine ehemalige Tür zu erkennen, am Westgiebel die Markierung des ehemals flacher geneigten Daches. Die Ostseite des Turmuntergeschosses, das den Chorraum birgt, hat eine Fensteröffnung mit spitzbogigem Abschluß, und die Nordwand im Inneren eine spitzbogige Sakramentnische. Im 18. Jh. erfolgte die barocke Umgestaltung des Langhauses: es erhielt die hölzerne Deckentonne und die großen Fenster. Das wenig überzeugende obere Turmgeschoß mit dem kurzen Helm ist eine Ergänzung von 1870. Bei der Neuordnung des Kircheninneren im Jahre 1957 entfernte man den Kanzelaltar sowie die südliche Empore und stellte den mittelalterlichen Schnitzaltar, ein Meisterwerk aus der Werkstatt des JOHANN LIND in Jena vom Jahre 1492, wieder auf. Er zeigt im Mittelschrein Maria mit dem Kinde auf der Mondsichel, begleitet von der Heiligen Barbara und Katharina. Auch der alte Taufstein von 1569, eine Stiftung des ersten evangelischen Buchfarter Pfarrers, erhielt wieder einen Platz.

Von der Burg, einer eigentümlichen, in den Felsen über der Ilm eingearbeiteten Anlage aus dem 12. Jh., ist außer den Höhlungen und einigen Mauerresten kaum noch etwas vorhanden (Abb. 75). Sie war im Besitz der Grafen von Orlamünde und wurde bis ins 14. Jh. genutzt (s. P 5).

Buchfart Nr. 20 (Abb. 76), ein Wohnhaus in Traufstellung und mit Durchgangsflur (18. Jh.) wurde in den siebziger Jahren abgebrochen. In der kleinen Gemeinde mit ihren Bauernwirtschaften unterschiedlicher Größe gab es viele Auspendler. In Buchfart hatte sich 1960 die LPG Am Schloßberg gebildet, die sich 1967 der LPG Tierproduktion Kromsdorf anschloß. Für diese hat Buchfart die Jungrinderaufzucht übernommen. Die Buchfarter Genossenschaftsbauern waren außerdem Mitglieder der LPG Gemüseproduktion Kromsdorf. Im Ort befand sich eine Verkaufsstelle und eine Gaststätte. Eine weitere Gaststätte, die Balsamine auf dem Schloßberg, war Mittelpunkt eines betrieblichen Kinderferienobjektes und anderer Ferieneinrichtungen. Seit 1990 bewirtschaften die Felder

Abb. 75   Die Felsenburg bei Buchfart

eine Agrargenossenschaft, ein Wiedereinrichter und ein Landwirt im Nebener- Q 1
werb. Die kleine Gemeinde verfügt über einen Handwerksbetrieb und ein Gasthaus.

Oettern, Landkreis Weimarer Land   Q 2

Im westlichen Abschnitt des mittleren Ilmtals fügt sich das Dorf Oettern in den
Bogen eines südwärts ausgebuchteten Mäanders ein. Die steilen Talhänge im N
und im S bestehen aus Schichtfolgen des Unteren Muschelkalks, auf die die weicheren Ton- und Mergelschichten des Mittleren Muschelkalks als Terrassen-
flächen folgen. Von S mündet der Ziegengraben ins Ilmtal. Der Buchfarter Forst
umschließt von dieser Seite das Dorf mit Laubwald, teilweise auch mit Nadel-
holzbeständen, in N bleibt die Flur bis auf schmale Streifen waldlos.

Wie Buchfart war Oettern ein kleines Sackgassendorf, bevor im Verlauf der
1887 durchgeführten Separation die Sackgasse im O geöffnet und die Straße nach
Mellingen hindurchgeführt worden ist. Die Flurkarte von 1839 zeigt noch die geschlossene Gasse und eine mit der Ortslage des Nachbardorfes vergleichbare Par-
zellenstruktur, so daß auch hier von einer nur zehn Hofstellen umfassenden Siedlung auszugehen ist, die abseits der durch den Fluß führenden Furt gegründet
wurde. Dieser Abschnitt der Ilm ist reich an Fischottern gewesen, die noch im 19.
Jh. hier gejagt worden sind. Der als *Otterer* 1376 überlieferte Name bezeichnet den
Ort, wo es viele Ottern gibt.

Am ehemaligen Dorfeingang, an der Sackgasse, wurde die Kirche errichtet, eine
alte Chorturmanlage. Nach einer Inschrift an der Nordostecke fand 1463 eine Verbreiterung des Turmes im unteren Bereich auf die Breite des Langhauses statt. Da
rechts und links das Dach darüber gezogen wurde, erscheint der Turm heute wie
ein Dachreiter. An der Nordseite des Langhauses sind Spuren eines ehemaligen
Eingangs zu erkennen. Das Langhaus und sein Inneres erhielten ihr heutiges Aussehen im 18. Jh.

Einige Flurstücke in der Umgebung Oetterns haben slawische Namen. So geht
Glausig auf *kluc* = *Gereut*, auch Quelle zurück, *Muschke* auf *moschk* = Moor und
Weiperitz vermutlich auf *vepr* = Eber. Die Flurnamen sind bereits dem 9./10. Jh.
zuzuweisen und belegen, daß in frühmittelalterlicher Zeit slawische Siedler auch
im Ilmtal seßhaft geworden waren. Ein weiterer Beweis ist in der Ausgrabung
eines slawischen Gräberfeldes am östlichen Ortsausgang nahe des Friedhofes zu
sehen, bei der sieben Körpergräber freigelegt wurden und deren Ausstattung mit
Schläfenringen in das 10./11. Jh. weist.

1960 erfolgte die Kollektivierung der Landwirtschaft zunächst durch die Gründung der LPG Friedenstal, die sich Ende der sechziger Jahre der LPG Pflanzenproduktion Mellingen anschloß. Eine Verkaufsstelle (1979), eine Gaststätte auf der
Ilminsel, eine Gemeindeschwesternstation, eine Sportfläche und ein Campingplatz
bildeten die infrastrukturelle Ausstattung des Ortes. Die Haltung von Jungrindern
durch das VEG Mellingen wurde Mitte der achtziger Jahre aufgegeben.

Der größte Teil der Feldflur wird heute durch die Agrargenossenschaft Mechelroda e.G. bearbeitet. Daneben gibt es sechs Landwirte mit Betriebsgrößen zwischen drei und 20 ha und einen Handwerkerbetrieb.

Abb. 76 Buchfart Nr. 20, in den siebziger Jahren abgebrochen
(Aufmaß und Zeichnung H. WENZEL 1967)

Das kleine Dorf gewinnt zunehmend Bedeutung als Wohnort. Für das bescheidene Erholungszentrum Ilminsel hat sich bisher noch kein Betreiber gefunden. Ein Campingplatz besteht westlich des Ortes. Das bis 1964 östlich von Oettern arbeitende Wasserwerk für die Städte Apolda und Weimar wird durch einen Nachfolgebetrieb genutzt. Auf der Flurgrenze zu Mellingen befindet sich eine Forellen-aufzucht-Station des Deutschen Anglerverbandes.

Die Ausweitung der Gemarkung Oettern im O und S ist auf die Einbeziehung Q 2 von zwei Wüstungsfluren zurückzuführen. Das 1120 als *Vvrtheren* erstmals genannte Fördern ist einst links der Ilm an einer Furt gegründet worden, wie der Ortsname mitteilt, der die Siedlung der *Leute bei der Furt* bezeichnete (Anhang D). Nachdem das Dorf im 15. Jh. aufgelassen wurde, bewirtschaftete eine Flurgenossenschaft die kleine sieben Hufen haltende Flur weiter. Erst 1875 ist die Gemeinde Fördern als juristische Person aufgehoben worden.

Die Wüstungsflur Witgeroda umfaßte nur fünf Hufen Ackerland. Sie ist als Rodungsinsel auf dem Hainberg, etwa 1,5 km südlich von Oettern, heute zum Teil wieder mit Wald bedeckt (Anhang D). Die Rodungssiedlung eines *Witigo*, so ist der zu 1319 erstmals überlieferte Ortsname zu deuten, ist schon vor 1378 zur Wüstung geworden. Bei archäologischen Untersuchungen kamen der Grundriß eines Steinturmes und Scherbenfunde aus dem 13. und 14. Jh. zum Vorschein.

Kupferstraße Q 3

Zwischen Mellingen und Mechelroda wird die Ilm von der Tamfurter Brücke überquert. Über sie führte die mittelalterliche Kupferstraße, die heute nur eine unbedeutende Verbindung zwischen Mellingen und Blankenhain darstellt. Sie verband das Mansfelder Bergbaurevier mit den Saigerhütten im Thüringer Wald, vor allem bei Saalfeld. Dort erfolgte die Trennung des Kupfers von anderen Metallen, vorwiegend von Silber, weil im holzarmen Mansfelder Land dazu keine Möglichkeiten bestanden. Von Teichel bei Rudolstadt (s. Band 58; L 1) kommend, führte sie über Neckeroda und Blankenhain zum Kötsch hinauf, abwärts nach Mechelroda und durch die Tamfurt der Ilm, steuerte nach Mellingen das Beigeleit in Wiegendorf an, um nach einer guten Wegstunde erneut die Ilm zu queren. Von der alten Furt bei Oßmannstedt, an der einst die adlige Ostgotin aus der Begleitung AMALABERGAS, Gattin des thüringischen Königs HERMINAFRID, bestattet worden ist, führte die Straße dann schnurgerade nach N über Liebstedt und Willerstedt nach Rudersdorf, wo sie innerhalb der Ortslage die Hohe Straße kreuzte. Die Kupferstraße diente auch dem Messeverkehr zwischen Leipzig und Nürnberg. Da sie Weimar nicht berührte, vermochte sie die wirtschaftlichen Verhältnisse der Stadt nicht zu heben.

Otternburg Q 4

Auf einem nach W vorspringenden Muschelkalkbergrücken über dem Ziegental südlich der Ilm liegt die in der späten Bronzezeit/frühen Eisenzeit errichtete Otternburg. Die Innenfläche der Fluchtburg wird durch zwei Halsgräben im N und durch einen großen Brandwall mit vorgelegtem Graben auf der Südseite geschützt. Älteste Funde einer Vorbesiedlung mit mikrolithischen Steingeräten gehören in die mittlere Steinzeit. Über 30 Steinbeile, zahlreiche Feuersteinwerkzeuge, darunter retuschierte Pfeilspitzen sowie spätbronzezeitliche und früheisenzeitliche Keramik lassen die mehrfache Besiedlung des Berges und Nutzung der Anlage seit der Jungsteinzeit erkennen. Im Spätmittelalter erfolgten Nennungen in den Jahren 1504, *dy zcygenburc* und 1613 *Ziegelburg*.

Abb. 77   Kiliansroda auf der Ilm-Saale-Platte, rechts im Hintergrund der Ettersberg

Q 5 Kiliansroda, Landkreis Weimarer Land

Im S der Landschaft des Mittleren Ilmtals steigt die Ilm-Saale-Kalkplatte wieder an und erreicht im Kötsch (497 m) ihre höchste Erhebung. An seinem nordexponierten Hang liegt in einer Einmuldung 340 m ü. NN auf den Ceratitenschichten des Oberen Muschelkalks Kiliansroda (Abb. 77). Am Ost- und Nordrand des Ortes tritt der Trochitenkalk auf, der eine kleine, aber deutliche Steilstufe bildet. Ausstreuungen von nordischen Geschieben westlich des Ortes, erratische Blöcke und ein Geschiebemergelrest am Mechelrodaer Berg (Katzkeller) sind die Spuren des elsterkaltzeitlichen Inlandeises.

Die Rodungssiedlung eines Kilian ist erstmals 1441 als *Killigesrode* und Bestandteil der Herrschaft Blankenhain urkundlich überliefert. Im Mittelalter verfügte es über eine Befestigungsanlage. Die historische Flurkarte von 1817 läßt als Ursprung des Dorfes eine Platzkernsiedlung bei der Kirche erkennen. Dieser gegenüber lag in der Dorfmitte das Freigut, zu dem 1884 113 ha Land gehörten, und das 1640 als Edelhof mit 15 Hufen genannt wird. Davon lagen drei Hufen in der Wüstung Hohenrode (Anhang D). Entlang der nach Oettern und Mechelroda führenden Wege entwickelte sich der Ort zu seinem heutigen Umfang.

Der Freihof fiel 1945 unter die Bodenreform und wurde in Neubauernhöfe aufgeteilt. Seit 1960 arbeiteten die Bauern in der LPG Frieden in Mechelroda, die später in die LPG Pflanzenproduktion Mellingen überging. Ein aus dem Bodenre-

formfonds stammendes Gebäude wurde 1953 als Kindergarten ausgebaut. Weiterhin entstanden ein Sportplatz (1953), eine Konsum-Verkaufsstelle (1956), das Ge-
meindeamt und die Schule (1957) und das Kulturhaus (1958). Die meisten Einrichtungen wurden im Laufe der Jahre um- und ausgebaut. 1980 erfolgte der
Neubau einer Verkaufsstelle und des Gemeindeamtes, 1982 eines Jugendklubs und
1985 bis 1987 einer Gaststätte mit Gemeindesaal.

Nach 1990 setzte die Agrargenossenschaft Mechelroda e.G. die Bearbeitung der
Felder fort. Dazu kam ein Wiedereinrichter mit Pflanzenproduktion und Tierhaltung. Ein Handwerker hat im Ort seinen Betrieb, und verschiedene Dienstleistungen werden angeboten. 1993 wurde mit der Erschließung eines Wohngebietes begonnen.

Im südlichen Teil der Flur befand sich im Mittelalter nahe der vom Kötsch kommenden Kupferstraße das Dorf Hohenrode, 1397 als *Hoenrode* urkundlich erwähnt, durch Oberflächenfunde slawischer und deutscher Keramik aber bereits für
das 11. Jh. bezeugt. Wie Kiliansroda gehörte Hohenrode zur Herrschaft Blankenhain und ist nach Aussage der archäologischen Befunde noch im 15. Jh. aufgelassen worden. 1529 sind *dorff und wustung Hunrode* urkundlich überliefert. Von der
Kirche war 1828 noch das Turmgemäuer sichtbar; heute bezeichnet ein Schutthü-
gel mit Dachziegel- und Grundmauerresten ihren Standort im Ackerland.

Mechelroda, Landkreis Weimarer Land

Wie der Nachbarort Kiliansroda nimmt das weithin sichtbare Dorf Mechelroda
einen Teil der Nordabdachung des 497 m hohen Kötsch ein. Da seine Flur nicht bis
an die Ilmhänge heranreicht und kaum von herabführenden Seitentälern zerschnitten wird, herrschen schwach nach N geneigte Formen vor, die ausschließlich im
Bereich des Oberen Muschelkalks angelegt sind. Lediglich zwei tiefe Gräben
durchziehen die Gemarkung, ihre Form, besonders die des Lindengrabens, erinnert
an Hohlwege.

Außer wenigen Keramikfunden aus der Bronzezeit und dem Mittelalter sind in
der Flur neun Steinbeile und weiß patinierte Feuersteingeräte (Klingen und Pfeilspitzen) aus dem Neolithikum gefunden worden. Die wellenkammverzierten
Scherben sind jüngeren Alters. Sie künden von der slawischen Besiedlung in frühmittelalterlicher Zeit (Anhang E). Ebenfalls aus jener Periode stammt der Bergname Kaitsch, auch Kötsch. Er ist slawischen Ursprungs und verweist mit seiner
Semantik auf die Rodungsarbeit, die damals von slawischen Siedlern auf der Muschelkalkhochfläche südlich Mechelrodas geleistet wurde.

Der Ursprung der 1319 als *Mechtylderode* erstmals urkundlich erwähnten Siedlung bildet ein kleiner Weiler um den ehemals zur Herrschaft Blankenhain
gehörenden Gleichenschen Hof, einst ein freier Siedelhof und in der Quellmulde
eines der beiden genannten Gräben gelegen. Der Ausbau der Platzkernsiedlung zu
einem Straßendorf ist im Zusammenhang mit dem mittelalterlichen Wüstungspro-
zeß zu sehen, der in dieser Region zur Auflassung von mehr als der Hälfte der um
1200 noch bestehenden Dörfer geführt hat. Die Ansiedlung von Bauern aus den
wüstgewordenen Siedlungen könnte durch ein im Ort ansässiges Adelsgeschlecht
erfolgt sein, das zum Herrschaftsbezirk der Burg Weimar gehörte und bis 1850

Q 6   auch die Gerichtsbarkeit über seine Untertanen ausübte. Der aus Kalkstein gehaue-
ene Gerichtsstuhl ist unter einer Linde auf dem kleinen Dorfplatz erhalten geblieben. An diesen grenzt der Gasthof Zum güldenen Einhorn, einst ein alter Ausspannhof an der Kupferstraße, die durch den Ort führte (s. Q 3). Sein Pendant ist
auf der anderen Seite des Kötsch der Gasthof Zum güldenen Zopf am Alten Markt
in Blankenhain gewesen.

Neben dem Grundbesitz des Rittergutes, dem mit 191 ha (1880) der größte Teil
der Feldflur gehörte, konnten sich nur wenige mittelbäuerliche Höfe halten. Die
überwiegend kleinbäuerliche Struktur spiegelt sich noch heute in den Gehöften
und Wohngebäuden wider, die in abwechslungsreicher Folge, ein- oder zweige-
schossig, ihren Giebel zur Straße richten (Abb. 78). Die Kirche, ein einfacher
Rechteckbau von 8 zu 12 m, ist in die Häuserreihe einbezogen und nur an dem
Dachreiter als besonderer Bau zu erkennen. Sie wurde 1707 errichtet und in der üblichen Weise mit Kanzelaltar und Emporen ausgestattet. Ein Kuriosum ist die Lage
des Chors im W, sicher eine Folge der städtebaulichen Situation. An einen Vorgängerbau erinnert der Grabstein eines Mädchens, der an der Vorderfront des Al-
tartisches eingelassen ist. Auf ihm ist, in guter künstlerischer Qualität, die 1581
verstorbene ANNA VON NESSELROTH in der Tracht ihrer Zeit dargestellt. Der ebenfalls dem 16. Jh. zuzuweisende schlichte Taufstein zeigt starke Verwitterungsspu-
ren. Er stammt möglicherweise aus der Wüstung Weißkirchen, einst ein kleines
Dorf 600 m nordöstlich von Mechelroda am Lindengraben (Anhang D). Seine
1333 genannte Pfarrkirche besuchten auch die Bauern Mechelrodas so lange, bis
der Ort im 15. Jh. zur Wüstung wurde.

Mit der 1945 und 1946 durchgeführten Bodenreform erhielten 40 Umsiedler,
Kleinbauern und ehemalige Landarbeiter aus dem Besitz des Rittergutes Acker-

Abb. 78   Dorfstraße in Mechelroda (Zeichnung H. WENZEL 1969)

240

Q 6

Abb. 79   Staatsgut Linda (Zeichnung H. WENZEL nach der Flurkarte von 1851)

land, Wald, Vieh und Geräte übereignet. 1947 wurde für 48 Personen im Herrenhaus ein Feierabendheim eingerichtet. Am südlichen Ortsrand von Mechelroda
entstanden drei Neubauernhäuser, die übrigen im Ortsteil Linda, das einst ein Dorf,
seit 1554 als Schäferei und später als großherzogliches Kammergut bezeugt ist.
1880 bewirtschaftete das Gut eine Fläche von 172 ha (Abb. 79).
    1955 entstand die LPG Frieden. 1968 schlossen sich vier weitere Genossen-
schaften und der Teilbetrieb Mellingen des VEG Kötschau zur kooperativen Feldwirtschaft zusammen mit der Spezialisierung auf Speisekartoffel- und Feldfut-
teranbau. In Mechelroda, Kiliansroda und Oettern wurde Jungrinderaufzucht
betrieben. 1977 schloß sich die Mechelrodaer LPG mit der LPG Pflanzenproduktion Mellingen zusammen, die bis 1990 fortbestand. Die Tierhaltung übernahm ab
1982 das VEG Mellingen, in das auch die in der Tierhaltung tätigen LPG-Mitglie-
der integriert waren. Die Tierhaltung wurde hauptsächlich in Linda untergebracht.
    Nach 1990 löste sich die ehemalige LPG Mechelroda von der LPG Mellingen
und wandelte sich 1991 zur Agrargenossenschaft Mechelroda e.G. um. 1992
wurde die Milchvieh- und 1994 die Mastschweinehaltung aufgegeben. Die Agrargenossenschaft betreibt seitdem Pflanzenproduktion, in Linda werden noch Mut-
terkühe gehalten. Mechelroda hat einen Wiedereinrichter und einen Landwirt im
Nebenerwerb. Zwei Handwerker, zwei Gaststätten und ein Kindergarten gehören
zum kleinen Dorf, in dem bisher kaum neue Wohngebäude gebaut wurden. Aus
dem Feierabendheim ist ein Heim für behinderte Kinder geworden. Etwas außerhalb des Ortes legte der Mechelrodaer Schützenverein in den neunziger Jahren
einen unterirdischen Schießstand an.

LITERATURVERZEICHNIS

I. Karten/Atlanten

DOCTER, J.; STEINMÜLLER, A.: Geologische Karte von Thüringen 1 : 25 000, Nr. 5034 Weimar Ost mit Erläuterungen. Hrsg. Thüringer Landesanstalt für Geologie. Weimar 1995

Flurkarten. Stadtverwaltung Weimar, Amt für Wirtschaftsförderung

Geologische Karte von Thüringen 1 : 400 000, 1942, Neubearbeitung 1994

HAUBOLD, G.: Situationsplan von Weimar (Großherzogliche Residenzstadt) nach neuestem Material und eigenen Aufnahmen bearbeitet, gezeichnet und in Stahl gestochen. Weimar 1855

KAMMERER, T.: Geologische Karte von Thüringen 1 : 25 000, Nr. 5033 Weimar mit Erläuterungen. Hrsg. Thüringer Landesanstalt für Geologie. Weimar (in Vorbereitung)

MICHAEL, P.: Geologische Umgebungskarte von Weimar 1 : 25 000 (mit Begleitworten). Hrsg. Preuß. Geologische Landesanstalt. Berlin 1928

SCHLÜTER, O.; AUGUST, O.: Atlas des Saale- und mittleren Elbegebietes. 2. völlig neubearbeitete Aufl. d. Mitteldeutschen Heimatatlas I. 1–3. Leipzig 1959–1961

SCHMID, E. E.: Geologische Specialkarte von Preußen und den thüringischen Staaten mit Erläuterungen. Lief. 2, Blatt Rossla. Hrsg. Preuß. Geologische Landesanstalt. Berlin 1872

SCHMID, E. E.: Geologische Specialkarte von Preußen und den thüringischen Staaten mit Erläuterungen. Lief. 4, Blatt Neumark. Hrsg. Preuß. Geologische Landesanstalt. Berlin 1873

Stadtplan Weimar, ca. 1 : 10 000. Berlin/Leipzig 1986

Stadtplan Weimar, 1 : 17 500. Hamburg 1995/96

Topographische Karte 1 : 25 000, Nr. 4933 Neumark in Th.; Nr. 4934 Buttelstedt; Nr. 5033 Weimar; Nr. 5034 Magdala

Wanderkarte Bad Berka und Umgebung, 1 : 40 000. VEB Landkartenverlag Berlin. Berlin 1964

II. Archivalien

Gemeinde Tröbsdorf: Archivunterlagen
Kreisarchiv Weimar: Aufzeichnungen
Thüringisches Hauptstaatsarchiv Weimar: Staatshandbuch von Weimar 1851 m,
1869, 1874, 1913
    Die archivalischen Quellen zur Geschichte des Weimarer Gebietes liegen, soweit sie aus Staatsbehörden stammen, im wesentlichen im Thüringischen Hauptstaatsarchiv Weimar. Die staatlichen Archivalien für das ehemals Erfurter Gebiet werden für die Zeit vor 1815 im Landesarchiv Magdeburg – Landeshauptarchiv Sachsen-Anhalt – aufbewahrt. Mangelhaft ist die archivalische Quellenlage für das Gebiet der Herrschaft Blankenhain. Die erhaltenen Reste sind auf das Thüringische Hauptstaatsarchiv Weimar und das Landesarchiv Magdeburg – Landeshauptarchiv Sachsen-Anhalt – verteilt. Für die Geschichte des ehemals Erfurter Gebietes bis zur Mitte des 17. Jh. ist auch das Depot Erfurt des Thüringischen Hauptstaatsarchives Weimar heranzuziehen.
    Die archivalischen Quellen zur Geschichte der Stadt Weimar liegen, soweit sie aus den städtischen Registraturen stammen, im Stadtarchiv Weimar. Für die Stadt Berka und die Landgemeinden kommt das Kreisarchiv Weimar in Betracht; diese Quellen reichen nur in Ausnahmefällen über das Ende des 18. Jh. zurück. Die Archivalien aus den Landgemeinden, die später in die Stadt Weimar eingemeindet worden sind, befinden sich im Stadtarchiv Weimar. Einzelheiten sind aus den gedruckten Übersichten über die Bestände des Thüringischen Hauptstaatsarchives Weimar und des Landeshauptarchives Sachsen-Anhalt in Magdeburg und der Stadtarchive Erfurt und Weimar zu ersehen.

III. Literatur

APEL, H.: Geschichte des Klosters Kapellendorf bei Weimar. Weimar 1929
ARNHOLD, H.: Das Geographische Institut zu Weimar. Wissenschaft und Industrie. Tradition und Gegenwart Weimarer Schriften (1984) 11
BACH, H.; DUŠEK, S.: Slawen in Thüringen. Veröff. d. Mus. f. Ur- u. Frühgeschichte Thür. 2 (1971)
BACH, H.; TIMPEL, W.: Frühmittelalterliches Gräberfeld mit Schläfenringen von Possendorf, Kr. Weimar. Ausgrabungen u. Funde 7 (1962), S. 242–248
Bad Berka und seine Ortsteile. Blätter zur Zeitgeschichte 1995 ff.
BARTHEL, S.: Brandgräber des späten 3. Jahrhunderts von Ehringsdorf, Kr. Weimar. Alt-Thür. Bd. VII, 1965, S. 287–292
BARTHEL, S.: Ein Osiriskopf in Thüringen. Alt-Thür. Bd. VII, 1965, S. 293–295
BARTHEL, S.: Spätbronzezeitliches Gräberfeld in Nohra. Alt-Thür. Bd. VIII, 1966, S. 192–210
BARTHEL, S.: Latènezeitliche Gräber aus dem Kreis Weimar. Alt-Thür. Bd. VIII, 1966, S. 259–280
BAUER, L.: Thüringer Becken und Randplatten. In: Handbuch d. naturräumlichen Gliederung Deutschlands, S. 722–756. Remagen 1995

BAVIN-STEDING, L.; WALTER, D.: Jungsteinzeitliche Erdwerke im Weimarer Land. Weimarer Heimat 11 (1997), S. 23–26

BECHSTEIN, K.: Alt-Weimars örtliche Entwicklung. Beitr. zur Geschichte d. Stadt Weimar 4 (1935)

BECHSTEIN, K.: Schlösser und Gärten in Alt-Weimar. Neue Beitr. zur Geschichte d. Stadt Weimar 4 (1936)

BEHM-BLANCKE, G.: Neue merowingische Gräber in Weimar. Ausgrabungen u. Funde (1957) 2, S. 136–141

BEHM-BLANCKE, G.: Weimar in frühgeschichtlicher Zeit. Ausgrabungen u. Funde (1958) 3, S. 276–278

BEHM-BLANCKE, G.: Altsteinzeitliche Rastplätze im Travertingebiet von Taubach, Weimar, Ehringsdorf. Alt-Thür. Bd. IV, 1960

BEHM-BLANCKE, G.: Gesellschaft und Kunst der Germanen. Dresden 1973

BEHM-BLANCKE, G.: Ur- und frühgeschichtliche Kulturen im Stadtgebiet. In: GÜNTHER, G.; WALLRAF, L. (Hrsg.): Geschichte d. Stadt Weimar, S. 1–46. Weimar 1976

BEHRENS, H.: Die Jungsteinzeit im mitteldeutschen Raum. Veröff. d. Landesmuseums f. Vorgeschichte 27 (1973)

BESCHORNER, H. (Hrsg.): Registrum dominorum marchionum Missnensium. Verzeichnis der den Landgrafen in Thüringen und Markgrafen zu Meißen jährlich in den wettinischen Landen zustehenden Einkünfte (1378). Bd. 1. Leipzig/Berlin 1933

BIEDENFELD, F. v.: Weimar, Ein Führer für Freunde und Einheimische durch die Stadt und ihre Umgebung. Weimar 1841

BOBLENZ, F.: Zur Errichtung und Datierung der Großobringer Schanze. Urgeschichte u. Heimatforsch. 27 (1991), S. 48–51

BODE, W.: Der Weimarische Musenhof 1746–1781. Berlin 1919

BORNMÜLLER, J.: Neue Fundplätze aus der Umgebung Berkas. Mitt. d. Thür. Botanischen Vereins. N. F. 15 (1900), S. 35–37

BORNMÜLLER, J.: Bericht über Stachys alpina und über Senecio crispatus in Thüringen. Mitt. d. Thür. Botanischen Vereins. N.F. 43 (1936), S. 10–11

BRANCO, K.: Die Weimarer Landschaft und ihre Geschichte. Beitr. zur Geschichte d. Stadt Weimar (1933) 33

BRANCO, K.: Floristische Beobachtungen in Thüringen. Mitt. d. Thür. Botanischen Vereins. N. F. 49 (1942), S. 210–228

BREUER, T.: Landschaft, Kulturlandschaft, Denkmallandschaft als Gegenstände der Denkmalkunde. Die Denkmalkunde (1997) 1, S. 5–23

BROMME, E.: Das Fürstentum Sachsen-Weimar zur Zeit des Dreißigjährigen Krieges. Halle 1929

BUCHMANN, G.: Geschichte der Papiermacher zu Oberweimar. Neue Beitr. Weimar 2 (1936) 3

CASPER, J. (Hrsg.): Herbarium Haussknecht. Weimar 1896 – Jena 1996. Geschichte und Gegenwart. Jena 1997

CLAUS, M.: Die Thüringische Kultur der älteren Eisenzeit. Jena 1942

DEETJEN, W.: Auf Höhen Ettersburgs. Leipzig 1924 (Reprint Weimar 1993, Ettersburger H. 1)

DENNSTEDT, A. W.: Weimar's Flora. Abth. 1. Jena 1800

Der Landkreis Weimar, 1990–1994. Ein Rückblick. Der Landrat des Landkreises Weimar (Hrsg.)

Der Landkreis Weimar. Eine Heimatkunde. Tradition und Gegenwart/Weimarer Schriften (1980) 36/37 u. (1982) 41 bis 43

DEUBEL, F.: Die Versinkungen der Ilm und ihre geologischen Ursachen. Beitr. Geologie Thür. 1 (1926) 2, S. 17–35

DIETRICH, F. G.: Die Weimarische Flora oder Verzeichnis der im Herzoglichen Park in Weimar befindlichen Bäume, Sträucher und Stauden. Eisenach 1800

DIEZEL, R.: Die Ämterbezirke in Sachsen-Weimar seit dem 16. Jahrhundert. Eine verwaltungsgeschichtlich-topographische Untersuchung. Ztschr. d. Vereins f. thür. Geschichte 27. Beih., 1943

DOBENECKER, O.: Regesta diplomatica necnon epistolaria historiae Thuringiae. Bd. I-IV. Jena 1896–1939

DÖLLE, R.: Zwei neue Fundstellen von *Azeka menkeana* (C. Pfeiffer) bei Weimar. Malakolog. Abh. Staatl. Mus. Tierkunde Dresden 2 (10) o. J., S. 185–187

DOMINIKUS, J.: Erfurt und das Erfurter Gebiet. Teil 2. Gotha 1793

DUŠEK, S.: Die slawische Besiedlung Thüringens. Weimar 1983

EBERHARDT, H.: Goethes Umwelt. Forsch. zur ges. Struktur Thür. Thür. Archivstudien. Bd. 1. Weimar 1951

EGERT, P.; BANKWITZ, W.: Geschichte der Stadt und Herrschaft Blankenhain (Thür.). 2 Bde. Blankenhain 1922

ELLE, C.: Die alte Herrschaft (Grafschaft) Berka a. d. Ilm. Ztschr. d. Vereins f. thür. Geschichte u. Altertumskunde. N.F. XVI (1906), S. 65–122

ERFURTH, C. B.: Flora von Weimar. 2. Aufl. Weimar 1882

FACIUS, F.: Das Cisterzienserinnenkloster Oberweimar. Grundzüge der Äußeren Klostergeschichte von der Begründung bis zur Sequestration. Mskr. im Thür. Hauptstaatsarchiv Weimar. Weimar 1935

FEUSTEL, R. (Hrsg.): Kelten in Südthüringen. Weimar 1979

FEUSTEL, R. (Hrsg.): Bilder zur Ur- und Frühgeschichte. Weimar 1983

FEUSTEL, R.; GALL, W.: Glockenbecherfunde im Stadtgebiet von Weimar. Ausgrabungen u. Funde 7 (1962), S. 220–226

FINK, F.: Alt-Weimar. Das Weimar Goethes und seine Geschichte. Weimar 1932

FINK, F.: Die Stadtbefestigung. Mauern, Tore und Türme im alten Weimar. Beitr. zur Geschichte d. Stadt Weimar 9 (1932)

FINK, F.: Das Stadtbild Weimars im Wandel der Zeit. Beitr. zur Geschichte d. Stadt Weimar 1 (1933)

FLACH, W.: Weimar. In: Keyser, E. (Hrsg.): Deutsches Städtebuch II, S. 388–391. Stuttgart/Berlin 1941

FLACH, W.: Grundzüge einer Verfassungsgeschichte der Stadt Weimar. Die Entwicklungsgeschichte einer deutschen Residenzstadt. In: Vom Mittelalter zur Neuzeit. Zum 65. Geburtstag von H. Sproemberg, S. 144–239. Berlin 1956

FRANCKE, O.: Geschichte des Wilhelm-Ernst-Gymnasiums in Weimar. Weimar 1916

FRANKE, O. (Hrsg.): Das Rote Buch von Weimar. Gotha 1891

FUCHS, W. P. (Hrsg.): Akten zur Geschichte des Bauernkrieges in Mitteldeutschland. Bd. II. Jena 1942

FUHRMANN, W.: Die Ortsnamen des Stadt- und Landkreises Weimar. Diss. phil. Univ. Leipzig 1962

Genius huius loci. Weimar. Kulturelle Entwürfe aus fünf Jahrhunderten. Weimar 1992

Geschichte, Eigenart und Bedeutung der thüringischen Landeshauptstadt Weimar. Sonderh. d. Thür. Fähnlein. Jena 1934

GÖLDNER; K.: Aus der Geschichte des Dorfes Eichelborn. In: Aus d. Vergangenheit d. Stadt Erfurt. Bd. 2, S. 82–89. Erfurt 1956/57

Goethe, van de Velde and Gropius in Weimar. Rassegna 13 (1991) 45/1

GÖTZE, A.: Die altthüringischen Funde von Weimar. Berlin 1912

GÖTZE, A.; HÖFER, P.; ZIESCHE, P.: Die vor- und frühgeschichtlichen Altertümer Thüringens. Würzburg 1909

GRÄBNER, K.: Die Großherzogliche Haupt- und Residenzstadt Weimar, nach ihrer Geschichte und ihren gegenwärtigen gesamten Verhältnissen dargestellt. Reprint (1987) d. Originalausgabe von 1830

GRESKY, W.: Eduard Petzold, der Geisteserbe des Fürsten Pückler, als Hofgärtner in Ettersburg und Weimar. Sonderschr. d. Akad. d. gemeinnützigen Wiss. zu Erfurt (1940) 13. Leipzig 1987

GÜNTHER, G.: Weimar. Eine Chronik. Leipzig 1996

GÜNTHER, G.; HUSCHKE, W.; STEINER, W. (Hrsg.): Weimar. Lexikon zur Stadtgeschichte. Weimar 1993

GÜNTHER, G.; WALLRAF, L.: Das Stadarchiv Weimar und seine Bestände. Weimar 1967

GÜNTHER, G.; WALLRAF, L. (Hrsg.): Geschichte der Stadt Weimar. Weimar 1976

GÜNTHER, G.; WALLRAF, L. (Hrsg. im Auftrag des Rates der Stadt Weimar): Bibliographie zur Geschichte der Stadt Weimar. Weimar 1982

GÜSSEFELD, F. L.: Geographische Übersicht der in dem Herzoglich Sächsischen Hause ernestinischer Linie vorangegangenen Landesteilungen. Weimar 1796

HÄNSE, G.: Die Flurnamen des Stadt- und Landkreises Weimar. Diss. phil. Univ. Leipzig 1964

HÄNSE, G.; EICHLER, E.: Slawische Flurnamen im Kreis Weimar. RHH 10 (1964) 7/8, S. 137–157

HÄVERNICK, W.: Die mittelalterlichen Münzfunde in Thüringen. Jena 1955

HANNAPPEL, M.: Das Gebiet des Archidiakonats Beatae Mariae virginis Erfurt am Ausgang des Mittelalters. Ein Beitr. zur kirchlichen Topographie Thür. Jena 1941

HARTUNG, F.: Das Großherzogtum Sachsen unter der Regierung Carl Augusts 1775–1828. Weimar 1923

HAUSSKNECHT, C.: Systematische und floristische Notizen. Mitt. d. Thür. Botanischen Vereins. N.F. 8 (1895), S. 21–34

Heimatbuch des Landkreises Weimar. Weimar 1925

HEINEMANN, A. v.: Ein Kaufmann der Goethezeit. Friedrich Johann Justin Bertuchs Leben und Werk. Weimar 1955

HEINRICH, W.; SALZMANN, M.; STEINER, W.; TIMPEL, W.; WIRTH, H.: Wanderungen um Weimar zu geographischen, geologischen, botanischen, ur- und frühgeschichtlichen, historischen und kunsthistorischen Sehenswürdigkeiten. Weimarer Schriften (1991) 46

HERGT, B.: Hofrat Prof. Carl Haussknecht, geb. den 30. Nov. 1838, gest. den 7. Juli 1903. Mitt. d. Thür. Botanischen Vereins. N.F. 18 (1903), S.1–14

HERR, E.: Vereinte Kraft – Zur Geschichte der LPG Vippachedelhausen. Weimar/Tradition u. Gegenwart (1980) 36

HERRMANN, J. (Hrsg.): Die Slawen in Deutschland. Ein Handbuch. 2. Aufl. Berlin 1972

HERRMANN, J. (Hrsg.): Archäologie in der Deutschen Demokratischen Republik. Bd. 1 u. 2. Leipzig/Jena/Berlin 1989

HEUBACH, H. H.: Geschichte des Schloßbaues in Thüringen. Jena 1927

HEUNEMANN, G. (Hrsg.): Landesreport Thüringen. Berlin/München 1992

HEYER, J.: Vogelwelt um Weimar – eine Avifauna des Kreises Weimar. Weimarer Schriften zur Heimatgeschichte u. Naturkunde. (1973) 21

HEYER, J.: Die Lebensräume der Vögel im Kreis Weimar. Tradition und Gegenwart/Weimarer Schriften (1991) 43

HESS, U.: Geschichte Thüringens 1866–1914. Aus dem Nachlaß herausgegeben von Volker Wahl. Weimar 1991

HOPPE, W.: Hydrologische Untersuchungen im Gebiet von Weimar. Wiss. Ztschr. d. Hochsch. f. Architektur u. Bauwesen Weimar 3 (1956) 3, S. 177–193

HÜTER, K.-H.: Henry van de Velde. Sein Werk bis zum Ende seiner Tätigkeit in Deutschland. Berlin 1967

HUSCHKE, W.: Bad Berka. In: Keyser, E.: Deutsches Städtebuch II, S. 274–275. Stuttgart/Berlin 1941

HUSCHKE, W.: Die Geschichte des Parkes von Weimar. Weimar 1951

HUSCHKE, W.: Weimarer Ratsgeschlechter des 16. und 17. Jahrhunderts. Familie u. Volk 4 (1955), S. 89–92, 145, 149

HUSCHKE, W.: Bürgermeister im alten Weimar. In: Der Heimatfreund, S. 141–172. Weimar 1958

HUSCHKE, W.: Forschungen zur Geschichte der führenden Gesellschaftsschicht im klassischen Weimar. In: Forsch. zur thür. Landesgeschichte. Veröff. d. Thür. Landeshauptarchivs Weimar. Bd. 1, S. 55–114. Weimar 1958

HUTH, R.: Die geschichtliche Entwicklung des Amtsbezirkes Vieselbach. Jb. d. Vereins f. Heimatkunde Vieselbach (1909) 1, S. 13–29.

IMHOF, O. W.: Ortsgeschichte von Niederzimmern. Teil 1–3. Weimar 1908–1911

Informationsbroschüre 1992/93. Gaberndorf bei Weimar. Obertshausen/Weimar o. J.

JÄGER, J.: Der Park an der Ilm in Weimar. Impulse 1 (1978)

JERICKE, A.; DOLGNER, D.: Der Klassizismus in der Baugeschichte Weimars. Weimar 1975

JOHN, J.: Thüringen in den Jahren 1918–1945. Erfurt 1996

JONSCHER, R.: Kleine thüringische Geschichte. Jena 1993

JUNTKE, D.: Kirchenbauten C. W. Coudrays und der von ihm geleiteten Oberbaubehörde – mit Ausnahme der Residenzstadt Weimar (Semesterarbeit Lehrstuhl f. Entwerfen u. ländliches Bauen, Bauhaus-Univ.). Weimar 1997

KÄMPFE, S.: Bemerkenswerte Pflanzenfunde in Weimar und Umgebung 1993–1996. Informationen floristischer Kartierung Thür. 11 (1996), S. 13–15

KAHLKE, H. D.: Schnurkeramische Kettenhocker aus Thüringen. Alt-Thür. I (1953/54)

KAISER, E.: Landeskunde von Thüringen. Erfurt 1933

KAISER, E.: Das Thüringer Becken zwischen Harz und Thüringer Wald. Gotha 1954

KIUS, O.: Statistische Mitteilungen aus Thüringen und dem angrenzenden Franken aus dem Dreißigjährigen Krieg. Jena 1870

KLAUSNITZER, B.: *Azeca menkeana (C. Pfeiffer)* lebend bei Weimar. Mitteldeutsche malakolog. Ges. 1 (1963), S. 33–35

KNIGGE, V.; PIETSCH, J. M.; SEIDEL, T.: Versteinertes Gedenken. Das Buchenwalder Mahnmal v. 1958. o. O. 1997

KOCH, H.-G.: Wetterheimatkunde von Thüringen. Jena 1953

KÖBER, H.: Die alten Steinkreuze Thüringens. Erfurt 1960

KÖRNER, F.: Das Zeitungswesen in Weimar (1734–1849). Ein Beitr. zur Zeitungsgeschichte. Leipzig 1920

KÖRNER, F.: Die Wüstungen in den Amtsgerichtsbezirken Apolda, Buttstädt, Großrudestedt, Vieselbach und Weimar. Ztschr. d. Vereins f. thür. Geschichte u. Altertumskunde. N. sF. Bd. XXIX (1931), S. 291–306

KRONFELD, C.: Landeskunde des Großherzogtums Sachsen-Weimar-Eisenach. 2 Teile. Weimar 1878 1879

KRÜGER, B. (Leiter des Autorenkollektivs): Die Germanen. Ein Handbuch. Berlin 1976

KRUMBHOLZ, P.: Geschichte des Weimarischen Schulwesens. Berlin 1934

LANGHEINRICH, K.: Weimar im Eisenbahnnetz Thüringens. Weimarer Schriften zur Heimatgeschichte u. Naturkunde. Weimar (1977) 30

L'ARRONGE, G.: Der Thüringer Kanzelaltar von 1700–1850. Eine Studie über protestantische Dorfkirchenkunst. Diss. phil. Univ. Jena 1922

LEHFELDT, P.: Großherzogtum S.-Weimar-Eisenach, Amtsgerichtsbezirk Großrudestedt und Vieselbach. Bau- und Kunstdenkmäler Thüringens 16 (1888 ff.)

LEHFELDT, P.: Großherzogtum S.-Weimar-Eisenach, Amtsgerichtsbezirk Blankenhain und Ilmenau. Bau- und Kunstdenkmäler Thüringens 17 (1888 ff.)

LEHFELDT, P.: Großherzogtum S.-Weimar-Eisenach, Amtsgerichtsbezirk Weimar. Bau- und Kunstdenkmäler Thüringens 18 (1888 ff.)

LEHFELDT, P.: Bau- und Kunstdenkmäler Thüringens, Teil Park und seine Gebäude, untergegangene Dörfer. Jena 1893

LEISSLING, E.: Wanderwege um Weimar. Weimar 1957

LEISSLING, E.: Das mittlere Ilmtal. Rudolstadt 1966

LEONHARDI, F. G.: Erdbeschreibung der Churfürstlich und Herzoglich Sächsischen Lande. 2 Bde. Leipzig 1790

LIDKE, W.: Das Musikleben in Weimar 1683–1735. Weimar 1955

LOREY, A.; GOULLON, LE.: Flora von Weimar und seiner Umgebung. Apolda 1851

LUDEWIG, W.: Die Landschaftszellen der Ilm-Muschelkalkplatte und des Tannrodaer Sattelgebietes. Diplomarbeit Geogr. Inst. d. Univ. Jena 1954

MÄHLERT, U.: Geschichte der DDR. Erfurt 1997

MAI, H.: Der evangelische Kanzelaltar, Geschichte und Bedeutung. Halle/Saale 1969

MANIA, D.; STEINER, W.: Zur Stratigraphie der Travertine von Weimar. Quartärpaläontologie 1, S. 187–215. Berlin 1975

MARTIN, J. E. A.: Verzeichnis der Termineien der Erfurter Einsiedler Augustiner Orden in Thüringen. Ztschr. d. Vereins f. thür. Geschichte u. Altertumskunde. N. F. V (1887), S. 132–137

MARX, O.; FRANZ, G. (Hrsg.): Akten zur Geschichte des Bauernkrieges in Mittel-deutschland. Leipzig/Berlin. 1. Abt. 1923, 2. Abt. 1934

MENTZ, G.: Weimarische Staats- und Regentengeschichte vom Westfälischen Frieden bis zum Regierungsantritt Carl Augusts. Jena 1936

MEYER, F. K.: Die Entwicklung der HAUSSKNECHT'schen Gründungen – Herbarium Haussknecht und Thür. Botanische Ges. bis zur Gegenwart. Haussknechtia 5 (1990), S. 71–78

MITTMANN, P.: Das Neufert-Haus in Gelmeroda. Weimar Kultur-Journal 9 (1994), S. 18–19

MÖLLER, H. H.: Gottfried Heinrich Krohne und die Baukunst des 18. Jahrhunderts in Thüringen. Berlin 1956

Mühlen. Geschichte der Getreidemühlen, Technische Denkmale in Mittel- und Ostdeutschland. Leipzig/Stuttgart 1994

MÜLLER, A.: Die Wüstungen im I. und II. Verwaltungsbezirke des Großherzogtums Sachsen-Weimar. Ztschr. d. Vereins f. thür. Geschichte u. Altertumskunde. N. F. XIX (1909), S. 199–275

NEUBERT, S.: Lebendige Steine – Stätten des Ewigen: Die Gemeinden des Kirchenkreises Weimar und ihre Gotteshäuser. Berlin 1986

NEUBERT, S.: Kirchen in und um Weimar, T. 1 – Die Gemeinden und ihre Gotteshäuser im Kirchenkreis Weimar nördlich der Autobahn. 2. veränderte Aufl. Jena 1991

Neues Museum Weimar. Geschichte und Ausblick. Schriften d. Kunstsammlungen zu Weimar. München/Berlin 1997

NEUMANN, G.: Weimar in vor- und frühgeschichtlicher Zeit. Thüringer Fähnlein 3 (1934) 2, S. 76–95

NEUMANN, G.: Goethes Sammlung vor- und frühgeschichtlicher Altertümer. Jahresschrift f. Mitteldeutsche Vorgeschichte 36 (1952), S. 184–242

NEUMANN, G.; MÖLLER, A.: Illyrische Skelettgräber der Walterslebener Kultur (1400–800 v. Chr.) in Weimar. Der Spatenforscher (Vorgeschichtliche Beil. zum Thüringer Fähnlein 1 (1936), Folge 1, S. 5–6

PATZE, H.: Entstehung der Landesherrschaft in Thüringen. Teil 1. Mitteldeutsche Forsch. 22 (1962)

PATZE, H.; SCHLESINGER, W. (Hrsg.): Geschichte Thüringens. Bd. 1–6. Köln/Graz/ Wien 1968–1978

PESCHEL, K.: Der Kultfund von Possendorf. Jahresschrift für Mitteldeutsche Vorgeschichte 72 (1989), S. 43–49

PRETZSCH, A.; HECHT, W.: Das alte Weimar. Skizziert und zitiert. Weimar, 4. Aufl. 1990

Rathauskurier, Amtsblatt d. Stadt Weimar. Nr. 23 v. 1. 10. 1997 u. Sonderausg. Nr. 27 v. 3. 12. 1997

RAU, D.: Untersuchungen zur Morphologie und Genese der Lößböden im Thüringer Becken. Abh. d. Zentralen Geologischen Inst. 4 (1965); S. 1–71

REGEL, F.: Thüringen. Ein geographisches Handbuch. 4 Bde. Jena 1892–1896

REMPEL, H.: Reihengräberfriedhöfe des 8.-11. Jahrhunderts aus Sachsen, Sachsen-Anhalt und Thüringen. Berlin 1966

RÜSS, K.: Dokumente und Materialien zur Geschichte der Arbeiterbewegung in Weimar. 4 Folgen. Weimarer Schriften zur Heimatgeschichte u. Naturkunde. Hrsg. Stadtmus. Weimar. Weimar 1964–1967

SALZMANN, M.: Die physisch-geographischen Verhältnisse Weimars. Weimarer Schriften zur Heimatgeschichte und Naturkunde (1974) 22

SALZMANN, M.: Die Geographie Weimars und seiner Umgebung. Tradition und Gegenwart/Weimarer Schriften (1990) 36

SALZMANN, M.: Das mittlere Ilmtal. Thüringer Landschaften 1. Gotha 1991

SALZMANN, M.: Der Ettersberg. Thüringer Landschaften 3. Gotha 1991

SALZMANN, M.: Weimar und das Ilmtal. Neumanns Landschaftsführer. Radebeul 1993

SALZMANN, M.: Die Ilm von den Quellen bis zur Mündung. Weimarer Schriften (1995) 52

SCHEIDIG, W.: Die Weimarer Malerschule des 19. Jahrhunderts. Neuausg. Leipzig 1994

SCHIRMER, E.: Die deutsche Irdenware des 11.-15. Jh. in Mitteldeutschland. Jena 1939

SCHIRMER, E.: Die deutsche Irdenware des 11.-15. Jh. im engeren Mitteldeutschland. Jena 1939

SCHLEIFF, H.-V.: Kunstgeschichte. In: Der Landkreis Weimar. Weimarer Schriften zur Heimatgeschichte u. Naturkunde (1980) 36, S. 122–126

SCHMIDT, B.: Die späte Völkerwanderungszeit in Mitteldeutschland. Halle 1961

SCHMIDT, O.: Zur Molluskenfauna von Weimar mit Berücksichtigung der in den pleistozänen Ablagerungen vorkommenden Arten. Jb. d. Deutschen Malakozoologischen Ges. 8 (1881), S. 68–92

SCHMIDT, W.: Thüringische Landesbibliothek Weimar. Weimar, Tradition u. Gegenwart (1963) 3

SCHNAUBERT, G.: Weimar. Der alte Friedhof vom Jahre 1818. Die Begräbnisstätte aus Weimars Glanzzeit. Woerl's Reisehandbücher. Leipzig ca. 1910

SCHNAUBERT, G.: Weimars Stadtbild um das Jahr 1782/84. Weimar 1932

SCHNEEMANN, W.: C. W. Coudray, Goethes Baumeister. Weimar 1943

SCHORN, A. v.: Das nachklassische Weimar. Teil 1. Weimar 1911, Teil 2 Weimar 1912

SCHREIBER, R.: Ein Leben zwischen zwei deutschen Staaten. o. O. 1994

SCHRICKEL, L.: Geschichte des Weimarer Theaters von seinen Anfängen bis heute. Weimar 1928

SCHRÖTER, J. S.: Verzeichnis der in der Gegend um Weimar, und besonders um Thangelstädt befindlichen Erdschnecken. Berlin 1771

SCHULTZE, J. H.: Thüringen. In: Handbuch der Geographischen Wissenschaften Bd. II, S. 427–443. Potsdam 1940

SCHULTZE, J. H.: Die naturbedingten Landschaften Thüringens. Ergänzungsheft Nr. 257 zu Petermanns Geogr. Mitt. Gotha 1955

SCHWARZ, O.: Beiträge zur Kenntnis der Flora von Thüringen. Mitt. d. Thür. Botanischen Vereins. N. F. 36 (1925), S. 26–30

SCHWARZ, O.: Beiträge zur Kenntnis der Flora von Thüringen II. Mitt. d. Thür. Botanischen Vereins. N. F. 37 (1927), S. 61–63

SCHWARZ, O.: Thüringen, Kreuzweg der Blumen. 2. Aufl. Jena 1954

SCHWEINITZ, A. F. v.: Kromsdorf, ein Garten des 17. Jh. in Thüringen. Ztschr. Die Gartenkunst 4 (1992) 2

SCKELL, O.: 200 Jahre Belvedere ein Rückblick auf seine Entwicklung unter besonderer Berücksichtigung seiner Gartenkunst. Weimar 1928

SEIDEL, G.; STEINER, W.: Zum Bau des Nordwestteils der Ilmtalstörungszone. Ztschr. geologische Wiss. (1986) 14, S. 745–750

SEIDEL, G.; STEINER, W.: Baustein und Bauwerk. Weimarer Schriften Tradition und Gegenwart (1988) 32

SEIFERT, S.: Weimar. Führer durch eine europäische Kulturstadt. Leipzig 1994

SICHARDT, G.: Das Weimarer Liebhabertheater unter Goethes Leitung. Weimar 1937

SIEGEL, F.: Das Ilmgebiet. Eine hydrologische Studie. Diplomarbeit Geogr. Inst. d. Univ. Jena. Jena 1955

STAPFF, I.-S.: Jagd im Weimarischen Land. Weimarer Schriften (1992) 47

STEINER, W.: Der geologische Aufbau des Untergrundes von Weimar. Weimarer Schriften zur Heimatgeschichte u. Naturkunde (1974) 23

STEINER, W.: Das geologische Profil des Travertin-Komplexes von Taubach bei Weimar. Mit einem Beitr. v. D. MANIA. Quartärpaläontologie 2 (1976), S. 83–118

STEINER, W.: Der Travertin von Ehringsdorf und seine Fossilien. Wittenberg 1981 (2. Aufl.)

STEINER, W.: Der pleistozäne Travertin von Weimar – Faziesmodell einer Travertinlagerstätte. Quartärpaläontologie 5 (1984), S. 55–210

STEINER, W.: Steinbrüche und Stollen im Park an der Ilm zu Weimar. Tradition und Gegenwart/Weimarer Schriften (1984) 12

STEINER, W.: Die Parkhöhlen zu Weimar. Ein neues Untertage-Museum im Park an der Ilm. Weimarer Heimat 7 (1994), S. 45–52

STEINER, W.: Die „Parkhöhle" von Weimar. Abwasserstollen – Luftschutzkeller – Untertagemuseum. Weimar 1996

STEINER, U.; STEINER, W.: Ein steinzeitlicher Rastplatz im Oberen Travertin von Ehringsdorf bei Weimar. Alt-Thür. 13 (1975), S. 14–42

STEINER, W.; WAGENBRETH, O.: Zur geologischen Situation der altsteinzeitlichen Rastplätze im Unteren Travertin von Ehringsdorf. Alt-Thür. 11 (1971), S. 47–75

STIMMING, M.: Die Entstehung des weltlichen Territoriums des Erzbistums Mainz. Darmstadt 1915

STÖRMER, T.; WIMMEL, H.: „Kulturprojekt Weimar", Asbach Grünzug. Ein Gartendenkmal der Moderne. Konzeption, Geschichte, Bestand. Hrsg. Stadt Weimar, Grünflächen u. Friedhofsamt . Weimar 1994

STREMKE, D.: Neue Flächennaturdenkmale im Kreis Weimar. Naturschutz-Informationen aus dem NSG „Mittleres Ilmtal" 2 (1990) 2, S. 10–11

Taubach 1995. Festschrift zum 875–jährigen Jubiläum des Ortes. Weimar 1995

Thietmar Merseburgensis episcopi chronicon (Thietmar von Merseburg Chronik) Berlin 1957, S. 50, S. 129

Thüringer Landesamt für Statistik (Hrsg.): Flächenerhebung in Thüringen 1996. Erfurt 1997

TIETZSCH, I.: Stadtgeographie von Weimar. Weimar 1949

TIMPEL, W.: Zwei neue frümittelalterliche Sporengräber aus Thüringen. Ausgrabungen u. Funde 12 (1967), S. 139–175

TIMPEL, W.: Archäologische Forschung zur Frühgeschichte thüringischer Städte. Frühgeschichte d. europäischen Stadt. Schriften zur Ur- u. Frühgeschichte 44 (1991), S. 191–199

TIMPEL, W.: Ein nachmittelalterlicher Brunnen auf dem Markt in Weimar. Ausgrabungen u. Funde 38 (1993) 5, S. 258–266

TIMPEL, W.: Die früh- und hochmittelalterliche Keramik im westlichen Thüringen (8.-12. Jh.). Weimarer Monographien zur Ur- u. Frühgeschichte 33 (1995)

TIMPEL, W.: Ein Steinkistengrab mit Rechteckfibel von Niederzimmern, Kr. Weimar. Ausgrabungen u. Funde 11 (1996), S. 273–277

TIMPEL, W.; GRIMM, P.: Die ur- und frühgeschichtlichen Bodendenkmäler des Kreises Weimar. Weimar 1975

TORGES, E.: Zur Flora von Weimar. Mitt. d. Thür. Botanischen Vereins. N. F. 10 (1897), S. 14–15

TRAUTERMANN, K.: Die Wüstungen in Weimar. Weimar 1934

TRAUTERMANN, K.: Der wirtschaftliche Aufschwung der Gemeinde Daasdorf am Berge. Weimar 1935

VOIGT, F.: Die Entstehung der Jagd- und Lustschloßbauten des Herzogs Ernst August von Sachsen-Weimar. Ein Beitr. zur Thür. Barockarchitektur. Erfurt 1938

VOLLRATH, W.: Bau- und Kunstdenkmäler Thüringens. Ergänzungsh.: Die Schloßanlagen bei Weimar. Jena 1928

VULPIUS, W.: Goethe in Thüringen. Stätten seines Lebens und Wirkens. Neue verb. Ausg. Rudolstadt 1992

WAGENBRETH, O.: Die Feuersteinlinie in der DDR, ihre Geschichte und Popularisierung. Schriftenr. Geologische Wiss. 9 (1978), S. 339–368

WAGNER, E.; HUTH, R.: Zur Geschichte unserer Dörfer während des Dreißigjährigen Krieges. Jb. d. Vereins f. Heimatkunde Vieselbach. (1934) 8, S. 15–144

WAGNER, M.: Führer durch die Parks von Weimar, Tiefurt und Belvedere. Weimar 1920

WAGNER, M.: Gehölzflora von Weimar mit Plänen der landwirtschaftlichen Anlagen in Weimar und Umgebung. Weimar 1921

WAGNER, R.; GÜNTHER, G.: Weimar – Straßen-, Platz- und Flurnamen damals und heute. Jena 1996

WAHL, H.: Tiefurt. o. O. 1929

WALTHER, H.: Namenkundliche Beiträge zur Siedlungsgeschichte des Saale- und Mittelelbegebietes bis zum Ende des 9. Jahrhunderts. Berlin 1971

Weimar. Zahlen und Fakten 1949–1989. Weimar 1989

Weimar 99. Kulturstadt Europas. Programm. Weimar 1997

Weimar. Lexikon zur Stadtgeschichte. 2. Aufl. Weimar 1998

Weimar und seine Umgebung. Berlin 1971 (Werte unserer Heimat, Bd. 18)

Weimarer Klassikerstätten, Geschichte und Denkmalpflege. Arbeitshefte d. Thür. Landesamtes f. Denkmalpflege 1,1994. Bad Homburg/Leipzig 1994

WEIN, K.: Die Gründung des Botanischen Vereins für Gesamtthüringen. Mitt. d. Thür. Botanischen Vereins. N.F. 41 (1933), S. 18–29

WENNING, W.: Schmuckformen der Thüringischen Baukunst im 16. und beginnenden 17. Jahrhundert. Diss. phil. Univ. Jena 1939

WENZEL, H.: Zur Form ländlicher Siedlungen, namentlich des Straßendorfes im Gebiet des Landkreises Weimar. Wiss. Ztschr. d. Hochsch. f. Architektur u. Bauwesen Weimar 15 (1968) 4, S. 429–436

WENZEL, H.: Die Siedlungskerne einer kleinen Stadt. Bemerkungen zur Siedlungsgeschichte Bad Berkas. Wiss. Ztschr. d. Hochsch. f. Architektur u. Bauwesen Weimar 15 (1968) 4, S. 429–436

WENZEL, H.: Methodische Grundlagen der Wüstungsforschung – dargestellt am Beispiel der Wüstungsaufnahme im Gebiet des Stadt- und Landkreises Weimar. Diss. Hochsch. f. Architektur u. Bauwesen. Weimar 1990

WETTE, G. A. DE: Historische Nachrichten von der berühmten Residentz-Stadt Weimar. Teil 1 Weimar 1738. Teil 2 Jena 1739

WIEFEL, J.: Die ingenieurgeologischen Verhältnisse im Stadtgebiet von Weimar, 3 Teile. Unveröff. Diss. Hochsch. f. Architektur u. Bauwesen Weimar. Weimar 1971

WIEFEL, H.; WIEFEL, J.: Zur Lithostratigraphie und Lithofazies der Ceratitenschichten (Trias, Hauptmuschelkalk) und der Keupergrenze im östlichen Teil des Thüringer Beckens. Ztschr. Geologische Wiss. 8 (1980), S. 1095–1121

WIEFEL, J.; WIEFEL, H.: Die Zusammenhänge zwischen Verkarstung und Travertinbildung im Gebiet von Weimar. Abh. zentr. geologischen Inst. 21 (1974), S. 61–75

WIRTH, H.: Das Weimarer „Gauforum". Wiss. Ztschr. d. Hochsch. f. Architektur u. Bauwesen Weimar 37 (1991), S. 83–88

WIRTH, H.: Von der Wasserburg an der Ilm zum Weimarer Residenzschloß. Burgen u. Schlösser 33 (1992) 1, S. 26–34

WIRTH, H.: Weimar und das architektonische Erbe aus der Zeit des Nationalsozialismus. Architektur Jb. Deutsches Architektur Mus. Frankfurt/M. 1993, S. 27–36

WIRTH, H.: Denkmalstadt und Ort von Gedenkstätten. Wiss. Ztschr. d. Hochsch. f. Architektur u. Bauwesen 41 (1995) 4/5, S. 7–11

WIRTH, H.: Der Schloßkomplex Kromsdorf bei Weimar und seine wechselvolle Geschichte. Burgen u. Schlösser in Thür. Jahresschrift d. Landesgruppe Thür. d. Deutschen Burgenvereinigung. Jena 1996, S. 47–62

WIRTH, H.: Park- und Schloßkomplex Belvedere bei Weimar. Burgen u. Schlösser 38 (1997), S. 126

WUSTMANN, R.: Weimar und Deutschland 1815–1915. Schriften d. Goethe-Ges. Bd. 30. Weimar 1915

ZAUCHE, G.: Geographische Gliederung der Städte Erfurt, Weimar und Buttstädt. Diplomarbeit Geogr. Inst. Univ. Jena. Jena 1955

ZEISSLER, H.: Zum Unterschied in der Zusammensetzung der Molluskenfauna benachbarter Nord- und Südhänge. I. Der Kellnersberg bei Bad Berka. o. O. 1969

ZEISSLER, H.: Schnecken aus dem zusammenhängenden Waldgebiet westlich des Breitenberges bei Bad Berka. Malokologische Abh. Staatl. Mus. Tierkunde Dresden 4 (1973) 10, S. 73–86

ZEISSLER, H.: Schnecken und Muscheln in und um Weimar. Eine Molluskenfauna des Gebietes Weimar. Weimarer Schriften zur Heimatgeschichte u. Naturkunde (1981) 44

Zeittafel zur Betriebsgeschichte der LPG Frischeierproduktion „Am Buchenwald". Hottelstedt o. J.

ZENKER, E.: Untersuchungen über das Klima und Bioklima des Tales von Bad Berka. Abh. d. Meteorologischen Dienstes d. DDR, Nr. 73, Bd. 10. Berlin 1964

ZIMMERMANN, W.: Die gegenwärtige Verbreitung melanistischer Hamster (*Cricetus c. cricetus L.*) in Thüringen und Bemerkungen zu deren Morphologie. Hercynia N.F. 6 (1969), S. 80–89

IV. Periodica und Schriftenreihen

Alt-Thüringen. Jahresschrift des Museums für Ur- und Frühgeschichte Thüringen. Weimar 1954 ff.

Beiträge zur Geschichte der Stadt Weimar. Weimar 1 (1931) bis 48 (1936)

Das Thüringer Fähnlein. Monatshefte für mitteldeutsche Heimat. Jena 1 (1932) bis 12 (1943)

Der Heimatfreund. Beilage zum Kulturspiegel „Weimar". Weimar 1956–1958

Haussknechtia. Mitteilungen der Thüringischen Botanischen Gesellschaft. Jena 1 (1964) ff.

Informationen zur floristischen Kartierung in Thüringen. 1 (1991) ff.

Informationsblätter. Weimar in Zahlen. Weimar 1995 u.1997

Landschaftspflege und Naturschutz in Thüringen. Jena 1 (1963) ff.

Mitteilungen der Thüringischen Botanischen Gesellschaft. Weimar 1 (1949) bis 2 (1960)

Mittheilungen des Thüringischen Botanischen Vereins. Weimar 1 (1891) bis 17 (1902)

Mitteilungen des Thüringischen Botanischen Vereins. N. F. 18 (1903) bis 51 (1944)

Neue Beiträge zur Geschichte der Stadt Weimar. Weimar 1 (1934) bis 3 (1939)

Quartärpaläontologie. Abhandlungen und Berichte des Instituts für Quartärpaläontologie Weimar. Berlin 1975 ff.

Schriften zur Stadtgeschichte und Heimatkunde von Weimar. Weimar H. 1 (1953) bis H. 3 (1955)

Statistischer Bericht Weimar. Weimar 1. Halbjahr 1997

Statistisches Jahrbuch für Weimar. Weimar 1994, 1997

Thüringen-Bibliographie. Weimar 1964 ff.

Thüringer Heimat. Wissenschaftliche Heimatzeitschrift für die Bezirke Erfurt, Gera, Suhl, Weimar 1 (1956) bis 5 (1960)

Thüringer Heimatkundliche Blätter. Beilage zur Allgemeinen Thüringischen Landeszeitung Deutschland. Weimar 1922–1935

Thüringer Land. Weimar 1 (1924) bis 4 (1927)

Thüringische Archivstudien. Weimar 1951 ff.

Tradition und Gegenwart Weimarer Schriften (entstanden 1981 durch das Zusammenlegen der Heftreihe Weimar, Tradition und Gegenwart mit den Weimarer Schriften zur Heimatgeschichte und Naturkunde). Weimar 1981–1990

Urgeschichte und Heimatforschung. Weimar 1964 ff.

Weimar Kultur Journal. Weimar 1991 ff.

Weimar, Tradition und Gegenwart. Weimar 1954 bis 1981

Weimarer Heimat. Blätter für Natur, Geschichte und Kultur des Landkreises Weimar. Weimar 1 (1991) ff.

Weimarer Schriften. Weimar 1990 ff.

Weimarer Schriften zur Heimatgeschichte und Naturkunde. Weimar 1954 bis 1981

ANHANG

A. Kurzcharakteristik der Kleinlandschaften

(Entwurf: G. HEUNEMANN, D. RAU, M. SALZMANN, J. WIEFEL, s. Abb. 1)

- a Höhenlage in Meter
- b Oberflächengestalt
- c vorherrschendes Gestein
- d Bodentypen
- e Flächennutzung

1. Thüringer Becken

1.1 Großer Ettersberg

1.1.1 Nordhang des Großen Ettersberges

- a 270–340 m
- b Quellmulden, Bachtälchen, Kerbsohlentäler, Flachhänge
- c Kalk- und Mergelstein
- d Kalkton-Rendzina
- e Wald- und Ackerland

1.1.2 Westhang des Großen Ettersberges

- a 250–410 m
- b mittelsteile Hänge, Kerbtäler
- c Kalk- und Mergelstein
- d Kalkstein-Rendzina
- e Wald-, Grün- und Ackerland

1.1.3 Plateau des Großen Ettersberges

- a 380–478 m
- b zerschnittenes Plateau, Erdfälle, Sohlentäler
- c Kalk- und Mergelstein
- d Kalkton-Rendzina, Parabraunerde
- e Waldland

1.1.4 Südhang des Großen Ettersberges

- a 280–460 m
- b mittelsteile Hänge, Erdfälle, Kerbtäler
- c Kalk- und Mergelstein
- d Kalkton-Rendzina
- e Wald- und Grünland

1.2 Kleiner Ettersberg

a 300–345 m
b Flachrücken, nach S stärker geneigt, Sohlenkerbtälchen, Quellmulden
c Kalk- und Mergelstein, Löß
d Kalkton-Rendzina, Parabraunerde-Tschernosem
e Mischnutzung, Stadtrand

1.3 Weimarer Mulde

a 210–250 m
b Muldensohlental, Bachtälchen, Flachhänge
c Ton-Schluffstein, Sandstein, Kalkstein, z.T. dolomitisch, Travertin,
  Löß- und Lößderivate
d Lehm-Rendzina, Pararendzina, Lehm-Vega
e Siedlungsfläche

1.4 Unteres Ilmtal

a 100–210 m
b Muldensohlental, Altwässer, Mäander, Prall- und Gleithänge,
  Terrassen
c Kalk- und Mergelstein, Ton- und Schluffstein, Sandstein,
  Auensedimente
d Lehm-Vega, Pararendzina
e Ackerland, Siedlungsfläche

1.5 Hügelketten zwischen Weimar und Ottstedt am Berge

a 250–310 m
b NW-SO streichende Hügelrücken, Sohlenkerbtälchen
c Ton-Schluffstein, Sandstein, dolomitischer Kalkstein, Löß, Hangschutt
d Lehm-Rendzina, Parabraunerde-Tschernosem
e Mischnutzung

1.6 Hopfgartener Hügelland

a 210–320 m
b Kuppen, Hügel, Muldentäler, Hanglagen
c Ton-Schluffstein, Sandstein, dolomitischer Kalkstein, Löß
d Parabraunerde-Tschernosem, Kalkton- und Lehm-Rendzina
e vorwiegend Ackerland

1.7 Süßenborner Platte

a 230–300 m
b schwachwelliges Plateau mit Muldentälchen
c Kalk- und Mergelstein, Ton-Schluffstein, Sandstein und dolomitischer Kalkstein,
  Löß
d Parabraunerde-Tschernosem, Kalkton- und Lehm-Rendzina
e Stadtrand, Ackerland

2. Ilm-Saale-Platte

2.1 Gutendorfer Platte

  a 280–465 m
  b mäßig zerschnittenes, leicht hügeliges Plateau, Quellmulden, Muldensohlentäler
  c Kalk- und Mergelstein
  d Parabraunerde-Tschernosem, Kalkton- und Lehm-Rendzina
  e Acker- und Waldland

2.2 Gelmerodaer Platte

  a 260–360 m
  b ebene bis schwach wellige Platte, Quellmulden, Muldentälchen
  c Kalk- und Mergelstein
  d Kalkton-Rendzina, Parabraunerde-Tschernosem
  e Ackerland, Mischnutzung

2.3 Unteres Hengstbachtal

  a 260–340 m
  b Steilhänge, Kerbsohlental
  c Kalk- und Mergelstein, z.T. dolomitisch, Hangschutt, Fließerden
  d Kalkton-Rendzina, Lehm-Vega
  e Waldland, Grünland

2.4 Possenbachtal

  a 220–340 m
  b Kerbtal, Muldental, Erdfälle, Hügel
  c Kalk- und Mergelstein, Kalkstein, z.T. dolomitisch, Ton- und Schluffstein, Sandstein, Löß und Lößderivate
  d Kalkton-Rendzina, Lehm-Vega
  e Wald- und Grünland

2.5 Ilmtal zwischen Mellingen und Weimar

  a 210–220 m
  b Auenebene mit Altwässerarmen, Mäander, deutliche Begrenzung durch mäßig steile Hänge
  c Kalk- und Mergelstein, Ton-Schluffstein, Sandstein, dolomitischer Kalkstein, Löß, Hangschutt, Auensedimente
  d Lehm-Vega, Lehm-Braungley
  e Grünland, Ackerland, Mischnutzung

2.6 Schichtstufe nördlich von Bad Berka

  a 380–460 m
  b Schichtstufe, Steilhänge, Kerbtäler
  c Kalkstein
  d Kalkton-Rendzina
  e vorwiegend Waldland

2.7 Mittleres Ilmtal

a 230–300 m
b Kerbsohlental, Prall- und Gleithänge, Terrassensporne
c Kalkstein, z. T. dolomitisch und mit Mergelstein, Ton- und Schluffstein, Löß und Lößderivate, Auensedimente
d Kalkton-Rendzina, Pararendzina, Lehm-Vega
e Wald- und Grünland

2.8 Berkaer Waldhügelland

a 270–330 m
b Kuppen, Riedel, Mulden, Sohlenkerbtäler
c Sandstein
d Pelosol, Pararendzina
e Wald- und Ackerland

2.9 Buchfarter Forst

a 300–440 m
b zerschnittene Platte mit Kerbtälchen
c Kalk- und Mergelstein, z. T. dolomitisch
d Kalkton-Rendzina
e Waldland

2.10 Kötschplateau

a 350–497 m
b gering zerschnitten, mäßig geneigte Hänge
c Kalk- und Mergelstein, Hanglehm, Solifluktionsschutt
d Kalkton-Rendzina
e Acker- und Waldland

258

B. Einwohnerzahlen vom 17. bis zum 20. Jahrhundert

Ortsname	Anf. 17.Jh.[1]	1642[2]	1765/86[3]	1816[4]	1851	1910	1939	1946	1962	1964	1973	1981[8]	1989	1993	1996
Bad Berka	603	196	734	826	1 337	2 379	3 018	4 995	4 348	4 406	4 681	5 235	5 733	5 382	7 360
Bechstedtstraß	207	138	179	174	246	188	338	306	225	205	186	185	189	247	299
Belvedere	–	–	?	?	?	52	24	zu Weimar							
Bergern	63	0	55	61	83	113	164	216	227	236	341	325	249	277	zu Bad Berka
Buchfart	108	105	105	116	166	213	193	339	287	257	239	225	208	203	195
Daasdorf a.B.	112	37	69	74	126	169	166	293	164	176	186	182	195	181	185
Denstedt	148	17	218	213	283	384	427	617	469	397	zu Kromsdorf				
Ehringsdorf	157	87	210	241	444	1 177	zu Weimar								
Eichelborn	270 (?)	87	219	209	224	243	211	335	247	212	zu Mönchenholzhausen				
Ettersburg	76	68	103	172	202	216	364	362	446	390	373	441	471	419	441
Gaberndorf	279	219	300	344	407	561	662	826	672	642	616	596	577	586	zu Weimar
Gelmeroda	202	101	134	130	192	223	303	394	342	301	291	297	386	381	zu Weimar
Großkromsdorf	?	?	127	143	261	317	313	502	630[5]	537	zu Kromsdorf mit Kleinkromsdorf				
Großobringen	436	178	130 (?)	321	479	497	555	747	553	553	565	647	632	631	624
Gutendorf	103	32	115	109	169	195	235	335	222	223	217	180	167	1 641	83
Hetschburg	77	20	82	79	152	173	234	338	227	224	248	215	224	216	205
Hopfgarten	477	?	385	398	547	696	860	1 280	1 029	950	930	874	833	800	774
Holzdorf, Gut	?	?	24	?	21	zu Legefeld									
Isseroda	176	?	167	164	208	164	242	386	414	414	378	316	325	341	405
Kiliansroda	136	43	?	142	212	193	209	296	236	234	225	176	176	172	225

Ortsname	Anf. 17. Jh.[1]	1642[2]	1765/86[3]	1816[4]	1851	1910	1939	1946	1962	1964	1973	1981[8]	1989	1993	1996
Kleinkromsdorf	40 (?)	57	91	127	188	179	280	370	—[5]	—	zu Kromsdorf mit Großkromsdorf				
Kleinobringen	166	76	130	141	227	219	265	343	244	235	242	228	246	264	260
Köttendorf, Gut	?	?	?	?	19	74	zu Mellingen								
Kromsdorf	–	–	–	–	–	–	–	–	–	–	–	–	1 016	1 026	1396
Legefeld	162	104	152	189	237	356	545	769	941	847	922	898	858	793	zu Weimar
Mechelroda	86	36	105	112	168	251	228	319	340	325	281	281	293	266	237
Meckfeld	108	32	105	105	123	111	88	154	117	106	86	91	80	85	zu Bad Berka
Niedergrunstedt	207	132	207	223	270	322	419	567	456	441	404	348	329	313	zu Weimar
Niederzimmern	904	655	615	545	827	849	912	1353	1031	962	925	848	834	834	967
Nohra	288	?	205	205	288	296	3362[6]	560	377	432	433	393	375	847	1874
Obergrunstedt	135	56	100	106	181	210	242	308	258	236	226	190	200	195	zu Nohra
Oberweimar	189	223	342	417	740	2095	zu Weimar								
Oettern	86	61	?	127	188	166	155	248	192	146	148	154	145	136	141
Ottstedt a. B.	144	70 (?)	149	181	243	238	244	389	239	224	212	141	206	205	203
Possendorf	126	96	138	141	190	233	260	314	248	231	209	211	189	200	zu Weimar
Schöndorf	–	–	48	67	155	321	553	zu Weimar							
Schoppendorf	54	20	79	72	86	90	117	167	129	111	zu Bergern				
Sohnstedt	166	?	104	119	134	140	153	238	83	134	zu Mönchenholzhausen				
Taubach	261	163	283	275	386	588	720	925	762	750	772	753	707	683	zu Weimar
Tiefurt	117	?	172	220	294	496	zu Weimar								
Tröbsdorf	94	85	129	127	206	315	894	1113	711	696	657	642	757	746	zu Weimar

Ortsname	Anf. 17. Jh.[1]	1642[2]	1765/86[3]	1816[4]	1851	1910	1939	1946	1962	1964	1973	1981[8]	1989	1993	1996
Troistedt	184	62	207	169	226	251	263	348	274	246	236	226	208	193	216
Ulla	185	4	130	140	169	135	171	234	236	205	205	211	182	190	zu Nohra
Utzberg	396	?	230	211	302	331	372	603	449	404	357	351	332	331	339
Vollersroda	35	85	74	91	190	242	284	351	259	258	248	212	221	210	230
Weimar	3 500	6 966[7]	6 265	7 954	12 637	34 582	65 340	66 659	64 223	63 985	63 265	63 725	61 583	58 807	61 964
Wohlsborn	144	?	82	69	206	246	274	398	225	249	248	237	227	221	323

1 Nach den aus verschiedenen Quellen zusammengetragenen Angaben des im Thüringischen Hauptstaatsarchiv Weimar aufbewahrten Nachlasses KÖRNER vl. Nr. 200. Die Familien-, Mannschafts- und Häuserangaben sind mit 4,5 multipliziert worden. Die Zahlen betreffen meist die Jahre 1615 oder 1625
2 Im wesentlichen nach den Angaben bei C. KRONFELD, Landeskunde des Großherzogtums Sachsen-Weimar-Eisenach. Bd. 2. Weimar 1879
3 Weimarer Orte 1786 nach F. G. LEONHARDI, Erdbeschreibung der Churfürstlich und Herzoglich Sächsischen Lande. Bd. 2. Leipzig 1790, S. 765–772; die Erfurter Orte 1765 nach Landesarchiv Magdeburg Rep. 32 h I Abt. II Tit. XVII Nr. 47
4 Nach Thüringischem Hauptstaatsarchiv Weimar B 5368
5 Kromsdorf nach Zusammenschluß von Großkromsdorf und Kleinkromsdorf
6 Davon 1073 ständige Bevölkerung (davon 77 % männliche Bevölkerung und 57 % Beamte und Angestellte, bedingt durch die Garnison)
7 2863 Einheimische und 4103 Flüchtlinge
8 Den Bevölkerungszahlen von 1981 liegt der Gebietsstand von 1989 zugrunde

Quellen:

KRONFELD, C.: Landeskunde des Großherzogtums Sachsen-Weimar-Eisenach. Bd. 2. Weimar 1879

LEONHARDI, F. G.: Erdbeschreibung der Churfürstlich und Herzoglich Sächsischen Lande. Bd. 2. Leipzig 1790

Statistisches Jahrbuch Thüringen. Hrsg. Thüringer Landesamt für Statistik. Erfurt 1997

Verzeichnis der Gemeinden der DDR. Hrsg. Staatliche Zentralverwaltung für Statistik. Berlin 1974

Verzeichnis der Gemeinden der DDR mit Schlüsselnummern und Bevölkerungsdaten. Hrsg. Statistisches Amt der DDR. Berlin 1990

C. Zugehörigkeit der Orte zu den Verwaltungsbezirken

Für die einzelnen Orte wird die Zugehörigkeit zu den Gerichts- und Verwaltungsbezirken bis zur Errichtung der Amtsgerichte 1879 angegeben. Die damals gebildeten Amtsgerichtsbezirke blieben bis 1949 bestehen und wurden dann im Amtsgerichtsbezirk Weimar vereinigt, dem 1952 das Kreisgericht Weimar-Land folgte. Die Stadt Weimar bildet den Bezirk eines besonderen Kreisgerichts Weimar-Stadt.

Bei Trennung von Verwaltung und Justiz 1850 kam das gesamte Gebiet in verwaltungsmäßiger Hinsicht an den I. Verwaltungsbezirk von Sachsen-Weimar-Eisenach mit dem Sitz in Weimar und am 1. Oktober 1922 an den Landkreis Weimar. Die Stadt Weimar unterstand seit 1919 unmittelbar dem Ministerium. Mit ihren Eingemeindungen bildete sie 1922 den Stadtkreis Weimar.

Abkürzungen: AG   =   Amtsgerichtsbezirk
                    PG   =   adliges Patrimonialgericht
                    JA   =   Justizamtsbezirk

1. Einzelne Gerichts- und Verwaltungsbezirke und ihre staatliche Zugehörigkeit

Azmannsdorf: 1706 gebildet aus den kurmainzischen Vogteien Kerspleben und Niederzimmern, 1802 Preußen, 1806 französisch, 1813 Preußen, 1815 Sachsen-Weimar-Eisenach, 1818 fortgesetzt im Amt Vieselbach.

Berka: Landes- und Lehensherrschaft: Grafen von Berka, um 1310 Grafen von Orlamünde, 1372 Wettiner, 1485 ernestinische Hauptlinie, 1572 Sachsen-Weimar (1741 Sachsen-Weimar-Eisenach); Lehensträger und Patromonialgerichtsherren: 1321 Herren von Blankenhain, 1416 Grafen von Beichlingen, 1422 Herren von Witzleben, 1605/08 von Sachsen-Weimar angekauft. Amt Berka, 1850 im JA Berka fortgesetzt,1878 aufgehoben, an JA Blankenhain und Weimar.

Blankenhain: Herrschaft Blankenhain mit „Quasi-Souveränität" unter kurmainzischer Lehensherrschaft: 1256 Herren von Blankenhain, 1415 Grafen von Gleichen, 1639 Grafen, seit 1741 Fürsten von Hatzfeld, 1794 Kurfürstentum Mainz, 1802 Preußen, 1806 französisch, 1813 Preußen, 1815 Sachsen-Weimar-Eisenach, 1920 Thüringen. Amt Blankenhain, 1850 im JA Blankenhain fortgesetzt, 1879 AG Blankenhain, 1949 AG Weimar.

Brembach: 1640 bis 1672 selbständige Vogtei des Amtes Weimar, Landesherrschaft wie Weimar.

Eckartsberga: Landgrafen von Thüringen, 1247 Wettiner, 1485 albertinische Hauptlinie, (Herzogtum Sachsen, 1547 Kurfürstentum Sachsen, 1806 Königreich Sachsen), 1815 Preußen, kleinereTeile an Sachsen-Weimar-Eisenach.

Kerspleben: Vogtei der Stadt Erfurt unter (formeller) kurmainzischer Landeshoheit, 1664 Kurfürstentum Mainz, 1706 aufgehoben und zum Amt Azmannsdorf.

Kromsdorf: Unter sachsen-weimarischer Landeshoheit 1707 aus Teilen der Ämter Weimar und Kapellendorf gebildet, 1729 aufgehoben und zum Amt Weimar.

Niederzimmern: Vogtei der Stadt Erfurt unter (formeller) Kurmainzer Landeshoheit, 1664 Kurfürstentum Mainz, 1706 aufgehoben und zum Amt Azmannsdorf.

Oberweimar: Kloster Oberweimar unter Landeshoheit der Grafen von Orlamünde, seit 1372 der Wettiner, 1485 ernestinische Hauptlinie, um 1545 zur Landesherrschaft, 1572 Sachsen-Weimar, 1664 gemeinsamer Besitz der Linien Weimar, Eisenach und Jena, 1672 zum Amt Weimar.

Tonndorf: Kurfürstentum Mainz, 1355 Amt der Stadt Erfurt unter (formeller) Kurmainzer Landeshoheit, 1592 Sachsen-Weimar, 1680 Kurfürstentum Mainz, 1802 Preußen, 1806 französisch, 1813 Preußen, 1815 Sachsen-Weimar-Eisenach, 1819 Amt aufgehoben und an Amt Berka.

Vieselbach: 1818 in Fortführung des Amtes Azmannsdorf von Sachsen-Weimar-Eisenach gebildet, 1850 als JA Vieselbach weitergeführt, 1879 AG Vieselbach, 1920 zu Thüringen, 1949 aufgehoben und zu AG Weimar.

Weimar: Amt unter Landeshoheit der Grafen von Orlamünde, 1372 der Wettiner, 1485 der ernestinischen Hauptlinie, 1572 Sachsen-Weimar (1741 Sachsen-Weimar-Eisenach), 1920 Thüringen, Amt Weimar 1850 als JA Weimar und 1879 als AG Weimar fortgeführt, 1811 bis 1879 für die Stadt und besondere Orte: Stadtgericht Weimar.

Zwätzen: 1815 bei Übergang der ehemaligen Deutsch-Ordens-Kommenden Liebstedt und Lehesten an Sachsen-Weimar-Eisenach gebildet, 1816 aufgehoben, an die Ämter Blankenhain, Jena und Weimar.

2. Zugehörigkeit der Orte zu den einzelnen Verwaltungs- und Gerichtsbezirken

Bad Berka: Amt Berka, 1850 JA Berka, 1878 JA Blankenhain, 1879 AG Blankenhain.

Bechstedtstraß: Vogtei Kerspleben, 1706 Amt Tonndorf, 1819 Amt Berka, 1850 JA Vieselbach, 1879 AG Vieselbach.

Bergern: Amt Berka, 1630–1674 und 1683–1850 PG im Amt Berka, 1850 JA Berka, 1878 JA Weimar, 1879 AG Weimar.

Buchfart: PG im Amt Weimar, 1597 Amt Weimar, 1850 JA Berka, 1878 JA Blankenhain, 1879 AG Blankenhain, 1923 AG Weimar.

Daasdorf am Berge: Amt Weimar, 1850 JA Weimar, 1879 AG Weimar.

Denstedt: PG im Amt Weimar, 1850 JA Weimar, 1879 AG Weimar.

Ehringsdorf: Amt Oberweimar, 1672 Amt Weimar (Rittergut und drei Höfe PG), 1850 JA Weimar, 1879 AG Weimar, 1922 in Weimar eingemeindet.

Eichelborn: Amt Weimar, 1542 PG Tannroda im Amt Berka, 1680 Amt Berka, 1850 JA Berka, 1878 JA Vieselbach, 1879 AG Vieselbach, 1950 Kreis und AG Erfurt.

Ettersburg: Herrschaft Blankenhain, 1536 Amt Weimar, 1662 Vogtei Brembach, 1672 Amt Weimar, 1850 JA Weimar, 1879 AG Weimar.

Gaberndorf: Amt Weimar, 1850 JA Weimar, 1879 AG Weimar.

Gelmeroda: PG im Amt Weimar, 1542/1603 Amt Weimar, 1850 JA Weimar, 1879 AG Weimar.

Großkromsdorf: PG im Amt Weimar, 1707 Amt Kromsdorf, 1729 Amt Weimar, 1850 JA Weimar, 1879 AG Weimar, 1952 mit Kleinkromsdorf zu Kromsdorf vereinigt.

Großobringen: Amt Weimar, 1850 JA Weimar, 1879 AG Weimar.

Gutendorf: Amt Tonndorf, 1819 Amt Berka, 1850 JA Berka, 1878 JA Blankenhain, 1879 AG Weimar.

Hetschburg: Amt Berka, 1850 JA Berka, 1878 JA Blankenhain, 1879 AG Blankenhain.

Holzdorf, Gut: Amt Weimar, 1756/84 PG im Amt Weimar, um 1820 Amt Weimar, 1850 JA Weimar, 1879 AG Weimar, zum Gemeindebezirk Legefeld gehörig.

Hopfgarten: Vogtei Kerspleben, 1706 Amt Azmannsdorf, 1818 Amt Vieselbach, 1850 JA Vieselbach, 1879 AG Vieselbach.

Isseroda: PG im Amt Tonndorf, 1819 PG im Amt Berka, 1850 JA Vieselbach, 1879 AG Vieselbach.

Kiliansroda: Amt Blankenhain, 1850 JA Blankenhain, 1879 AG Blankenhain.

Kleinkromsdorf: 1. Anteil: PG Denstedt im Amt Weimar; 2. Anteil: PG Großkromsdorf im Amt Weimar, 1707 Amt Kromsdorf, 1729 Amt Weimar; 1850 beide Teile im JA Weimar vereinigt, 1879 AG Weimar.

Kleinobringen: Amt Weimar, 1850 JA Weimar, 1879 AG Weimar.

Köttendorf, Gut: Amt Weimar, 1850 JA Weimar, 1879 AG Weimar, zum Gemeindebezirk Mellingen gehörig.

Legefeld: Amt Weimar, 1850 JA Weimar, 1879 AG Weimar.

Mechelroda: PG im Amt Weimar (Gleichenscher Hof zur Herrschaft Blankenhain), 1821 Amt Berka (Gleichenscher Hof beim Amt Blankenhain), 1840 alles zum Amt Blankenhain, 1850 JA Blankenhain, 1879 AG Blankenhain.

Meckfeld: um 1550 Amt Tonndorf, 1819 Amt Berka, 1850 JA Berka, 1878 JA Vieselbach, 1879 AG Vieselbach.

Niedergrunstedt: Amt Weimar, 1850 JA Weimar, 1879 AG Weimar.

Niederzimmern: Vogtei Niederzimmern, 1706 Amt Azmannsdorf, 1818 Amt Vieselbach, 1850 JA Vieselbach, 1879 AG Vieselbach.

Nohra: Vogtei Kerspleben, 1706 Amt Tonndorf, 1819 Amt Berka, 1850 JA Weimar, 1879 AG Weimar.

Obergrunstedt: Amt Weimar, 1850 JA Weimar, 1879 AG Weimar.

Oberwcimar: Amt Oberweimar, 1672 Amt Weimar, 1850 JA Weimar, 1879 AG Weimar, 1922 eingemeindet in Weimar.

Oettern: Amt Blankenhain, 1850 JA Blankenhain, 1879 AG Blankenhain, 1923 AG Weimar.

Ottstedt am Berge: 1. Anteil: Amt Weimar; 2. Anteil: Vogtei Niederzimmern, 1706 Amt Azmannsdorf; 1816 vereinigt unter Amt Azmannsdorf, 1818 Amt Vieselbach,1850 JA Vieselbach, 1879 AG Vieselbach.

Possendorf: Amt Weimar, 1850 JA Weimar, 1879 AG Weimar.

Schöndorf: um 1700 Amt Kromsdorf, 1729 Amt Weimar, 1850 JA Weimar, 1879 AG Weimar, 1939 in Weimar eingemeindet.

Schoppendorf: Amt Weimar, 1850 JA Berka, 1878 JA Weimar, 1879 AG Weimar.

Sohnstedt: Vogtei Kerspleben, 1706 Amt Tonndorf, 1819 Amt Berka, 1850 JA Vieselbach, 1879 AG Vieselbach, 1950 Kreis und AG Erfurt.

Taubach: Amt Weimar, 1850 JA Weimar, 1879 AG Weimar.

Tiefurt: PG im Amt Weimar, 1587 Amt Weimar, 1850 JA Weimar, 1879 AG Weimar, 1922 in Weimar eingemeindet.

Tröbsdorf: Amt Weimar, 1850 JA Weimar, 1879 AG Weimar.

Troistedt: Amt Weimar (Teil bis 1586 PG im Amt Weimar), 1850 JA Berka, 1878 JA Weimar, 1879 AG Weimar.

Ulla: Vogtei Kerspleben, 1706 Amt Azmannsdorf, 1818 Amt Vieselbach, 1850 JA Weimar, 1879 AG Weimar.

Utzberg: Vogtei Kerspleben, 1706 Azmannsdorf, 1818 Amt Vieselbach, 1850 JA Vieselbach, 1879 AG Vieselbach.

Vollersroda: PG im Amt Weimar, 1597 Amt Weimar, 1850 JA Weimar, 1879 AG Weimar.

Weimar: Städtisches PG im Amt Weimar, 1811 Stadtgericht Weimar, 1879 AG Weimar.

Wohlsborn: Amt Eckartsberga (Deutsch-Ordens-Kommende Liebstedt), 1815 Amt Zwätzen, 1816 Amt Weimar, 1850 JA Weimar, 1879 AG Weimar.

D. Übersicht der gesicherten Ortswüstungen

(H. WENZEL, 1998)

	Name	Gemarkung	Erste urkund-liche Erwähnung	Wüst
1	Bechmich	Utzberg	1467**	vor 1200
2	Ebersroda	Legefeld	–	vor 1500
3	Fördern	Oettern	1120	vor 1500
4	Gebelsborn	Ottstedt a. B.	1366	vor 1400
5	Getorn	Daasdorf a. B./ Hopfgarten	vor 900	vor 1348
6	Großroda	Weimar	1301	1426–1487
7	Hohenroda	Kiliansroda	1397	vor 1500
8	Holzdorf	Legefeld	1271	vor 1465
9	Kaltenroda	Weimar	1376	vor 1500
10	Keßling	Ettersburg	–	vor 1200
11	Kleinroda	Weimar	1323	vor 1433
12	Kleinulla	Ulla	–	vor 1500
13	Köttendorf	Mellingen	1253	vor 1500
14	Krakendorf	Gaberndorf	1217	vor 1378
15	Linda*	Mechelroda	1338	vor 1400
16	Lützendorf	Weimar	1295	vor 1492
17	Merketal	Weimar	1388	vor 1400
18	München	Bad Berka	1103/16	vor 1422
19	Nangisdorf	Ottstedt a. B.	1271	vor 1400
20	Neuer Hof	Weimar	1512	vor 1512
21	Neuses	Niedergrunstedt	1239	vor 1500
22	Neuß	Tröbsdorf	1525**	vor 1200
23	Niederhetschburg	Hetschburg	1119	vor 1400
24	Oberndorf	Großobringen	–	vor 1200
25	Schöndorf	Schöndorf	1358	vor 1378
26	Tamfurt	Mellingen	1163/95	vor 1326
27	Tiefborn	Bad Berka	1119	vor 1300
28	Wallendorf	Weimar	1279	vor 1540
29	Weidehausen*	Bad Berka	1280	vor 1332
30	Weiroda	Taubach/Weimar	1302	vor 1400
31	Weißkirchen	Mechelroda	1333	vor 1514
32	Westerndorf	Bechstedtstraß	1574**	vor 1400
33	Wiedelborn	Utzberg	1197	vor 1400
34	Witgeroda	Oettern	1319	vor 1400
35	Witticheroda	Possendorf	1378	vor 1542

*   liegt nicht innerhalb des Untersuchungsgebietes
** Überlieferung durch einen Flurnamen

E. Ur- und frühgeschichtliche Funde

(W. TIMPEL, 1998)

	Paläo-lithi-kum	Meso-lithi-kum	Neo-lithi-kum	Aunje-titzer Kultur	Späte Bronze-zeit	Hall-statt-zeit	Latène-zeit	Römi-sche Kaiser-zeit	Mero-winger-zeit	Frühes Mittel-alter	Mittel-alter
Bad Berka			S E								S
Bechstedtstraß			E S		S			S			S
Bergern			E							G	S
Buchfart			E		E	G				S	S
Daasdorf			S E				S	S	E	E S	S G
Gaberndorf			E S		E G			S	E	S G	S
Gelmeroda			G E								S E
Gutendorf			E S				S				S
Hetschburg			E		S E		S	S E	E	S G	S
Holzdorf			E		E						S
Hopfgarten			G E S								S
Isseroda			E S						E		S
Kiliansroda			E S		E					S	S
Kromsdorf			E S	G	G	G	G				S
Mechelroda			E	G						S	S
Niederzimmern			G E					G S	G		S
Nohra			G E		G	G	G	E		G	S
Obergrunstedt			E S								S
Oettern		S	E		S E					G	S
Ottstedt			E		E			E S			G S
Possendorf			E			O		S O		G	S
Schoppendorf			E S								S
Taubach	S		S G						G	G	S
Tröbsdorf			E		E						S
Troistedt			E		G						S
Ulla			E								S
Utzberg			G E S						E		S
Weimar	S E		S G E	G S	G	S	S E	S	S G	S E	S
W.-Belvedere			E		S	S					S
W.-Ehringsdorf	S		S G		S G	G	E	G			S
W.-Ettersberg		S E	S G	E	E			S		S	S
W.-Lützendorf			S G								S
W.-Oberweimar			S G						G		S
W.-Tiefurt			E		S		G				S
Wohlsborn			G E S	G	G						S

S = Siedlungsfunde; G = Gräberfunde; E = Einzelfunde; O = Opfermoor

266

F. Veränderungen in den Nutzungsarten der Gemarkungsflächen von 1955 bis 1997

(G. HEUNEMANN)

(Gemeindegliederung entspricht dem Gebietsstand von 1997, obere Zahlenzeile = 1955; untere Zahlenzeile = 1997)[1]

Stadt/Gemeinde	Katasterfläche in ha	davon			
		Landwirtschaft	Wald	Wasser	sonstige
Bad Berka, Stadt	2 987 5 159[2]	2021 1831	527 2654	40 50	399 624
Bechstedtstraß	573 573	382 376	376 139	4 6	47 52
Buchfart	318 720[2]	75 71	214 614	4 6	25 29
Daasdorf a. B.	284 284	254 222	2 1	3 2	25 59
Ettersburg	292 292	187 172	71 70	3 3	31 47
Großobringen	762 762	663 611	22 25	6 10	71 116
Gutendorf	368 368	261 255	66 67	2 2	39 44
Hetschburg	271 271	174 161	59 63	5 6	33 41
Hopfgarten	909 909	699 665	97 99	6 8	107 137
Isseroda	390 390	335 215	8 84	5 5	42 86
Kiliansroda	399 399	265 254	98 99	2 7	34 39
Kleinobringen	301 311[3]	247 257	21 21	2 2	31 30
Kromsdorf	1 072 1 072	955 890	13 17	9 15	96 150
Mechelroda	417 436[2]	367 340	12 40	1 3	37 53
Niederzimmern	1 323 1 323	1 111 1 091	71 67	14 29	127 136
Nohra	1 279 1 279	943 770	98 96	8 7	230 406
Oettern	346 361[2]	212 190	90 113	8 18	36 40
Ollendorf	915 915	825 817	24 8	6 6	60 84

Stadt/Gemeinde	Katasterfläche in ha	davon			
		Landwirtschaft	Wald	Wasser	sonstige
Ottstedt a. B.	510	348	109	4	49
	510	344	109	4	53
Troistedt	563	380	129	5	49
	927[2]	373	489	5	60
Utzberg	679	483	134	5	57
	679	478	136	4	61
Vollersroda	258	172	54	2	30
	258	169	54	3	32
Wohlsborn	403	372	1	1	29
	403	366	1	1	35
Zusammen	15 619	11 731	2 060	149	1 684
	18 601	10 918	5 066	203	2 414
Weimar, Stadt	8 366	4 535	1 589	73	2 169
	8 426[2]	3 610	1 603	73	3 140
Gemeinden und Weimar	23 985	16 266	3 649	218	3 853
	27 027[2]	14 528	6 6669	276	5 554

1 Die Angaben von 1997 stellte freundlicherweise das Katasteramt Weimar zur Verfügung
2 Zugang durch Eingemeindung von ehemals gemeindefreien Staatsforstgrundstücken
3 Zugang durch Umgemeindung aus Gemeinde Heichelheim

G. Schutzgebiete, Schutzobjekte im Stadtgebiet von Weimar

(Zusammenstellung: C. Arenhövel, 1998)

Name	LSG	NSG	ND	FND	GLB	Jahr der Unter-schutzstellung	Art des Schutz-gebietes[1]
Mittleres Ilmtal	x					1960	L
Prinzenschneise		x				1961	L, B, Z
Rautenschlag		x				1961	L, B, Z
Südhang Ettersberg		x				1997	L, B, Z, G
Zwei Tobritzteiche bei Possendorf			x			1968	G, Z
Erratischer Block in Tiefurt			x			1975	G
Erratischer Block am Schönblick			x			1975	G
Erdfall am Olympiawäldchen			x			1975	G
Erdfall südlich Lindenhof			x			1975	G
Erdfall auf dem Ettersberg, Revier 35			x			1975	G, Z
Erdfall am Bocksee, Ettersberg			x			1975	G, Z, B
1 Schwarzkiefer im Pogwisch-Garten			x			1975	B
1 Robinie in der Heinestr. (Theater)			x			1975	B
25 Kiefern an der Fürnberg-Oberschule			x			1975	B
1 Ginkgo-Baum an der Musikhochschule			x			1975	B
1 Tulpenbaum am Blindenheim, Zöllnerstr.			x			1975	B
1 Trompetenbaum am Brühl, Hof der Carlsmühle			x			1975	B
1 Schnurbaum am Sophiengymnasium, Brennerstr.			x			1975	B
Ahornallee Possendorfer Straße (von Belvederer Allee bis damalige Stadtgrenze)			x			1975	B
Zwei Erdfälle Bohnenloch, Ettersberg			x			1997	B, Z, G
Burgholz				x		1975	B, Z
Lottennebenquelle (Damaschkestr. 17)				x		1975	G
Seerosenteich bei Ettersburg				x		1990	B, Z
Hengstbachtal (zwischen Legefeld und Hetschburg)					x	1994	B, Z
Kipperquelle					x	1997	B, Z, L, G
Heuhauswiese Ettersberg					x	1997	B, Z
Travertinsteinbruch Ehringsdorf					x	1998	G
Brauereiteiche Ehringsdorf					x	1998	B, Z
Kammerierswiese Ettersberg					x	1998	B, Z

1 Art des Schutzgebietes:
    G = geologisch; B = botanisch; Z = zoologisch; L = landschaftlich

LSG	Landschaftsschutzgebiet	FND	Flächennaturdenkmal
NSG	Naturschutzgebiet	GLB	Geschützter Landschaftsbestandteil
ND	Naturdenkmal		

H. Schutzgebiete, Schutzobjekte im Landkreis Weimarer Land (Untersuchungsgebiet entsprechend Kartenausschnitt)

(Zusammenstellung: R. KÜHN, G. MÜLLER, 1998)

Ort	Name	LSG	NSG	ND	FND	GLB	Jahr der Unter-schutzstellung	Art des Schutz-gebietes[1]
	Mittleres Ilmtal	x					1960	L
Troistedt	Diebskammer		x				1961	L, B, Z
Hopfgarten	Linde a. der Ullaer Make			x			1990	B
Ulla	Fünf Findlinge			x			1990	G
Utzberg	Zwei Findlinge			x			1990	G
Utzberg	Eiche			x			1990	B
Bechstedtstraß	Drei Findlinge			x			1990	G
Gutendorf	Zwei Linden			x			1990	L, B
Kiliansroda	Linde am Kotsch			x			1990	B
Niederzimmern	Hoher Berg				x		1968	B
Bechstedtstraß	Teich mit Moorwiese				x		1968	B
Bad Berka	Herthasee				x		1968	Z
Vollersroda	Zwei Erdfälle				x		1968	G, Z
Daasdorf a. Berge	Hundsberg				x		1968	B
Kromsdorf	Findlinge				x		1968	G
Niederzimmern	Siebichen				x		1990	B
Ettersburg	Waldteich im Klosterholz				x		1990	Z
Ottstedt a. B.	Abseitengraben					x	1994	B, L
Niederzimmern	Gramme Wald					x	1994	L, B
Bechstedtstraß	Wiese am Wasserhäuschen					x	1994	L, Z, B
Bechstedtstraß/ Isseroda	Moossee					x	1994	L, B, Z
Isseroda	Gottesholz					x	1994	B
Nohra	Egelsee					x	1994	L
Hetschburg	Kalksteinbruch Bad Berka					x	1994	G, B
Bad Berka	Erfurter Tal					x	1994	B
Vollersroda	Graureiherwiese					x	1994	Z
Weimar/ Kleinobringen	Kammerierswiese, Ettersberg					x	1998	B, Z

1   Art des Schutzgebietes:
   G = geologisch; B = botanisch; Z = zoologisch; L = landschaftlich

   innerhalb des LSG
   LSG   Landschaftsschutzgebiet   FND   Flächennaturdenkmal
   NSG   Naturschutzgebiet   GLB   Geschützter Landschaftsbestandteil
   ND   Naturdenkmal

J. Vorschläge für landeskundliche Exkursionen

(M. SALZMANN, 1998, s. Kartenbeilage)
(Die Standorte sind mit den Suchpunktnummern angegeben)

Route 1: Stadtexkursion durch die Altstadt von Weimar (G 4) (ca. 3 km, 3 Stunden)

Die Stadtexkursion sollte folgende Punkte berühren: Marktplatz mit Stadthaus, Cranachhaus und neugotischem Rathaus – Platz der Demokratie mit dem Fürstenhaus – Park an der Ilm mit Goethes Gartenhaus – Marienstraße mit Liszthaus und Bauhaus-Universität – Hauptfriedhof mit Fürstengruft – Wielandplatz mit Wielanddenkmal – Frauenplan mit Goethehaus – Schillerstraße mit Schillerhaus – Theaterplatz mit Nationaltheater, Goethe-Schiller-Denkmal und Wittumspalais – Goetheplatz mit Kasseturm und Russischem Hof – Rollplatz mit Jakobskirche und bedeutenden Grabstätten – über Graben und Kegelplatz zu den Schloßanlagen – Herderplatz mit Stadtkirche und Herderdenkmal – Marktplatz.

Route 2: „Grüner Kulturwanderweg" an der Ilm von Denstedt (D 8) nach Belvedere (M 4) (14 km, 3 Stunden)

Anfahrt nach Kromsdorf mit dem Bus, Rückfahrt mit dem Stadtbus ab Belvedere.

Denstedt (D 8) mit Wasserschloß und Kirche (Peternell-Orgel) – Großkromsdorf (D 6) mit Schloß und Park – Auenlandschaft im unteren Ilmtal (P 9) – Tiefurter Park (H 1) mit Schloß – Webicht (H 2) – Siebenbogenbrücke (Eisenbahnbrücke über das Ilmtal) – Altenburg mit Lisztgedenkstätte (G 4) – Goethe- und Schiller-Archiv – Stadtschloß (G 4) – Park an der Ilm (G 4.13) – Oberweimar (H 3) mit Kirche St. Peter und Paul – Ehringsdorf (M 1) mit Kipperquelle und Travertinsteinbruch – Burgholz (M 2) – Schloß und Park Belvedere (M 4).

Route 3: Fahrt mit der „Berkaer Bahn" (Weimar – Kranichfeld)

Die Bahn fährt stündlich ab Weimar Hauptbahnhof oder Weimar, Berkaer Bahnhof und verbindet im Landschaftsschutzgebiet Mittleres Ilmtal Orte auf der Ilm-Saale-Kalkplatte und im Berkaer Sandsteingebiet miteinander.
Die Entfernung von Weimar nach Bad Berka beträgt 17 km. Alle Haltestellen sind auch als Ausgangspunkte für weitere Fußwanderungen geeignet. Einige Möglichkeiten seien genannt:

Obergrunstedt (K 2): Niedergrunstedt (L 1) – Kirschbachtal – Weimar (G 4) (6 km) oder Troistedt (K 4) – Troistedter Forst (K 3) – Gutendorf (N 1) (6 km).
Holzdorf (L 5): Schoppendorf (O 1) – Hexenberg (O 2) (4 km) oder Bahnhof Legefeld (P 1) – Hengstbachtal (P 2) – Hetschburg (P 7) (4 km).
Legefeld (P 1): Rosenberg (P 4) – Schloßberg (P 5) – Buchfart (Q 1) (5 km) oder Bergern (P 6) – Hexenberg (O 2) (3 km).
Hetschburg (P 7): Adelsberg (P 11) – Bad Berka (P 10) (3 km) oder Töpferweg – Buchfart (Q 1).

Route 4: Auto-/Autobusexkursion von Weimar – Buchenwald – Bad Berka – Weimar (ca. 50 km, etwa vier Stunden)

Von Weimar (G 4) auf der Ettersburger Straße bis zur Abzweigung Buchenwald, dann links zur Gedenkstätte und zum ehemaligen Konzentrationslager (B 3). Wieder zurück zur Abzweigung und weiter nach Ettersburg (B 1) mit Schloß und Park. Über Hottelstedt nach Ottstedt am Berge (A 3), vorbei am Hundsberg (F 1), der eine Fortsetzung der Ilmtalstörung nach NW darstellt und über Daasdorf am Berge (F 2) und Gaberndorf (G 1) durch Weimar (G 4) auf die Bundesstraße 85 nach Gelmeroda (L 3) mit Kirche und Blick auf die Weimarer Mulde und den Ettersberg nach Legefeld (P 1) und wieder ins Ilmtal nach Bad Berka (P 10). Fußwanderung zum Adelsberg (P 11) mit seinem Aussichtsturm (5 km hin und zurück). Weiter auf der Bundesstraße 87 durch das Durchbruchstal der Ilm nach Buchfart (Q 1) mit gotischem Schnitzaltar und den Höhlen am Buchfarter Schloßberg (P 5), dann die B 87 verlassend über Vollersroda (L 8) nach Schloß und Park Belvedere und zurück nach Weimar.

K. Namenverzeichnis

L. Sachverzeichnis